© Jon Arnold Images/hemis.fr

Madrid
et ses environs

Cofondateurs : Philippe GLOAGUEN et Michel DUVAL

Directeur de collection et auteur
Philippe GLOAGUEN

Secrétaire général
Gavin's CLEMENTE-RUIZ

Rédacteurs en chef
Amanda KERAVEL (France)
Benoît LUCCHINI (Étranger)

Directrice administrative
Bénédicte GLOAGUEN

Conseiller à la rédaction
Pierre JOSSE

Responsable voyages
Carole BORDES

Direction éditoriale
Élise ERNEST

Rédaction
Isabelle AL SUBAIHI
Emmanuelle BAUQUIS
Mathilde de BOISGROLLIER
Thierry BROUARD
Marie BURIN des ROZIERS
Diane CAPRON
Véronique de CHARDON
Laura CHARLIER
Florence CHARMETANT
Fiona DEBRABANDER
Anne-Caroline DUMAS
Éléonore FRIESS
Géraldine LEMAUF-BEAUVOIS
Olivier PAGE
Alain PALLIER
Anne POINSOT
André PONCELET

2021/22

hachette

TABLE DES MATIÈRES

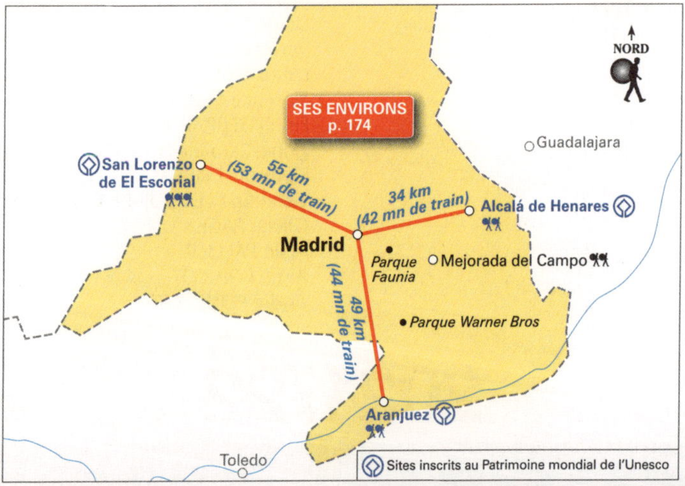

PRÉAMBULE

- La rédaction du *Routard*......6
- Introduction......11
- Nos coups de cœur......12
- Itinéraires conseillés......29
- Interview #experienceroutard......33
- Les questions qu'on se pose avant le départ......34

COMMENT Y ALLER ?......36

- En avion......36
- Les organismes de voyages......38
- En train......40
- En voiture......41

MADRID UTILE......42

- ABC de Madrid......42
- Avant le départ......42
- Argent, banques, change......45
- Achats......47
- Budget......47
- Climat......49
- Fêtes et jours fériés......50
- Hébergement......50
- Horaires......50
- Langue......51
- Livres de route......53
- Madrid gratuit......55
- Musées et sites......56
- Poste......57
- Restaurants......57
- Santé......58
- Tabac......58
- Téléphone et Internet......59
- Transports urbains......60
- Urgences......62

MADRID......64

ARRIVER À MADRID......64

- En avion......64
- En train......65
- En bus......65

ADRESSES ET INFOS UTILES......66

- Infos touristiques......66
- Représentations diplomatiques......67
- Urgences......67
- Compagnies aériennes......70
- Location de voitures......70
- Loisirs......70
- Agendas culturels......71
- Vélos et *Segway*......71

OÙ DORMIR ?......71

- De la plaza de Santa Ana au paseo des Arts......75
- Le Madrid de Los Austrias......79
- Autour de la Gran Vía et de la plaza Puerta del Sol......81
- Dans le quartier de Chueca......82
- Dans le quartier de Malasaña......84
- Entre le Centro et l'aéroport (Madrid est)......85

MADRID QUARTIER PAR QUARTIER......86

- De la plaza de Santa Ana au paseo des Arts......86
- Le Madrid de Los Austrias......112
- Quartier de Lavapiés et El Rastro......129
- Autour de la Gran Vía et de la plaza Puerta del Sol......135
- Quartier de Chueca......144
- Quartier de Malasaña......153
- Quartier de Chamberí......161
- Quartier de Salamanca et du parque del Buen Retiro......163
- Entre le centre de Madrid et Chamartín......169
- Quartier de Moncloa......171
- Parque Madrid Río......172

SES ENVIRONS ... 174

- Les parcs d'attractions ... 174
- Mejorada del Campo ... 174
- Alcalá de Henares ... 175

LA RÉGION DE MADRID ... 178

- San Lorenzo de El Escorial (l'Escurial) ... 178
- La vallée de los Caídos ... 181
- Aranjuez ... 182

HOMMES, CULTURE, ENVIRONNEMENT ... 187

- Boissons ... 187
- Cuisine ... 188
- Flamenco ... 190
- Histoire ... 191
- Jambons ... 196
- Madrid *de noche* (Madrid la nuit) ... 197
- Médias ... 198
- Movida et après-Movida ... 198
- Patrimoine culturel ... 199
- Personnages ... 202
- Religions et croyances ... 205
- Savoir-vivre et coutumes ... 206
- Sites inscrits au Patrimoine mondial de l'Unesco ... 207
- Tapas ... 207

Index général ... 218

Liste des cartes et plans ... 223

IMPORTANT : DERNIÈRE MINUTE

Entre deux parutions du Routard, des événements fortuits (conditions sanitaires, catastrophes naturelles, mais aussi formalités, taux de change, conditions d'accès aux sites, fermetures inopinées, etc.) peuvent modifier vos projets de voyage. Pour éviter les déconvenues, nous vous recommandons de consulter la rubrique « Guide » par pays de notre site • routard.com • et plus particulièrement les dernières ***Actus voyageurs.***

Recommandation à ceux qui souhaitent profiter des réductions et avantages proposés dans le *Routard* par les hôteliers et les restaurateurs.

À l'hôtel, pensez à les demander au moment de la réservation ou, si vous n'avez pas réservé, **à l'arrivée.** Ils ne sont valables que pour les réservations en direct et ne sont pas cumulables avec d'autres offres promotionnelles (notamment sur Internet). Au restaurant, parlez-en **au moment** de la commande et surtout **avant** que l'addition soit établie. Poser votre *Routard* sur la table ne suffit pas : le personnel de salle n'est pas toujours au courant et une fois le ticket de caisse imprimé, il est souvent difficile de modifier le total. En cas de doute, montrez la notice relative à l'établissement dans le *Routard* de l'année et, bien sûr, ne manquez pas de nous faire part de toute difficulté rencontrée.

UNE PANDÉMIE INOUÏE !

Depuis toujours, ***Le Routard*** **apporte son soutien aux hôteliers et restaurateurs** qui accueillent nos lecteurs avec sourire et professionnalisme. Inlassablement, nos enquêteurs sont à l'affût de ces établissements, pour le plus grand bonheur de nos lecteurs. Malgré toute notre vigilance, certains d'entre eux auront fermé quand ce livre sortira. Cette terrible **pandémie de Coronavirus** a, on le sait, des conséquences importantes pour tous les professionnels du tourisme. Des adresses familiales et accueillantes que nous continuerons à soutenir et mettre en valeur. **Nous sommes de tout cœur avec eux !**

Spécialités madrilènes

LA RÉDACTION DU ROUTARD

(sans oublier nos 50 enquêteurs, aussi sur le terrain)

Jean-Sébastien, Olivier, Mathilde, Thierry, Alain, Gavin's, Éléonore, Anne-Caroline, André, Laura, Florence, Véronique, Isabelle, Géraldine, Fiona, Amanda, Benoît, Emmanuelle, Bénédicte, Philippe, Carole, Diane, Anne, Marie.

La saga du *Routard* : en 1971, deux étudiants, Philippe et Michel, avaient une furieuse envie de découvrir le monde. De retour du Népal germe l'idée d'un guide différent qui regrouperait tuyaux malins et itinéraires sympa, destiné aux jeunes fauchés en quête de liberté. 1973. Après 19 refus d'éditeurs et la faillite de leur première maison d'édition, l'aventure commence vraiment avec Hachette. Aujourd'hui, le *Routard*, c'est plus d'une cinquantaine d'enquêteurs impliqués et sincères. Ils parcourent le monde toute l'année dans l'anonymat et s'acharnent à restituer leurs coups de cœur avec passion.

Merci à tous les routards qui sont solidaires de nos convictions : liberté et indépendance d'esprit ; découverte et partage ; sincérité, tolérance et respect des autres.

NOS SPÉCIALISTES MADRID

Anne Poinsot : après avoir tâté de l'histoire, de la sociologie et de la sculpture, c'est au *Routard* qu'Anne nourrit chaque jour sa curiosité éclectique, ses désirs d'ailleurs et son goût du mot juste. Toujours l'œil grand ouvert sur la beauté paradoxale du monde. Entre les rencontres, l'exploration de terrain et les plages d'écriture, elle n'y voit pas le temps passer…

Florence Charmetant : très tôt le voyage est devenu une nécessité, quelle que soit la destination. Le voyage pour les personnes, les rencontres, les liens, les lieux, les cultures, les langues, les valeurs, les goûts, les parfums, les différences… Trente années ont passé, son appétit demeure et son envie de transmettre, à vous lecteurs du *Routard,* tout autant.

Romain Meynier : il n'était pas si mal, dans son Sud, entre rivières et cigales. Pourtant, à 22 ans, après des études de journalisme, il s'est dit que l'herbe était plus verte ailleurs. Il est allé le vérifier, le long des pistes brûlantes en terre inconnue. L'herbe était jaune. Et c'est bien mieux comme ça, inattendu. Tout à découvrir, et autant à raconter.

UN GRAND MERCI À NOS AMI(E)S SUR PLACE ET EN FRANCE

Pour cette nouvelle édition, nous remercions particulièrement :

- **Pilar Gimeno,** de Turismo de Madrid, pour son accueil et son efficacité ;
- **toute l'équipe de l'office de tourisme d'Espagne à Paris,** pour son professionnalisme sans faille, en particulier **Tatiana Martínez, Salvador Pernas, Marimar Rey** et **Miren Lizarralde,**
- **Sabine et Marie-Laure,** qui se reconnaîtront, pour leurs bons tuyaux ;
- **Aline,** de Destination Madrid, pour ses infos de 1ère main ;
- **Mouss,** pour sa patience presque infatigable et son œil acéré ;
- **Christophe,** pour son soutien et son enthousiasme permanent.

Pictogrammes du Routard

Établissements

- Hôtel, auberge, chambre d'hôtes
- Camping
- Restaurant
- Terrasse
- Boulangerie, sandwicherie
- Pâtisserie
- Glacier
- Café, salon de thé
- Café, bar
- Bar musical
- Club, boîte de nuit
- Salle de spectacle
- Boutique, magasin, marché

Infos pratiques

- Office de tourisme
- Poste
- Accès Internet
- Hôpital, urgences
- Adapté aux personnes handicapées

Sites

- Présente un intérêt touristique
- Point de vue
- Plage
- Spot de surf
- Site de plongée
- Recommandé pour les enfants
- Inscrit au Patrimoine mondial de l'Unesco

Transports

- Aéroport
- Gare ferroviaire
- Gare routière, arrêt de bus
- Station de métro
- Station de tramway
- Parking
- Taxi
- Taxi collectif
- Bateau
- Bateau fluvial
- Piste cyclable, parcours à vélo

☎ **112 :** c'est le numéro d'urgence commun à la France et à tous les pays de l'UE, à composer en cas d'accident, agression ou détresse. Il permet de se faire localiser et aider en français, tout en améliorant les délais d'intervention des services de secours.

I.S.B.N. 978-2-01-787165-1

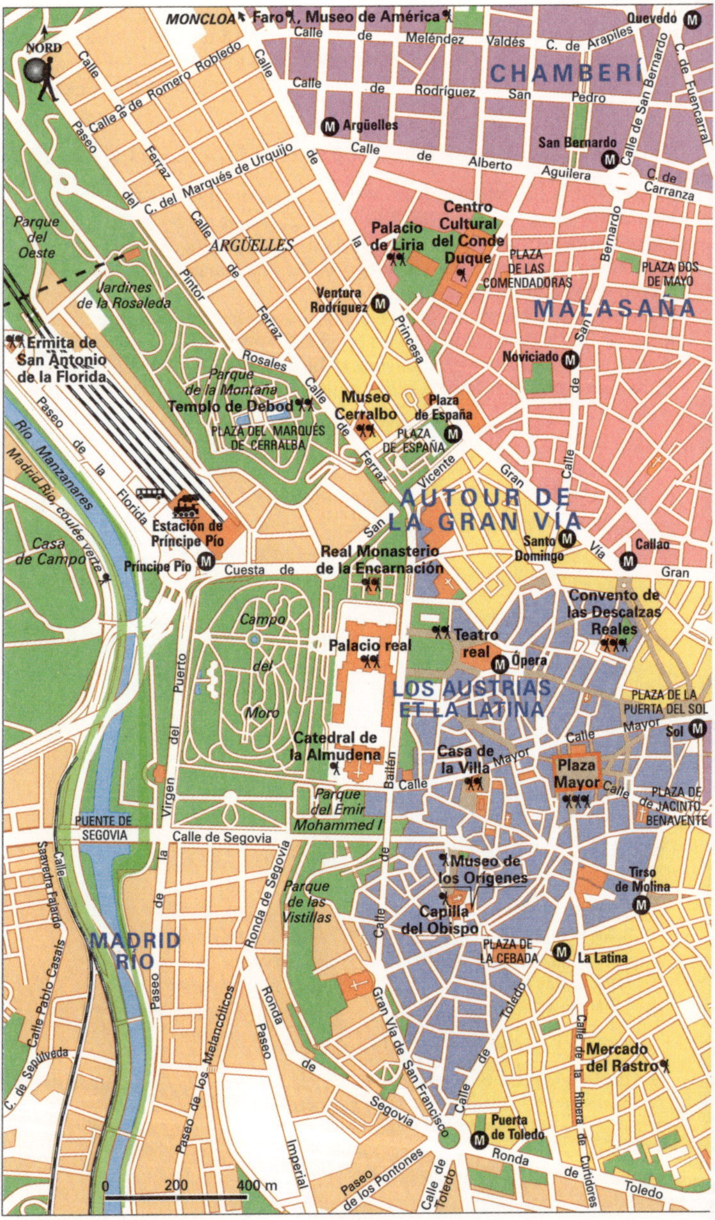
NORD
MONCLOA
Faro, Museo de América
Quevedo
CHAMBERÍ
Calle de Meléndez Valdés
C. de Arapiles
Calle de Rodríguez San Pedro
Calle de San Bernardo
C. de Fuencarral
Argüelles
Calle de Alberto Aguilera
San Bernardo
C. de Carranza
Calle de Romero Robledo
Paseo del Pintor Rosales
Calle de Ferraz
C. del Marqués de Urquijo
Calle de la Princesa
Parque del Oeste
ARGÜELLES
Palacio de Liria
Centro Cultural del Conde Duque
PLAZA DE LAS COMENDADORAS
PLAZA DOS DE MAYO
MALASAÑA
Jardines de la Rosaleda
Ventura Rodríguez
Ermita de San Antonio de la Florida
Noviciado
Parque de la Montaña
Templo de Debod
Museo Cerralbo
Plaza de España
PLAZA DEL MARQUÉS DE CERRALBA
PLAZA DE ESPAÑA
Paseo de la Florida
Río Manzanares
Madrid Río, coulée verte
Cuesta de San Vicente
Gran Vía
AUTOUR DE LA GRAN VÍA
Estación de Príncipe Pío
Casa de Campo
Príncipe Pío
Cuesta de
Real Monasterio de la Encarnación
Santo Domingo
Callao
Convento de las Descalzas Reales
Campo del Moro
Palacio real
Teatro real
Ópera
LOS AUSTRIAS ET LA LATINA
PLAZA DE LA PUERTA DEL SOL
Calle Mayor
Sol
Paseo de la Virgen del Puerto
Catedral de la Almudena
Casa de la Villa
Plaza Mayor
Calle de Bailén
Parque del Emir Mohammed I
PLAZA DE JACINTO BENAVENTE
PUENTE DE SEGOVIA
Calle de Segovia
Calle Saavedra Fajardo
Museo de los Orígenes
Capilla del Obispo
Parque de las Vistillas
Ronda de Segovia
Tirso de Molina
MADRID RÍO
PLAZA DE LA CEBADA
La Latina
Calle Pablo Casals
Paseo de los Melancólicos
Ronda de Segovia
Gran Vía de San Francisco
Calle de Toledo
Calle de la Ribera de Curtidores
Mercado del Rastro
C. de Sepúlveda
Paseo de la Chopera
Paseo de Segovia
Paseo Imperial
Puerta de Toledo
Ronda de Toledo
Paseo de los Pontones
Calle de Toledo
0 200 400 m

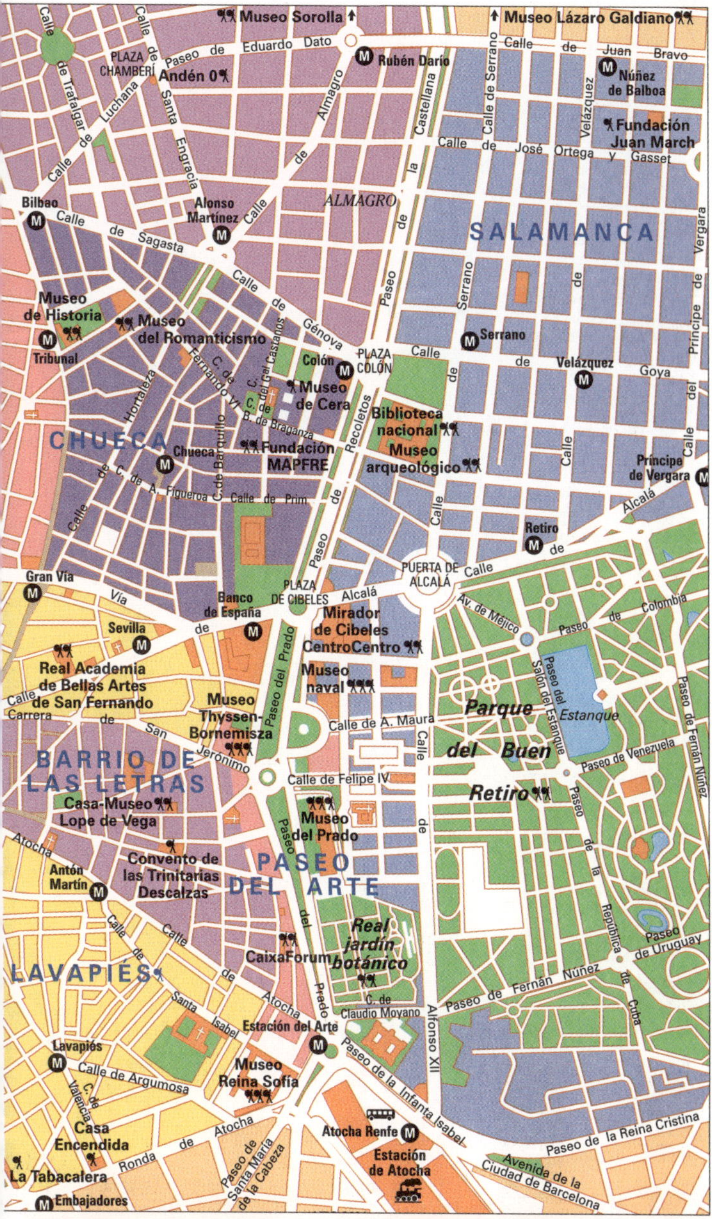
Museo Sorolla
Museo Lázaro Galdiano
Calle de Trafalgar
Calle de Luchana
PLAZA CHAMBERÍ
Calle de Santa Engracia
Paseo de Eduardo Dato
Andén 0
Rubén Darío
Calle de Juan Bravo
Núñez de Balboa
Calle de Serrano
Velázquez
Fundación Juan March
Calle de José Ortega y Gasset
Calle de Almagro
Paseo de la Castellana
ALMAGRO
Bilbao
Calle de Sagasta
Alonso Martínez
SALAMANCA
Calle de Vergara
Calle de Génova
Museo de Historia
Museo del Romanticismo
Tribunal
C. de Fernando VI
C. del Gral Castaños
Colón
PLAZA COLÓN
Calle de Goya
Serrano
Velázquez
Príncipe de Vergara
Museo de Cera
Hortaleza
C. de B. de Braganza
Biblioteca nacional
Museo arqueológico
Paseo de Recoletos
CHUECA
Chueca
Fundación MAPFRE
C. de Barquillo
C. de A. Figueroa
Calle de Prim
Calle de Alcalá
Retiro
PUERTA DE ALCALÁ
Gran Vía
Banco de España
PLAZA DE CIBELES
Mirador de Cibeles
CentroCentro
Av. de México
Paseo de Colombia
Sevilla
Real Academia de Bellas Artes de San Fernando
Museo naval
Salón del Estanque
Paseo del Estanque
Paseo de Fernán Núñez
Carrera de San Jerónimo
Museo Thyssen-Bornemisza
Paseo del Prado
Calle de A. Maura
Parque del Buen Retiro
BARRIO DE LAS LETRAS
Calle de Felipe IV
Paseo de Venezuela
Casa-Museo Lope de Vega
Museo del Prado
Calle de Alfonso XII
Atocha
Convento de las Trinitarias Descalzas
Antón Martín
PASEO DEL ARTE
Paseo de la República de Cuba
Real jardín botánico
Paseo de Uruguay
LAVAPIÉS
CaixaForum
Calle de Atocha
Calle de Santa Isabel
C. de Claudio Moyano
Estación del Arte
Lavapiés
Calle de Argumosa
Paseo de la Infanta Isabel
Museo Reina Sofía
C. de Valencia
Casa Encendida
Ronda de Atocha
Atocha Renfe
Paseo de la Reina Cristina
Paseo de Santa María de la Cabeza
Estación de Atocha
Avenida de la Ciudad de Barcelona
La Tabacalera
Embajadores

MADRID

L'avenue Gran Vía

« À Madrid, personne ne va se coucher avant d'avoir tué la nuit. »

Ernest Hemingway

Madrid unit les paradoxes et se joue des extrêmes. Pleinement capitale pour la **richesse de ses musées,** l'efficacité de ses infrastructures et son dynamisme économique, elle dévoile des ambiances de village au gré de ses quartiers, aux identités bien définies. Orgueilleuse et *castiza* (de bonne race), elle respire aujourd'hui : elle déploie de vastes réseaux de pistes cyclables, et ses **avenues monumentales** ont été pour la plupart soigneusement nettoyées. Si elle a longtemps tourné le dos à la rivière qui la traverse, la Manzanares – un affluent du Taje –, elle a rendu aux Madrilènes ses berges, parées de jardins, de ponts piétons et de **nouveaux lieux alternatifs.** *Madrid me mata,* proclamaient les graffitis sur les murs en pleine période de Movida. C'est vrai, **cette ville est tuante… de plaisir !** Car, une fois repu des **chefs-d'œuvre du Prado,** ébloui par le ***Guernica* de Picasso** au museo Reina Sofía, ou **enchanté par les ruelles** du barrio de Los Austrias ou du barrio de Las Letras, la découverte n'est pas finie.

Son **rythme nocturne,** cette marée humaine (la *marcha*), qui bat le pavé et déboule de toutes parts à l'heure des vêpres, vous emporte à coup sûr. Les Madrilènes ne sont pas casaniers pour un sou. D'ailleurs, on dit qu'ils sont tous jeunes, même les vieux ! Si vous aimez sortir, tant mieux pour vous ! Quant aux matinaux, ils seront aux anges. Le matin tôt, les rues sont désertes et les larges avenues offrent de superbes perspectives.

Et une fois que l'on s'est perdu dans les plus confidentiels **museo Sorolla** ou **casa-museo Lope de Vega,** il reste encore **les fêtes** de la San Isidro, avec les meilleures courses de taureaux (en mai), une **gay pride** parmi les plus déglinguées d'Europe, ou les processions de la Virgen de la Paloma (le 15 août) : de grands moments.

Le parque del Buen Retiro

NOS COUPS DE CŒUR

(1) **Se faire une orgie culturelle dans les musées de Madrid.**
Pour une 1re visite, on filera sur le paseo del Arte découvrir les plus grands. À commencer par le célèbre Prado, et ses collections uniques au monde. Il présente un fantastique panorama de la peinture espagnole du XVe au XVIIIe s, entre autres : Goya, le Greco, Velázquez, Zurbarán, ou encore Bosch. Poursuivre par le museo Thyssen-Bornemisza pour un tour d'horizon complet de la peinture depuis le XIIIe s, et enfin, l'exceptionnel Centro de Arte Reina Sofía pour l'art contemporain. *p. 96, 105, 108*
Bon à savoir : *l'abono* Paseo del Arte *donne accès au Prado, au Thyssen et au Reina Sofía.*

Recevoir toute l'émotion qui se dégage du *Guernica* de Picasso au Centro de Arte Reina Sofía.

Dalí, Picabia, Miró, Tàpies, Bacon… autant de raisons suffisantes de se rendre au Centro de Arte Reina Sofía. Mais c'est bien l'œuvre géniale de Picasso qui justifie à elle seule la visite de ce musée dédié à l'art du XXe s. Le 26 avril 1937, l'aviation allemande, légion Condor, pilonne la ville basque de Guernica… et massacre 2 000 civils. En réaction à cette barbarie, Picasso peint cette toile considérée comme son chef-d'œuvre absolu. Visages torturés, membres sectionnés, bouches béantes, tons gris et noirs… elle conserve toute sa capacité émotionnelle. *p. 105*

***Bon à savoir :** fermé mardi ;* • *museoreinasofia.es* •

3 Apprécier l'architecture résolument contemporaine du CaixaForum : une indéniable réussite.

Le bâtiment étonne : cette ancienne centrale électrique du XIXe s, toute de brique rouge, a été surélevée et posée sur des piliers habillés de revêtements métalliques à la *Star Trek*. À l'intérieur, un centre culturel sur 3 étages pour accueillir expos, conférences, etc., et une cafétéria au dernier niveau, le tout desservi par un escalier rectangulaire tout en arrondis et à l'axe légèrement décalé : effet visuel garanti. Une œuvre résolument contemporaine que l'on doit au fameux cabinet suisse Herzog & de Meuron. *p. 112*

Bon à savoir : *• fundacionlacaixa.org •*

4 **Consacrer au moins une soirée (ou une nuit ?) à déguster des tapas en passant de bar en bar. Ils ont même une expression : *ir de tapeo* !**
La Latina est, par excellence, le quartier des bars à tapas. Comme on dit à Madrid, c'est le quartier pour « *ir de tapeo* ». Il suffit d'arpenter la cava Baja, où s'alignent en enfilade les bars à tapas de qualité, pour s'en convaincre : les soirs de week-end, l'animation bat son plein ! Plus alternatif, le quartier de Malasaña, dans le prolongement de Chueca, se hisse désormais en rival de La Latina, tout comme la calle Ponzano. *p. 113, 144, 154*

5 **Faire comme les Madrilènes et se régaler d'un *chocolate con churros.***
Incontournable depuis la découverte des Amériques, le chocolat chaud espagnol est une boisson riche et nourrissante, épaissie à la fécule de maïs, dense en arômes, faite tout exprès pour y tremper les fameux *churros*, ces beignets allongés du petit déj. Un régal ! Véritable institution, la ***Chocolatería San Ginés*** (pasadizo de San Ginés, 5) : au fond d'un passage depuis 1894, du *chocolate con churros* 24h/24 et 365 jours par an. Adieu régime ! *p. 117*
Bon à savoir : les amateurs noteront qu'à Madrid le chocolate con churros *est généralement servi au petit déj jusque vers 11h-12h, puis en fin d'après-midi, vers 17h-18h.*

6 Marcher sur les traces de la Movida à Madrid, dans les quartiers à la fois populaires et branchés de Chueca et Malasaña, La Latina ou Lavapiés.

Insouciante, créative et dynamique, Madrid foisonne de lieux alternatifs, branchés, déjantés… On ira s'encanailler dans le quartier de La Latina, l'un des cœurs battants de la nuit madrilène avec Chueca, le quartier gay, qui essaime désormais largement du côté de Malasaña, ou du côté de Lavapiés, le quartier qui monte. On y trouve de nombreux petits restos et bars animés où l'on se laisse porter par la Movida madrilène… *p. 119, 134, 144, 153*

© Lucas Vallecillos/Age fotostock

7 Sentir le souffle de l'histoire au Palacio real.

Le Palais royal fut construit à partir de 1738 sur ordre du roi Felipe V sur le site de l'ancienne forteresse arabe. Une trentaine d'années furent nécessaires pour dresser ce palais colossal de style néoclassique, au charme assez austère. Visite des salles de réception, des appartements royaux, d'une collection consacrée à la musique, de la chapelle… Sans oublier l'Armurerie, qui présente de très belles armes et armures, dont la plupart proviennent de la collection personnelle de l'empereur Charles Quint. Si l'on n'aime pas les armes en tant que telles, on peut toutefois sentir dans ces salles le souffle de la grande Histoire. *p. 125*

Bon à savoir : *• patrimonionacional.es •*

© Lucas Vallecillos/Alamy/Hemis

8 **Retrouver l'esprit des Habsbourgs au gré des ruelles du Madrid de Los Austrias.**

Car le « Madrid des Autrichiens » est bien celui des descendants de Charles Quint, ceux qui firent de Madrid la capitale du royaume ! Emblématiques de l'empreinte qu'ils laissèrent sur la ville, la plaza Mayor et les petites rues alentour, qui descendent ensuite doucement vers La Latina. *p. 112*

9 **Explorer le quartier populaire de Lavapiés avec ses immeubles typiques, sa population cosmopolite et son atmosphère villageoise.**

Ce quartier populaire, d'une sympathique hospitalité, accueille pêle-mêle émigrés, artistes et intellectuels. Le tout forme une joyeuse tour de Babel, avec ses restos et épiceries de tous les coins du monde, ses nombreux théâtres, librairies-cafés et autres établissements alternatifs. Un quartier tendance « branchouille bohème », et l'un de ceux qui réservent le plus de surprises. Une agréable balade, avant d'aller boire un verre sur la plaza Lavapiés ou le long de la calle de Argumosa, où une ribambelle de bars sympa étalent leurs terrasses… *p. 134*

10 Flâner, le soir, dans le lacis des ruelles du barrio de Las Letras autour de la plaza de Santa Ana.

Autour de la plaza de Santa Ana, célébrée par Pedro Almodóvar dans *Talons aiguilles*, se trouve l'ancien quartier des imprimeurs. Surnommé *barrio de Las Letras* (quartier des Lettres), c'est là qu'ont vécu des écrivains célèbres, comme Cervantes ou Lope de Vega. De nombreuses citations émaillent d'ailleurs le pavé de leurs lettres au bronze poli par les semelles. Depuis la place, un lacis de ruelles, piétonnes pour la plupart, dévale la colline vers le Prado. p. 94

Bon à savoir : *c'est aussi un quartier investi chaque soir par des milliers de noctambules de tous âges : nombreux restos, bars, salles de concert, boîtes… Quelle fiesta !*

11 **Prendre un grand bol d'air pur au parque del Buen Retiro, très agréable après une surdose de trafic automobile.**

C'est le bol d'air de Madrid et le lieu idéal pour la sieste. De belles promenades bordées d'arbres et de statues, et de larges allées ouvertes convergent vers le bassin central, où l'on peut s'essayer à la barque. Le parc réserve des surprises au détour d'un chemin : un beau *palacio de Cristal* tout en légèreté et transparence, le *palacio de Velázquez* (palais des expositions), original édifice de brique habillé d'azulejos, un jardin botanique, une roseraie, un observatoire astronomique… Le dimanche matin, tout le monde s'y donne rendez-vous. Kiosque à musique, jongleurs et cartomanciennes animent alors le parc. p. 166

© Sergio Pitamitz/Age fotostck

12 Faire une halte au convento de las Descalzas Reales, l'un des joyaux cachés de Madrid.

Qui devinerait l'existence, derrière cette sobre façade de monastère, d'un important trésor artistique Renaissance ? À l'origine, un palais du XVIe s occupé par Charles Quint, son épouse Isabel et leurs enfants : le futur Philippe II et Doña Juana. Cette dernière, veuve très jeune, décide de prendre le voile : son gentil frère transforme alors le palais familial en couvent franciscain. Ce qui explique la splendeur Renaissance de ce couvent de luxe ! Chapelles plus richement décorées les unes que les autres, collections de tableaux de Rubens, Zurbarán, Bruegel l'Ancien, Titien… Un vrai bijou. *p. 122*

Bon à savoir : plaza de las Descalzas Reales, 3 ; • patrimonionacional.es •

© SIME/Giocoso Paolo/Photononstop

13 Découvrir, ébahi, un authentique temple égyptien en plein Madrid !

À quelques pas de la plaza de España, voici l'étonnant temple de Debod, offert par l'État égyptien en remerciement de la contribution de l'Espagne au sauvetage du temple d'Abou Simbel (déplacé lors de la construction du barrage d'Assouan). Érigé au IIe s av. J.-C. en Nubie, ce temple dédié à Amon et Isis est l'un des rares vestiges de la civilisation égyptienne en bon état en dehors du pays. Le tout est situé dans un très beau parc : un plan d'eau et des palmiers crée son environnement. À l'intérieur subsiste la décoration d'origine. De nuit, le temple éclairé est une splendeur. *p. 143*

Bon à savoir : paseo del Pintor Rosales ; • templodedebod.memoriademadrid.es •

(14) **Lever les yeux au ciel pour admirer les sublimes fresques signées Goya à l'ermitage de San Antonio de la Florida, un autre joyau méconnu de Madrid.**

Construite à la fin du XVIIIe s, cette chapelle est bizarrement peu connue. Et pourtant… Illustrant des épisodes de la vie de saint Antoine de Padoue, les fresques furent peintes par Goya en 1798. Ce qui fait leur prodigieux intérêt, c'est leur style résolument profane et leur fraîcheur. Elles brossent un tableau très précis de la société de l'époque, avec ses aristos, grands bourgeois, demi-mondaines, mais aussi pauvres et gens du peuple. Arriver de bonne heure pour profiter de la quiétude de la chapelle… *p. 129*

Bon à savoir : sur la glorieta*, au bout du paseo de la Florida. Gratuit, fermé le lundi.*

© Hughes Hervé/hemis.fr

15 Visiter l'ancienne demeure-atelier du peintre Joaquín Sorolla, l'un des grands artistes de la lumière.

Un petit musée qui mérite d'être découvert. D'abord parce que ça change des immenses palais où l'on ingurgite la peinture comme des gâteaux au chocolat. Ensuite, parce que l'endroit est aussi frais et sympathique que la peinture de l'Espagnol Joaquín Sorolla (1863-1923), et expose aussi la collection de l'artiste. Un grand peintre de la lumière méditerranéenne, qui a su l'exprimer comme nul autre. Et les petits jardins andalous qui entourent la maison-atelier sont une merveille. *p. 167*

Bon à savoir : *autre musée méconnu tout proche, le museo Lázaro Galdiano, un complément indispensable du Prado • culturaydeporte.gob.es/msorolla • flg.es •*

© Adam Eastland/Alamy/Hemis

16 Partir à la découverte du Madrid alternatif.

Pour humer l'air du temps, commencer par les centres culturels autogérés de Lavapiés. Le plus connu est la *Tabacalera,* installée dans une ancienne fabrique de cigarettes : chaque jour des concerts gratuits, ateliers et cours en tout genre. Plus calme, le jardin communautaire *Esta es una plaza* accueille les promeneurs entre ses carrés de potager bio. Plus lisse car plus institutionnelle, la *casa Encendida* accueille des expos gratuites, parfois aussi des films et concerts. *Matadero,* sur Madrid Río, au sud de la ville, accueille *fab-lab* et marché de producteurs entre un théâtre, une salle de ciné et un centre de design. *p. 135, 173*

Bon à savoir : *• latabacalera.net • estaesunaplaza.blogspot.com • lacasaencendida.es • mataderomadrid.org •*

© Alfred Abad/Age fotostock

© Jon Sparks/Alamy/Hemis

17 Débusquer les dernières tendances de la mode du côté de Triball avec ses boutiques de fringues branchées et de créateurs.

Formant un triangle entre les stations de métro Gran Vía, Callao et Tribunal, Triball se rêve volontiers comme le TriBeCa new-yorkais. Plébiscité par les bobos, le quartier rassemble de nombreux magasins de fringues branchées et de créateurs. L'activité se concentre sur Fuencarral, une rue piétonne de Chueca littéralement noire de monde le samedi après-midi, mais n'hésitez pas à vous perdre dans les rues adjacentes pour découvrir des petites échoppes. On trouve aussi dans ce coin, en direction de Chueca, pas mal d'*outlets* (magasins d'usine), en particulier de chaussures. *p. 151*

© Reinhard Schmid/SIME/Photononstop

18 Faire provision de *turrón* et autres délices sucrés à la *Casa Mira*, merveilleuse pâtisserie fondée en 1855.

Rien que la vitrine est un spectacle en soi. Mais c'est surtout la meilleure pâtisserie pour le *turrón* (nougat espagnol). Tradition de Noël, le *turrón* s'offre en Espagne comme les chocolats chez nous. À base de sucre et d'amande, celui dit de Jijona a le grain fin, celui d'Alicante contient des morceaux d'amande plus gros. Goûtez aussi tous ces délices qui tournent en vitrine : les *rosquillas*, le *mazapán* (pâte d'amandes aux parfums divers) et les *polvorones* andalous, biscuits presque en poudre que l'on doit écraser et tasser dans leur papier avant de les gober. *p. 94*
Bon à savoir : carrera de San Jerónimo, 30 ; ouvert tous les jours.

Fontaine et palais de Cibèle

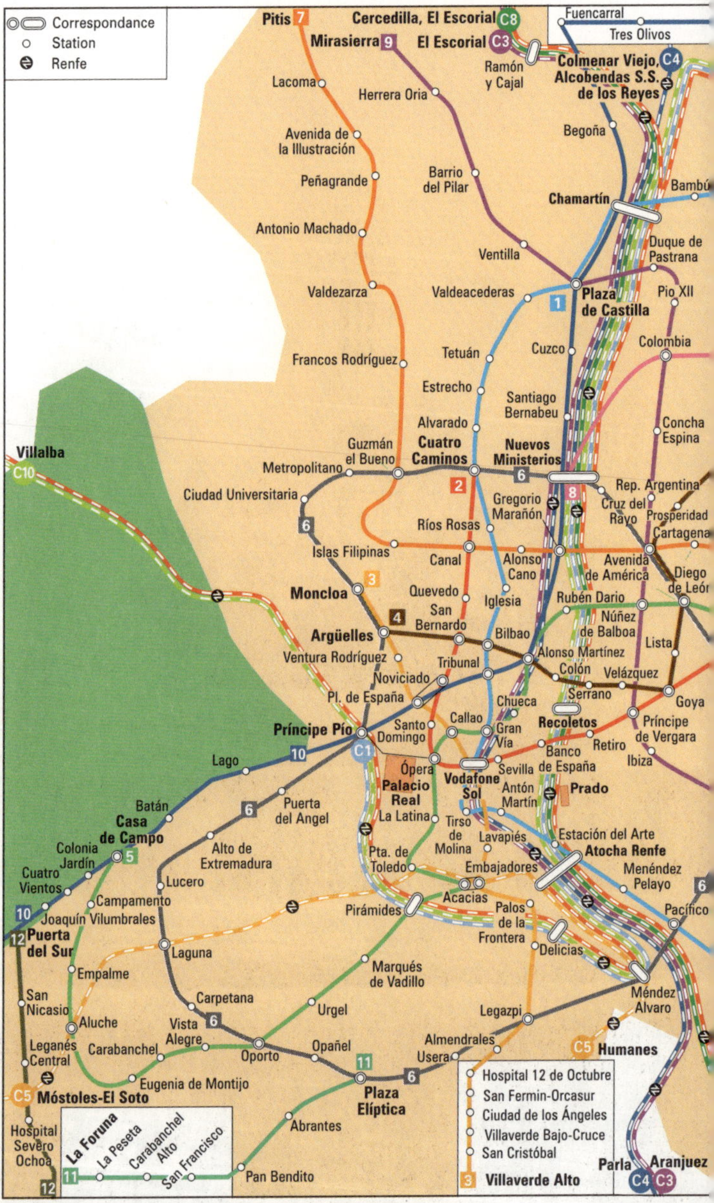
Correspondance
Station
Renfe
Pitis 7
Cercedilla, El Escorial C8
Mirasierra 9
El Escorial C3
Fuencarral
Tres Olivos
Colmenar Viejo, C4
Alcobendas S.S. de los Reyes
Ramón y Cajal
Lacoma
Herrera Oria
Begoña
Avenida de la Illustración
Peñagrande
Barrio del Pilar
Chamartín
Bambú
Antonio Machado
Ventilla
Duque de Pastrana
Valdezarza
Valdeacederas
Plaza de Castilla
Pio XII
1
Colombia
Francos Rodríguez
Tetuán
Cuzco
Estrecho
Santiago Bernabeu
Alvarado
Concha Espina
Villalba
C10
Guzmán el Bueno
Metropolitano
Cuatro Caminos
Nuevos Ministerios
6
Ciudad Universitaria
2
8
Rep. Argentina
Gregorio Marañón
Cruz del Rayo
Prosperidad
6
Ríos Rosas
Cartagena
Islas Filipinas
Canal
Alonso Cano
Avenida de América
Diego de León
3
Moncloa
Quevedo
Iglesia
Rubén Darío
4
San Bernardo
Núñez de Balboa
Argüelles
Bilbao
Lista
Ventura Rodríguez
Alonso Martínez
Tribunal
Colón
Velázquez
Noviciado
Serrano
Pl. de España
Chueca
Goya
Príncipe Pío
Santo Domingo
Callao
Gran Vía
Recoletos
Príncipe de Vergara
C1
Retiro
10
Lago
Ópera
Banco de España
Ibiza
Palacio Real
Sevilla
Vodafone Sol
Antón Martín
Prado
Batán
6
Puerta del Angel
Casa de Campo
La Latina
Tirso de Molina
Lavapiés
Estación del Arte
Colonia Jardín
5
Alto de Extremadura
Atocha Renfe
Pta. de Toledo
Cuatro Vientos
Embajadores
Menéndez Pelayo
Lucero
6
Campamento
Acacias
10
Pirámides
Pacífico
Joaquín Vilumbrales
Palos de la Frontera
12
Puerta del Sur
Laguna
Delicias
Empalme
Marqués de Vadillo
San Nicasio
Carpetana
Méndez Álvaro
Aluche
6
Urgel
Legazpi
Vista Alegre
Leganés Central
Carabanchel
Oporto
Opañel
Almendrales
C5
Humanes
Usera
11
6
Hospital 12 de Octubre
Eugenia de Montijo
San Fermín-Orcasur
C5
Móstoles-El Soto
Plaza Elíptica
Ciudad de los Ángeles
Villaverde Bajo-Cruce
La Foruna
La Peseta
Carabanchel Alto
San Francisco
Abrantes
San Cristóbal
Hospital Severo Ochoa
Parla
Aranjuez
11
Pan Bendito
3
Villaverde Alto
C4
C3
12

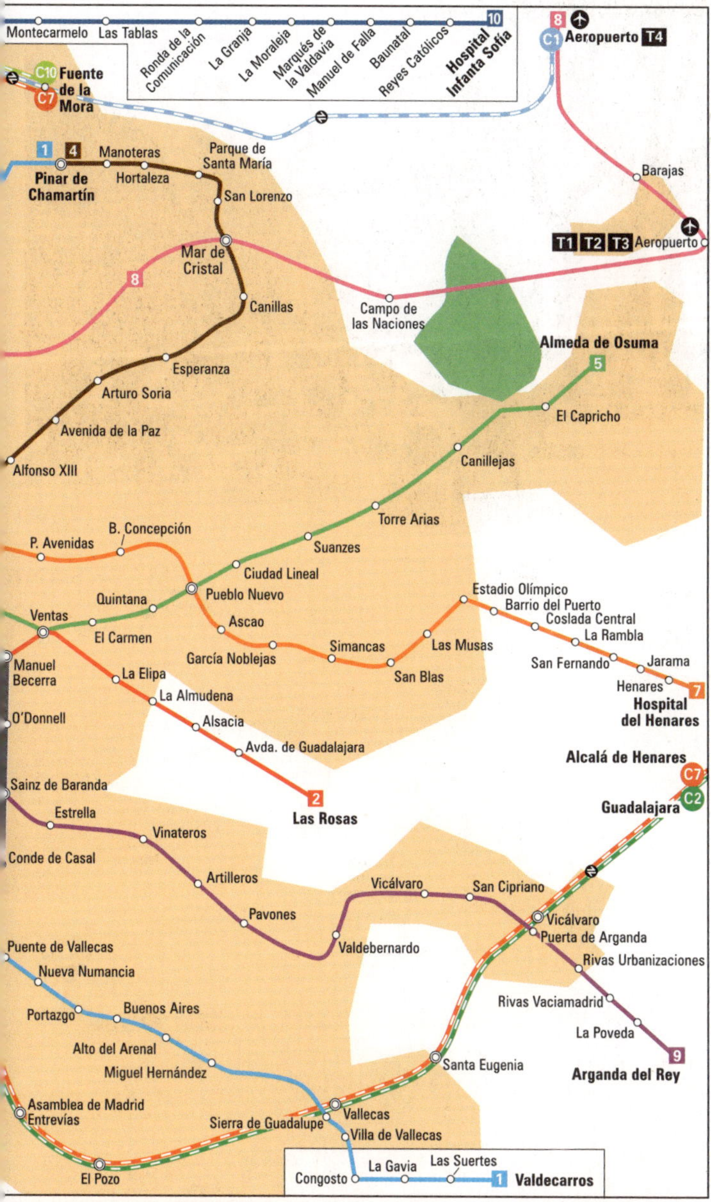

LE MÉTRO DE MADRID

La plaza de la Paja

© Miguel Martín/Age fotostock

ITINÉRAIRES CONSEILLÉS

Madrid en 2 jours

• ***1er jour :*** l'incontournable **musée du Prado (1),** fantastique panorama de la peinture espagnole du XVe au XVIIIe s ainsi que des chefs-d'œuvre des écoles italienne et flamande : Goya, le Greco, Zurbarán, ou encore Bosch. Puis un grand bol d'air au ***parc du Retiro (2)*** voisin, et, après une halte au ***CaixaForum (3),*** étonnant bâtiment, impossible de manquer le ***museo Centro de Arte Reina Sofía (4),*** pour ses collections d'art du XXe s, espagnol en particulier : l'incomparable *Guernica* de Picasso, les surréalistes Dalí et Buñuel, mais aussi Picabia, Tàpies, Miró ou Antonio Saura, entre autres célébrités. Après cette journée bien culturelle, remonter vers la ***plaza de Santa Ana (5),*** au cœur du barrio de Las Letras, et l'animation de ses bars à tapas.

• ***2e jour :*** on commence fort, avec le 3e musée le plus emblématique de la ville, le ***museo Thyssen-Bornemisza (6),*** exceptionnelle collection de peintures du XIIIe au XXe s. Petite balade à travers les ruelles du ***barrio de Las Letras (7),*** jusqu'à la ***plaza Puerta del Sol (8),*** puis la célèbre ***plaza Mayor (9).*** Le ***Palacio real (10)*** n'est qu'à 2 pas pour les gloutons culturels, les autres poursuivront la balade dans le quartier de ***La Latina (11),*** riche en petits restos et bars à tapas, ou les établissements alternatifs de ***Lavapiés (12).***

Madrid en 5 jours

• ***Jours 1 à 3 :*** comme précédemment, en prenant le temps, un seul musée par jour : **musée du Prado (1),** ***parc du Retiro (2), CaixaForum (3)*** le 1er jour, en complétant par une soirée dans le quartier branché de ***Chueca (4),*** qui ravira aussi les amateurs de shopping. Le 2e jour, en sortant du ***museo Centro de Arte Reina Sofía (5),*** escapade sous la verrière de la ***gare d'Atocha (6)*** et son ***étonnant jardin tropical.*** Dans le barrio de Las Letras, visite au passage de la délicieuse ***casa-museo Lope de Vega (7).*** Et intéressant trek urbain dans le ***quartier de Lavapiés (8)*** avant de pousser jusqu'à la ***plaza de Santa Ana (9)*** et l'animation de ses bars à tapas. Le 3e jour, ***museo Thyssen-Bornemisza (10),*** puis remonter vers la ***plaza Puerta del Sol (11)*** pour découvrir le ***Madrid de Los Austrias*** : l'emblématique ***plaza Mayor (12),*** le ***Palacio real (13),*** et les délicieuses ruelles de ***La Latina (14),*** avec ses petits restos et ses bars à tapas, en particulier sur la charmante ***plaza de la Paja (15).***

• ***Jours 4 et 5 :*** balade dans le ***Madrid monumental,*** de la ***plaza de Cibeles (16)*** à la ***Gran Vía (17)*** (encore une occasion de shopping, au passage). Visite du ***convento de las***

Descalzas Reales (18) et de son petit frère le ***Real monasterio de la Encarnación (19).*** Et puis, selon les goûts, escales au très beau ***Museo naval (20),*** ou, pour les amateurs d'art, au ***museo real Academia de Bellas Artes de San Fernando (21),*** aux ***museo Cerralbo (22), museo Lázaro Galdiano (23)*** ou ***museo Sorolla (24).*** Les curieux pousseront aussi jusqu'à l'étonnant ***templo de Debod (25),*** un authentique temple égyptien à quelques pas de la plaza de España. Histoire de varier les soirées, le quartier de ***Malasaña (26)*** et ses petits bars et restos aux ambiances multiples et variées, de plus en plus branchés tout en gardant un esprit très alternatif.

Madrid et environs en 1 semaine

Comme précédemment, en ajoutant des escapades de 1 journée à **San Lorenzo de El Escorial (1),** ***Alcalá de Henares (2)*** ou ***Aranjuez (3),*** aisément accessibles en transports en commun (train ou bus).

La plaza de Colón et le monument dédié à Christophe Colomb

Interview #experienceroutard

Par la rédaction du *Routard*

Pourquoi Madrid ?

Madrid conjugue à merveille une vraie dynamique culturelle et des musées fantastiques, ainsi que des esprits de village, de quartier en quartier. Une sorte de concentré d'Espagne, depuis l'austérité de façade du *Palacio real* à la fronde gouailleuse des quartiers de Malasaña ou de Lavapiés, en passant par le stupéfiant *Guernica* de Picasso (au *museo Reina Sofia*). On y croise les esprits de Goya, de Cervantes ou de García Lorca dans les décors d'Almodóvar... Rien à voir avec une ville musée, Madrid a sa vie propre, et si les visiteurs y sont bienvenus, ses 1ers amoureux restent bel et bien les Madrilènes, chaleureux, fêtards, créatifs et bien dans leur époque.

Un plaisir coupable à partager ?

Le *bocadillo de calamares* ! En gros, des anneaux de calamars frits fourrés façon sandwich dans du pain. Ça dégouline sur les doigts et c'est un peu gras, mais tellement délicieux ! Faites comme les Madrilènes, qui le croquent aussi bien comme coupe-faim à 11h qu'au sortir de boîtes au petit matin.

Un rendez-vous à ne pas manquer ?

Presque à la limite entre les quartiers de Lavapiés et de La Latina, *El Rastro,* le marché aux puces qui envahit tous les dimanches matin (jusque vers 15h-16h) la calle de la Ribera de Curtidores depuis la plaza del Cascarro. Des étals partout, depuis la version vide-grenier fourre-tout à la brocante et aux antiquités, en passant par des marchandises peut-être bien « tombées du camion »... Une véritable marée humaine, beaucoup d'ambiance et... pas mal de pickpockets aussi, revers de la médaille !

Et Madrid la nuit, comment ça bouge ?

Ça bouge bien, et surtout ça bouge toute la nuit ! D'abord 1 verre ou 2 dans un bar à tapas, à partir de 20h-21h, histoire de se mettre en train, puis resto pour prendre des forces avant d'aller se chauffer dans un bar sur fond de *music live* vers minuit, puis de bifurquer en boîte sur le coup de 3h... Et le plaisir, lessivé par la nuit, des rues presque vides aux aurores... avant de se rassasier d'un *chocolate con churros* ou d'un *bocadillo de calamares, claro que si* !

Une tranche de vie madrilène ?

Le dimanche, les Madrilènes envahissent leurs parcs : le *parque de El Retiro,* au beau milieu de la ville, idéal pour une sieste sous les arbres ; la bouffée de verdure de Madrid Río, au bord du Manzanares (une vraie réussite avec ses pelouses, ses bosquets, ses fontaines et ses jeux pour enfants). Quant au *parque Casa de Campo* (littéralement « maison des champs »), il a même un petit lac où faire du canotage, cerné par des guinguettes !

LES QUESTIONS QU'ON SE POSE AVANT LE DÉPART

Infos détaillées dans le chapitre « Madrid utile » *p. 42*

➢ Quels sont les documents nécessaires ?

Pour les Français, les Belges et les Suisses, pas de visa pour les séjours touristiques, mais une carte d'identité en cours de validité ou un passeport. Les Canadiens, eux, se voient demander leur passeport.

• ***spth.gob.es*** • Dans le cadre de la prévention de la Covid-19, **il est obligatoire jusqu'à nouvel ordre**, avant toute entrée en Espagne, de remplir un formulaire sur ce site officiel du gouvernement espagnol. Il délivre un QR code personnel, à imprimer et à présenter à l'entrée sur le territoire. Disponible aussi via l'application *SpTH*. De plus il est également obligatoire jusqu'à nouvel ordre de présenter les résultats d'un test PCR négatif réalisé moins de 72h avant le voyage.

➢ Quelle est la meilleure saison ?

Mai et juin sont très agréables, il fait chaud mais pas trop. En septembre-octobre, la température est exquise et il y a moins de monde. En juillet-août, le thermomètre oscille entre 35 et 40 °C, la chaleur fait chuter les prix des hébergements ! Pendant la Semaine sainte et les différentes *ferias,* l'animation est démente, mais les hôtels sont complets et les prix prohibitifs.

➢ Quel budget prévoir ?

Une chambre double dans une pension coûte entre 45 et 65 € en moyenne. Une option économique : les auberges de jeunesse privées, qui proposent des dortoirs à partir de 15 €. Mais à moins d'y aller hors saison, réservez longtemps à l'avance pour être sûr d'y trouver de la place. Autre option souvent concluante : les chambres soldées via Internet. Dans les restos, les *menu del día* (menu du jour) tournent autour de 10-14 €, et on peut faire un repas complet pour 15-20 €. En se rabattant sur les tapas ou les *raciones a compartir* (à partager), on peut s'en tirer pour moins cher à plusieurs (c'est plus compliqué pour les voyageurs solo). Prévoir un vrai budget pour les visites : rien que pour le musée du Prado, la visite s'élève à 16 € ! Cela dit, nombre de musées et sites proposent des réductions pour les étudiants de moins de 25 ans, les moins de 18 ans (voire des gratuités pour ces derniers), ainsi que pour les plus de 65 ans. En outre, quelques *pass* permettent aussi de réduire un peu la facture.

➢ Comment se déplacer ?

De préférence en métro ou en bus, mais surtout... à pied : certains quartiers sont presque totalement piétons, et c'est la meilleure manière de les découvrir. Bon réseau de pistes cyclables également. Sinon, de nuit en particulier, vous avez toujours la solution du taxi, relativement bon marché.

➢ Y a-t-il des problèmes de sécurité ?

Le vol, la fauche, la tire : quel que soit son nom, c'est la seule chose, à part les notes parfois salées (oui, Madrid est une capitale !), que vous aurez à redouter. En particulier du côté de la plaza Mayor et de la plaza Puerta del Sol, et, la nuit, dans les ruelles un peu vides de Lavapiés. Alors faites attention à votre sac, ce n'est pas un mythe ! Mais comme dans beaucoup de villes touristiques, non ?

➢ Y a-t-il un décalage horaire ?

Non : l'heure est la même qu'en France à toutes les saisons, puisque l'Espagne effectue les changements heure d'hiver/heure d'été aux mêmes dates.

➢ Quel est le temps de vol ?

Il faut compter environ 2h pour les vols directs entre Paris et Madrid.

➢ Côté santé, quelles précautions ?

Pas de précautions particulières : être à jour des vaccins traditionnels, et, en été, prévoir de la crème solaire. Et puis c'est l'Europe, donc penser à emporter sa Carte européenne d'assurance maladie (CEAM). N'oubliez pas non plus vos masques...

➢ Peut-on y aller avec des enfants ?

Oui, car la ville offre nombre de visites qu'ils apprécieront, le Palais royal par exemple. Mais gardez en tête que l'on se déplace beaucoup à pied, alors ne surchargez pas le programme ! Repérez les meilleurs sites grâce au symbole 👪.

➢ Quel est le taux de change ? Comment payer sur place ?

La monnaie est l'euro, ce qui est bien pratique pour les Français. Pour nos amis canadiens et suisses, le taux de change est d'environ 1 € = 1,54 $Ca = 1,07 CHF. Sur place, nombreux distributeurs de billets, change aisé, et on peut régler à peu près partout avec une carte de paiement (y compris en mode « sans contact »), hormis dans certains petits *hostales* ou quelques rares bars à tapas, parmi les plus modestes.

➢ Quelle langue parle-t-on ?

L'espagnol, *claro que sí* ! Cela dit, si le français est rarement pratiqué (les hôteliers font des efforts, mais ce n'est pas généralisé), l'anglais est suffisamment courant pour pouvoir se débrouiller au quotidien si l'espagnol vous fait défaut.

➢ Et la fiesta ?

Bien sûr, la fiesta dans les bars animés de Madrid, puis ses boîtes branchées. Mais aussi partout où l'on peut se retrouver, sur les places, dans la rue... Un vrai mode de vie.

COMMENT Y ALLER ?

EN AVION

Les lignes régulières

▲ **AIR FRANCE**
Rens et résas au ☎ 36-54 (coût d'un appel local – tlj 6h30-22h), sur • airfrance.fr •, dans les agences Air France et dans ttes les agences de voyages.
➢ Air France dessert Madrid avec 6 vols directs/j. depuis Paris-Charles-de-Gaulle 2F, et jusqu'à 5 vols directs/j. en partenariat avec *Air Europa* depuis Orly-Ouest.
Air France propose à tous des tarifs attractifs toute l'année. Pour consulter les meilleures offres du moment sur Internet, allez directement sur la page « Nos meilleurs tarifs » sur *• airfrance.fr • Flying Blue,* le programme de fidélité gratuit d'Air France-KLM, permet de gagner des *miles* en voyageant sur les vols Air France, KLM, Transavia et les compagnies membres de *Skyteam,* mais aussi auprès des nombreux partenaires non aériens *Flying Blue.* Les *miles* peuvent ensuite être échangés contre des billets d'avion ou des services (surclassement, bagage supplémentaire, accès salon...) ainsi qu'auprès des partenaires. Pour en savoir plus, rendez-vous sur *• flyingblue.com •*

▲ **AIR EUROPA**
– Paris : 58 A, rue du Dessous-des-Berges, 75013. ☎ 01-42-65-08-00. • aireuropa.com • Ⓜ Bibliothèque-François-Mitterrand. Bureau ouv lun-ven 9h-17h, mais vous pouvez réserver par tél 24h/24.
➢ Au départ d'Orly-Ouest, Air Europa dessert Madrid avec 4 vols directs/j.

▲ **IBERIA**
– Paris : central de résa : ☎ 0825-800-965 (0,12 €/mn + prix d'appel). • iberia.com •
➢ En Espagne, 35 villes desservies, dont Madrid avec, en moyenne, 5 vols/j. depuis Orly-Ouest (env 2h de vol).

Les compagnies *low-cost*

▲ **BRUSSELS AIRLINES**
En Belgique : ☎ 0902-51-600 (0,051 € l'appel, puis 0,75 €/mn) ; en Espagne : ☎ 807-22-00-03 (0,105 € l'appel puis 0,82 €/mn) ; en France : ☎ 0892-64-00-30 (0,34 €/mn). • brusselsairlines.fr •
➢ Dessert Madrid au départ de Bruxelles et au départ de Paris via Bruxelles.

▲ **EASYJET**
• easyjet.com •
➢ Vols pour Madrid depuis Paris-CDG, Lyon, Genève et Bâle-Mulhouse.

▲ **RYANAIR**
• ryanair.com •
➢ Dessert Madrid au départ de Paris-Beauvais, Marseille et Bruxelles (Charleroi).

▲ **VOLOTEA**
• volotea.com •
➢ Au départ de Bordeaux et Nantes, vols directs vers Madrid 2-5 fois/sem selon la saison.

▲ **VUELING**
• vueling.com • Une compagnie espagnole.
➢ Dessert Madrid depuis Paris-CDG en vol direct et Madrid depuis Bordeaux, Brest, Bruxelles, Lille, Lyon, Marseille, Nantes, Nice, Rennes, Strasbourg et Toulouse via Barcelone.

LES ORGANISMES DE VOYAGES

En France

▲ COMPTOIR DES VOYAGES

• comptoir.fr • Lun-sam 9h30-18h30.
– Paris : 2-18, rue Saint-Victor, 75005. ☎ 01-53-10-30-15. Ⓜ Maubert-Mutualité.
– Bordeaux : 26, cours du Chapeau-Rouge, 33800. ☎ 05-35-54-31-40.
– Lille : 76, rue Nationale, 59160. ☎ 03-28-04-68-20.
– Lyon : 10, quai Tilsitt, 69002. ☎ 04-72-44-13-40. Ⓜ Bellecour.
– Marseille : 12, rue Breteuil, 13001. ☎ 04-84-25-21-80. Ⓜ Estrangin.
– Nice : 62, rue Giofreddo, 06000. ☎ 04-97-03-64-80.
– Toulouse : 43, rue Peyrolières, 31000. ☎ 05-62-30-15-00. Ⓜ Esquirol.

En plus de 30 ans, Comptoir des Voyages s'est imposé comme la référence incontournable du voyage sur mesure en immersion, avec plus de 90 destinations sur les 5 continents. Ses conseillers-spécialistes construisent des voyages uniques en s'adaptant à votre budget, vos goûts et vos envies. Pour favoriser les rencontres et l'immersion dans la vie locale, ils privilégient des hébergements typiques et des expériences authentiques. Sur place, des *greeters* francophones partagent avec vous conseils et bonnes adresses le temps d'un café. Sur votre smartphone, l'application mobile « Luciole » vous informe sur le déroulé de votre voyage et vous guide grâce à un GPS hors connexion. Comptoir des Voyages est membre d'Agir pour un tourisme responsable depuis 2009, labellisation ATR renouvelée par Écocert Environnement en 2019.

▲ LA ROUTE DES VOYAGES

• laroutedesvoyages.com •
– Paris : 10, rue Choron, 75009. ☎ 01-55-31-98-80. Ⓜ Notre-Dame-de-Lorette.
– Angers : 6, rue Corneille, 49000. ☎ 02-41-43-26-65.
– Annecy : 4 bis, av. d'Aléry, 74000. ☎ 04-50-45-60-20.
– Bordeaux : 19, rue des Frères-Bonie, 33000. ☎ 05-56-90-11-20.
– Lorient : 42, av. de la Perrière, 56100. 📱 06-15-48-82-69. Sur rdv lun-mer.
– Lyon : 59, rue Franklin, 69002. ☎ 04-78-42-53-58.
– Toulouse : 9, rue Saint-Antoine-du-T, 31000. ☎ 05-62-27-00-68.
Agences ouv lun-jeu 9h-19h, ven 9h-18h. Rdv conseillé.

25 ans d'expérience de voyage sur mesure sur les 5 continents ! 15 pays en Europe complètent à présent leur offre, dont l'Espagne en général et Madrid en particulier. Cette équipe de voyageurs passionnée a développé un vrai savoir-faire du voyage personnalisé : écoute, conseils, voyages de repérage réguliers et des correspondants sur place soigneusement sélectionnés avec lesquels ils travaillent en direct. Son engagement à promouvoir un tourisme responsable se traduit par des possibilités de séjours solidaires à insérer dans les itinéraires de découverte individuelle. Elle a aussi créé un programme de compensation solidaire qui permet de financer des projets de développement locaux.

▲ VOYAGEURS DU MONDE EN ESPAGNE ET AU PORTUGAL

• voyageursdumonde.fr •
– Paris : La Cité des Voyageurs, 55, rue Sainte-Anne, 75002. ☎ 01-42-86-17-20. Ⓜ Opéra ou Pyramides. Lun-sam 9h30-19h. Avec une librairie spécialisée sur les voyages.
– Également des agences à Bordeaux, Grenoble, Lille, Lyon, Marseille, Montpellier, Nantes, Nice, Rennes, Rouen, Strasbourg et Toulouse. Ainsi qu'à Bruxelles et Genève.

Parce que chaque voyageur est différent, que chacun a ses rêves et ses idées pour les réaliser, Voyageurs du Monde conçoit, depuis plus de 30 ans, des projets sur mesure. Les séjours proposés sur 120 destinations sont élaborés par leurs 180 conseillers voyageurs. Spécialistes par pays et même par région, ils vous aideront à personnaliser les voyages présentés à travers une trentaine de brochures d'un nouveau type et sur le site internet où vous pourrez également

découvrir les hébergements exclusifs et consulter votre espace personnalisé. Au cours de votre séjour, vous bénéficiez des services personnalisés Voyageurs du Monde, dont la possibilité de modifier à tout moment votre voyage, l'assistance d'un concierge local, la mise en place de rencontres et de visites privées, et l'accès à votre carnet de voyage via une application iPhone et Android.
Voyageurs du Monde est membre de l'association ATR (Agir pour un tourisme responsable) et a obtenu sa certification « Tourisme responsable AFAQ AFNOR ».

Comment aller à Roissy et à Orly ?

Toutes les infos sur notre site • *routard.com* • à l'adresse suivante : • *bit.ly/aeroports-routard* •

En Belgique

▲ CONNECTIONS

Rens et résa : ☎ 070-233-313. • connections.be •
Fort d'une expérience de plus de 20 ans dans le domaine du voyage, Connections dispose d'un réseau de 32 *travel shops* dont 1 à Brussels Airport. Connections propose des vols dans le monde entier à des tarifs avantageux et des voyages destinés à des voyageurs désireux de découvrir la planète de façon autonome. Connections propose également une gamme complète de produits : vols, hébergements, locations de voitures, autotours, vacances sportives, excursions...

▲ TAXISTOP

Pour ttes les adresses Taxistop : ☎ 070-222-292. • taxistop.be •
– Bruxelles : rue Théresienne, 7a, 1000.
– Gand : Maria-Hendrikaplein, 65, 9000.
– Gembloux : rue Buisson-Saint-Guilbert, 1b, 5090.
Taxistop propose un système de covoiturage, ainsi que d'autres services comme l'échange de maisons ou le gardiennage.

▲ VOYAGEURS DU MONDE

• voyageursdumonde.com •
– Bruxelles : chaussée de Charleroi, 23, 1060. ☎ 02-543-95-50.
Le spécialiste du voyage en individuel sur mesure.
Voir texte dans la partie « En France ».

En Suisse

▲ LA ROUTE DES VOYAGES

☎ 022-552-34-46. • geneve@route-voyages.com • laroutedesvoyages.com •
Voir texte dans la partie « En France ».

▲ STA TRAVEL

☎ 058-450-49-49. • statravel.ch •
– Fribourg : rue de Lausanne, 24, 1700. ☎ 058-450-49-80.
– Genève : rue Pierre-Fatio, 19, 1204. ☎ 058-450-48-00.
– Genève : rue Vignier, 3, 1205. ☎ 058-450-48-30.
– Lausanne : bd de Grancy, 20, 1006. ☎ 058-450-48-50.
– Lausanne : à l'université, Anthropole, 1015. ☎ 058-450-49-20.
Agences spécialisées notamment dans les voyages pour jeunes et étudiants. 150 bureaux STA et plus de 700 agents du même groupe répartis dans le monde entier sont là pour donner un coup de main *(Travel Help).*
STA propose des tarifs avantageux : vols secs *(Blue Ticket),* hôtels, écoles de langues, *work & travel,* circuits d'aventure, voitures de location, etc. Délivre la carte internationale d'étudiant et la carte Jeune.

▲ VOYAGEURS DU MONDE

• voyageursdumonde.com •
– Genève : rue de la Rôtisserie, 19, 1204. ☎ 022-519-12-10. Lun-ven 9h30-19h, sam 9h30-18h30.
– Lausanne : rue du Bourg, 6 (2e étage), 1003. Lun-ven 9h-18h30, sam sur rdv.
Le spécialiste du voyage en individuel sur mesure.
Voir texte dans la partie « En France ».

Au Québec

▲ EXOTIK TOURS

Rens sur • exotiktours.com • ou auprès de votre agence de voyages.
Exotik Tours offre une importante programmation en été comme en hiver sur la Méditerranée et l'Europe. L'hiver, des séjours sont proposés dans le Bassin méditerranéen et en Asie. Durant cette

saison, on peut également opter pour des combinés plage + circuit. Dans la rubrique « Grands voyages », le voyagiste suggère des périples en petits groupes ou en individuel. Au choix : l'Amérique du Sud, le Pacifique sud, l'Afrique (Afrique du Sud, Kenya, Tanzanie), l'Inde et le Népal.

▲ **TOURS CHANTECLERC**
● *tourschanteclerc.com* ●
Tours Chanteclerc est un tour-opérateur qui publie différentes brochures de voyages : Europe, Amérique du Nord, Amérique du Sud, Asie et Pacifique sud, Afrique et le Bassin méditerranéen en circuits ou en séjours. Il s'adresse aux voyageurs indépendants qui réservent un billet d'avion, un hébergement (dans toute l'Europe), des excursions ou une location de voiture. Également spécialiste de Paris, le tour-opérateur offre une vaste sélection d'hôtels et d'appartements dans la capitale française.

EN TRAIN

Comment aller à Madrid ?

➢ ***RENFE-SNCF en Coopération :*** en partenariat avec la SNCF et la *RENFE,* les TGV *Euroduplex* circulent entre Paris et Barcelone à raison de 2-4 trains/j., 10h07-14h07 depuis Paris, 9h25-13h20 depuis Barcelone. Compter environ 6h25 de voyage jusqu'à Barcelone. Ils desservent les gares de Valence, Nîmes, Montpellier, Narbonne, Perpignan, Figueres et Gérone. Certains font en outre halte à Sète et Agde en été et Béziers. Il existe aussi 1 train/j. au départ de Lyon (5h de trajet) et Toulouse (env 3h). De Barcelone, correspondance possible, toujours en train grande vitesse (*AVE,* en gare de Barcelona-Sants) pour Madrid. Compter en tout env 10h de trajet entre Paris et Madrid, correspondance comprise. Également 1 train/j. depuis Marseille pour Madrid (7h40). ● *oui.sncf* ● *renfe.com* ●

Renseignements et réservations

– ***Internet :*** ● *oui.sncf* ●
– ***Téléphone :*** ☎ *36-35 (0,40 € TTC/mn).*
– Également dans les gares, les boutiques SNCF et les agences de voyages agréées.

Les *passes* internationaux

Avec les ***passes Interrail,*** les résidents européens peuvent voyager dans 33 pays d'Europe, dont l'Espagne. Plusieurs formules et autant de tarifs, en fonction de la destination et de l'âge. À noter que le *pass Interrail* n'est pas valable dans votre pays de résidence. Cependant, l'*Interrail Global Pass* offre une réduction de 50 % de votre point de départ jusqu'au point frontière en France. ● *interrail.eu* ●
Pour les grands voyageurs, l'***Interrail Global Pass*** est valable dans l'ensemble des 33 pays européens concernés, intéressant si vous comptez parcourir plusieurs pays au cours du même périple. Il existe sous forme papier, et désormais aussi sous forme numérique (« *Pass* mobile », à utiliser via l'application gratuite *Eurail/Interrail Rail Planner*). Quel que soit son support, il se présente sous 10 formules au choix :
– ***5 formules flexibles :*** utilisables 4, 5 ou 7 j. sur une période de validité de 1 mois (246-335 € selon formule en version adulte), ou utilisables 10 ou 15 j. sur une période de validité de 2 mois (401-493 € selon formule en version adulte) ;
– ***5 formules « continues » :*** *pass* 15 j., 22 j., 1 mois, 2 mois ou 3 mois (443-902 € selon formule en version adulte). Ces formules existent aussi en version 1re classe !
Les voyageurs de plus de 60 ans bénéficient d'une réduction sur le tarif de l'*Interrail Global Pass* en 1re et 2de classes (tarif senior). Également des tarifs enfants 4-11 ans et jeunes 12-27 ans.
– Si vous ne parcourez que l'Espagne, le ***One Country Pass,*** en formule papier ou mobile là encore, vous

suffira. D'une période de validité de 1 mois, et utilisable, selon les formules, 3, 4, 5, 6 ou 8 jours en discontinu : tarif selon pays et formule (170-281 € en tarif adulte pour l'Espagne). Là encore, ces formules se déclinent en version - de 28 ans, enfant, senior et 1re classe (mais ce n'est pas le même prix, bien sûr). Pour voyager dans 2 pays, vous pouvez combiner 2 *One Country Pass.* Au-delà, il est préférable de prendre l'*Interrail Global Pass.*

– *Interrail* offre également la possibilité d'obtenir des réductions ou avantages à travers toute l'Europe avec ses partenaires bonus (musées, chemins de fer privés, hôtels, etc.). *Ts ces prix ne sont qu'indicatifs.*

EN VOITURE

Pour rejoindre Madrid au départ de Paris

➢ À Paris, prendre l'A 10, direction Bordeaux ; un peu après Bordeaux, la sortie no 1 en direction de Toulouse et Bayonne. 9 km sur l'A 630 avant de récupérer l'A 63-E 5 en direction de Bayonne. Poursuivre sur l'E 5-AP-1 puis, après Bayonne et la frontière espagnole, prendre l'E 70-AP-1 en direction de Bilbao. Environ 30 km après Zarautz, prendre l'AP-1 en direction de Vitoria-Gasteiz, puis l'E 5 en direction de Burgos. Dépasser Burgos, poursuivre sur l'A 1-E 5 jusqu'à Madrid (arrivée par le nord de la ville).

Le covoiturage

Le principe est économique, écologique et convivial. Il s'agit de mettre en relation un chauffeur et des passagers afin de partager le trajet et les frais, que ce soit de manière régulière ou de manière exceptionnelle (pour les vacances, par exemple). Les conducteurs sont invités à proposer leurs places libres sur • *blablacar.fr* • (disponible sur Web et sur mobile). L'inscription est gratuite.

MADRID UTILE

ABC de Madrid

- ***Superficie :*** 604,3 km².
- ***Population :*** env 3 220 000 hab., 6 640 000 pour le Grand Madrid (estimations 2019).
- ***Densité :*** 5 302 hab./km².
- ***Altitude :*** 657 m.
- ***Statut :*** capitale de l'Espagne et capitale de la communauté autonome de Madrid.
- ***Chef de l'État :*** le roi Felipe VI, depuis juin 2014.
- ***Taux de chômage :*** 12,61 % (mi-2020, 15,33 % pour l'Espagne).
- ***Inflation :*** 0,4 % (estimation mi-2020).
- ***Monnaie :*** l'euro.
- ***Langue officielle :*** l'espagnol *(castellano).*
- ***Maire de la ville :*** José Luis Martínez-Almeida (*PP,* depuis juin 2019).
- ***Président de la communauté de Madrid :*** Pedro Rollán Ojeda (*PP,* depuis juin 2019).

AVANT LE DÉPART

Adresses utiles

En France

Office espagnol de tourisme : *pas d'accueil du public, mais rens touristiques lun-jeu 9h-17h et ven 9h-14h au ☎ 01-45-03-82-50, sur • paris@tourspain.es • ou sur • spain.info/fr •* Nombreuses brochures très bien faites téléchargeables sur le site internet.

Consulat d'Espagne : *165, bd Malesherbes, 75017 Paris. ☎ 01-44-29-40-00. • cog.paris@maec.es • exteriores.gob.es/consulados/paris • Ⓜ Wagram ou Malesherbes. Lun-ven 8h30-14h30. Fermé w-e.* Autres consulats généraux à Bayonne, Bordeaux, Lyon-Villeurbanne, Marseille, Montpellier, Pau, Perpignan, Strasbourg et Toulouse.

Ambassade d'Espagne : *22, av. Marceau, 75008 Paris. ☎ 01-44-43-18-00. • emb.paris@maec.es • exteriores.gob.es/embajadas/paris • Ⓜ Alma-Marceau. Lun-ven 9h-13h30, 14h30-17h30 ; fermé w-e.*

En Belgique

Office de tourisme d'Espagne : *av. des Arts, 52, Bruxelles 1000. ☎ 02-280-19-26/29. • spain.info/fr • Accueil du public lun-ven 8h30-16h30 ; fermé w-e.*

Consulat général d'Espagne : *rue Ducale, 85-87, Bruxelles 1000. ☎ 02-509-87-70/86. • cog.brusselas@maec.es • exteriores.gob.es/consulados/bruselas • Lun-ven 8h30-14h ; fermé w-e.*

Ambassade d'Espagne : *rue de la Science, 19, Bruxelles 1040. ☎ 02-230-03-40. • emb.brusselas@maec.es • exteriores.gob.es/embajadas/bruselas • Lun-ven 9h-13h ; fermé w-e.*

En Suisse

Office de tourisme d'Espagne : *Seefeldstrasse, 19, 8008 Zurich. ☎ 44-25-36-050. • spain.info • Lun-ven 9h-17h ; fermé w-e.* Comme en France, renseignements très complets par téléphone, ou des brochures à télécharger sur leur site internet.

■ **Consulat général d'Espagne :** *Marienstrasse, 12, 3005 Berne. ☎ 031-356-22-20/23. • cog.berna@maec.es • exteriores.gob.es/consulados/berna • Lun-ven 8h30-13h30 (12h30 sam) ; fermé dim.*

■ **Consulat général d'Espagne :** *av. Blanc, 53, 1202 Cointrin (Genève). ☎ 022-749-14-60. • cog.ginebra@maec.es • exteriores.gob.es/consulados/ginebra • Au 2ᵉ étage. Lun-ven 8h15-13h30 ; fermé w-e.*

■ **Ambassade d'Espagne :** *Kalcheggweg, 24, 3000 Berne 15. ☎ 031-350-52-52. • emb.berna@maec.es • exteriores.gob.es/embajadas/berna • Lun-ven 8h-15h30 ; fermé w-e.*

Au Canada

Bureau de tourisme d'Espagne : *2 Bloor St West, 34th floor, suite 3402, Toronto M4W 3E2 (Ontario). ☎ (416) 961-3131. • spain.info/fr • Ⓜ Bloor-Yonge. Lun-ven 9h-15h ; fermé w-e.*

■ **Consulat général d'Espagne :** *2 Bloor St East, suite 1201, Toronto M4W 1A8 (Ontario). ☎ (416) 977-1661 ou 3923. • cog.toronto@maec.es • exteriores.gob.es/consulados/toronto • Au 12ᵉ étage. Lun-ven 9h-13h ; fermé w-e.*

■ **Consulat général d'Espagne :** *1200, av. McGill College, suite 2025, Montréal H3B 4G7 (Québec). ☎ (514) 935-5235. • cog.montreal@maec.es • exteriores.gob.es/consulados/montreal • Lun-ven 9h-13h ; fermé w-e.*

■ **Ambassade d'Espagne :** *74 Stanley Ave, Ottawa K1M 1P4 (Ontario). ☎ (613) 747-2252 ou 7293. • emb.ottawa@maec.es • exteriores.gob.es/embajadas/ottawa •* ***Section consulaire*** *à la même adresse. Lun-ven 9h-13h ; fermé w-e.*

Sur Internet

• ***spth.gob.es*** • Dans le cadre de la prévention de la Covid-19, **il est obligatoire jusqu'à nouvel ordre**, avant toute entrée en Espagne, de remplir un formulaire sur ce site officiel du gouvernement espagnol. Il délivre un QR code personnel, à imprimer et à présenter à l'entrée sur le territoire. Disponible aussi via l'application *SpTH.*

Pensez à ***réserver vos billets pour les sites et musées majeurs*** (museo del Prado, museo Thyssen, en particulier ; mais aussi le Convento de las Descalzas Reales et le Real monasterio de la Encarnación, pour lesquels le nombre de places par jour est restreint) directement sur leurs sites internet, avant de partir. En période d'affluence (dès Pâques et les 1ers week-ends fériés, ainsi qu'en été et à Noël), ce sont des coupe-files très efficaces, et, surtout, la certitude de pouvoir y accéder ! Et une nécessité pour certains sites en période épidémique.

• ***routard.com*** • Le site de voyage nº 1, avec plus de 800 000 membres et plusieurs millions d'internautes chaque mois. Pour s'inspirer et s'organiser, près de 300 guides destinations actualisés, avec les infos pratiques, les incontournables et les dernières actus, ainsi que les reportages terrain et idées week-end de la rédaction. Partagez vos expériences avec la communauté de voyageurs : forums de discussion avec avis et bons plans, carnets de route et photos de voyage. Enfin, vous trouverez tout pour vos vols, hébergements, voitures et activités, sans oublier notre sélection de bons plans, pour réserver votre voyage au meilleur prix.

• ***spain.info/fr*** • Le site officiel de l'office de tourisme. Et pour Madrid et sa région • ***turismomadrid.es*** • ainsi que • ***esmadrid.com*** • plus spécialisé sur la ville, et • ***madrid.es*** •, le site de la mairie.

Formalités

Pour les ressortissants français, belges et suisses, la carte d'identité en cours de validité ou le passeport suffisent pour entrer sur le territoire espagnol. Les ressortissants canadiens se verront demander leur passeport en cours de validité (pour les séjours touristiques de moins de 90 jours).
Les ***mineurs*** doivent être munis de leur propre pièce d'identité (carte d'identité ou passeport). Pour l'autorisation de sortie de territoire lorsque les enfants ne sont pas accompagnés par un de leurs parents, chaque pays a mis en place sa propre régulation. Ainsi, pour ***les mineurs français,*** une loi entrée en vigueur en janvier 2017 a ***rétabli l'autorisation de sortie du territoire.*** Pour voyager à l'étranger, ils doivent être munis d'une pièce d'identité (pour l'Espagne : carte d'identité ou passeport, en cours de validité), d'un formulaire signé par l'un des parents titulaires de l'autorité parentale et de la photocopie de la pièce d'identité du parent signataire. Renseignements auprès des services de votre commune et sur ● *service-public.fr* ●

> Avant de partir, pensez à scanner passeport, carte bancaire, et *vouchers* d'hôtel. Ensuite, adressez-les-vous par e-mail, en pièces jointes, sans oublier les e-billets d'avion. En cas de perte ou de vol, rien de plus facile pour les récupérer. Les démarches administratives seront bien plus rapides. Merci, tonton Routard !

Assurances voyages

■ ***Routard Assurance par AVI International :*** *40, rue Washington, 75008 Paris.* ☎ *01-44-63-51-00.* ● *avi-international.com* ● Ⓜ *George-V.* Enrichie année après année par les retours des lecteurs, *Routard Assurance* est devenue une assurance voyage incontournable. Tout est compris : frais médicaux, assistance rapatriement, bagages, responsabilité civile... Vous avez besoin d'un médecin, d'un conseil médical ou d'une prise en charge dans un hôpital ? Appelez simplement le plateau AVI Assistance disponible 24h/24, leur réseau est l'un des plus complets actuellement. Vous avez eu des frais de santé en voyage ? Envoyez les factures à votre retour, AVI vous rembourse sous une semaine. Avant votre départ, n'hésitez pas à les appeler pour des conseils personnalisés. Et téléchargez l'appli mobile pour garder le contact avec l'assistance 24h/24 et disposer de l'un des meilleurs réseaux médicaux à travers le monde.

■ ***AVA Assurance Voyages et Assistance :*** *25, rue de Maubeuge, 75009 Paris.* ☎ *01-53-20-44-20.* ● *ava.fr* ● Ⓜ *Cadet.* Un autre courtier fiable pour ceux qui souhaitent s'assurer en cas de décès-invalidité-accident lors d'un voyage à l'étranger, mais surtout pour bénéficier d'une assistance rapatriement, perte de bagages et annulation. Attention, franchises pour leurs contrats d'assurance voyage.

■ ***Pixel Assur :*** *18, rue des Plantes, BP 35, 78601 Maisons-Laffitte.* ☎ *01-39-62-28-63.* ● *pixel-assur.com* ● *RER A : Maisons-Laffitte.* Assurance de matériel photo et vidéo tous risques (casse, vol, immersion) dans le monde entier. Devis en ligne basé sur le prix d'achat de votre matériel. Avantage : garantie à l'année.

Carte internationale d'étudiant (carte ISIC)

Elle prouve le statut d'étudiant dans le monde entier et permet de bénéficier d'avantages, services et réductions dans les domaines du transport, de l'hébergement, de la culture, des loisirs, du shopping...
La carte ISIC permet aussi d'accéder à des avantages exclusifs (billets d'avion spécial étudiants, hôtels et auberges de jeunesse, assurances, cartes SIM internationales, location de voiture...).

Renseignements et inscriptions

- ***En France :*** • *isic.fr* • *13 € pour 1 année scolaire.*
- ***En Belgique :*** • *isic.be* •
- ***En Suisse :*** • *isic.ch* •
- ***Au Canada :*** • *isiccanada.ca* •

Carte d'adhésion internationale aux auberges de jeunesse (carte FUAJ)

Cette carte vous ouvre les portes des 4 000 auberges de jeunesse du réseau *HI-Hostelling International* en France et dans le monde. Vous pouvez ainsi loger dans plus de 80 pays à des prix avantageux et bénéficier de tarifs préférentiels avec les partenaires des auberges de jeunesse *HI.* Enfin, vous intégrez une communauté mondiale de voyageurs partageant les mêmes valeurs : plaisir de la rencontre, respect des différences et échange dans un esprit convivial. Il n'y a pas de limite d'âge pour séjourner en auberge de jeunesse. Il faut simplement être adhérent.

Renseignements et inscriptions

- ***En France :*** • *hifrance.org* •
- ***En Belgique :*** • *lesaubergesdejeunesse.be* •
- ***En Suisse :*** • *youthhostel.ch* •
- ***Au Canada :*** • *hihostels.ca* •

Si vous prévoyez un séjour itinérant, vous pouvez réserver plusieurs auberges en une seule fois en France et dans le monde : • *hihostels.com* •

ARGENT, BANQUES, CHANGE

À titre d'information, et sous réserve des fluctuations des taux, 1 € = 1,07 CHF = 1,54 $Ca.

- D'une manière générale, les ***banques*** sont ouvertes du lundi au vendredi de 8h30 à 14h. Pour ceux qui sont concernés (nos amis suisses et canadiens, entre autres), les commissions varient sensiblement d'une banque à l'autre, mais face à la généralisation des distributeurs automatiques et du paiement par carte (y compris « sans contact »), de moins en moins de banques proposent ce service. Bien sûr, il y a aussi les bureaux de change, mais on n'en trouve pas partout et ils prélèvent une commission. En tout état de cause, s'abstenir de changer en face des sites touristiques.
- Partout dans Madrid, on peut retirer de l'argent aux ***distributeurs automatiques*** *(cajero automático)* avec les cartes *MasterCard, Visa* et *Maestro.*
- En Espagne, l'euro (prononcer « é-ou-ro ») se décline euros au pluriel et se divise en *céntimos.*

Cartes de paiement

Avertissement

Si vous comptez effectuer des retraits d'argent aux distributeurs, il est **très vivement conseillé** d'avertir votre banque avant votre départ (pays visités et dates). En effet, **votre carte peut être bloquée dès le 1er retrait** pour suspicion de fraude. C'est de plus en plus fréquent. Bonjour les tracasseries administratives pour faire rentrer les choses dans l'ordre et on se retrouve vite dans l'embarras !

Quand vous partez à l'étranger, pensez à relever le plafond de retrait aux distributeurs et pour les paiements par carte, quitte à le baisser à votre retour.

Avant de partir, notez bien le numéro d'opposition propre à votre banque (il figure souvent au dos des tickets de retrait, sur votre contrat, ou à côté des distributeurs de billets), ainsi que le numéro à 16 chiffres de votre carte. Bien entendu, conservez ces informations en lieu sûr et séparément de votre carte.
Par ailleurs, l'assistance médicale se limite aux 90 premiers jours du voyage et l'assistance véhicule aux cartes haut de gamme (renseignez-vous auprès de votre banque). Et surtout, n'oubliez pas aussi de VÉRIFIER LA DATE D'EXPIRATION DE VOTRE CARTE DE PAIEMENT avant votre départ !
En zone euro, pas de frais bancaires sur les paiements par carte. Les retraits sont soumis aux mêmes conditions tarifaires que ceux effectués en France (gratuits pour la plupart des cartes).
Une carte perdue ou volée peut être rapidement remplacée. En appelant sa banque, un système d'opposition, d'avance d'argent et de remplacement de carte pourront être mis en place afin de poursuivre son séjour en toute quiétude.
Afin d'éviter les frais lors de chaque paiement ou retrait en dehors de la zone euro, **certaines banques offrent la gratuité des retraits** dans leurs propres distributeurs (DAB) dans le monde entier (comme *HSBC*) ou dans les banques avec qui elles ont un accord selon les pays (se renseigner avant le départ).
Les banques en ligne comme *Revolut, N26,* ou *Boursorama* proposent des cartes gratuites qui ne facturent aucune commission pour les paiements et retraits.
En cas de perte, de vol ou de fraude, quelle que soit la carte que vous possédez, chaque banque gère elle-même le processus d'opposition et le numéro de téléphone correspondant. Le plus simple est de faire opposition en ligne via le site de votre agence bancaire ou leur application mobile, ou en les appelant directement. Sinon, voici les numéros des centres d'assistance des différentes cartes.

– ***Carte Visa :*** *numéro d'urgence depuis l'Espagne : ☎ 900-99-11-24. • visa.fr •*
– ***Carte MasterCard :*** *numéro d'urgence depuis l'Espagne : ☎ 900-822-756. • mastercardfrance.com •*
– ***Carte American Express :*** *numéro d'urgence : ☎ (00-33) 1-47-77-72-00. • americanexpress.com •*
– Il existe un serveur interbancaire d'opposition qui, en cas de perte ou de vol, vous met en contact avec le centre d'opposition de votre banque : *depuis la France, ☎ 0892-705-705 (prix d'appel + 0,35 €/mn) ; depuis l'étranger, ☎ (00-33) 442-605-303.*

Petite mesure de précaution : si vous retirez de l'argent dans un distributeur, utilisez de préférence les distributeurs attenants à une agence bancaire. En cas de pépin avec votre carte (carte avalée, erreurs de code secret...), vous aurez un interlocuteur dans l'agence, pendant les heures ouvrables.

Besoin urgent d'argent liquide

Vous pouvez être dépanné en quelques minutes grâce au système ***Western Union Money Transfer.*** L'argent vous est transféré en moins de 1h. La commission, assez élevée, est payée par l'expéditeur. Possibilité d'effectuer un transfert auprès d'un des bureaux *Western Union* ou, plus rapide, en ligne, 24h/24 par carte de paiement (*Visa* ou *MasterCard*).
Même principe avec d'autres organismes de transfert d'argent liquide comme ***MoneyGram, PayTop*** ou ***Azimo.*** Transfert en ligne sécurisé, en moins de 1h.
Dans tous les cas, se munir d'une pièce d'identité. Toutefois, en cas de perte/vol de papiers, certains organismes permettent de convenir d'une question/réponse-type pour pouvoir récupérer son argent. Chacun de ces organismes possèdent aussi des applications disponibles sur téléphone portable. Consulter les sites internet pour connaître les pays concernés, les conditions tarifaires (frais, commission) et trouver le correspondant local le plus proche :
• westernunion.com • moneygram.fr • paytop.com • azimo.com/fr •

– Autre solution, envoyer de l'argent par ***La Banque postale*** : le bénéficiaire, muni de sa pièce d'identité, peut retirer les fonds dans n'importe quel bureau du réseau local. Le transfert s'effectue avec un mandat ordinaire international (jusqu'à 3 500 €) et la transaction prend 4-5 jours en Europe (8-10 vers l'international). Plus cher, mais plus rapide, le mandat express international permet d'envoyer de l'argent (montant variable selon la destination – 34 au total) sous 2 jours maximum, 24h lorsque la démarche est faite en ligne. *Infos : • labanquepostale.fr •*

ACHATS

Mettez-vous à l'heure espagnole : la très grande majorité des magasins ferment pour la pause du milieu de journée vers 13h30-14h, pour rouvrir à 17h. Sauf les grands centres commerciaux, les grandes surfaces, certaines boutiques de chaînes internationales, etc., qui sont tout de même assez nombreux à Madrid ! Et en plein centre-ville, surtout en saison touristique, pas mal de commerces, même petits, restent ouverts en continu.
L'Espagne a un niveau de vie proche de ceux de la France ou de la Belgique. Rien à voir avec l'Espagne de papa, où l'on pouvait acheter des tas de choses pour une bouchée de pain... *O tempora, o mores...*
Il reste cependant des articles à des prix intéressants. Les chaussures, les articles en cuir, et les vêtements des marques espagnoles (pour beaucoup, désormais, internationales) offrent un bon rapport qualité-prix. À Madrid, il y a de belles antiquités, des marchés aux puces sympa et des *outlets* de fringues et de chaussures à damner les *fashionistas.* Enfin, les productions gastronomiques régionales méritent plus qu'un simple coup d'œil : vin, jambon, chorizo, conserves, etc.
Sachez aussi que les ***soldes*** d'hiver commencent juste après l'Épiphanie (6 janvier) et finissent fin février, et ceux d'été durent tous les mois de juillet et août, mais les remises sont moins importantes qu'en France. C'est pas beau, ça ?

BUDGET

Dans l'ensemble, le coût de la vie est comparable à celui de la France. Il est encore possible de trouver des pensions à partir de 45-50 €, mais elles commencent à se faire rares. Les tarifs varient largement en fonction du jour de la semaine (plus cher le week-end), des haute et basse saisons *(temporada alta* ou *baja* ; à noter que août est en général basse saison à Madrid). La Semaine sainte est la plus chère de toutes, avec souvent un tarif spécial rien que pour elle ! De même pour les fêtes et jours fériés, qui créent des pics de demande, surtout s'ils sont agrémentés d'un pont ! Au bout du compte, vous pourriez bien payer une chambre 2 fois plus cher qu'un jour de semaine en basse saison...

Recommandation à ceux qui souhaitent profiter des réductions et avantages proposés dans le *Routard* par les hôteliers et les restaurateurs.

À l'hôtel, pensez à les demander au moment de la **réservation** ou bien lors de votre **arrivée.** Ils ne sont valables que pour les réservations en direct et non cumulables avec d'autres offres promotionnelles (notamment sur Internet). Au restaurant, parlez-en **au moment** de la commande et surtout **avant** que l'addition ne soit établie. Poser votre *Routard* sur la table ne suffit pas : le personnel de salle n'est pas toujours au courant et une fois le ticket de caisse imprimé, il est souvent difficile de modifier le total. En cas de doute, montrez la notice relative à l'établissement dans le *Routard* de l'année et, bien sûr, et ne manquez pas de nous faire part de toute difficulté rencontrée.

À noter qu'en Espagne la taxe sur la valeur ajoutée dans l'hôtellerie et la restauration (IVA) s'élève à 10 %, et que les prix sont normalement annoncés ***taxes incluses*** (tous nos prix le sont !). Sachez aussi que certains établissements modestes ajoutent une commission pour tout règlement par carte de paiement (s'ils l'acceptent).

Hébergement

Les prix indiqués sont ceux d'une ***chambre double,*** généralement sans le petit déj (sauf indication contraire) mais ***avec IVA.*** Cette échelle est évidemment indicative et peut varier légèrement. Pour ce qui est des petits déjeuners, beaucoup de pensions, maintenant souvent nommées *hostal,* n'en servent pas : nous le signalons. De même, nous signalons lorsque le petit déjeuner est inclus dans le prix de la chambre. En revanche, les quelques fois où nous indiquons son prix, il s'entend, bien sûr, par personne, comme tous les repas.

Les tarifs variant selon les lois de l'offre et la demande, n'hésitez pas à passer par Internet pour les réservations, car les offres intéressantes sont fréquentes, surtout pour les établissements un peu chics.

- ***Bon marché :*** jusqu'à 25 € par personne (en AJ) ou de 30 à 50 € pour une chambre double.
- ***Prix moyens :*** de 50 à 70 €.
- ***Chic :*** de 70 à 90 €.
- ***Plus chic :*** de 90 à 120 €.
- ***Très chic :*** plus de 120 €.

Nourriture

Le pain, au même titre que la bouteille d'eau, est généralement facturé (sauf s'il est inclus dans le menu). Si on le refuse, il n'est évidemment pas compté (quoique...).

On peut évidemment manger à tous les prix. Mais si c'est la qualité que vous recherchez, cela vous reviendra presque aussi cher qu'en France. Avec les tapas, on peut s'en sortir plus honorablement, si l'on n'est pas trop gourmand. Les fourchettes de prix indiquées ci-dessous sont calculées sur la base d'un ***repas complet pour une personne, taxe (IVA)*** incluse mais sans la boisson.

- ***Très bon marché :*** moins de 10 €.
- ***Bon marché :*** de 10 à 15 €.
- ***Prix moyens :*** de 15 à 25 €.
- ***Plus chic :*** de 25 à 40 €.
- ***Très chic :*** plus de 40 €.

À noter que, le midi, beaucoup de restaurants proposent un *menú del día,* généralement bien ficelé et complet (entrée, plat, dessert, pain, et souvent boisson), autour de 11-15 €. N'hésitez pas, il est difficile de trouver un meilleur rapport qualité-prix, même s'il ne faut pas toujours s'attendre à des produits haut de gamme... Encore que, il y a parfois de bonnes surprises et des petits menus remarquables (nous ne manquons pas de les signaler !).

Visites, parking, etc.

Les musées et sites sont généralement payants, de même que les églises les plus visitées (voir plus loin « Musées et sites »).

Si vous vous déplacez en voiture, sachez que les parkings ne sont pas donnés à Madrid (où la circulation est de toute façon galère, et où nous vous conseillons de vous déplacer à pied et en transports en commun). Le prix pour 24h peut grimper jusqu'à 35 €. Certains hôtels disposent de leur propre parking, souvent moins onéreux, ou ont des accords (et donc des réductions) avec les parkings les plus proches : renseignez-vous lors de votre réservation ou à votre arrivée à la réception.

CLIMAT

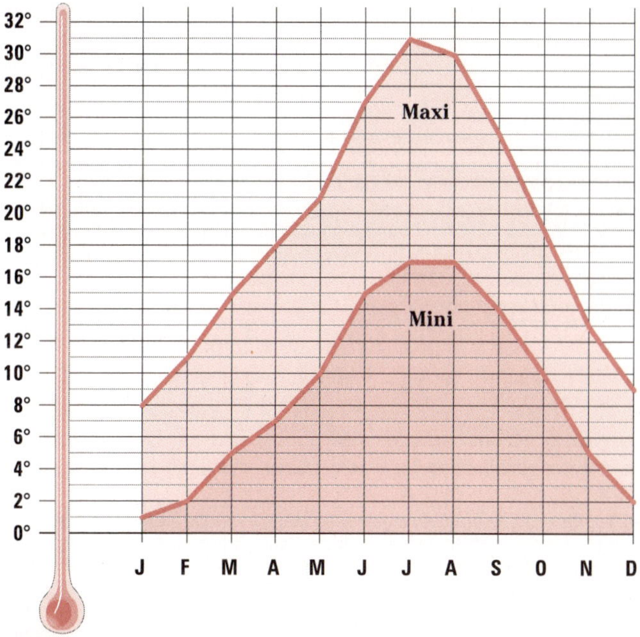

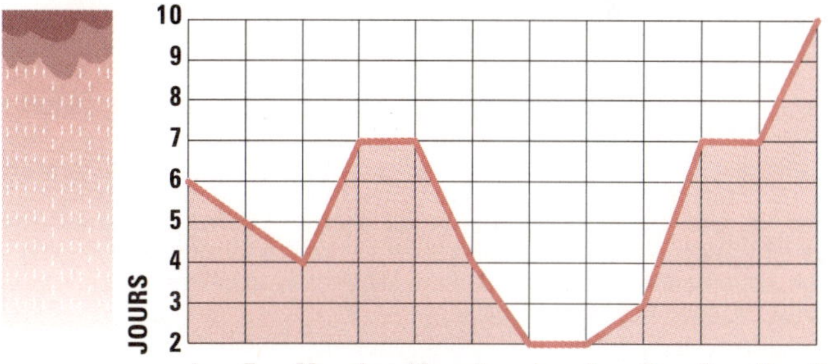

Nombre de jours de pluie

MADRID
Moyenne des températures atmosphériques

En règle générale, tempéré et sec. Le climat de la Meseta (le plateau castillan, dans lequel trône Madrid) est de type continental : air très sec, été assez chaud (par exemple, souvent plus de 40 °C à Madrid en juillet-août) et hiver plutôt frais.
L'époque de voyage la plus favorable pour l'ensemble de la péninsule, et en particulier Madrid, est le printemps ou l'automne. On y bénéficie de températures agréables, sans la foule. Cela dit, en été, il suffit de se mettre à l'heure espagnole, en faisant une vraie pause aux heures les plus chaudes (qui compensera d'ailleurs les nuits passées à courir les bars à tapas !), ou en se réfugiant à ces heures-là dans les musées climatisés ou les parcs de la ville.

FÊTES ET JOURS FÉRIÉS

Les 1er janvier, 6 janvier (Épiphanie), Semaine sainte (du vendredi au dimanche de Pâques – en 2021, du 28 mars au 5 avril, et en 2022 du 10 au 17 avril), 1er mai, 2 mai (fête de la région et de l'Indépendance), 15 août (Assomption), 12 octobre (fête nationale), 1er novembre (fête de la Toussaint), 9 novembre (fête de la Vierge de l'Almudena, sainte patronne de la ville), 6 décembre (fête de la Constitution), 8 décembre (fête de l'Immaculée Conception) et 25 décembre.
La San Isidro (15 mai), fête du saint patron de la ville, est l'occasion de 10 jours de fêtes et de spectacles dans tout Madrid, avec de nombreux concerts, et aussi les plus grands toreros du moment : une semaine de corridas exceptionnelles.

HÉBERGEMENT

En raison de la Covid-19 et de ses suites, certains hôtels étaient encore fermés lorsque nous avons bouclé ce guide. En particulier les auberges de jeunesse et les petits *hostales*. Pour vous assurer que l'établissement que vous avez choisi est bien ouvert, rien ne vaut un petit coup de téléphone !

Pas trop de problèmes d'hébergement à Madrid : la ville regorge de *pensiones* et *hostales.* Pourtant, en haute saison et pendant les grands événements, ainsi que pendant les week-ends, la réservation s'avère indispensable. Les pensions bon marché ne prennent pas toujours de réservation par téléphone, ou alors exigent un numéro de carte de paiement, et encaissent en général directement la 1re nuit (difficile de se faire rembourser par la suite...). Évidemment, plus vous restez longtemps et plus vous pouvez négocier le prix (à partir de 3-4 nuits ou pour un week-end complet).
– Autre point à ne pas négliger, la climatisation (dans nos commentaires : clim) ou le ventilo. Malgré ses défauts, elle est vivement conseillée en été, surtout en centre-ville.
– Et puis, n'oubliez pas, vous êtes dans une grande ville qui est loin de s'endormir une fois la nuit tombée, bien au contraire ! Alors, quelle que soit la catégorie de l'hôtel, ***sachez que les chambres sur rue sont en général bruyantes.*** Selon votre rythme de vie (et de sorties !), prenez vos précautions, et si vous tenez au calme, préférez une chambre intérieure (quoique... les cours résonnent bien, elles aussi !)... ou sortez les boules *Quies* !

HORAIRES

Les ***horaires des repas*** sont plus tardifs que ceux pratiqués en France. Le petit déjeuner se prend de 8h à 11h, le déjeuner de 13h30-14h à 16h et le dîner de 21h à 23h (à la fraîche). Quant aux ***boîtes de nuit,*** certaines ne commencent à s'animer que vers 3h... Il faut avoir une santé de fer pour vivre ici ! Les ***magasins*** sont généralement ouverts du lundi au samedi de 9h30 ou 10h (voire 11h dans le quartier de Chueca) à 13h30 ou 14h, et de 16h30 ou 17h à 20h ou 21h. Ils respectent la sacro-sainte *siesta* (la pause, quoi), quoique à Madrid cela tende à se raréfier ! En été, certains commerces restent ouverts jusqu'à 22h ou 23h. Les supermarchés, grands magasins (type *Corte Inglés*) et boutiques de chaînes, en revanche, sont ouverts toute la journée sans interruption. Pour les banques, voir plus haut « Argent, banques, change ».

LANGUE

En espagnol, le « ñ » se prononce « gne » et le « v » se prononce plus « b » que « v » : *España* se dit « Espagna », *cerveza* se dit « cerbessa », *Sevilla,* « Sebilla », *Valencia,* « Balencia », etc. Attention cependant, tout excès nuit. Essayez quand même de pondérer entre le « v » et le « b ».

PARLER LE FRANÇAIS COMME UNE VACHE ESPAGNOLE

C'est vrai que les vaches, surtout espagnoles, parlent mal le français. Cette expression datant du XVIIe s vient en fait d'une altération du mot « basque » en « vache ». Avec leur accent si particulier, on comprend mieux !

Vocabulaire usuel

Pour vous aider à communiquer, n'oubliez pas notre *Guide de conversation* du routard en espagnol.

oui/non	*sí/no*

Politesse

bonjour	*buenos días* (le matin) *buenas tardes* (à partir de 14h)
merci/merci beaucoup	*gracias/muchas gracias*
s'il vous plaît	*por favor*
excusez-moi	*perdóneme, disculpe*
bonsoir/bonne nuit	*buenas noches*
au revoir/à bientôt	*adiós/hasta luego*

Expressions courantes

parlez-vous français ?	*¿ habla francés ?*
comment vous appelez-vous ?	*¿ cómo se llama ?*
je ne comprends pas	*no entiendo*
je ne sais pas	*no sé*
comment dit-on en espagnol ?	*¿ cómo se dice en español/castellano ?*
demain	*mañana*
ce matin	*esta mañana*
ce soir	*esta noche*
OK, c'est bon, d'accord	*vale*

Vie pratique

ville	*ciudad*
centre	*centro*
bureau de poste	*correos*
office de tourisme	*oficina de turismo*
banque	*banco*
mot de passe (accès wifi)	*contraseña*

Transports

gare routière	*estación de autobuses*
gare ferroviaire	*estación de ferrocarriles*
billet	*billete*
à quelle heure le train arrive-t-il... (part-il) ?	*¿ a qué hora llega (sale) el tren... ?*
où faut-il changer de train ?	*¿ dónde hay que cambiar de tren ?*

Argent

payer	*pagar*
prix	*precio*
combien ça coûte ?	*¿ cuánto cuesta/vale ?*
guichet automatique	*cajero automático, bancomat*
carte de paiement	*tarjeta de crédito*
pas cher, bon marché	*barato*
cher	*caro*

À l'hôtel et au restaurant

hôtel	*hotel*
auberge	*albergue*
pension	*hostal, fonda, pensión*
chambre	*habitación*
chambre double	*habitación doble/de dos camas*
pourriez-vous me la montrer (la chambre) ?	*¿ me la puede enseñar, por favor (la habitación) ?*
service compris	*servicio incluido*
petit déjeuner	*desayuno*
déjeuner	*almuerzo*
dîner	*cena*
repas	*comida*
je voudrais la note	*quisiera la cuenta*

Quelques abréviations courantes

calle	*c/* (rue)
avenida	*avda* (avenue)
carretera	*ctra* (route, chemin)
plaza	*pl.* (place)
travesía	*trav.* (passage)

Le temps

jour	*día*
semaine	*semana*
lundi	*lunes*
mardi	*martes*
mercredi	*miércoles*
jeudi	*jueves*
vendredi	*viernes*
samedi	*sábado*
dimanche	*domingo*
matin	*mañana*
midi	*mediodía*
après-midi	*tarde*
soir	*noche*
minuit	*medianoche*
heure	*hora*

Chiffres

1	*uno, una*	14	*catorce*
2	*dos*	15	*quince*
3	*tres*	16	*dieciseis*
4	*cuatro*	17	*diecisiete*
5	*cinco*	18	*dieciocho*
6	*seis*	19	*diecinueve*
7	*siete*	20	*veinte*
8	*ocho*	50	*cincuenta*
9	*nueve*	100	*ciento, cien*
10	*diez*	200	*doscientos*
11	*once*	500	*quinientos*
12	*doce*	1000	*mil*
13	*trece*	10000	*diez mil*

LIVRES DE ROUTE

– ***Le Labyrinthe aux olives*** (1982), d'Eduardo Mendoza, polar ; Points, 1998, nº 460. Ceux qui ont lu *Le Mystère de la crypte ensorcelée* connaissent déjà le héros de cette aventure burlesque, cette fois évadé tout droit d'un asile d'aliénés. Mendoza nous fait voyager dans l'Espagne contemporaine, entre Madrid et Barcelone, sur les traces d'une mallette bourrée de pesetas.

– ***Meurtre au comité central*** (1981), de M. V. Montalbán, polar ; 10/18, 1999, nº 2197. Le détective barcelonais Pepe Carvalho enquête à Madrid sur l'assassinat du secrétaire général du PC espagnol, tout juste sorti de la clandestinité. Une occasion d'explorer avec lui un coin de l'Espagne de l'après-franquisme.

– ***Amour, Prozac et autres curiosités*** (1999), de Lucía Etxebarría, roman ; 10/18, 2001, nº 3253. Cristina, Rosa et Ana : une bombe sexuelle, une amazone technocrate et une ménagère dépressive. 3 sœurs que tout sépare... sauf peut-être la drogue, sous toutes ses formes. Histoires croisées du mal de vivre dans les rues madrilènes de la post-Movida, entre crudité et douceur, désespoir et humour (caustique), fatalisme et optimisme. Attention ! « Femmes au bord de la crise de nerfs » !

– ***Cinq heures avec Mario*** (1966), de Miguel Delibes, roman ; Verdier, 2010. Un professeur de lycée vient de mourir. Carmen, sa femme, le veillera toute la nuit. Sur la table de chevet, la Bible, dont il avait surligné quelques passages. Dans un curieux soliloque, elle recrée la réalité de sa vie de petite-bourgeoise franquiste et frustrée face à un homme qu'elle croyait connaître. Et en profite pour vider son sac. Un livre d'une douce cruauté, qui va au-delà d'une critique sociale d'un milieu ou d'une époque, celle de l'Espagne sous Franco.

– ***Anatomie d'un instant*** (2009), de Javier Cercas, roman ; « Babel », 2013. « Tout le monde à terre ! » La menace retentit le 23 février 1981, à 18h21 précises, à Madrid : c'est tout un parlement qui est pris en otage par un groupe franquiste de *guardias civiles.* Cercas retrace la nuit la plus tendue de la Transition démocratique espagnole, 5 ans après la mort de Franco, à travers ces 400 pages, et dresse ainsi un portrait de l'Espagne des années 1980.

– ***Les Soldats de Salamine*** (2001), de Javier Cercas, roman ; LGF, 2005, Le Livre de Poche. Entre fiction et réalité, ce roman entremêle le destin de 3 personnages. Un des fondateurs de la Phalange, organisation fasciste, échappe à la fusillade des républicains qui se retirent vers la France à la fin de la guerre civile.

– ***L'Art de voler*** (2011), d'Antonio Altarriba et Kim, bande dessinée ; Denoël, 2011. La biographie à peine romancée du père d'Altarriba. Né en 1910, sa vie illustre à merveille l'Espagne du XXᵉ s : les pénuries du début du siècle, la dictature de Primo de Rivera, l'espoir de la République en 1931, le traumatisme de la guerre civile, le silence sous 40 années de franquisme, jusqu'à la démocratie. Nombreux sont les Espagnols à se retrouver dans cette vie marquée par les échecs, les condamnations et la frustration idéologique et intellectuelle. C'est aussi un bel hommage à cet homme qui se refusa toujours à abdiquer face à l'obscurantisme, et choisit jusqu'au bout la liberté, celle de voler en plein ciel...

– ***Le mystère Jérôme Bosch*** (2018), de Peter Dempf ; Pocket, 2018. Un polar à clef, avec société secrète et tout le tralala, autour du fameux triptyque de Bosch, le *Jardin des Délices,* que vous irez évidement admirer au musée du Prado. Et si de mystérieux symboles étaient cachés dans les toiles ? Pas forcément convaincant (on voit parfois les grosses ficelles de la narration) mais tout au moins divertissant ! Et on s'émerveille avec plus de curiosité encore devant le chef d'œuvre de Bosch après cette lecture.

– ***Don Quichotte de la Manche*** (1605), de Miguel de Cervantes, roman ; éd. du Chêne, 2009 ; illustré par Salvador Dalí. Voilà un classique, indispensable pour quiconque désire comprendre l'âme espagnole. Voici, avec un humour décapant, les aventures d'un vieil hidalgo de la Manche. Don Quichotte est « un homme sensé atteint de folie, un fou doué de bon sens » dont le but est de venger les offenses, de redresser les torts et, bien sûr, d'effrayer les géants. Mais son problème, c'est l'anachronisme. Il n'est plus de son temps ! Et il transforme sans cesse la réalité. Des moulins à vent deviennent des géants à abattre, un troupeau de moutons une armée ennemie... Ascète efflanqué épris d'idéal, Don Quichotte voyage à travers l'Espagne, de la Manche jusqu'à Barcelone, en compagnie de Sancho Panza, son fidèle serviteur. Tout semble séparer ces 2 hommes opposés jusqu'à la caricature, l'idéaliste mystique et le bon vivant terre-à-terre. Et pourtant, l'un n'est rien sans l'autre. Publié pour la 1re fois en 1605, ce chef-d'œuvre universel a fêté ses 400 ans en 2005. Après la Bible, ce serait le 2e best-seller mondial.

LE PLAGIAT DE DON QUICHOTTE

À sa sortie, le roman de Cervantes connut un succès considérable ; 8 ans plus tard, un auteur sans scrupule publia une suite de l'ouvrage, dans laquelle il dénigrait vertement Cervantes... Certains affirment que c'est son ennemi préféré, l'écrivain Lope de Vega, qui s'y colla ! Furieux, Cervantes décida d'écrire sa suite des tribulations du chevalier, en le faisant mourir à la fin. L'histoire était donc définitivement close.

– ***La Manche de Don Quichotte*** (2005), de Denis Tillinac, illustrations de Yan Méot ; La Table ronde. L'auteur et le dessinateur effectuent un voyage initiatique et empreint d'humour dans la Manche où, à chaque coin de rue (jusque dans leurs assiettes), plane le fantôme du célèbre héros de Cervantes.

– ***La Vie de Lazarillo de Tormes*** (1554), anonyme, autobiographie ; Garnier-Flammarion, éd. bilingue, 1994 (un peu difficile à trouver). Écrite par un inconnu, *La Vie de Lazarillo de Tormes* est un véritable joyau de la littérature espagnole. Cette historiette gorgée à cœur de truculence, d'intelligence vive et de bons mots fut éditée vers 1554. L'histoire est simple : un garçon est confié dès son plus jeune âge à un aveugle dont il devient le serviteur. Ensuite, du mendiant aveugle, il passe chez un prêtre avare, chez un écuyer famélique et chez un marchand d'indulgences. Il devient le larbin de tout le monde et ne veut servir personne. Malicieux, il accède à la sagesse en rivalisant de cynisme et de coups bas. Peinture sociale géniale, pamphlet d'un sombre siècle, ce semblant d'autobiographie ouvre la voie d'une tradition picaresque que Cervantes renouvellera avec el señor Quijote et son valet Sancho Panza.

– ***Voyage en Espagne*** (1843), de Théophile Gautier, récit de voyage ; Flammarion, 1999, GF nº 367. Le meilleur récit de voyage sur l'Espagne écrit par un français au XIXe s. De mai à septembre 1840, Gautier traverse le pays de Burgos à Madrid, de Tolède à Malaga. À pied, à cheval, en carriole, en diligence, cet excellent observateur ne cherche pas à enjoliver la réalité. Il la décrit fidèlement avec plein

d'anecdotes, graves ou drôles. Les trésors artistiques, les églises, les couvents, les courses de taureaux, les bandits andalous, les hommes et les femmes, les mœurs, tout le captive et le dépayse.
– ***L'Espoir*** (1937), d'André Malraux, roman ; Gallimard Poche, 1996 : « Folio » nº 16. Comme lord Byron en Grèce, ou Lafayette en Amérique, André Malraux est l'archétype de l'intellectuel engagé au service d'une cause étrangère. De juillet 1936 à février 1937, il a vécu en direct les événements de la guerre d'Espagne en créant l'escadrille España avant l'arrivée des Brigades internationales. Lui-même participa à 65 opérations aériennes de bombardements. De fait, son roman, basé sur du vécu, est aussi une sorte de chronique historique, où la réflexion politique prend une place centrale. Face aux franquistes, il préfère très clairement l'organisation et le pragmatisme des communistes à l'autogestion anarchiste. L'écrivain adapta son roman à l'écran. Le film sortit en juillet 1939 sous le titre *Sierra de Teruel,* car c'est là que Malraux a vécu les moments les plus forts de son engagement. Il fut renommé *Espoir* en 1945.
– ***Toreros de salón*** (1963), de Camilo José Cela, nouvelles ; Gallimard, 1994. Chez Camilo José Cela, malgré une ironie mordante et parfois un soupçon de tendresse, on apprécie surtout la retenue et le refus du jugement de valeur. En quelques portraits, il campe ces toreros de salon et leurs taureaux, au ridicule plus accusé encore.

MADRID GRATUIT

Quelques musées et sites sont gratuits pour tous toute l'année : la casa-museo Lope de Vega, le museo de la Biblioteca nacional de España, l'ermita de San Antonio de la Florida, le templo de Debod, le museo de Historia, Conde Duque Centro Cultural (le musée, pas les spectacles), le museo ABC, et Andén 0 – Estación Chamberí. Est également tout à fait gratuit ***l'accès à divers centres culturels,*** alternatifs ou non, et en général à leurs expos (moins souvent à leur programmation de théâtre, spectacles, concerts, etc.) : la Tabacalera, la casa Encendida, les expos de CentroCentro (et l'accès au mirador le 1er mercredi du mois), les expos de la *fundación Juan March,* et une bonne partie des expos et activités du centre culturel *Matadero* (mais pas tout : pas le théâtre, etc.). ***Tous les parcs sont également en libre accès,*** dont le superbe parc del Buen Retiro, et la vaste coulée verte Madrid Río, qui longe le Manzanares de ses pistes cyclables.
Même les grands musées permettent de découvrir leurs collections gratuitement, en offrant un créneau horaire : ainsi le Prado est gratuit du lundi au samedi 18h-20h, et le dimanche 17h-19h (attention à la file d'attente cependant, qui peut grignoter une bonne partie de ces 2h !). Même politique au museo Reina Sofía, gratuit en semaine de 19h à 21h, et de 14h30 à 19h le dimanche (mais seule une partie du musée est alors accessible). Quant au museo Thyssen-Bornemisza, c'est le lundi de 12h à 16h.
Plusieurs sont ***gratuits le samedi*** à partir de 14h ou 14h30, ainsi que le dimanche : le museo Cerralbo (qui offre une plage supplémentaire de gratuité jeu 17h-20h), le museo del Romanticismo, le Museo arqueológico nacional, le museo Sorolla, et le museo del Traje.
Le Convento de las Descalzas Reales et le Real monasterio de la Encarnación, quant à eux, sont ***gratuits pour les ressortissants de l'UE*** à partir de 16h les mercredi et jeudi. Et du côté du Palacio real, c'est tous les jours du lundi au jeudi, à partir de 18h d'avril à septembre, de 16h d'octobre à mars (sans oublier le spectacle de la grande relève de la garde, tous les 1ers mercredis du mois à midi).
La Real Academia de Bellas Artes de San Fernando se distingue : le mercredi, c'est gratuit ! Au museo de América, c'est les jeudi et dimanche après 14h. Plus compliqué, le museo Lázaro Galdiano : tous les jours de 15h30 à 16h30, et le dimanche de 14h à 15h.

Enfin, les étudiants de moins de 25 ans, les jeunes de moins de 18 ans, les chômeurs et les plus de 65 ans bénéficient souvent soit d'une réduction, soit de la gratuité (à condition, bien sûr, de produire un justificatif – carte d'étudiant, pièce d'identité, etc.). Pas besoin, pour eux, d'acheter un *pass,* en général.

MUSÉES ET SITES

En raison de la Covid-19 et de ses suites, **les horaires sont susceptibles d'être momentanément modifiés**, et la réservation devient parfois obligatoire. De même, certains services (audioguide, consigne ou café et restaurant) proposés par les musées peuvent être momentanément suspendus. Il est donc impératif de vous renseigner au préalable pour éviter toute mauvaise surprise.

Madrid possède d'excellents musées, dont le célèbre Prado qui présente des collections uniques au monde et lui vaut une place dans le peloton de tête, mesdames et messieurs bonjour, des capitales artistiques européennes. Dans les musées nationaux, entrée gratuite avec la carte internationale d'étudiant (parfois, la carte d'étudiant normale suffit, mais pas systématiquement, c'est un coup à tenter). Parfois, vous ne paierez que moitié prix. Le mercredi, certains sont gratuits pour les ressortissants de l'UE. Pour être plus sûr, renseignez-vous à l'entrée de chaque musée car les réductions ou gratuités sont rarement indiquées. Pour les plus accros, voici le détail des différents *passes* et cartes.

Passes touristiques

– ***Abono Paseo del Arte :*** ce forfait valable 1 an permet l'entrée une fois dans chacun des 3 musées suivants : au Prado, à la Fondation Thyssen et au Centro Reina Sofía. ***C'est le pass le plus demandé, et en plus, il sert de coupe-file*** ; en vente (30,40 €) à chacun des guichets de ces musées (expos temporaires non comprises). Avoir son passeport ou sa carte d'identité sur soi. Si vous l'achetez en ligne sur le site internet d'un musée, vous devrez retirer le *pass* auprès du guichet de ce musée.
– ***Tarjeta Anual de Museos Estatales :*** cette carte valable 1 an (pour 36,06 €) permet l'entrée autant de fois que vous le souhaitez dans chacun des musées nationaux d'Espagne. À Madrid, sont concernés : museo nacional del Prado, Centro de Arte Reina Sofía, Museo arqueológico nacional, museo Cerralbo, museo de América, museo del Traje, museo nacional de Antropología, museo nacional de Artes Decorativas, museo del Romanticismo, museo Sorolla. Avoir son passeport ou sa carte d'identité sur soi. Si vous l'achetez en ligne sur le site internet d'un musée, vous devrez retirer le *pass* auprès du guichet de ce musée.
– ***Abono Ocho Museo de Madrid :*** une carte valable 15 j. et qui, pour 16 €, permet de visiter gratuitement 8 des musées nationaux suivants, au choix : museo del Romanticismo, museo nacional de Antropología, museo nacional de Artes Decorativas, museo del Traje, museo Cerralbo, museo de América, Museo arqueológico nacional et museo Sorolla. Existe aussi en version ***Cuatro Museo*** (valable 10 j., pour 8 € : même principe, 4 musées au choix dans la liste précédente). On se procure l'*abono* au guichet du 1er musée visité. Attention, n'inclut ni le museo del Prado, ni le Centro de Arte Reina Sofía.
– ***Bono Patrimonio Nacional nº 2 :*** donne accès pendant 1 an (1 seule entrée/site) aux sites gérés par Patrimonio nacional situés dans la communauté de Madrid. À Madrid même : Palacio real de Madrid, Convento de las Descalzas Reales, Real monasterio de la Encarnación. Dans le reste de la Communauté : Real Sitio de San Lorenzo de El Escorial, Real Sitio de Aranjuez, Real Sitio de El Pardo, Abadía Benedictina de la Santa Cruz del Valle de los Caídos. En vente 30 € aux guichets de ces monuments (réduc étudiants et plus de 65 ans). ● *patrimonionacional.es/bonos-patrimonio-nacional* ●

POSTE

Les timbres *(sellos)* s'achètent dans les postes *(correos),* ouvertes en général du lundi au vendredi de 8h30 à 20h-20h30 (14h30 dans les petites villes) et le samedi de 9h30 à 13h-14h. On en trouve aussi dans les bureaux de tabac *(estancos),* reconnaissables à leur panonceau marron et jaune constitué d'un « T » stylisé. Tarif pour l'Europe : 1,45 €. Toutes les infos sur les tarifs et services postaux : • correos.es •

Les services postaux sont plutôt lents et leur fiabilité n'est pas garantie à 100 % : il n'est pas rare qu'une carte postale mette plusieurs semaines avant d'arriver à bon port.

Attention à ***ne pas confondre les boîtes aux lettres*** de l'opérateur national *Correos,* jaunes, avec celles – rouges – d'un autre opérateur présent en Espagne, *Sun Post* (beaucoup plus long dans l'acheminement des courriers et que l'on ne conseille pas). C'est également valable pour les timbres, qui évidemment ne sont pas interchangeables !

RESTAURANTS

Pas toujours évident de s'y retrouver. La jungle des *bodegas, tascas, tabernas, bares de tapas, marisquerías, mesones* et *restaurantes,* a quelque chose d'impénétrable, sans compter les horaires des repas (on mange souvent 2h plus tard qu'en France, le midi comme le soir !). Il faut se laisser tenter, oser plonger dans la foule à la recherche du comptoir et de ses gros jambons, choisir un plat sans forcément comprendre ce qu'il y a dedans... C'est en goûtant qu'on devient connaisseur !

En Espagne, il y a moins de restos tels qu'on les connaît que dans le reste de l'Europe. En revanche, la plupart des bars et cafés offrent de quoi se restaurer à bon prix : *tapilla* ou *tapita* (mini-tapas) souvent gratuites avec une consommation, *pintxos* généralement payants, *tostadas* (tartines), *tapas* et *raciones* (assiettes de tapas) – qui peuvent n'être que *media raciones.* Il y a aussi le *bocadillo* (sandwich, version chaude ou version froide) et le *sándwich* (toast ou croque-monsieur). On peut, selon son appétit ou tout simplement pour goûter des spécialités, commander *una tapa* (une petite portion), *una media ración* (une petite assiette) ou *una ración* (une assiette entière). Voir aussi la rubrique « Tapas ». On reste souvent debout au comptoir dans les bars, mais nombreux sont les établissements à combiner le bar à tapas avec quelques tonneaux ou tables hautes façon *taberna,* et une salle de resto plus chic. Comme ça, il y en a pour tous les goûts et tous les budgets.

UNE AUBERGE ESPAGNOLE

Autrefois, dans ces auberges, on pouvait dormir. En revanche, la nourriture venait souvent à manquer ou était de piètre qualité. Voilà pourquoi il était conseillé de venir avec ses propres victuailles. L'expression indique aujourd'hui un lieu où l'on mange... ce que l'on apporte.

– En dehors des bars à tapas, que ceux qui veulent manger assis se rassurent, la ville compte aussi de « vrais » restos. Aucun problème pour déjeuner pas cher à Madrid : quasiment tous les restos affichent des ***menus*** *(menú del día).* Pas toujours proposé, il faut parfois le demander, mais il est en principe obligatoire. Il est composé d'une entrée, d'un plat de résistance au choix et d'un dessert (la boisson et le pain sont en général inclus). Ces menus sont souvent copieux et d'un bon rapport qualité-prix, hormis dans les restos vraiment touristiques où la cuisine peut être très moyenne. Cependant, le soir, c'est plus difficile, et vous constaterez qu'en termes de budget les restaurants que l'on indique, pour la plupart, appartiennent à la catégorie « Prix moyens ».

– L'idéal est de faire comme les Espagnols, qui commandent souvent 1 ou 2 plats à partager, dans lequel chacun « picore » à sa guise. Cela permet de limiter les frais et de goûter à diverses spécialités.

Variétés de bars...

– ***Tasca :*** bar à tapas, où l'on mange souvent accoudé au comptoir. On dit aussi tout simplement un ***bar de tapas*** ou ***une tapería.*** Depuis quelques années, il faut ajouter les ***gastro-bares*** ou ***gastro-tabernas,*** versions sophistiquées du bon vieux bar de tapas où la tradition côtoie la modernité avec plus ou moins de réussite.
– ***Cervecería :*** « brasserie », au sens littéral, donc bar à bières.
– ***Bodega :*** « cave à vins », en pratique une sorte de bar à vins.
– ***Taberna :*** taverne.
Mais tous ces noms désignent un peu la même chose : un bar où l'on consomme bières, vins, tapas et autres petits plats...

...et de restaurants

– ***Mesón :*** restaurant plutôt bon marché et préparant une cuisine familiale typique. Une sorte de cantine, quoi !
– ***Comedor :*** salle à manger dans un établissement hôtelier ou dans un bar.
– ***Asador :*** sorte de grill ou rôtisserie, où l'on sert principalement de la viande grillée.
– ***Marisquería :*** restaurant de poisson et fruits de mer (*mariscos* = fruits de mer).
– ***Freiduría :*** comme son nom l'indique, on y trouve toutes sortes de fritures, surtout du poisson, mais aussi des patates (y compris sous forme de chips).
– ***Restaurante :*** c'est ce qui se rapproche le plus du restaurant classique, c'est-à-dire un lieu où l'on s'assied pour manger même si, en pratique, on trouve souvent un comptoir à tapas dans la salle d'à côté.

SANTÉ

Pour un séjour temporaire en Espagne, pensez à vous procurer la Carte européenne d'assurance maladie. Il vous suffit d'appeler votre centre de Sécurité sociale (ou de vous connecter au site internet de votre centre, encore plus rapide !) qui vous l'enverra sous 15 jours environ. Cette carte fonctionne avec tous les pays membres de l'Union européenne. C'est une carte plastifiée bleue du même format que la carte Vitale. *Attention,* elle est valable 2 ans, elle est gratuite et personnelle (chaque membre de la famille doit avoir la sienne, y compris les enfants). *Attention bis,* la carte n'est pas valable pour les soins délivrés dans les établissements privés.

TABAC

Comme dans la plupart des pays européens, il est strictement interdit de fumer dans tous les lieux publics y compris les cafés, les restaurants et les discothèques, ainsi que sur les lieux de travail. Cette interdiction s'applique à toutes les administrations publiques et entreprises privées, aux gares, aéroports, stations de métro, mais aussi aux espaces

LE DANGER DU TABAC

Rodrigo de Jerez, compagnon de Christophe Colomb et fumeur à ses heures, fut condamné à 10 ans de prison par l'Inquisition espagnole pour satanisme... En effet, on pensait que seul le diable pouvait exhaler de la fumée par la bouche.

extérieurs faisant face aux écoles et hôpitaux. Petite exception : les hôtels peuvent conserver 30 % de leurs chambres pour les fumeurs. La seule possibilité pour les bars est d'aménager des espaces fumeurs interdits aux mineurs. Sinon il reste les terrasses. Les contrevenants se voient infliger de lourdes amendes, dont le montant augmente graduellement : 30 € à la 1re infraction, 600 € à la 2e et 10 000 € à la 3e !

TÉLÉPHONE ET INTERNET

Téléphone

Appels internationaux

- ***Espagne → France :*** 00 + 33 puis le numéro de votre correspondant à 9 chiffres (c'est-à-dire le numéro à 10 chiffres sans le 0).
- ***France, Belgique ou Suisse → Espagne :*** 00 + 34 + numéro du correspondant à 9 chiffres.
- ***Espagne → Belgique :*** 00 + 32 + numéro du correspondant à 8 chiffres.
- ***Espagne → Suisse :*** 00 + 41 + numéro du correspondant à 8 ou 9 chiffres.

Appels intérieurs

Pour les ***appels locaux*** (par exemple, de Madrid à Madrid) et ***nationaux*** (par exemple, de Madrid à Saragosse), on compose le numéro complet à 9 chiffres. Renseignements en Espagne : ☎ *11-888.*

Le téléphone portable en voyage

Le voyageur européen titulaire d'un forfait dans son pays d'origine peut utiliser son téléphone mobile ***au tarif national*** dans les 27 pays de l'Union européenne, sans craindre de voir flamber sa facture. Des plafonds sont néanmoins fixés par les opérateurs pour éviter les excès... Cet accord avantageux signé entre l'UE et ses opérateurs télécoms concerne aussi la consommation de ***données internet 3G ou 4G,*** dont le volume utilisable sans surcoût dépend du prix du forfait national (se renseigner). Attention néanmoins, si le voyageur réside plusieurs mois en dehors de son pays, des frais peuvent lui être prélevés...
En Espagne donc, plus besoin d'acheter une carte SIM locale pour diminuer ses frais.

La connexion Internet en voyage

En Espagne en général et à Madrid en particulier, la plupart des hôtels, restos, bars, et mêmes certains espaces publics disposent du wifi gratuit. Mieux que la connexion 3G et 4G qui peut entraîner des frais en usage intensif, le wifi permet aussi de profiter d'un débit parfois supérieur.
Une fois connecté au wifi, vous avez accès à tous les services de la ***téléphonie par Internet. WhatsApp, Messenger*** (la messagerie de Facebook), ***Viber, Skype*** permettent d'appeler, d'envoyer des messages, des photos et des vidéos aux 4 coins de la planète, sans frais. Il suffit de télécharger – gratuitement – l'une de ces applis sur son smartphone. Elle détecte automatiquement dans votre liste de contacts ceux qui utilisent la même appli que vous.

Urgence : en cas de perte ou de vol de votre téléphone portable

Suspendre aussitôt sa ligne permet d'éviter de douloureuses surprises au retour du voyage ! Le plus simple est de demander la suspension de votre ligne depuis le site internet ou l'appli de votre opérateur. Voici sinon les numéros des 4 opérateurs français, accessibles depuis la France et l'étranger :

– **Free :** *depuis la France : ☎ 3244 ; depuis l'étranger : ☎ + 33-1-78-56-95-60.*
– **Orange :** *depuis la France : ☎ 3900 ; depuis l'étranger : ☎ + 33-969-39-39-00.*
– **SFR :** *depuis la France : ☎ 1023 ; depuis l'étranger : 📱 + 33-6-1000-1023.*
– **Bouygues Télécom :** *depuis la France : ☎ 1064 ; depuis l'étranger : 📱 +33-660-61-46-14.*

Avant de partir, notez (ailleurs que dans votre téléphone portable !) votre numéro IMEI, utile pour bloquer à distance l'accès à votre téléphone en cas de perte ou de vol. Comment avoir ce numéro ? Il suffit de taper sur votre clavier *#06#.

TRANSPORTS URBAINS

Un site très pratique (à condition d'avoir quelques notions d'espagnol) récapitule l'ensemble des transports de la capitale espagnole, avec possibilité d'éditer un itinéraire, etc. : ● *crtm.es* ● (et son appli).

Métro

● Plan du métro *p. 26-27*

Rens : ☎ 902-44-44-03 (y compris pour les objets perdus). ● metromadrid.es ● Tlj 6h-1h30. L'appli officielle, MetroMadrid, est très fonctionnelle (et en français).
Réseau excellent et rapide, rames et stations très propres. Avec le prolongement ces dernières années d'un certain nombre de lignes et la création de 3 lignes de tramway excentrées (appelées *Metro Ligero : ML1, 2* et *3*), la tarification peut sembler complexe à première vue. Dans les faits, si vous visitez la ville en touriste, vous n'utiliserez que le métro proprement dit (et éventuellement le *Metro Ligero 1*). Tous les types de ticket ou abonnement s'achètent dans les stations de métro (au guichet ou à des automates, de plus en plus fréquents – CB acceptées), ou dans certains kiosques à journaux, mais il est nécessaire d'acheter au préalable le support, une carte qui se recharge (la *Tarjeta Multi),* pour 2,50 € (même si vous ne voulez faire qu'un seul trajet !). On se la procure lors du 1er achat, aux automates aussi. ***Le métro est gratuit pour les enfants de moins de 4 ans.*** À noter également que vous pouvez transporter gratuitement votre vélo dans le métro, toute la journée les week-ends et jours fériés et aux heures creuses en semaine *(10h-12h30, 21h-fin du service).*
– Prix d'un trajet à l'unité : 1,50 € pour Madrid centre (zona A) + *ML1.* Au-delà de 5 stations, c'est 0,10 € par station supplémentaire (plafonné à 2 €). De toute façon, sélectionnez votre trajet, la machine vous indiquera le prix à payer. Pour le *combinado Metro + Metros Ligeros 1, 2* et *3* : 3 €. Petit détail : un trajet à l'unité, chargé sur la *Tarjeta Multi,* doit être utilisé dans la journée.
– *Pass* de 10 trajets (utilisable par plusieurs personnes en même temps), appelé ***MetroBús,*** qui vaut pour les bus urbains, le métro A et le *ML1,* très pratique et prix intéressant : 12,20 € pour le centre-ville (18,30 € *Metro + Metros Ligeros 1, 2* et *3*). Le seul à être systématiquement rentable. Attention, si vous le prenez dès votre arrivée à l'aéroport, il faut ajouter les 3 €/pers de supplément aéroport (ce qui porte le *MétroBús* à 15,20 € pour un utilisateur individuel, et à 18,20 € si on compte utiliser le *pass* à 2).
– Les ***abonos turísticos*** de 1, 2, 3, 4, 5 ou 7 jours. Il en existe 2 versions et autant de tarifs, en fonction des zones couvertes. Le ***tarif A,*** destiné surtout aux visiteurs de passage qui se contentent du centre, couvre : le métro, le *ML1,* les bus urbains et les lignes *Cercanías* urbaines ; respectivement 8,40 €, 14,20 €, 18,40 €, 22,60 €,

26,80 €, 35,40 € (réduc de 50 % pour les moins de 11 ans). Le ***tarif T*** inclut la totalité des transports urbains de la communauté de Madrid (donc les *ML2, ML3* et *ML4,* les lignes *Cercanías* et les autobus interurbains – dont Alcalá de Henares, San Lorenzo de El Escorial et Aranjuez), le trajet pour l'aéroport, ainsi que l'extension des bus jusqu'à Tolède, Cuenca et Guadalajara. Ils coûtent respectivement 17 €, 28,40 €, 35,40 €, 43 €, 50,80 €, 70,80 € (réduc de 50 % pour les moins de 11 ans). Pas forcément intéressant, cela dépend de vos projets : le tarif A est difficilement rentable. En revanche, si vous envisagez d'explorer aussi les environs, le T peut valoir le coup.
– Objets perdus dans le métro : au métro Plaza de Castilla, ☎ 917-79-63-99. Tlj 7h (10h w-e)-23h (22h w-e).

Bus

Rens : ☎ 914-06-88-10. • emtmadrid.es • Et l'appli EMT Madrid pour calculer itinéraires, temps de trajet et d'attente pour les bus urbains.
Même tarification que pour le métro (voir précédemment), seuls les tickets à l'unité s'achètent directement auprès du conducteur (pour les *MetroBús* et autres abonnements : dans les stations de métro, etc.). On composte son billet à la montée, à l'avant.
Réseau dense et pratique, particulièrement rapide. Fonctionne 6h-23h30. Les bus de nuit, les *búhos* (hiboux), prennent ensuite le relais : 27 lignes desservent tous les quartiers madrilènes ; ils partent en sem, ttes les 35 mn, 23h45-4h (et un dernier à 5h10). Ven-sam et veilles de fêtes, 23h45-5h30 ttes les 15-20 mn de la plaza de Cibeles *(plan détachable E4).*
– Objets perdus dans les bus : c/ Cerro de la Plata, 4. Ⓜ Pacífico. ☎ 914-06-88-10. Lun-ven 8h-14h (rens par tél tlj 7h-21h).

Bus touristique

– Infos : lun-ven 9h-14h, 16h-19h, ☎ 902-02-47-58. • madrid.city-tour.com • Compter 22 € pour le forfait (adulte) 1 j. et 26 € pour 2 j. Réduc moins de 16 ans et plus de 65 ans : 10 € pour 1 j., 13 € pour 2 j. ; billet famille 1 j. (2 adultes, 2 enfants) : 55 € ; gratuit jusqu'à 6 ans.
Achat du billet dans nombre d'hôtels, dans les bus, dans leur kiosque d'info *(c/ Felipe IV, près du musée du Prado ; zoom Las Letras E4)* et sur le site *• madrid.city-tour.com/fr •* Ces bus rouges panoramiques à impériale « *Madrid City Tour* » sillonnent la ville selon 3 itinéraires différents, 9h-22h en haute saison (mars-oct), 10h-18h le reste de l'année, avec une fréquence de 10-15 mn. On y monte et on en descend autant de fois que l'on veut dans la journée. À bord, explications en 8 langues, mais pas toujours bien synchronisées avec le parcours. Et en été, difficile d'avoir une place sur l'impériale.

Vélos

Comme de nombreuses capitales, Madrid s'est équipée d'un système de vélos en libre-service, doublé d'un réseau de pistes cyclables. Et pour affronter plus aisément les nombreuses collines de la ville, les vélos sont électriques (et pèsent quand même 22 kg...) ! C'est le *Bicimad,* avec environ 123 bornes réparties dans toute la ville. Outre l'abonnement annuel, il existe des cartes *Uso Ocasional* de 1, 3 ou 5 jours, qui se prennent directement aux automates des stations avec une carte de paiement. La carte *Ocasional* en elle-même est gratuite (même si une caution de 150 € est bloquée). La facturation se fait à l'heure (2 € la 1re heure, 4 € pour les heures supplémentaires), et la carte de paiement est débitée en une seule fois, à la fin de la période d'abonnement (et la caution est alors débloquée). *Ttes infos sur • bicimad.com • (existe aussi une appli pour localiser les stations et les places vides, réserver une bécane, etc.).*

Cercanías

– Infos et horaires : • renfe.com/es/es/cercanias/cercanias-madrid •

Entre le train de banlieue pour ses destinations et le métro pour ses arrêts centraux (essentiellement le long des paseos del Prado, de Recoletos et de la Castellana), un peu l'équivalent du RER parisien. Une dizaine de lignes, gérées par la *RENFE*. Toutes passent au moins par l'une des 2 principales gares ferroviaires (Atocha et Chamartín), 5 lignes les relient même entre elles. Desservent aussi Alcalá de Henares, Aranjuez ou El Escorial. Achat des billets dans les gares, aux guichets (attention, il peut y avoir la queue) ou aux automates.

Taxis

Pas de problème pour en trouver, ils pullulent, et fonctionnent au compteur. Blancs, portière avant barrée en diagonale d'une bande rouge, ils sont coiffés d'un signal lumineux : vert, c'est libre ; rouge, déjà occupé ! La prise en charge est de 2,40 € en journée du lundi au vendredi, et de 2,90 € le w-e et 21h-6h du mat. Puis tarification au kilomètre, qui reste très raisonnable (1,05-1,25 € suivant zone et les horaires). Surtaxe : env 3 € vers ou depuis une gare routière ou ferroviaire (ainsi que pour le parc des expositions). Tarif fixe depuis l'aéroport jusque dans le centre de Madrid : 30 €. Les bagages sont gratuits. Si le prix semble trop élevé, demander un reçu officiel. Gaffe, tous les taxis n'acceptent pas les cartes de paiement : prévoir des espèces. En cas de grosse bisbille avec un chauffeur, relever le numéro du taxi et contacter le service de réclamation des taxis : ☎ *010.*

🚗 ***Taxis : Radio Taxi,*** *☎ 91-176-00-81 et* ***Teletaxi,*** *☎ 91-371-21-31 ou 902-501-130, entre autres.* ***Radio Taxi Independiente :*** *☎ 91-405-12-13 ou 15-00.* ***Radio Taxi de Madrid*** *(☎ 91-547-82-00) dispose aussi d'un service adapté aux pers handicapées.*

– ***Objets perdus dans un taxi :*** *paseo del Molino, 7, Legazpi. ☎ 91-527-95-90. Lun-ven 8h30-14h (ou, dans les 48h après la perte de l'objet et à condition d'avoir noté le n° d'immatriculation du taxi... : ☎ 914-80-46-13 ; lun-ven 8h30-14h).*

Voiture

Vous êtes tombé sur la tête ou quoi ? La voiture peut vous être utile uniquement le soir. Dans la journée, en semaine, sérieux encombrements et difficultés pour se garer. Dans la rue, ne stationnez que lorsque la bande le long du trottoir est de couleur bleue (les lignes vertes, c'est pour les résidents !). Ticket à l'horodateur le plus proche. Gratuit la nuit de 21h à 9h, le samedi après 15h et le dimanche.
Attention à la fourrière *(grúa)*, très présente, de jour comme de nuit (voir les coordonnées dans « Adresses et infos utiles. Urgences »... au cas où !).

URGENCES

Numéros utiles

– ***Toutes urgences :*** *☎ 112.*
– ***Policía nacional :*** *☎ 091.*
– ***Policía urbana :*** *☎ 092.*
– ***Pompiers :*** *☎ 080.*
– ***Samu :*** *☎ 061.*
– Pour tous les accidents de la circulation survenus sur l'ensemble du territoire espagnol (hors Catalogne), appeler le ***Central de tráfico*** : ☎ *011.*

■ ***Consulat général de France à Madrid :*** *c/ Marqués de la Ensenada, 10. ☎ 91-700-78-00. • consulfrance-madrid.org • Ⓜ Colón. Lun-ven 9h-13h15.* Hors des horaires d'ouverture, et en cas de situation d'extrême urgence, le répondeur téléphonique du consulat communique un numéro de portable à contacter.

Avoir un passeport européen, ça peut être utile !

L'Union européenne a organisé une assistance consulaire mutuelle pour les ressortissants de l'UE en cas de problème en voyage. Vous pouvez y faire appel lorsque la France (c'est rare) ou la Belgique (c'est plus fréquent) ne disposent pas d'une représentation dans le pays où vous vous trouvez. Concrètement, cette assistance vous permet de demander de l'aide à l'ambassade ou au consulat (pas à un consulat honoraire) de n'importe quel État membre de l'UE. Leurs services vous indiqueront s'ils peuvent directement vous aider ou vous préciseront ce qu'il faut faire.

Leur assistance est, bien entendu, limitée aux situations d'urgence : décès, accidents ayant entraîné des blessures ou des lésions, maladie grave, rapatriement pour raison médicale, arrestation ou détention. En cas ***de perte ou de vol de votre passeport,*** ils pourront également vous procurer un ***document provisoire*** de voyage.

Cette entraide consulaire entre les États membres de l'UE ne peut, bien entendu, vous garantir un accueil dans votre langue. En général, une langue européenne courante est pratiquée.

L'abréviation « c/ », que vous retrouverez dans les diverses adresses d'hôtels, restaurants, etc., tout au long de ce guide, signifie tout simplement *calle*, c'est-à-dire « rue ».

MADRID

• Pour se repérer dans Madrid, se reporter au plan détachable (centre et zooms) en fin de guide • Plan d'ensemble *p. 68-69*
• Plan du métro *p. 26-27*

ARRIVER À MADRID

En avion

✈ ***Aéroport Adolfo Suárez Madrid-Barajas*** *(plan d'ensemble)* **:** *à 13 km au nord-est du centre-ville de Madrid.* L'aéroport est divisé en 2 pôles distincts, d'un côté les terminaux 1, 2 et 3, de l'autre, à plusieurs km, le terminal 4 (et son satellite 4S). Les T1, T2 et T3 étant en enfilade, on peut se rendre à pied d'un terminal à l'autre. Néanmoins, une navette gratuite (*bus tránsito* – affichette noir-blanc-jaune) circule entre les différentes portes d'embarquement. En revanche, depuis les T1, T2 et T3, prévoir min 15-20 mn pour rallier le T4 en métro ou en navette. Et entre le T4 et le T4S, une navette souterraine fait la liaison : là encore, compter une bonne marge de 15-20 mn.

■ ***Informations générales :*** *☎ 91-321-10-00.*

🛈 ***Office de tourisme :*** *dans les terminaux T2 (hall des arrivées) et T4 (hall 10), • esmadrid.com • ☎ 91-578-78-10. Tlj 9h30-20h30.* Documentation et plans de la ville. On y parle parfois le français.

■ ***Réservations d'hôtels :*** à côté des offices de tourisme, au niveau des arrivées internationales.

■ ***Consignes :*** *tlj 5h-22h, env 6 €/2h, 110 €/24h.* Une consigne très pratique dans la passerelle d'accès entre le T1, le T2 et la station de métro, une autre dans le T4 (hall des arrivées). Les bagages sont scannés avant d'être acceptés.

■ ***Objets trouvés :*** *T1, hall des arrivées, ☎ 91-746-64-39. T4, hall des arrivées, ☎ 91-393-61-19.*

Comment se rendre dans le centre ?

➢ ***Airport Express Bus :*** 24h/24 ! Très pratique pour les arrivées nocturnes à Barajas. Un bus jaune, qui part du T4, s'arrête au T2 et au T1 (au niveau des arrivées) puis continue vers Madrid, avec 2 arrêts (angle c/ O'Donnell et c/ Doctor Esquerdo – correspondance avec la ligne 6 du métro), plaza de Cibeles (*plan détachable E4* ; correspondances avec les bus municipaux, y compris les bus de nuit *búhos,* et avec la ligne 2 du métro – station Banco de España) avant d'arriver à la *estación RENFE* d'Atocha (*plan détachable E-F6,* **1** ; trains *AVE,* réseau *Cercanías,* etc.). Départs ttes les 15-20 mn en journée, ttes les 35 mn de nuit, trajet env 40 mn (hors période de pointe !), pour 5 € (billet dans le bus). Même trajet et même fréquence dans l'autre sens. Attention, entre 23h30 et 6h, terminus et départ plaza de Cibeles *(plan détachable E4),* et non à *RENFE* Atocha où il ne s'arrête que dans la journée.

➢ ***En métro :*** depuis le terminal T2 comme depuis le terminal T4. 2 stations distinctes : « Aeropuerto T1, T2 y T3 » et, à 2 stations de plus, « Aeropuerto T4 » (le terminus). La ligne 8 (rose) assure la connexion 6h05-1h30, avec un terminus à *Nuevos Ministerios.* Compter env 20 mn depuis le T4, 12 mn depuis les autres terminaux jusqu'à *Nuevos Ministerios,* et 45 mn-1h jusqu'à plaza del Sol (correspondances incluses). Prix : 1,50 € + supplément aéroport 3 € (si vous achetez dès votre arrivée à l'aéroport le *MetroBús* de 10 trajets, il vous coûtera 15,20 € ou 18,20 € pour 2 au lieu de 12,20 €). Il faut ajouter 2,50 € pour la *Tarjeta Multi,* utilisable par plusieurs voyageurs (rappel : 1 carte suffit pour plusieurs personnes).

➢ ***En cercanías*** *(trains régionaux)* **:** au départ du T4 seulement. Ligne C1, qui dessert Chamartín (gare ferroviaire), Nuevos Ministerios, Atocha (gare ferroviaire), et continue en contournant la ville par le sud-ouest jusqu'à Príncipe Pío (autre gare). Env ttes les 30 mn de 5-6h à minuit env. Trajet env 25 mn jusqu'à Atocha, 11 mn jusqu'à Chamartín. Tarif : 2,60 €. À noter que c'est gratuit pour les passagers qui ont un billet pour un *AVE* et le prennent directement à Atocha (de même, si l'on vient directement d'un *AVE* pour gagner l'aéroport).

➢ ***Bus 200 :*** 5h-23h30. Fréquence moyenne de 15 mn (w-e et j. fériés : 10-20 mn en journée ; 20-25 mn le soir) ; depuis les arrivées internationales (T4, T2 ou T1), au rdc (hall des arrivées). Prix : 1,50 €. Il dessert la gare routière *(intercambiador)* de l'avenida de América *(plan détachable G1,* ***2****)* en 20 mn s'il n'y a pas d'encombrement. Intéressant surtout si vous repartez directement de l'*intercambiador* América, qui dessert le nord et le nord-est du pays.

➢ ***En taxi :*** le prix du trajet de l'aéroport au centre-ville est forfaitaire et fixe : 30 € (supplément aéroport de 5,50 € compris).

MADRID

En train

■ ***Informations concernant l'ensemble des trains (RENFE) :*** ☎ *912-320-320.* ● *renfe.com* ●

Madrid possède 3 gares principales :

🚂 ℹ Au sud, ***estación de Atocha*** *(plan d'ensemble et plan détachable E-F6,* ***1****)* : *glorieta Emperador Carlos V.* Ⓜ *Atocha Renfe.* ***Office de tourisme de la communauté de Madrid*** *dans le hall d'arrivée Cercanías au 1er étage, lun-sam 8h-20h. Consigne automatique (gardée, avec scan des bagages) du côté Ronda de Atocha, tlj 5h30-22h20 (sam à partir de 6h15, dim 6h30) : 3,10-5,20 € selon taille du casier.* Vaut le coup d'œil pour son dôme translucide, son jardin d'hiver planté de palmiers et son bassin à tortues. Arrivées des *AVE* en provenance de Barcelone (via Saragosse), Séville (via Cordoue), Valence, Huesca (via Saragosse), Málaga (via Cordoue), Valladolid, Cuenca (et Albacete), des *AVANT* de Tolède. Arrivée des *Alvia* venant d'Alicante, Cadix, Ciudad Real, Cordoue, Séville, Huelva, Logroño, Pampelune. Arrivée des *Altaria* depuis Algésiras, Ciudad Real, Grenade.

Plus les *trains régionaux (cercanías)* : Ávila (passe aussi par Chamartín), Ségovie (par Chamartín également), Aranjuez, Alcalá de Henares...

🚂 ℹ Au nord, ***estación de Chamartín*** *(plan d'ensemble,* ***2****)* : *avda Pío XII.* Ⓜ *Chamartín. Consigne 7h-23h : 3,10-5,20 € selon taille du bagage.* Arrivée depuis Lisbonne, et des *AVE* en provenance de Valladolid (via Ségovie). Arrivée des *Talgo* régionaux : La Corogne, Pontevedra, Saint-Jacques-de-Compostelle, Badajoz, Almería (passe aussi par Atocha). Et aussi des trains de et pour Salamanque, San Sebastián, Irún, Murcie, Carthagène, León, Saragosse, Vitoria-Gasteiz.

🚂 À l'ouest, ***estación de Príncipe Pío*** *(plan d'ensemble et plan détachable B3,* ***3****)* : *paseo de la Florida, 2.* Dessert surtout les proches environs de Madrid.

➢ Plusieurs lignes de train *Cercanías,* plus commode que le métro, relient les 3 gares entre elles : C1, C7 et C10.

En bus

Les différentes stations de bus de Madrid sont intelligemment reliées par la ligne 6 du métro (« *circular* »). De plus, la plupart des *intercambiador* (stations intermodales) sont desservies aussi par des lignes de *cercanías.* Voir également • *muevetepormadrid.es* • pour le détail des accès aux différents terminaux, et • *crtm.es* • pour tous les transports au sein de la communauté de Madrid (mais le site est uniquement en espagnol, et pas des plus simple).

Estación del Sur *(plan d'ensemble,* ***1****) : c/ Méndez Alvaro, 83. ☎ 91-468-42-00. Ⓜ Méndez Alvaro.* La ***principale gare routière*** de Madrid. Elle est récente, énorme et c'est le lieu de la majorité des départs et arrivées nationaux et internationaux. Consigne au sous-sol. *Alsa* dessert quasi ttes les destinations dont Grenade et Valladolid : *☎ 902-42-22-42 ; • alsa.es • Avanzabus* et ses filiales (dont *Auto-Res*) sont spécialisées sur l'ouest de la Castille-León (Salamanque, Zamora, Ávila...), l'Estrémadure, la Galice et la région de Valence *: ☎ 914-68-42-00 ; • avanzabus.com • Socibus* dessert Séville, Cadiz, Cordoue, Huelva et Jerez de la Frontera. *☎ 902-22-92-22 ; • socibus.es •* On y trouve aussi la Cie *Cevesa (☎ 902-39-31-32 ; • cevesa.es •)* qui dessert Plasencia.

Intercambiador Avenida de América *(plan d'ensemble et plan détachable G1,* ***2****) : avda de América, 9. ☎ 902-30-20-10 ou 91-745-63-00. Ⓜ Avenida de América. Alsa* est très présente ici : dessert Bilbao, San Sebastián, Vitoria-Gasteiz, Burgos, Santander, Pampelune, Logroño, Soria, Guadalajara et Alcalá de Henares. Également quelques départs pour Grenade.

Intercambiador de Moncloa *(plan d'ensemble et plan détachable B1,* ***4****) : c/ de la Princesa, 89. Ⓜ Moncloa.* Essentiellement des liaisons au sein de la Communauté de Madrid, avec la Cie *Herranz (☎ 918-96-90-28 ; • autocaresherranz.com •),* en particulier les liaisons avec ***San Lorenzo de El Escorial*** et ***Los Caídos,*** entre autres. Quelques liaisons de la Cie *Alsa* également avec Valladolid, León ou Palencia (mais plus de fréquences à l'*Intercambiador Avenida de América*). Et de *La Sepulvedana (☎ 902-11-96-99 ; • lasepulvedana.es •)* avec ***Ségovie.***

Intercambiador de Príncipe Pío *(plan d'ensemble et plan détachable A3,* ***5****) : Ⓜ Príncipe Pío. Tlj 6h-1h.* Bus vers les villes proches de Madrid.

Intercambiador de Plaza Elíptica *(plan d'ensemble,* ***6****) : Ⓜ Plaza Elíptica.* Départs avec *Alsa* vers ***Tolède,*** et avec *Avanzabus* vers Getafe et de proches environs de la ville... Dessert aussi la Castille, la Castille-León, la Manche et l'Estrémadure.

ADRESSES ET INFOS UTILES

Infos touristiques

Oficina municipal de turismo *(zoom centre C4,* ***6****) : casa de la Panadería, pl. Mayor, 27. ☎ 91-578-78-10. • turismo@esmadrid.com • esmadrid.com • madrid.es • Ⓜ Sol. Tlj 9h30-20h30.* Plan de la ville gratuit et brochures. Organise l'été des visites guidées thématiques, en français pour certaines (mais c'est rare). Également des visites audioguidées individuelles, à télécharger directement sur votre MP4 depuis leur site ou sur place, dans leur bureau ; pour l'instant, 2 parcours en français : « La promenade de l'art », autour des principaux musées de la ville et du paseo de Recoletos, et « Madrid des Habsbourg », autour de la plaza Mayor et du Palacio real.

– Plusieurs ***kiosques municipaux d'infos*** en ville. Pratiques et centraux : à côté du *museo Reina Sofía (c/ de Santa Isabel, 52 ; sur le terre-plein derrière le musée; tlj 9h30-20h30) ;* à côté du *museo del Prado (pl. de Neptuno, sur le terre-plein au milieu du paseo del Prado ; tlj 9h30-20h30)* ; plaza del Callao *(tlj 9h30-20h30)* ; dans le *palacio de Cibeles-CentroCentro (pl. de Cibeles, 1, angle paseo del Prado – Ⓜ Banco de España ; plan détachable E4,* ***8*** *; mar-dim 10h-20h ; spécialisé dans les infos* *culturelles).* Également 2 kiosques à l'aéroport (voir plus haut).

ℹ ***Oficina de turismo de la Comunidad de Madrid :*** *n° général, ☎ 902-100-007. • comunidad.madrid •* Infos sur la ville bien sûr, mais aussi sur Alcalá de Henares, San Lorenzo de El Escorial... En bref, sur les environs proches de Madrid. Nombreuses brochures.

*– Puerta del Sol, 5 (plan détachable et zoom Las Letras D4, **17**) : ☎ 91-272-34-00. Lun-sam 9h-20h, dim et j. fériés 9h-14h.*

*– Estación Puerta de Atocha (plan détachable E6, **7**) : lun-sam 8h-20h, dim et j. fériés 9h-20h.*

■ ***S.A.T.E. – Service d'accueil des touristes étrangers*** *(plan détachable C3, **13**) : comisaria de Centro, c/ Leganitos, 19. ☎ 902-102-112 et 91-548-85-37. • satemadrid@esmadrid.com • Ⓜ Santo Domingo ou Plaza de España. Tlj 9h-minuit.* Un bureau de police qui offre une assistance personnalisée aux touristes (vol, agression). Les agents renseignent sur les modalités de dépôt de la plainte et les formalités à accomplir. Autres services : assistance psychologique, contacts avec les ambassades et les consulats, objets perdus. On peut également porter plainte par téléphone : *☎ 902-102-112 (24h/24 en espagnol, anglais et français).*

■ ***Información al Ciudadano :*** *☎ 012.* Pour toutes les questions pratiques sur la ville (exclusivement sur Madrid) et si vous parlez l'espagnol ou l'anglais, téléphonez-leur.

Représentations diplomatiques

■ ***Ambassade de France*** *(plan détachable E3-4, **28**) : c/ Salustiano Olózaga, 9, 28001. ☎ 91-423-89-00. • es.ambafrance.org • Ⓜ Banco de España (assez loin du métro). Lun-ven 9h-19h.*

■ ***Consulat de France*** *(plan détachable E3, **22**) : c/ Marqués de la Ensenada, 10, 28004. ☎ 91-700-78-00. • es.ambafrance.org/-Consulat-general-a-Madrid • Ⓜ Colón. Lun-ven 9h-13h, fermé w-e.*

■ ***Ambassade et consulat de Belgique*** *(plan détachable F2) : paseo de la Castellana, 18, 28046. ☎ 91-577-63-00. N° d'urgence : 📱 609-28-00-41. • madrid@diplobel.fed.be • spain.diplomatie.belgium.be • Ⓜ Colón. Au 6e étage. Lun-ven 8h30-14h (jusqu'à 16h30 par tél), fermé w-e.*

■ ***Ambassade et consulat de Suisse*** *(plan détachable F3) : edificio Goya, c/ Núñez de Balboa, 35a, 28001. ☎ 91-436-39-60 ; en cas d'urgence et 24h/24 : ☎ +41-800-247-365. • madrid@eda.admin.ch • eda.admin.ch/madrid • Consulat : • madrid.cc@eda.admin.ch • Ⓜ Velázquez. Au 7e étage. Lun-ven 9h-13h, fermé w-e.*

■ ***Ambassade du Canada*** *(plan d'ensemble) : Torre Espacio, paseo de la Castellana, 259D, 28046. ☎ 91-382-84-00. En cas d'urgence et 24h/24 : ☎ 00-800-2326-68-31. • mdridg@international.gc.ca • espagne.gc.ca • Ⓜ Begoña. Derrière la gare de Chamartín. Lun-ven 9h-12h30.*

Urgences

■ ***Urgences médicales :*** *☎ 112 (n° européen).*

■ ***Police municipale :*** *☎ 092.*

■ ***Police nationale :*** *☎ 091.*

■ ***Objets perdus*** *(plan d'ensemble) : paseo del Molino, 7. ☎ 91-539-40-68. • objetosperdidos@madrid.es • Ⓜ Legazpi. Lun-ven 8h30-14h.* Voir aussi plus haut la rubrique « Transports urbains » pour les objets perdus dans le métro ou dans les bus.

■ ***Fourrière*** *(grúa) : plusieurs dépôts en ville. ☎ 914-068-810 (24h/24).* Pour retrouver son véhicule au moyen de son immatriculation : *• emtmadrid.es/emtgruas •* On y trouve aussi les adresses et horaires des différents dépôts... Chouette, non ?

■ ***Pharmacies de garde :*** *☎ 010.* Et quand même : *la **Farmacia del Ángel** (zoom Las Letras D4, **24**), pl. del Ángel, 14 ; ☎ 91-369-23-18 ; tlj 24h/24 (sonner la nuit) ; **Farmacia 13 Calle Mayor** (zoom centre C4, **23**),*

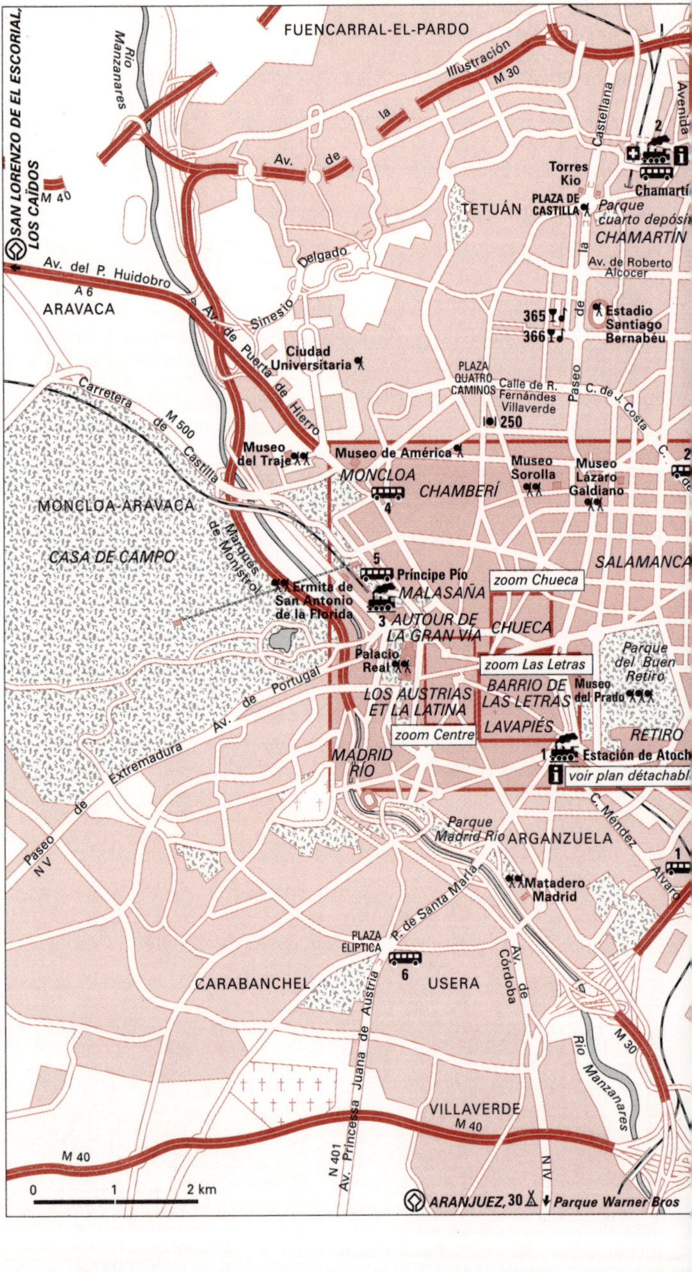
FUENCARRAL-EL-PARDO
Illustración
M 30
Av. de la
Río Manzanares
SAN LORENZO DE EL ESCORIAL, LOS CAÏDOS
M 40
Avenida
Castellana
Torres Kio
PLAZA DE CASTILLA
Chamartí
TETUÁN
Parque cuarto depósi
CHAMARTÍN
Av. de Roberto Alcocer
Delgado
Sinesio
Av. del P. Huidobro
A 6
ARAVACA
Av. de Puerta de Hierro
365
366
Estadio Santiago Bernabéu
Ciudad Universitaria
PLAZA QUATRO CAMINOS
Calle de R. Fernándes Villaverde
Paseo de la
C. de J. Costa
Carretera de Castilla
M 500
250
Museo del Traje
Museo de América
MONCLOA
CHAMBERÍ
Museo Sorolla
Museo Lázaro Galdiano
4
MONCLOA-ARAVACA
Marqués de Monistrol
CASA DE CAMPO
SALAMANCA
5
Príncipe Pío
zoom Chueca
Ermita de San Antonio de la Florida
MALASAÑA
3
AUTOUR DE LA GRAN VÍA
CHUECA
Parque del Buen Retiro
Palacio Real
zoom Las Letras
Av. de Portugal
LOS AUSTRIAS ET LA LATINA
BARRIO DE LAS LETRAS
Museo del Prado
LAVAPIÉS
RETIRO
zoom Centre
1
Estación de Atoch
MADRID RÍO
voir plan détachabl
Av. de Extremadura
Paseo de
N V
C. Méndez Alvaro
Parque Madrid Río
ARGANZUELA
Matadero Madrid
P. de Santa María
PLAZA ELIPTICA
6
CARABANCHEL
USERA
Av. de Córdoba
M 30
Río Manzanares
Av. Princessa Juana de Austria
N 401
VILLAVERDE
M 40
N IV
0
1
2 km
ARANJUEZ, 30
Parque Warner Bros

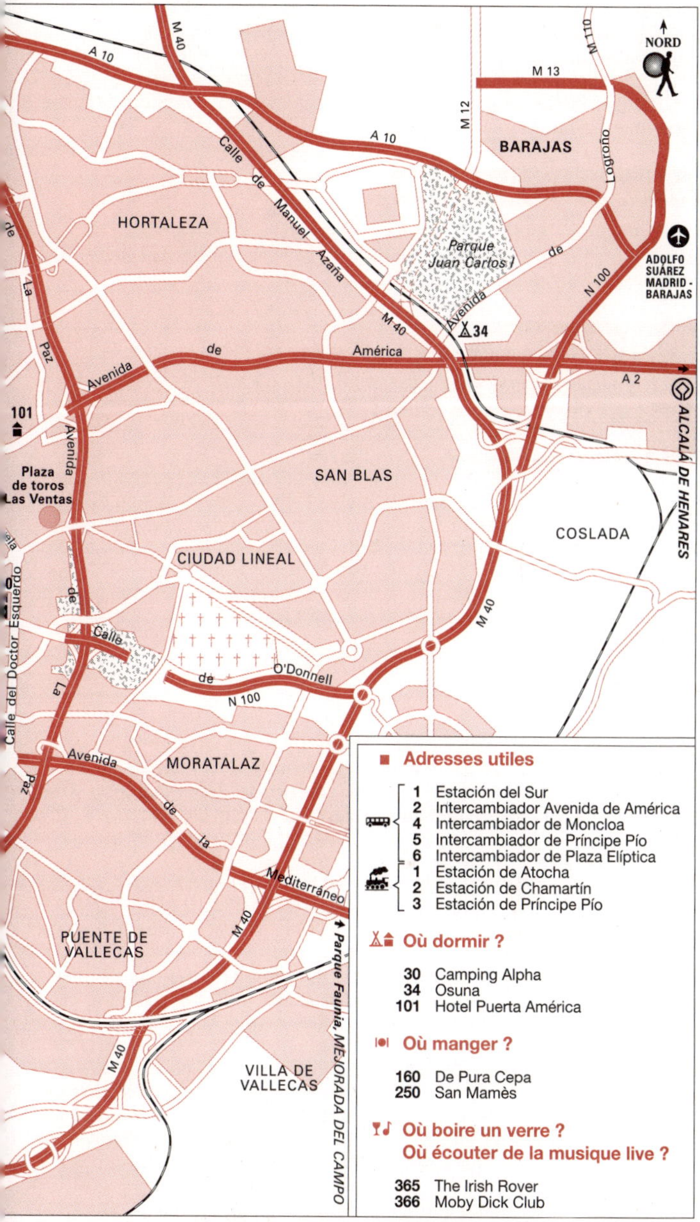

Adresses utiles

- 1 Estación del Sur
- 2 Intercambiador Avenida de América
- 4 Intercambiador de Moncloa
- 5 Intercambiador de Príncipe Pío
- 6 Intercambiador de Plaza Elíptica
- 1 Estación de Atocha
- 2 Estación de Chamartín
- 3 Estación de Príncipe Pío

Où dormir ?

- **30** Camping Alpha
- **34** Osuna
- **101** Hotel Puerta América

Où manger ?

- **160** De Pura Cepa
- **250** San Mamès

Où boire un verre ? Où écouter de la musique live ?

- **365** The Irish Rover
- **366** Moby Dick Club

MADRID – Plan d'ensemble

c/ Mayor, 13 ; ☎ 91-366-46-16 ; tlj 24h/24 (sonner la nuit), ainsi que la **Farmacia Velázquez** *(plan détachable F2,* **20***), c/ Velázquez, 70 ; ☎ 91-435-13-47 ; tlj 24h/24 (sonner la nuit).*

Hôpitaux : La Paz *(plan d'ensemble), paseo de la Castellana, 261 ; près de la gare de Chamartín, dans le nord de Madrid ; ☎ 91-727-70-00.* **Gregorio Marañón** *(plan d'ensemble), c/ Doctor Esquerdo, 46, dans l'est de la ville ; ☎ 91-586-80-00 ; Ⓜ O'Donnell.*

Compagnies aériennes

■ ***Air France*** *(plan d'ensemble)* **:** *à l'aéroport, terminal T2, niveau 2 : ☎ 91-375-33-35.*

■ ***Iberia*** *(plan d'ensemble)* **:** *à l'aéroport, terminaux T4 et T4S : ☎ 901-111-500. • iberia.com •*

Location de voitures

Les coordonnées ci-après sont celles des centraux de réservation. Toutes les plus grandes compagnies sont présentes à l'aéroport de Barajas.

■ ***Europcar :*** *☎ 911-505-000. • europcar.es •* Aux terminaux T1 et T4. Autre agence à la gare de Chamartín.

■ ***Avis :*** *☎ 902-180-854 ; aéroport : ☎ 902-200-162. • avis.es •* Aux T1 et T4 *(tlj 7h-2h)* ainsi qu'aux gares d'Atocha *(tlj 8h-minuit ; ☎ 902-11-02-91)* et Chamartín *(c/ Agustín de Foxá, 25 ; tlj 8h30-19h, le w-e 9h-13h ; ☎ 902-09-03-43).*

■ ***Hertz :*** *☎ 902-30-52-30. • hertz.es •* Aux terminaux T1 et T4 *(☎ 91-393-72-29). Tlj 7h-minuit.* De même à la gare d'Atocha *(1er niveau, hall des arrivées, lun-ven 8h-22h, w-e 8h-20h)* et près de la gare de Chamartín *(pl. de Castilla, lun-ven 9h-15h).* En ville, plaza de España *(c/ Princesa, 14. ☎ 91-542-58-05 ; lun-ven 8h30-19h30, sam 9h-14h).*

Loisirs

■ ***Alliance française*** *(plan détachable C4,* **26***)* **:** *cuesta de Santa Domingo, 13. ☎ 91-435-15-32. • afmadrid.es • Ⓜ Santo Domingo, Callao, Plaza de España ou Ópera. Lun-jeu 12h30-19h30. Fermé ven-dim. Juil-août lun-ven 9h30-13h45, 14h30-19h30, fermé w-e.* Très central, donc. Cours de français (y compris pour les 4-11 ans), mais aussi cours d'espagnol (au trimestre) pendant l'année scolaire. Médiathèque et presse du jour à consulter gratuitement. Expositions régulières.

■ ***Institut français*** *(plan détachable E3,* **22***)* **:** *c/ Marqués de la Ensenada, 12. ☎ 91-700-48-00. • institutfrancais.es/madrid • Ⓜ Colón. À côté du consulat de France. Lun-ven 8h-21h (22h oct-juil), sam 9h-14h, fermé dim et en août.* Cours de français, bien sûr, mais aussi expositions, spectacles, et une très agréable cafét' vraiment pas chère et assez charmante, avec quelques tables dans une belle cour arborée *(lun-ven 9h-20h, sam 9h-14h, fermé dim).*

■ ***Centro de Arte Flamenco Amor de Dios*** *(zoom Las Letras D5,* **27***)* **:** *c/ de Santa Isabel, 5. ☎ 91-360-04-34. • jsanjuan@amordedios.com • amordedios.com • Ⓜ Antón Martín. Au 2e étage du marché Antón Martín. Lun-sam 10h-22h, dim 11h-20h.* Temple du flamenco dans le quartier de Lavapiés, cette école de danse ne propose pas de séance d'initiation, mais dispense des cours de tous niveaux pour qui veut travailler en profondeur le *duende*. Inscription sur place, programme sur le site internet. Ambiance estudiantine conviviale et décontractée ; on y croise des personnes de tout âge, toutes passionnées.

■ ***Piscine*** *(zoom Chueca D3,* **9***)* **:** *au* ***Centro Deportivo escuelas de San Antón,*** *c/ de la Farmacia, 13. ☎ 91-828-90-06. • cdmescuelassananton.com • Au dernier étage (ascenseur). Piscine ouv lun-ven 7h-23h, sam 8h-21h, dim et j. fériés 9h-19h. Entrée : 5 € adulte ;*

réduc. En plein Chueca, une super piscine entourée par une verrière, avec vue extra sur les toits de la ville : on aligne les longueurs comme suspendu au-dessus de la ville ! 2 bassins, vestiaires, sauna, salle de sport (supplément), etc.

■ ***Destination Madrid :*** *615-15-65-49 (Lino) ou 684-21-78-39 (Aline) • destinationmadrid.fr • infodestinationmadrid@gmail.com • Lun-ven 10h-19h. Fermé w-e.* Ce jeune couple franco-portugais propose un grand choix de visites guidées à thèmes et sur mesure, des activités insolites, comme des repas chez l'habitant ou encore des enterrements de vie de jeune fille ou de garçon. Mais ils peuvent également organiser votre séjour, et vous proposer hébergements et restaurants adaptés à vos projets.

Agendas culturels

– L'office de tourisme publie une revue mensuelle gratuite, ***Es Madrid Magazine.*** On y trouve les spectacles, expos et événements du mois.

– Un autre mensuel gratuit, particulièrement axé sur les concerts : ***Madrid en Vivo,*** que l'on trouve dans les AJ, restos et bars. Programmation musicale jour par jour, et aussi quelques pages sur le théâtre. Équivalent sur Internet : *• lanocheenvivo.com •,* avec à la fois l'agenda, la liste des salles de concert (classées par quartier) et le style de musique qu'elles programment.

– Pour savoir tout ce qui se passe en ville : chaque vendredi, ***Guía del Ocio,*** l'équivalent de *L'Officiel des spectacles,* pour 1 €, ou gratuitement sur leur site *• guiadelocio.com/madrid •* Pour les endroits branchés du moment, servez-vous des *flyers* que vous trouverez dans les bars. Le vendredi toujours, les grands quotidiens nationaux offrent un supplément culturel et pratique : *Metrópoli* pour *El Mundo, On Madrid* pour *El País.*

– Nombreux cinémas sur la Gran Vía, autour du Ⓜ Callao.

Vélos et *Segway*

Outre les *Bicimad* (les vélos en libre-service de la ville, voir plus haut « Madrid utile. Transports urbains »), quelques loueurs de vélos ou de *Segway,* très en vogue ici.

– ***SegwayTrip- Wonder Tours*** *(zoom centre C4,* ***21****) : pl. San Miguel, 2. En face du mercado San Miguel. ☎ 910-75-01-63 • segwaytrip.com • Tlj 10h-20h.* À partir de 2 personnes, et à partir de 25 €/personne pour 1h de balade, accompagné d'un guide (en général anglophone ou hispanophone, mais français possible sur réservation préalable). Plusieurs itinéraires proposés. Et pour les accros du *Segway* déjà familiarisés avec la bête, location possible sans guide, à partir de 19 €/h. Également des tours en vélos électriques.

– ***Segwayfun*** *(zoom Las Letras D5,* ***65****) : c/ de las Huertas, 39. En plein barrio de Las Letras. 629-61-22-16. • segwayfun.es • Tlj 10h30-20h.* Là encore, différentes visites guidées thématiques (français possible) en *Segway,* à partir de 25 €/personne.

– Très nombreuses propositions de ce type partout en ville.

OÙ DORMIR ?

Appartements

⌂ ***Espahotel*** *(plan détachable C3,* ***31****) : pl. de España, 7, 28008. ☎ 91-542-85-85. • aparplaza@espahotel.es • espahotel-madrid.com • Ⓜ Plaza de España. Nuitée en studios ou suites 90-150 € selon taille (mais jusqu'à 250 € pdt les fêtes).* Un appart-hôtel très central, qui propose des studios et quelques suites pour 2-3 personnes. Tout est spacieux et élégamment meublé, avec double vitrage. Certaines chambres donnent sur la jolie place d'Espagne, d'autres sur le Palais royal : un cruel dilemme au moment de choisir ! Cuisine américaine minimale : 1 frigo, des plaques et 1 évier. Salon dans les suites, bureau, TV. Salle de bains avec baignoire. Petit déj en option à la cafét' du rez-de-chaussée (plusieurs formules). Vraiment un bon plan. En prime, un accueil aussi pro qu'agréable.

Hotel Jardines de Sabatini *(plan détachable B3,* ***32****)* **:** *cuesta de San Vicente, 16, 28008. ☎ 91-542-59-00. • reservas@jardinesdesabatini.com • jardinesdesabatini.com • Ⓜ Plaza de España. Studios 88-190 € (beaucoup plus pdt les fêtes).* Un appart-hôtel au style contemporain-chic, très abouti. Vaste hall-réception. Accueil particulièrement pro (et francophone). Les apparts (jusqu'à 4 personnes) offrent un cadre apaisant et moderne au camaïeu de gris bleuté, sol de pierre noire, superbes salles de bains, le tout d'une élégante sobriété. Les suites comportent, outre la chambre, un salon avec canapé convertible et lit d'appoint possible : pratique en famille. Cuisine équipée. Vaste terrasse sur le toit avec vue princière sur le Palais royal et ses jardins et... une superbe collection de voitures vintage au sous-sol, de la Citroën des années 1920 à la Chrysler 1950 (pour visiter, demander à la réception).

Campings

Camping Alpha *(hors plan d'ensemble,* ***30****)* **:** *c/ de la Calidad, Polígono Los Olivos, au km 12,4 de l'A 4 direction Córdoba, 28906 Madrid-Getafe. ☎ 91-695-80-69. • info@campingalpha.com • campingalpha.com • ♿ En arrivant à Getafe depuis Madrid, sortir au panneau du camping puis reprendre l'A 4 direction Madrid pdt 1 km ; ensuite, c'est indiqué. À 50 m se trouve l'arrêt du bus n° 447 pour la station de métro Legazpi, sur la ligne 3 (ttes les 30 mn, 40 mn le w-e ; dernier à 22h en sem, 21h20 le w-e). Ouv tte l'année. Pour 2 adultes, 25-31 € selon saison avec 1 voiture et 1 tente. Bungalows 2-5 pers 55-100 € selon capacité et saison, avec TV, frigo, clim et, pour les plus chers, 2 chambres, coin cuisine et salon.* Ombragé, propre, assez calme et bien surveillé. Sanitaires vieillissants mais bien tenus, avec douche chaude gratuite. Bar-snack, épicerie, piscine gratuite (bassin pour enfants), terrain de tennis. Grande capacité d'accueil (1 050 personnes). Malgré sa proximité avec l'autoroute, on entend relativement peu les voitures.

Osuna *(plan d'ensemble,* ***34****)* **:** *c/ Jardines de Aranjuez, 1, 28042 ; bien caché entre l'avda de Logroño et le paseo Alameda de Osuna. ☎ 91-741-05-10. • osunacamping@gmail.com • campingosuna.com • Ⓜ Canillejas. Au nord-est de Madrid, par la N II, sur la route Madrid-Barcelone, prendre la déviation au km 8. À 500 m de la station de métro Canillejas. Fermé janv-mars. Avec 1 tente et 1 voiture, 25-29 € pour 2 selon saison. Pas de bungalows.* Une partie du camping est bien ombragée par des pins et acacias, l'autre a été plantée plus récemment. Plutôt en dépannage car le sol est dur, il est difficile de planter une sardine. Le gros avantage de ce camping est d'être accessible en métro.

Auberges de jeunesse *(albergues de la juventud)* et dortoirs

Les AJ officielles de Madrid offrent peu de places et sont souvent complètes dès 9h. Ne pas hésiter à réserver par téléphone ou par courriel avant même votre départ (indispensable en saison). En marge du réseau officiel, de nombreuses adresses privées destinées aux routards, qui offrent des lits en dortoir. Très pratique, convivial et économique, l'idéal pour les voyageurs en solo ou pour rencontrer d'autres voyageurs de tous horizons.

Attention, les week-ends de septembre, tout est très demandé ! S'y prendre à l'avance.

🏠 ***Cat's Hostel*** *(zoom Las Letras D5, **41**) : c/ de Cañizares, 6, 28012. ☎ 91-369-28-07. • madridsol@catshostels.com • catshostel.com • Ⓜ Antón Martín. ♿ Réception 24h/24. Résa conseillée. Selon saison, nuitée 13-25 €/pers, doubles 50-83 €.* À 2 mn à pied de la trépidante plaza de Santa Ana. Voici une de nos meilleures adresses dans cette catégorie. Cette charmante auberge de jeunesse installée dans un palais du XVIIIe s abrite des dortoirs (4 à 19 lits) et quelques chambres doubles (pas de résa possible pour ces dernières) réparties autour d'un féerique patio intérieur de style mudéjar (arabo-andalou) avec fontaine, banquettes confortables, coussins et verrière colorée au plafond. Superbe cage d'escalier du même style. Confort, charme et propreté : clim, sanitaires modernes impeccables, armoires à bagages et laverie. Bar sympa dans une belle cave voûtée de brique (et les mojitos les moins chers du quartier). Accueil pro et super ambiance.

🏠 ***The Hat*** *(zoom centre C4, **81**) : c/ Imperial, 9, 28012. ☎ 91-772-85-72. • info@thehatmadrid.com • thehatmadrid.com • Ⓜ Sol, Tirso de Molina ou Ópera. Nuitée 16-36 € selon saison et confort, doubles 50-120 €, petit déj 4 €. Les plus chers sont les dortoirs de 4 avec sdb. Bière de bienvenue au check-in, sur présentation de ce guide.* Voici l'une des plus récentes de ces auberges privées hyper contemporaines. À un jet de chapeau de la plaza Mayor, dans un bel immeuble ancien entièrement réaménagé, des dortoirs de 4 à 10 lits (avec salle de bains intégrée pour la plupart, et clim pour les *deluxe* ; quelques-uns réservés aux filles), plutôt bien pensés et entretenus, il faut le dire (liseuse, mini-étagère perso, grand coffre à bagage...). Atmosphère bois brut et postindustriel, avec des métaux patinés sur fond de murs chaulés. Grande cave voûtée pour le petit déj, et, dernière surprise, bar à tapas sur le toit-terrasse *(ouv dès 10h pour les hôtes, pour les autres seulement le soir 17h-2h – dès 13h le w-e –, et très couru : arriver tôt !).* Accueil efficace et souriant.

🏠 ***Safestay Madrid*** *(plan détachable D2, **37**) : c/ de Sagasta, 22, 28004. ☎ 91-445-03-00. • safestaymadrid@safestay.com • safestay.com • Ⓜ Alonso Martínez. ♿ Dortoirs 4-12 lits 21-45 €/pers.* Installé dans un élégant édifice du XIXe s à la superbe façade. L'intérieur est à l'avenant, grands volumes confortables et décoration tout en couleurs. Chambres spacieuses et bien équipées (quelques dortoirs réservés aux filles), literie impeccable et belles salles de bains, privées pour une moitié des dortoirs. Pas de cuisine à dispo, mais petite restauration pas chère. Espaces communs hyper agréables, dont une salle de home cinéma (quand on en a plein les pieds) et un bar sur le toit, accueil jeune, pro et anglophone, qu'espérer de mieux ? Ça grouille d'animation, et c'est aux portes des quartiers branchés de Malasaña et Chueca !

🏠 ***Mucho Madrid*** *(plan détachable C3, **42**) : Gran Vía, 59 (7e étage ; ascenseur), 28015. ☎ 91-559-23-50. • reservas@muchomadrid.com • muchomadrid.com • Ⓜ Plaza de España ou Santo Domingo. Lits 17-28 €/nuit selon saison, doubles 47-75 €, petit déj inclus. Réduc si l'on réserve en ligne.* Minuscule auberge de jeunesse privée dans un immeuble chicos de la Gran Vía. Propriétaire attentionné. Intérieur coloré et très propre, plus intime que les grandes AJ. Seulement 7 dortoirs de 2 à 4 lits, avec sanitaires sur le palier. Casiers personnels dans chaque dortoir. Coin cuisine.

🏠 ***Way Hostel*** *(zoom Las Letras D5, **45**) : c/ de Relatores, 17, 28012. ☎ 91-420-05-83. • info@wayhostel.com • wayhostel.com • Ⓜ Tirso de Molina. Lits 15-27 €/nuit, draps inclus, double avec sdb min 70 €.* Encore une AJ privée de très bonne tenue et très centrale, gérée de manière conviviale par une équipe polyglotte et multiculturelle. Dortoirs de 3 à 8 lits (plus un de 12 lits), casiers cadenassés, carte magnétique pour accéder aux chambres, sanitaires super propres. Seul un dortoir n'a pas de fenêtre. Au rez-de-chaussée, grande cuisine pour se préparer le petit déj et salle commune avec TV.

Et pour découvrir la ville, nombreuses activités et sorties proposées (sympa quand on voyage en solo !). Excellent accueil.

Room 007 Ventura *(zoom Las Letras D4, **30**) : c/ de Ventura de la Vega, 5, 28014. ☎ 91-420-44-81. • reservas@room007.com • room007.com • Ⓜ Sol. Nuitée 17-25 € (jusqu'à 30 € en très hte saison), petit déj en sus.* Uniquement des dortoirs dans cette AJ privée à taille humaine, tous bien équipés, et disposant de leur propre salle de bains. En prime, une agréable terrasse sur le toit avec une petit cuisine, et de nombreux services (consigne payante, petit resto attenant, etc.). Accueil sympa comme tout, et bonne ambiance générale. Et puis l'emplacement est vraiment pratique !

Los Amigos Hostel et Los Amigos VIP Rooms *(zoom centre C4, **46**) : c/ del Arenal, 26, 28013. ☎ 91-559-24-72. • reservas@losamigosviprooms.es • losamigosviprooms.es • Ⓜ Ópera. Au 4e étage (ascenseur) à gauche pour l'hostel, au 3e étage pour les doubles. Nuitée en dortoir 19-30 €/pers, petit déj compris. Doubles sans ou avec sdb 60-90 €.* AJ d'une quarantaine de places, colorée, contemporaine et centrale, tenue avec soin. Dortoirs de 4 à 10 lits (dont 1 exclusivement féminin). Cuisine jolie et spacieuse, casiers, salon TV. Les dortoirs donnant sur la rue sont dotés d'un minibalcon. À l'étage du dessous, changement d'ambiance, plus au calme et plus soignées, une douzaine de chambres (dont 2 familiales) modernes, décorées avec des touches ethniques et d'un bon confort (douche à l'italienne dans les salles de bains, sèche-cheveux et TV). Certaines ont même un petit balcon. Accueil chaleureux aux 2 étages.

Toc Hostel Madrid *(zoom centre C4, **48**) : pl. Celenque, 3, 28013. ☎ 91-532-13-04. • mad@tochostels.com • tochostels.com • Ⓜ Ópera. Nuitée en dortoir 6-8 lits 16-20 €/pers, petit déj compris. Doubles et quadruples avec sdb privée 70-80 €.* AJ récente à 2 pas de la Puerta del Sol, dans un bel édifice du XIXe s, très bien restauré. Superbe bar aménagé dans une salle au plafond orné d'une magnifique fresque d'époque. L'AJ a également une supérette. Dortoirs de 6 à 8 lits confortables, avec espaces individualisés par des panneaux, et casier pour chacun. Quelques dortoirs pour fille. Également des chambres doubles et quadruples pour les familles. Cuisine équipée commune, laverie, expos temporaires, billard. Le tout dans un quartier qui offre un tas de possibilités.

Ok Hostel *(zoom centre C5, **55**) : c/ de Juanelo, 24, 28012. ☎ 91-429-37-44. • reservations@okhostels.com • okhostels.com • Ⓜ La Latina ou Tirso de Molina. Pile à la limite entre Lavapiés et La Latina. Nuitée en dortoir 16-30 €, doubles 65-90 € ; petit déj-buffet 3 €. Dîner 10 €.* Cette immense (200 lits) AJ privée, nouvelle génération, est la 4e du genre du jeune proprio portugais, qui après *Yes* à Lisbonne et Porto, puis *Yeah* à Barcelone a ouvert *Ok* à Madrid. Elle a l'avantage d'être hyper bien placée. Les dortoirs avec salle de bains intégrée (max 6 lits), sont vraiment parmi les mieux équipés qu'on connaisse. Chaque matelas, outre le classique tiroir à bagage, dispose de son propre petit coffre, d'une loupiote et d'un store qui permet de s'isoler réellement des autres. Quant aux doubles, fonctionnelles et claires, certaines se parent même d'une terrasse. Déco rouge et blanc à tous les étages, à l'image de la grande salle du rez-de-chaussée, avec un bar accueillant, une grande lignée de tables et une longue fresque. Petit coin plus intime – avec gros coussins douillets – et cuisine. Les flemmards seront aux anges, tous les soirs un chef propose un menu (il suffit de s'inscrire à la réception), dîner vers 21h. Au sous-sol, laverie. L'ensemble, baigné d'une bonne ambiance, est vraiment chouette, l'accueil pro et sympathique, et pas mal d'activités sont proposées (tapas tours, etc.).

Generator Madrid *(plan détachable C3, **44**) : c/ de San Bernardo, 2, 28013. ☎ 910-47-98-00. • ask.madrid@staygenerator.com • staygenerator.com • ♿. Lits en dortoir 18-25 € (draps inclus, serviette en supplément), doubles avec sdb 60-120 € ; petit déj 7,50 €.* On ne le dirait pas de l'extérieur, mais l'endroit était un parking ! Idéal pour garer son sac quelques jours dans l'un des nombreux dortoirs de 4 ou 8 lits (certains réservés aux filles), tous avec salle de bains intérieure, coffres, loupiotes à chaque lit, bref, bien équipés. Côté doubles, plutôt spacieuses et lumineuses, et meublées sobrement. Chaque étage est caractérisé par une couleur, ce qui vous évitera de vous perdre dans cette grande ruche de plus de 500 lits. Nombreux espaces communs, dont des salons télé, une belle cafét' (mais pas de cuisine à dispo), et, enjoliveur sur la jante, un superbe bar sur le toit-terrasse *(ouv mar-dim 17h-22h),* accessible aussi aux non-résidents (petits veinards !). Une grosse structure qui roule bien !

Room 007 *(zoom Chueca D3,* ***80****)* **:** *c/ de Hortaleza, 74, 28004. ☎ 91-368-81-11. • booking@room007.com • room007.com • Ⓜ Chueca ou Tribunal. Nuitée 15-27 €, doubles 55-80 € ; familiales min 70 €.* Dans cette chouette auberge, récente et bien tenue, à la frontière entre Malasaña et Chueca, on pose son sac dans l'un des dortoirs de 4 à 11 lits (quelques-uns réservés aux filles), ou dans l'une des quelques doubles. Toutes sont équipées de leur propre salle de bains (serviette fournie) et de casiers, ce qui compense l'aspect sombre de certains des dortoirs. Agréable cuisine commune, baby-foot, resto au rez-de-chaussée, et même une terrasse où papoter jusqu'à plus soif. Accueil pro.

Barbieri Sol Hostel *(zoom Las Letras D4,* ***50****)* **:** *c/ de la Victoria, 6, 28012. ☎ 91-522-41-98. • bookingsol@barbierihostel.com • barbierihostel.com • Ⓜ Sol. Au 2e étage. Nuitée 15-20 €/pers ; doubles 50-80 € selon confort et saison ; petit déj et draps/serviette compris.* Ne vous étonnez pas de l'allure de cette AJ : il reste des vestiges, de-ci, de-là, de l'ancienne pension kitsch. Outre la situation centrale, on appréciera la vaste terrasse pour prendre le soleil et le petit déj, ainsi que la présence d'un coin douche et de w-c dans chaque dortoir. 4 chambres doubles dont 1 avec lit *matrimonial* (toutes avec douche, mais 2 avec toilettes communes), et des dortoirs de 4 à 6 lits. Certaines chambres avec balcon, toutes chauffées. Cuisine équipée, service de laverie, salon TV.

Las Musas Residence *(zoom Las Letras D5,* ***38****)* **:** *c/ Jesús y María, 12, 28012. ☎ 91-539-49-84. • info@lasmusashostel.com • lasmusashostel.com • Ⓜ Tirso de Molina. Nuitée 15-25 € selon taille dortoir (10 lits, 4 lits avec sdb) ; doubles 48-75 € selon confort ; petit déj inclus.* Une grande AJ privée fort bien située à Lavapiés. Cadre et mobilier contemporains jouant beaucoup sur les couleurs. Réception pro et atmosphère sympa et animée. Sanitaires impeccables. Cuisine équipée, laverie, consigne à bagages, ping-pong, *lockers* individuels, petite salle d'ordinateurs, activités diverses, dont une balade à pied de 2h30 gratuite. Terrasse-bar sur le toit !

Far Home Atocha *(zoom Las Letras D5,* ***36****)* **:** *c/ de Atocha, 45, 28012. 📱 91-621-75-42. • atocha@farhomehostels.com • farhomehostels.com • Ⓜ Antón Martín. Nuitée en dortoir 19-36 € selon taille (6-12 lits) ; doubles dès 36-52 € (mais bien demander avt, ça peut grimper assez haut) ; petit déj inclus.* Une belle AJ privée, fraîchement rénovée, aux tons clairs, à proximité immédiate de tous les sites intéressants. Par l'escalier derrière la réception, on accède, au 1er étage, à une belle salle commune avec tables hautes, canapés, cuisine équipée, ordinateur et même un piano. Les dortoirs et chambres sont disposés sur les 3 étages du bâtiment (ascenseur). Les salles d'eau communes sont impeccables et très bien tenues. Petit bémol tout de même pour l'accueil, pas hyper souriant !

De la plaza de Santa Ana au paseo des Arts

Quartier éminemment touristique, bien sûr, mais on y trouve de nombreux *hostales* à prix doux.

Prix moyens (50-70 €)

🏠 ***Hostal Residencia Fernández*** *(zoom Las Letras D5,* ***61****) : c/ del León, 10, 28014. ☎ 91-429-56-37. • hostal-fernandez@hotmail.com • hostalfernandez.com • Ⓜ Antón Martín. Au 1er étage. Doubles avec sdb 45-70 € (même prix tte l'année), triples aussi. Réduc de 8 % sur les doubles sur présentation de ce guide.* Petit hôtel intime, calme et vraiment agréable. Les chambres (avec TV, clim et petit coffre-fort), comme les salles de bains, sont nickel et égayées de jolis couvre-lits. Accueil franc et un poil anglophone. Une bonne adresse.

🏠 ***Hostal Apolo XI*** *(zoom Las Letras D4,* ***52****) : c/ de Espoz y Mina, 6 (3e D), 28012. ☎ 91-532-14-09. • hostalapolo11@hotmail.com • hostalapolo11.com • Ⓜ Sol. À 30 m de la pl. Puerta del Sol. Au 3e étage, à droite (ascenseur). Double avec lavabo 45 €, avec sdb 55 €, familiales 80-115 €. Réduc de 10 % sur les doubles si séjour 2 nuits min et sur présentation de ce guide.* Éminemment bien situé. Toutes les chambres ont été rénovées récemment dans des tonalités fraîches. Ça en fait une adresse basique très convenable, d'autant que c'est bien tenu et que l'espace disponible fait qu'on n'est pas les uns sur les autres. Plusieurs chambres à 3 ou 4 lits très pratiques pour un groupe d'amis. Chambres sur rue logiquement plus bruyantes que celles sur cour. Distributeur de boissons dans le hall. Ensemble clair et accueil agréable.

🏠 ***Sleep'n Atocha*** *(zoom Las Letras E5,* ***40****) : c/ del Doctor Drumen, 4, 28012. ☎ 91-539-98-07. • info@sleepnatocha.com • sleepnatocha.com • Ⓜ Estación del Arte. Double 70 €, jusqu'à 90 € pdt les fêtes ; chambres jusqu'à 4 pers, compter 40 €/pers en hte saison ; petit déj 8,50 €.* L'entrée, avec son scooter bleu et ses téléphones vintage accrochés aux murs, donne déjà le ton. Les 80 chambres, plus ou moins grandes, ont été rénovées dans un désir de modernité totale. Même si les moins chères ne sont pas bien grandes, elles sont lumineuses et très confortables. Dans les triples et quadruples, peu de lits superposés, et salle de bains et w-c sont séparés : pratique. Chaque étage possède sa couleur dominante (orange au 1er). Projection de film avec dégustation de pop-corn gratuit *(ts les jeu-sam),* pour les clients. Derrière la réception, déco scandinave pour le bar et les 2 petites salles (où l'on prend le petit déj) pour se poser, petit coin épicerie bien pratique et bocaux de bonbons accessibles partout gracieusement. En prime, au 7e étage, une terrasse semi-fermée aménagée sur le toit, avec thé-café et pâtisseries à dispo en journée, et bar le soir (20h-23h, avec petite carte de grignotage). Bref, ces nombreux atouts et sa situation en font un super bon camp de base pour visiter Madrid. Accueil jeune et sympa.

🏠 ***Hostal Oliver y Alaska*** *(zoom Las Letras D4,* ***57****) : c/ de Espoz y Mina, 7, 28012. ☎ 91-524-92-08. • hostalalaska@hotmail.com • hostalalaska.es • Ⓜ Sol. Au 4e étage (ascenseur). Résa conseillée. Doubles avec sdb 55-75 € selon taille (jusqu'à 90 € lors de fêtes importantes), triples aussi. Pas de petit déj, distributeur de boissons chaudes.* Dans une rue particulièrement touristique et animée. Tout un étage aménagé en *hostal,* avec de grandes chambres propres et colorées, certaines aisément transformables en triple. Celles qui donnent sur l'intérieur sont moins chères... et plus calmes : à privilégier pour les sommeils légers. Notre préférée : la grande carrée avec les poutres apparentes, qui dégage un vrai charme. Un seul bémol : les salles de bains, si elles sont bien équipées, sont lilliputiennes !

De prix moyens à chic (50-90 €)

🏠 ***Hostal La Bruña*** *(zoom Las Letras E5,* ***59****) : c/ de Moratín, 50, 28014. ☎ 91-429-47-01. • hostalbruna@ctv.es • hostalbruna.es • Ⓜ Antón Martín ou Estación del Arte. À mi-chemin des musées du*

Prado et du Centro Reina Sofía. Au 2e étage. Doubles avec sdb 75-90 €. Pas de petit déj. Une belle cage d'escalier vert d'eau, et des chambres modernisées avec un peu de cachet (parquet), de tailles variables. Tout est propre comme un sou neuf, immaculé, relevé de touches de couleur, et la literie de bonne qualité. Tenu par une famille aussi accueillante que souriante, mais exclusivement hispanophone.

Hotel Cortezo *(zoom Las Letras D5,* ***53****) : c/ del Doctor Cortezo, 3, 28012. ☎ 913-69-01-01. • reservas@hotelcortezo.com • hotelcortezo.com • Ⓜ Sol ou Antón Martín. Doubles 55-80 € selon période et confort (jusqu'à 250 € pdt les fêtes).* Hôtel moderne sur 5 niveaux, offrant des chambres impeccables, de bonne taille et de bon confort, le tout drapé dans une sobriété toute contemporaine (parquet, tons gris et bois). Çà et là, de grandes photos de sites iconiques de Madrid. Agréable terrasse solarium sur le toit, avec ses chaises longues, dominant le sud de la ville. Petit déj varié et bon accueil en prime.

Hostal Persal *(zoom Las Letras D4-5,* ***58****) : pl. del Angel, 12, 28012. ☎ 91-369-46-43. • info@hostalpersal.com • hostalpersal.com • Ⓜ Sol. Doubles 75-95 € (jusqu'à 120 € le w-e).* La belle façade bleue attire l'œil, de même que, au fond du hall, l'agréable salle commune-bibliothèque, haute de plafond et aérée (qui accueille aussi le petit déj). Du côté des chambres, la sobriété du mobilier et les quelques touches de couleur évoquent le vintage des années 1950, même si les salles de bains, elles, sont un peu datées. Tout confort cependant. Pour être au calme avec certitude, privilégier les chambres à l'arrière. Bon accueil, personnalisé.

Hostal Gonzalo, Pensión Corbero *(zoom Las Letras E4,* ***60****) : c/ de Cervantes, 34, 28014. À 5 mn à pied des musées du Prado et Thyssen-Bornemisza.* ***Gonzalo :*** *3e étage. ☎ 91-429-27-14. • hostal@hostalgonzalo.com • hostalgonzalo.com •* ***Corbero :*** *1er étage gauche. ☎ 91-429-41-71. • donato@pensioncorbero.com • pensioncorbero.com • Pour* ***Gonzalo*** *60-65 € et* ***Corbero,*** *selon saison, doubles avec sdb env 60-65 €. Ascenseur.* Situés dans le même immeuble bourgeois XIXe s, à différents étages. C'est la raison de notre choix : si l'un est complet, il reste l'autre. Intérieur propre et très bien tenu pour chacun, avec bon confort : clim, TV, sèche-cheveux ou même coffre-fort. Le *Gonzalo* a des chambres un poil plus grandes que le *Corbero,* de taille plus modeste, mais les 2 sont coquets dans le genre classique, tout de blanc vêtus et l'accueil y est très prévenant. S'ils sont tous les 2 complets, l'***Hostal Cervantes*** *(2e étage ; ☎ 91-429-83-65 ; • correo@hostal-cervantes.com • hostal-cervantes.com • ; doubles 60-75 €)* se distingue par des chambres un poil plus chères mais plus grandes, avec des rangements et une salle de bains équipée d'une douche pour la plupart. Il n'offre cependant pas l'accueil prévenant des 2 autres.

Hostal Atelier *(zoom Las Letras D4,* ***66****) : c/ del Príncipe, 18, 28012. ☎ 91-531-66-00. • hostalatelier.com • Ⓜ Sol. Au 1er étage à droite. Doubles standard 54-75 €, supérieures 63-85 € selon saison. Pas de petit déj.* Une petite structure de 12 chambres à peine, entièrement et joliment rénovées dans des tons fleuris. C'est frais, moderne, impeccable, et d'un excellent confort : il y a même une bouilloire dans chaque chambre. Les supérieures, plus grandes, profitent pour certaines d'un balcon. Accueil fort sympathique. Et si c'est plein, il suffit de prendre l'ascenseur : la famille – frère, cousin, etc. – a ouvert 1 ou 2 *hostales* par étage ; tous modernes et agréables et dans les mêmes fourchettes de prix. Au 4e (qui offre les chambres les plus lumineuses), d'un côté ***Hostal Alexis*** *(☎ 91-032-11-80 ; • hostal.alexis@gmail.com • hostalalexis.com •),* une vraie bonbonnière et un accueil plein d'humour. De l'autre, l'***Hostal Madrid Sol*** *(☎ 91-531-32-70 ; • reservas@hostal-madridsol.com • hostal-madridsol.com •),* à la déco plus graphique : le rouge réveille, mais les salles de bains sont bien petites, et du coup les prix sont un peu surestimés.

JC Rooms Santa Ana *(zoom Las Letras D4, **39**) : c/ de la Cruz, 8, 28012. ☎ 91-531-44-03 ou 902-400-409. • santaana@jchoteles.com • jchoteles.com • Ⓜ Sol. Doubles 46-95 €.* Au 1er étage, une douzaine de chambres sur la thématique des provinces espagnoles : un décor aux couleurs pétantes (avec une immense photo au-dessus du lit), un mobilier et une salle de bains hyper modernes. De même, tout le confort espéré, clim, ordi et connexion dans presque toutes les chambres... Petit déj servi dans une cafétéria voisine. Un peu cher quand même en pleine saison. *Même maison, c/ Flora (voir plus loin).*

The Tirso Molina Hostel *(zoom Las Letras D5, **43**) : c/ del Mesón de Paredes, 9, 28012. ☎ 91-539-80-66. • reservastirsomolina@thchostels.com • thchostels.com • Ⓜ Tirso de Molina. Au coin de la c/ Juanelo. Doubles 55-75 € (jusqu'à 130 € en très hte saison). Pas de petit déj.* Hôtel joliment rénové proposant de très agréables chambres à des prix vraiment intéressants. Cadre genre « modern style » sachant allier sobriété et élégance, et salles de bains nickel. 2 chambres avec terrasse (un brin plus chères). Très bien situé, mais manque un poil d'atmosphère (aucune partie commune où se retrouver !). Très bon accueil cela dit.

Hotel Villamañez *(zoom Las Letras E4, **51**) : c/ de San Agustín, 6, 28014. ☎ 91-429-90-33. • hostalvillamanez@gmail.com • Ⓜ Sevilla. Au 2e étage, à droite. Doubles avec sdb 50-65 €. Pas de petit déj.* Si le hall de l'immeuble est un peu défraîchi, les chambres, elles, d'une blancheur lumineuse, sont agréables et très bien tenues (matelas tout neufs), quoique de tailles très variables (certaines étroites, vraiment). Quelques-unes donnent sur le jardin arrière. Calme et confortable, un bon rapport qualité-prix.

Hostal Esmeralda *(zoom Las Letras D4, **62**) : c/ de la Victoria, 1, 28012. ☎ 91-521-00-77. • reservas@hresmeralda.net • hresmeralda.net • Ⓜ Sol. ♿ Au 2e étage (ascenseur). Doubles 50-80 €.* Une vingtaine de chambres confortables, d'un blanc immaculé (déco plutôt neutre), toutes identiques et d'une propreté exemplaire. Toutes donnent sur la rue (double vitrage) et sont équipées de la clim, la TV et d'un coffre individuel, ce qui compense presque l'étroitesse des salles de bains (avec sèche-cheveux). Accueil très gentil.

Hostal Victoria II *(zoom Las Letras D4, **63**) : c/ de las Carretas, 3, 28012. ☎ 91-522-15-49. Accueil et résas auprès de **Hostal Victoria I** (zoom Las Letras D4, **56**), c/ de las Carretas, 7, 28012, au 2e étage. ☎ 91-522-99-82. • reservas@hostal-victoria.com • hostal-victoria.com • Ⓜ Sol. Aux 2e et 4e étages. Résa conseillée. Doubles 55-85 € avec sdb, triples aussi. Pas de petit déj. Parking à 400 m 13 €/j.* *Hostal* impeccable et bien arrangé. Des allures de petit hôtel, vu le confort proposé : AC, salle de bains nickel (certes, riquiqui), coffre-fort, TV satellite, minibar et téléphone dans toutes les chambres. Bonne literie et accueil pro. Notre préférence va nettement au ***Victoria II*** pour sa déco plus aboutie, mais le ***Victoria I,*** au mobilier plus ancien, présente un confort du même type. Très bon rapport qualité-prix pour l'ensemble.

De plus chic à très chic (de 90 à plus de 120 €)

Room Mate Alicia *(zoom Las Letras D4, **64**) : c/ Prado, 2, 28014. ☎ 91-389-60-95. • alicia@room-matehotels.com • room-matehotels.com • Ⓜ Sol ou Antón Martín. Doubles standard 130-150 € ; à partir de 250 € avec terrasse.* Pour la petite histoire, la belle façade Art déco tout en courbes qui donne sur la plaza Santa Ana se retrouve dans *Parle avec elle,* d'Almodóvar (et même l'intérieur, avant la transformation en hôtel). Les chambres sont aujourd'hui d'un design étudié, coloré et très fonctionnel. Plutôt grandes côté façade, un poil plus petites (et moins chères... pas de secret !) côté intérieur. Et pour sortir le grand jeu, certaines, dans les derniers étages, s'élargissent d'une terrasse ! Classe, non ? Excellent petit déj-buffet servi jusqu'à 12h (bonne grasse mat', les amis !),

MADRID

accueil fort souriant, et situation plutôt idéale, il faut l'avouer.

Alhambra Suites *(zoom Las Letras D4,* ***67****) : c/ de Espoz y Mina, 8, 28012. ☎ 91-522-91-03. • info@alhambrasuites.com • alhambrasuites.com • Ⓜ Sol. Au 2ᵉ étage (ascenseur). Doubles 125-145 €, triples et suite aussi.* Une trentaine de belles chambres spacieuses tout en longueur, réparties sur 2 étages (près de 30 m² pour les suites), claires, à la décoration bien contemporaine, dans un élégant camaïeu de gris et de noir. Minibar, sèche-cheveux, AC, coffre et salles de bains soignées : excellent confort, même si le lavabo est parfois dans la chambre. Attention, les *standard* sont vraiment petites. Accueil bien sympa et pro. Une photo de l'Alhambra à la réception tente de justifier le nom de l'établissement, dont la déco n'a vraiment rien d'andalou.

Vincci Soho *(zoom Las Letras D4,* ***100****) : c/ del Prado, 18-20, 28014. ☎ 91-141-41-00. • soho@vinccihoteles.com • vinccihoteles.com • Ⓜ Antón Martín. Doubles standard en général 90-140 €, petit déj 17 € (souvent inclus) ; jusqu'à 250 € en très hte saison.* En plein cœur du barrio de Las Letras, cet hôtel 4 étoiles a investi 5 immeubles anciens, habilement réhabilités et totalement remodelés intérieurement. Côté chambres, les *standards* sont déjà très bien, d'un excellent confort, certaines avec balconnet, et l'ameublement mêle modernisme de belle facture (beaux matériaux) et touche design. Classique, donc, mais classe. Très bon accueil et vaste terrasse-patio pour goûter la douceur du soir.

Petit Palace Lealtad Plaza *(zoom Las Letras E4,* ***102****) : c/ de Antonio Maura, 5, 28014. ☎ 91-522-45-47. • lealtad@petitpalace.com • petitpalace.com • Ⓜ Banco de España. Doubles 90-150 €, triples et familiale aussi ; petit déj-buffet inclus.* À 3 mn à pied derrière le Prado, baignant déjà dans l'ambiance chic et mesurée du quartier de Salamanca, un petit luxe à taille humaine, aménagé dans un bel édifice en pierre et brique du XIXᵉ s. Comme dans les autres hôtels de la chaîne, la modernité est sobrement à l'honneur (prêt de vélos et d'iPad), et le confort irréprochable. Petit plus, une jolie utilisation des éléments d'architecture d'origine : moulures, insert, briques patinées et beaux parquets. Préférer les supérieures, qui donnent sur la rue et gagnent en lumière. Accueil très agréable, parfois francophone.

Hotel II Castillas *(plan détachable D4,* ***47****) : c/ de la Abada, 7, 28013. ☎ 91-524-97-50. • reservas@hoteldoscastillas.com • hoteldoscastillas-madrid.com • Ⓜ Sol ou Callao. Doubles 70-140 €, petit déj inclus.* Un hôtel à l'ancienne, pas du tout design (pour une fois !), plutôt cossu même, dans une petite rue au cœur du quartier commerçant. Chambres confortables et très classiques, spacieuses et arrangées avec goût. Belles salles de bains avec douche à jet hydromassant pour certaines ou baignoire. Personnel avenant. Pour profiter de l'animation madrilène tout en restant au calme.

Urban Hotel *(zoom Las Letras D4,* ***69****) : carrera de San Jerónimo, 34, 28014. ☎ 91-787-77-70. • urban@derbyhotels.com • hotelurban.com • Ⓜ Sevilla ou Sol. ♿ Doubles 200-300 € selon affluence et saison.* Waouh ! Un superbe hôtel design au cœur de la ville (un des plus beaux) avec d'impressionnants volumes, beaucoup de transparences, une modernité contrôlée, rehaussée de touches ethniques, comme ces magnifiques statues de Papouasie à l'accueil. Chambres à l'unisson, avec tout le confort dont on peut rêver. La plus belle est la nº 438. Resto chic et cher et bar plus que branché, dont la clientèle se répartit entre le rez-de-chaussée stylisé et, l'été, le toit-terrasse (et sa piscine) dominant la ville.

Le Madrid de Los Austrias

Toujours le centre historique et touristique, autour de la plaza Mayor.

De prix moyens à chic (50-90 €)

JC Rooms Puerta del Sol *(zoom centre C4,* ***54****) : c/ Flora, 4, 28013.*

☎ 91-559-40-14. • recepcion@jchoteles.com • jchoteles.com • Ⓜ Ópera. Doubles 60-90 € (dès 45 € hors saison). Petit déj en sus, servi au proche JC Rooms Santo Domingo. Dans une petite rue tranquille, au 1er étage. Sur une thématique des principales *plazas, museos* et *puertas* de Madrid, des couleurs éclatantes (immense photo au-dessus du lit), un mobilier pop, une salle de bains acidulée. De même, tout le confort attendu, clim et ordi dans la plupart des chambres... Pas immenses cependant, les chambres, et donnant sur un patio pour la plupart, donc peu lumineuses. Accueil aimable.

Hostal Cruz Sol *(zoom centre C4,* ***72****) : pl. de Santa Cruz, 6, 28012. ☎ 91-532-71-97. • info@hostalcruzsol.com • hostalcruzsol.com • Ⓜ Sol. Au 3e étage (ascenseur). Double avec sdb 65 € (même prix tte l'année : une rareté !). Pas de petit déj.* À 80 m de la plaza Mayor, dans le quartier piéton. Dans un immeuble cossu, un *hostal* tout ce qu'il y a de plus correct, avec des chambres certes petites et sans déco mais bien équipées (AC, coffre, sèche-cheveux, frigo) et lumineuses, et un accueil très gentil. Vue sur la place ou sur les rues piétonnes. Une de nos bonnes adresses dans ce quartier central.

Hostal Hispalense *(zoom centre C4,* ***74****) : c/ de las Fuentes, 12, 28013. ☎ 91-542-18-52. • info@hostalhispalense.es • hostalhispalense.es • Ⓜ Ópera. Au 2e étage. Doubles 40-85 € selon sem ou w-e (hors fêtes et j. fériés). Pas de petit déj. Résa impérative.* Un petit *hostal* très bien placé, offrant une dizaine de chambres, à 2 mn à pied de la plaza Mayor. Accueil charmant de la patronne, ayant vécu plus de 15 ans en France. Les 10 chambres, bien agréables, sont gentiment décorées et toutes différentes, avec salle de bains impeccable, clim et réfrigérateur. Un bon choix. Cloisons peu épaisses cependant : le bruit se propage vite !

Hostal La Macarena *(zoom centre C4,* ***75****) : c/ Cava de San Miguel, 8, 28005. ☎ 91-365-92-21 ou 91-366-61-11. • macarena@silserranos.com • silserranos.com • Ⓜ Sol. Au 2e étage (ascenseur). Double avec sdb env 79 €. Pas de petit déj.* Très bien situé : à deux pas de la plaza Mayor et du mercado San Miguel... L'hôtel se trouve en face de l'une des anciennes murailles de la ville, dans un bel immeuble calme. Petites moulures ton sur ton dans les teintes claires : ambiance très classique ! Les chambres sont mini, mais l'ensemble est agréable et la plupart ont un balcon (et AC). Accueil très avenant.

Hotel Mayerling *(zoom Las Letras D5,* ***49****) : c/ del Conde de Romanones, 6. 28012. ☎ 91-420-15-80. • recepcion@mayerlinghotel.com • mayerlinghotel.com • Ⓜ Tirso de Molina ou Sol. Double env 80 € (pointe à 130 € en très hte saison, mais 50 € en basse saison...).* À la limite entre Los Austrias, La Latina et Lavapiés, les chambres claires et colorées, modernes et rénovées comme tout l'édifice, offrent un confort très honnête (bons matelas et bonne insonorisation), même si les salles de bains très ouvertes sur les chambres ne plairont pas à tous. En tout cas, le rapport qualité-prix est excellent, les buffets du petit déj (en supplément) bien garnis, l'accueil aux petits soins (et souvent en français), et café et thé restent à disposition des hôtes toute la journée.

Plus chic (90-120 €)

Petit Palace Posada del Peine *(zoom centre C4,* ***68****) : c/ Postas, 17, 28012. ☎ 91-523-81-51. • posadadelpeine@petitpalace.com • petitpalace.com • Ⓜ Sol. Doubles 110-120 €, jusqu'à 150 € en très hte saison ; petits déj 12-14 €.* Vraiment très bien placé, à un jet de pierre de la plaza Mayor, dans un bel édifice typique du Madrid de Los Austrias, avec ses balconnets en fer forgé et sa façade ocre. Ce serait d'ailleurs le plus ancien hôtel de Madrid, mais tant de fois remanié – et désormais réorganisé sur 3 édifices – que seul l'escalier témoigne de son âge vénérable. Les 3 catégories de chambres (en fonction de leur taille) permettent de ménager différents budgets. Tout confort partout, comme dans tous les établissements de cette petite chaîne espagnole, et un accueil très professionnel et attentif.

Hotel Room Mate Mario *(zoom centre C4,* ***83****) : c/ de Campomanes, 4, 28013. ☎ 91-548-85-48 ; résas : ☎ 91-217-92-87. • mario@room-matehotels.com • room-matehotels.com • Ⓜ Ópera ou Santo Domingo. Double min 100 € selon taille et saison.* Pour les amoureux du bel canto, à 50 m de l'Opéra. Un hôtel design, appartenant à la chaîne *Room-mate-hotels* (3 autres hôtels dans Madrid, dont 1 – moins réussi à notre avis mais au bar très tendance – dans le quartier de Chueca). Installé dans un vieil immeuble bourgeois du quartier de l'Opéra, et décoré par un adepte du minimalisme : hall de réception dans les tons noir et orange, salle à manger plutôt verte et des chambres très agréables à l'esthétique graphique, originale et soignée. Tout le confort, et surtout la possibilité de profiter du wifi gratuit dans toute la ville, avec un routeur de poche fourni avec la chambre. Accueil et service au diapason.

Palacio San Martín *(zoom centre C4,* ***77****) : pl. San Martín, 5, 28013. ☎ 91-701-50-00, central de réservation. ☎ 96-439-44-97. • sanmartin@intur.com • hotelpalaciosanmartin.es • Ⓜ Ópera ou Sol. Double min 86 € au rdc, sinon min 110 € ; petit déj 16 €.* Dans un bel immeuble du XIXe s, plus de 80 chambres, avec un patio intérieur sous verrière propice au farniente. Qu'il s'agisse des contemporaines du rez-de-chaussée (qui manquent cependant de lumière naturelle) ou des classiques directement inspirées du grand style du bâtiment, chambres lumineuses, de grand standing et plutôt vastes, excellents couchages et moquettes moelleuses. Douches à jet hydromassant. AC, coffre-fort, minibar et tout le tralala. Resto très agréable servant en continu de 11h à minuit.

Autour de la Gran Vía et de la plaza Puerta del Sol

Un peu au nord de la puerta del Sol, la Gran Vía est une large saignée à la Haussmann, où l'on trouve de grandes salles de cinéma, fast-foods, drug-stores et magasins de chaîne. Le quartier abrite de nombreuses pensions et autres *hostales,* faites votre choix, mais attention au bruit la nuit : évitez si possible de prendre une chambre donnant sur une grande artère. Environnement moins sympa que le vieux quartier de la plaza Mayor, mais chambres plus grandes en général.

De plus chic à très chic (de 90 à plus de 120 €)

Riu Plaza España *(plan détachable C3,* ***98****) : c/ Gran Vía, 84 (plaza de España), 28013. ☎ 91-919-33-93. • riu.com • Ⓜ Plaza de España. Doubles standard 95-200 € selon saison et confort, petit déj inclus ; beaucoup plus cher pour les suites. Parking.* Installé dans un édifice emblématique de la Gran Vía, les chambres, toutes décorées à l'identique et très confortables, se distinguent uniquement par leur taille et les options supplémentaires pour les plus chères. En revanche, quelle que soit la catégorie, elles offrent une vue magnifique sur la ville. Excellent petit déj buffet. Piscine au 21e étage, avec vue également, salle de sport et restaurant. *Sky bar (11h-1h)* avec vue à 360°, très prisé en fin d'après-midi par les clients extérieurs à l'hôtel, qui patientent en faisant la queue sur le trottoir devant l'hôtel, espérant assister au coucher du soleil.

Hotel Santo Domingo *(plan détachable C3,* ***99****) : c/ de San Bernardo, 1 (pl. Santo Domingo), 28013. ☎ 91-547-98-00. • reserva@hotelsantodomingo.es • hotelsantodomingo.es • Ⓜ Santo Domingo. Doubles 120-230 € selon saison et confort, petit déj inclus ; suites. Parking.* Reconversion réussie pour ce classique 4-étoiles passé entre les mains de talentueux architectes et décorateurs. Parti pris d'un élégant design, d'espaces originaux, de couleurs sobres et nuancées et d'utilisation de matériaux nobles et bruts (aluminium, cuivre jaune...) en des formes insolites. Les chambres ont en commun beaucoup de charme, un style épuré, des lumières douces, de superbes salles de bains, et tout, tout le confort imaginable... En revanche, toutes sont résolument différentes ! Sur le toit, avec vue imprenable sur la ville, mur végétalisé, belle piscine *(ouv juin-sept)* et bar un rien bling-bling au mobilier plastoc-design, le ***Sunset Lookers.***

De Las Letras Hotel *(zoom Chueca D4,* ***70****) : Gran Vía, 11, 28013. ☎ 91-523-79-80. • las.letras@iberostar.com • iberostar.com • Ⓜ Gran Vía ou Sevilla. Doubles 148-288 € selon saison, min 211 € avec terrasse, et min 234 € avec terrasse ET jacuzzi privés. Petit déj 18 €. Intéressantes promos sur Internet.* Encore un hôtel design réussi, aménagé dans un majestueux édifice datant de 1917. Pierres et bois jouent ici à cache-cache avec les couleurs chaleureuses des chambres : parquets anciens et grandes hauteurs sous plafond témoignent de la respectabilité de l'endroit, et s'harmonisent parfaitement avec la modernité des tapis et du mobilier. Et, partout, dans les couloirs, les escaliers et au-dessus des lits, des citations de grands écrivains... à retrouver dans la bibliothèque, bien sûr ! Également un resto gastronomique *(Al Trapo)*, un bar à cocktails-resto très agréable sur le toit *(El Ático, tlj 17h-2h)*, etc. Accueil pro sans être guindé.

Hotel Moderno *(zoom Las Letras D4,* ***78****) : c/ del Arenal, 2, 28013. ☎ 91-531-09-00. • info@hotel-moderno.com • hotel-moderno.com • Ⓜ Sol. Quasiment sur la pl. Puerta del Sol. Selon saison, doubles 100-130 €, jusqu'à 170 € avec terrasse, petit déj 10 €.* Cet hôtel sobre et classique est rénové dans un style contemporain tout aussi classique, qui a su préserver son indépendance. Accueil pro et cravaté. Si vous êtes en fonds, choisissez de préférence une chambre au 6e étage : vous aurez un balcon donnant sur la plaza Puerta del Sol. Un peu cher, il faut le reconnaître : un tel emplacement se paie. Terrasse au dernier étage.

Dans le quartier de Chueca

De prix moyens à plus chic (50-120 €)

Hostal Don Juan *(zoom Chueca D3,* ***88****) : pl. Pedro Zerolo, 1, 28004. ☎ 91-522-77-46. • info@hostaldonjuan.net • hostaldonjuan.net • Ⓜ Gran Vía ou Chueca. ♿ Au 2e étage. Doubles avec sdb 62-82 €, triples aussi. Pas de petit déj. Sur présentation de ce guide, réduc de 10 % sur les doubles.* Dans un grand immeuble sur une place piétonne, 44 chambres impeccables, et vastes pour la plupart, avec un beau parquet vitrifié, TV, clim, téléphone. Agréables parties communes. Une vraie déco personnalisée, haute en couleur : vénérable mobilier souvent sculpté, peintures anciennes, beaux bibelots... pas mal de charme ! Triples très intéressantes. Accueil adorable, en espagnol ou en anglais. Un excellent rapport qualité-prix.

Pensión Domínguez *(zoom Chueca D3,* ***90****) : c/ Santa Brígida, 1, 28004. ☎ 91-532-15-47. • postmaster@hostaldominguez.com • hostaldominguezmadrid.com • Ⓜ Tribunal ou Chueca. Au 1er étage, à droite. Congés : août. Double avec sdb env 50 €, familiale aussi. Pas de petit déj. CB refusées.* Possibilité d'arranger des chambres triples sur demande. Rénové. Des chambres plus ou moins lumineuses avec salle de bains (parfois) microscopique, clim et chauffage, toutes très propres. Quelques chambres de même type au 2e étage aussi. Accueil anglophone. Pas de petit déj, mais une excellente *marisquería* au rez-de-chaussée ! Une adresse parfaite pour sortir dans Chueca comme dans Malasaña.

Hostal María Luisa *(zoom Chueca D3,* ***92****) : c/ de Hortaleza, 19, 28004. ☎ 91-521-16-30. • info@hostalmarialuisa.com • hostalmarialuisa.com • Ⓜ Gran Vía. Au 2e étage (ascenseur). Doubles avec sdb 50-69 €. Min 2 nuits le w-e (ven-sam).* Toutes les chambres ont téléphone, clim, réfrigérateur pour certaines, et même coffre ! Impeccablement tenu par la sympathique María Luisa et son équipe. Les chambres donnant sur la cour intérieure sont très calmes, celles sur rue plutôt bien insonorisées. Déco à l'ancienne. Accueil mitigé.

Hostal Greco (zoom Chueca D3, **91**) : *c/ de las Infantas, 3, 28004. ☎ 91-522-46-31/32. • info@hostalgreco.com • hostalgreco.com • Ⓜ Gran Vía ou Chueca. Au 2e étage (ascenseur). Doubles 50-100 €, triples aussi ; pas de petit déj.* Réception un peu baroque, mais les chambres sont plaisantes, claires, prolongées d'un balcon ou d'une véranda (vue sur la rue ou sur le patio), et équipées de téléphone, clim et TV, et parfois d'un frigo. Plutôt spacieux, sauf les salles de bains, grandes comme des mouchoirs de poche. Un des fils est francophone, l'autre parle l'anglais. Une bonne adresse.

Hostal San Lorenzo (zoom Chueca D4, **89**) : *c/ del Clavel, 8, 28004. ☎ 91-521-30-57. • reservas@hotel-sanlorenzo.com • hotel-sanlorenzo.com • Ⓜ Gran Vía ou Chueca. Réception à l'étage. Doubles 65-110 € (dès 43 € sur Internet en sem et basse saison). Petit déj-buffet 7,50 €.* Voici un hôtel devenu spacieux, grâce au regroupement de plusieurs *hostales* d'un même bâtiment, et qui, du coup, propose aujourd'hui 65 chambres dans ce charmant quartier de Chueca. Bien qu'elles aient été rénovées dans un style un peu désuet, les chambres sont soignées et bien équipées (clim, téléphone, sèche-cheveux). Insonorisation intérieure un peu légère cependant. Certaines avec balcon donnent sur la plaza Pedro Zerolo. Accueil cordial.

Hostal Hispano (zoom Chueca D3, **93**) : *c/ de Hortaleza, 38, 28004. ☎ 91-531-48-71 ou 28-98. • info@hostalhispano.com • hostalhispano.es • Ⓜ Chueca. Au 2e étage (ascenseur). Doubles 60-120 €.* Une vingtaine de chambres agréables, ornées de grands posters, toutes refaites dans un esprit moderne qui oscille entre la bonbonnière et le méditerranéen. On aime ou pas, mais c'est original. Mobilier de qualité, bonne literie, clim et coffre-fort. Propreté impeccable. Petit déj en option, servi dans une cafét' voisine. Un regret quand même : le très grand écart des tarifs en fonction des saisons.

De plus chic à très chic (de 90 à plus de 120 €)

Vincci The Mint (zoom Chueca D4, **95**) : *c/ Gran Vía, 10, 28013. ☎ 91-203-06-50. • reservas.themint@vinccihoteles.com • vinccithemint.com • Ⓜ Estación del Arte. Doubles standard 90-200 €, petit déj inclus. Parking.* Cette chaîne d'hôtels a pris l'initiative de récupérer des bâtiments historiques pour les transformer en hôtels de luxe. Ce superbe bâtiment du début du XXe s a été restauré en alliant harmonieusement authenticité et déco ultra-design parfaitement réussie. Ambiance très new- yorkaise, pas vraiment de réception, c'est le bar qui en fait office, permettant au client d'attendre son tour en buvant un verre. Les 88 chambres modernes, sans excès dans la déco, murs bleus, mobilier design et draps blancs, sont superbes. Les salles de bains, dont certaines avec baignoire, ne sont pas en reste. Quelques chambres ont une terrasse (les plus chères). Très belle terrasse pour tous sur le toit avec son original *food truck* en lieu et place d'un bar.

Spécial coup de folie !

Only You Boutique Hotel (zoom Chueca E3, **71**) : *c/ Barquillo, 21, 28004. ☎ 91-005-22-22. • madrid@onlyyouhotels.com • onlyyouhotels.com • Ⓜ Chueca. Double min 195 €.* Au cœur de Chueca et de Salesas, voici rien moins qu'un petit palais du XIXe s, demeure d'un négociant fortuné, transformé en très bel hôtel. Rénovation et décoration ont préservé nombre de carrelages, cheminées et moulures, rehaussés et complétés par un savoureux mélange de mobilier et d'objets baroques, design, vintages... voire de copies d'antiquités : très exubérant, tout ça ! Beaucoup évoquent le voyage, comme ces vieilles malles-cabines ou les cartes anciennes qui habillent les murs. Côté chambres, modernité et confort priment, même si on peut reprocher aux *deluxe* (entrée de gamme) de n'être pas bien spacieuses. D'autres, plus chères, arborent poutres apparentes ou vaste terrasse. Les patios, salons, bars et restaurants se visitent presque comme un musée ! Service très attentionné, avec, ce qui ravira les noctambules, un petit déj servi 24h/24.

Dans le quartier de Malasaña

Bon marché (max 50 €)

☗ ***Hostal Machín*** *(zoom Chueca D3,* ***85****) : c/ de Valverde, 9, 28004. ☎ 91-522-26-14. • info@hostalmachin.com • hostalmachin.com • Ⓜ Gran Vía. Au 4e étage (ascenseur). Fermé en août. Résa conseillée. Doubles avec lavabo ou sdb 40-60 €. Pas de petit déj.* Un *hostal* simple et accueillant, proposant des chambrettes climatisées au joli mobilier de bois et à la literie confortable, chacune avec son lavabo et sa baignoire sabot dans un coin (w-c sur le palier) plus, parfois, un petit frigo et un coffre. Tout est très propre, à défaut d'être spacieux. Petite terrasse aménagée sur le toit. Micro-ondes et distributeur de café à dispo. Consigne à bagages.

☗ ***Hostal Nueva Montaña*** *(plan détachable C3,* ***79****) : c/ de la Luna, 30, 28004. ☎ 91-521-60-85. 📱 640-53-55-58. • hrnuemont@gmail.com • hostalnuevamontana.negocio.site • Ⓜ Plaza de España, Callao ou Noviciado. Au 2e étage, à droite. Doubles 30-40 € selon confort (lavabo ou douche, w-c communs), familiales 50-60 €. CB refusées. Réduc de 10 % si séjour de 6 j. min sur présentation de ce guide.* Préférer les chambres sur la rue (peu passante), bien plus claires et avec balcon. Modeste pension de famille à l'escalier en bois et à l'accueil agréable. Petites chambres avec TV, baignant dans la simplicité. Parking à proximité avec tarif préférentiel. Une de nos bonnes adresses.

☗ ***Hostal Palacios*** *(zoom Chueca D3,* ***87****) : c/ de Fuencarral, 25, 28004. ☎ 91-531-48-47. • hostal-palacios.com • Ⓜ Gran Vía. Au 1er étage, à droite. Doubles 50-54 € (jusqu'à 90 € le w-e). Pas de petit déj.* Bien situé par rapport à Malasaña et Chueca. Bon confort : clim et chauffage, consigne gratuite, ascenseur... Chambres au mobilier gentiment suranné organisées sur 2 étages, mais la rue se fait bruissante le soir venu. Accueil fort aimable.

Prix moyens (50-70 €)

☗ ***Hostal Jemasaca*** *(plan détachable C3,* ***96****) : c/ de la Palma, 61, 28015. ☎ 91-532-70-11. • info@hostaljemasaca-palma61.com • hostaljemasaca-palma61.com • Ⓜ Noviciado. Aux 2e et 3e étages (sans ascenseur). Doubles 55-70 € (145 € pdt la Semaine sainte), petit déj inclus ou non.* Ancienne pension de famille entièrement rénovée : le confort s'est nettement amélioré. Bon rapport qualité-prix : salles de bains confortables, parquet neuf, excellente literie, le tout hyper propre. Accueil pro et anglophone. Peu de charme, mais c'est carré, nickel et coloré.

☗ ***Hostal Lauria*** *(plan détachable C3,* ***82****) : Gran Vía, 50, 28013. ☎ 91-541-91-82 ou 88. • info@hostal-lauria.com • hostal-lauria.com • Ⓜ Callao. Au 4e étage (ascenseur). Doubles avec sdb 60-65 € (jusqu'à 130 € env pdt les fêtes). Pas de petit déj.* Accueil gentil comme tout, et chambres toutes différentes. Très bien tenues, de bonne taille et récemment relookées, de façon plus moderne. Salles de bains petites, mais toutes neuves et impeccables. Un bon rapport qualité-prix. En revanche, éviter l'*Hostal Main Street* juste au-dessus, à l'accueil fort peu sympathique.

☗ ***Hostal La Prensa*** *(plan détachable C3,* ***82****) : Gran Vía, 46, 8°B 28013. ☎ 91-531-93-07. • info@hostallaprensa.com • hostallaprensa.com • Ⓜ Callao. Au 8e étage (ascenseur). Doubles avec sdb 40-70 € selon confort et vue ; familiales aussi.*

Ce 2-étoiles, installé en plein centre au 8e étage du *Palacio de la Prensa,* vaut le coup déjà rien que pour la vue exceptionnelle. Les 12 chambres, toutes de tailles différentes, à la déco un peu surannée, ont été repeintes et possèdent toutes un bon confort (clim, salle de bains). Mais le must, ce sont celles qui donnent sur la Gran Vía, avec une vue incomparable (les plus chères). Accueil adorable, aux petits soins.

De plus chic à très chic (de 90 à plus de 120 €)

☗ ***Siete Islas Hotel*** *(zoom Chueca D3, **97**) : c/ de Valverde, 14, 28004. ☎ 91-523-46-88. • reservas@7islashotel.com • 7islashotel.com • Ⓜ Gran Vía. Doubles 81-250 € selon confort et saison. Petit déj 9,50 €.* Après la rénovation du grand hall très réussie, façon immense *loft* new-yorkais, nous attendions avec impatience celle des chambres ! C'est chose faite ! Les 3 sœurs, originaires des Canaries (Lanzarote), d'où le nom de l'hôtel (7 îles), ont repris l'hôtel familial, dont les chambres étaient devenues désuètes. Le résultat, après une longue restauration, beaucoup d'idées et l'aide d'un studio de design madrilène, Kikekeller ? Superbe. Sur 6 étages, d'élégants corridors beiges aux portes noires distribuent les chambres. Parquet blanchi, murs blancs, têtes de lits en simili cannage et métal, lampes, penderies et mobilier sur mesure, en acier façon industriel, rideaux en lin noir. Salles de bains au diapason, blanches ponctuées d'accessoires noirs. Le tout d'une sobriété délicieuse. 3 des chambres possèdent une terrasse, les autres donnent sur la rue ou sur l'arrière de l'hôtel. Vaste salle de petit déj à l'entresol, sur un mini patio couvert. Location de vélos. Accueil à l'unisson, un vrai coup de cœur.

☗ ***Petit Palace Triball*** *(zoom Chueca D3-4, **94**) : c/ Gonzalo Jiménez de Quesada, 2, 28004. ☎ 91-522-47-90. • triball@petitpalace.com • petitpalace.com • Ⓜ Gran Vía. ♿ Doubles 90-120 € (promos sur leur site), petit déj-buffet dans un bel espace 10 €.* Un hôtel « conceptuel » qui fait la part belle aux nouvelles technologies. Chambres tout confort, dans un esprit contemporain assez standard, agrandies pour certaines par des jeux de miroirs, et toutes avec douche à jet hydromassant. Intéressant, les grandes familiales avec 2 lits superposés. Si cette chaîne hôtelière espagnole a fait florès dans Madrid, celui-ci reste l'un des plus centraux, des plus agréables, et des mieux entretenus. Accueil affable, parfois en français.

Entre le Centro et l'aéroport (Madrid est)

Spécial coup de folie

☗ ***Hotel Puerta América*** *(plan d'ensemble, **101**) : avda de América, 41, 28002. ☎ 91-744-54-10. • booking@puertamericahotel.com • hotelpuertamerica.com • Ⓜ Cartagena (mais pas pratique du tt !). Doubles deluxe 155-210 € ; suites aussi. Fréquentes promos sur leur site.* Une ode à l'architecture contemporaine, dont la vue ne peut laisser indifférent. La haute façade reprend sur ses 2 ailes la moitié des couleurs de l'arc-en-ciel, de l'indigo à l'orangé. Elle est ponctuée de citations d'Éluard traduites en moult langues, choisies par Jean Nouvel (le maître d'œuvre de l'ouvrage). C'est à lui également que l'on doit les suites du 12e étage. Chacun des étages fut, en fait, confié à un architecte ou un designer différent. À vous de choisir votre univers : métallique tendance vaisseau spatial au 4e (œuvre collective de Plasma Studio) ; tout en rondeurs blanches pour le 7e (signé Ron Arad) ; vibrant de couleurs acidulées tranchant sur des murs sombres au 11e étage (l'Espagnol Mariscal est passé par là), etc. Piscine, spa et bar au dernier étage, resto et cafét' au rez-de-chaussée (avec vue sur la très passante avenue de América... bof). Un seul bémol, les chambres standard ne sont pas si grandes... Mais l'ensemble relève de l'expérience inoubliable !

MADRID QUARTIER PAR QUARTIER

DE LA PLAZA DE SANTA ANA AU PASEO DES ARTS

Zoom Las Letras ; Ⓜ Sol, Sevilla ou Antón Martín

Autour de la *plaza de Santa Ana* *(zoom Las Letras D4 ; Ⓜ Sol)* **se trouve l'ancien quartier des imprimeurs. Baptisé aussi *barrio de Las Letras* (quartier des Lettres), c'est là qu'ont vécu de nombreux écrivains célèbres, comme Cervantes ou Lope de Vega. Un lacis de ruelles dévale la colline pour déboucher, à l'est, sur des places immenses et de larges avenues bordées d'édifices construits pour la plupart fin XVIIIe-début XIXe s que l'on ne traverse qu'au moyen de passages souterrains. Ce quartier des *paseos* abrite aussi *les plus grands musées de la ville* (d'où son surnom de *paseo des Arts*) : le *Prado, Reina Sofía* et *Thyssen-Bornemisza.***

C'est aussi un quartier de premier ordre dans la nuit madrilène, investi chaque soir par des noctambules de tout âge, touristes comme locaux, qui déboulent dans les nombreux restos, bars, salles de concert, boîtes...

Où manger des tapas ?

Barrio de Las Letras

Plutôt en journée

🍴 ***Museo del Jamón*** *(zoom Las Letras D4,* ***120****)* **:** *carrera de San Jerónimo, 6. ☎ 91-521-03-46 ou 91-531-57-21. • museodeljamon.com • Ⓜ Sol ou Sevilla. Tlj. Bocadillos et tapas dès 2 €, assiettes de charcuterie ou fromage 4-15 €.* Dans cette boutique (voir « Achats ») qui vend toutes sortes de jambons, on pioche aussi, le long des vastes vitrines-bar réfrigérées, des tapas à base de charcuterie ou de belles assiettes de cochonnaille débitée sous vos yeux. Toujours blindé de monde, car les prix sont très raisonnables et les produits fondants, salés et affinés à souhait.

🍴 ***Las Bravas*** *(zoom Las Letras D4,* ***121****)* **:** *c/ de Álvarez Gato, 3. ☎ 91-522-85-81. Ⓜ Sol. Tlj jusqu'à 23h30. Patatas bravas env 4 €.* C'est le bar qui inventa les *bravas* (gros cubes de pommes de terre frits et nappés d'une sauce spéciale un poil pimentée, mixant mayonnaise et Tabasco). Un mets roboratif, pas très fin et qui dut être bon ici, dans le temps ! Sa recette fut ensuite copiée dans toute la péninsule. Nous n'indiquons plus le resto d'origine, plus bas dans une impasse (glauque et accueil peu sympa et routinier). En revanche, cette succursale, plutôt en forme de bar (avec hautes tables et comptoir), se révèle encore populaire ! Bon, ça reste une institution, à vous de juger !

🍴 ☂ ***Lateral*** *(zoom Las Letras D4,* ***122****)* **:** *pl. de Santa Ana, 12. ☎ 91-420-15-82. Ⓜ Sol ou Antón Martín. Tlj 13h-1h (1h30 ven-sam). Tapas 4-10 €, salade 6-8 €.* Une minichaîne (d'autres établissements en ville), mais ce spécimen se tient plutôt bien (ce qui n'est pas le cas de tous) : préparations classiques ou plus originales (sucrées-salées, très en vogue à Madrid ces dernières années) réussies, un peu chiches pour certaines cependant. Ses atouts : cette grande salle climatisée aux lignes élégantes qui permet de faire une vraie pause assise sur la longue banquette courant jusqu'au fond et la non moins vaste terrasse sur la *plaza.* Service un peu blasé.

🍴 ***Los Chanquetes*** *(zoom Las Letras D5,* ***142****)* **:** *c/ de Moratín, 2. ☎ 91-429-02-45. • loschanquetes@yahoo.es • Ⓜ Antón Martín. Tlj 10h30-minuit. Congés : août. Menu du jour (midi et soir dim-jeu) 11,50 €, le dim 14 € ; raciones 8-18 €. Repas 20 €.* On aime bien ce petit resto-bar typique, fréquenté surtout par les gens du quartier. Murs couverts d'azulejos, photos et affiches de corridas et de toreros. Une bonne escale pour les tapas, à apprécier paisiblement debout au comptoir. Concocte aussi une cuisine familiale simple, bonne et servie dans une petite salle.

Tôt ou tard

|●| *Taverna de Dolores* *(zoom Las Letras E5,* ***125****) : pl. de Jesús, 4. ☎ 91-429-22-43. Ⓜ Estación del Arte ou Antón Martín. Tlj 13h jusque tard. Tapas et tostas 2-4 €, fromage et charcuterie min 9 €.* Annoncée par une belle devanture de céramique, voici une des plus anciennes institutions du secteur (1908). Long comptoir de marbre et bois sculpté, déco bien patinée et, en vitrine ou à l'ardoise, un choix de tapas parmi les grands classiques du genre (s'en tenir aux *tostas* et autres tapas du comptoir pour limiter la douloureuse !). Le vrai repaire de quartier (à peine quelques tables), où c'est surtout au bar que ça se passe, et d'où l'on ressort avec le bout des doigts luisant de gras.

|●| *Cervecería Cervantes* *(zoom Las Letras E4-5,* ***132****) : pl. de Jesús, 7 (et Cervantes). ☎ 91-429-60-93. Ⓜ Estación del Arte et Antón Martín. Tlj 12h-minuit. Tostadas 3-4 €, raciones 11-22 €.* Le grand concurrent du *Dolores* tout proche, mais ici cadre rehaussé d'insolites panneaux figurant des bons vivants ! Beaucoup de tables pour se gaver assis d'excellents tapas et *raciones* à partir de très beaux produits, en particulier les crevettes, gambas et fromages. Réputé aussi pour sa bonne bière pression. Il faut voir le dimanche matin (et le 1er vendredi du mois) la ruée des fidèles après la messe en l'église du Christ de Medinaceli en face (un conseil : pour avoir de la place, partez avant la dernière bénédiction !).

|●| *Elisa* *(zoom Las Letras E5,* ***193****) : c/ Santa María, 42. ☎ 91-421-64-09. ● info@eltriciclo.es ● Ⓜ Antón Martín. Tlj, sauf lun soir, 12h30-15h30, 20h30-minuit. Tapas et raciones 1,50-13 €.* Belle façade rouge foncé à l'ancienne, où bois et miroirs se disputent la place ! Intérieur au diapason, façon taverne tradi dans son jus, à peine modernisée. *Elisa* est la « petite sœur » du *Tandem* et de *TriCiclo,* tous 2 presque voisins, mais c'est ici sur les produits du terroir que l'on met l'accent : croquettes, *bacalao* (morue), *tostadas* de foie, etc. Un peu chérot pour certains (les croquettes se paient à l'unité), mais la qualité est généralement au rendez-vous. Choisissez le bar pour découvrir les *raciones* du moment. Un poil touristique certains soirs : la proximité avec le Prado est bien pratique, non ?

|●| *Alimentación Quiroga* *(zoom Las Letras D5,* ***128****) : c/ de las Huertas, 19. ☎ 91-029-28-63. ● hola@alimentacionquiroga.com ● Ⓜ Antón Martín. Angle avec c/ Etchegaray. Tlj 12h-16h, 19h30-minuit. Tostas et pintxos 6-12 €, tablas 12-15 €.* De l'ancienne épicerie de quartier subsiste avant tout le goût des bons produits, charcuterie et fromage en tête, bien visibles dans leur vitrine réfrigérée. Mais aussi un petit air vintage dans la déco, carrelage aux murs, vieilles étagères et antiques billots en bois. Et puis ces bouteilles, car un vrai sommelier est ici à l'œuvre. On peut d'ailleurs les acheter à emporter ou payer un droit de bouchon : sûr que ces nectars se marieront à merveille avec les *tostas de bacalao, bocadillos de tetilla* ou autres propositions du jour, axées terroir. Un peu cher quand même, c'est le revers du quartier.

|●| *Casa del Abuelo* *(zoom Las Letras D4,* ***123****) : c/ de la Victoria, 12. ☎ 91-000-01-33. ● web@lacasadelabuelo.es ● Ⓜ Sol. Tlj 12h-1h. Tapas et raciones 5-12 €.* Encore une vieille maison, fondée en 1906. Dans cette rue animée, les habitués apprécient les délicieuses crevettes à l'ail simplement grillées sous vos yeux (Andy Warhol était un fan), et le petit vin maison pas cher, mais qui cogne rapidement la tête ! Le tout est servi dans une grande salle carrelée de blanc avec comptoir. On mange debout mais, pour qui préférerait poser une fesse, 2de salle en face, où l'on peut s'asseoir. Autre adresse proche, ***Casa del Abuelo nº 2*** *(zoom Las Letras D4,* ***124*** *; c/ de Nuñez de Arce, 5 ; ☎ 91-000-01-33 ; ● hola@lacasadelabuelo.es ●).* Tout aussi appétissant avec son comptoir-vitrine, et pourvu de tables et de chaises dans un cadre rustique. Et la maison continue à investir les coins de rue du quartier.

Où manger (assis) ?

Barrio de Las Letras

Bon marché (moins de 15 €)

🍴 ***Terra Mundi*** *(zoom Las Letras E5, **180**) : c/ de Lope de Vega, 32. ☎ 91-429-52-80. • reservasterramundi@gmail.com • Ⓜ Antón Martín. ♿ Tlj sauf lun soir 13h-16h, 20h30-minuit (1h ven-sam). Menus du jour 12,30 € le midi, 20 € le soir, servis tlj. Pour les raciones et autres plats, repas 15-20 €.* On vient surtout ici pour le menu, à prix très raisonnable, et la cuisine correcte. Bien que touristique, ce petit resto à la déco de bois brut patiné en teintes claires rend bien des services sous son haut plafond quand tout est plein autour. Un des rares endroits du quartier où les quelques habitués froissent toujours leur serviette au pied du bar ! Bon accueil.

🍴 ***Taberna Alhambra*** *(zoom Las Letras D4, **181**) : c/ de la Victoria, 9. ☎ 91-521-07-08. Ⓜ Sol. Tlj 9h (10h dim)-1h30 (2h ven-sam). Menu midi 13 €, assortiment de tapas 20 €.* Un vibrant bar-resto où la faune bigarrée du quartier vient se restaurer dans un gentil brouhaha. Le menu du midi cale bien et se révèle savoureux. Excellents tapas également. Le tout servi copieusement, dans un décor un peu « post-industriel » d'un côté, avec tuyaux apparents, et mauresque dans l'autre petite salle, où, pour la petite histoire, fut tournée l'une des scènes de *Qu'est-ce que j'ai fait pour mériter ça !*, d'Almodóvar (1984).

🍴 ***Taberna El Alambique*** *(zoom Las Letras E5, **182**) : c/ del Fúcar, 7. ☎ 91-429-65-63. • juansarabiaalambique@hotmail.com • Ⓜ Antón Martín. ♿ À l'angle avec la c/ de Verónica. Tlj sauf lun et dim soir 12h-minuit. Fermé 1 sem mi-août. Menu midi 12 € (sinon 20 €), tapas et tartines 3-4 €, repas 15-20 €. Digestif offert sur présentation de ce guide.* Une adresse bien dans son jus. Boiseries, comptoir en cuivre rouge, vieilles affiches un poil anar et objets de récup' donnent le ton depuis le bar, où grignoter de copieuses tartines pour les pressés et les fauchés, jusqu'à la salle chaleureuse, où l'on s'attable pour déguster une bonne et éclectique cuisine (poulet au curry, bœuf Stroganov, moussaka...). Ambiance d'habitués, service à la bonne franquette, et bon vin de la maison (faut bien justifier l'alambic, quand même !).

🍴 ☂ ***Ginger*** *(zoom Las Letras D4-5, **58**) : pl. del Ángel, 12. ☎ 91-369-10-59. • ginger@andilana.com • Ⓜ Sol. Tlj 13h-16h, 20h30-23h30 (en continu ven-dim). Menu midi en sem env 12 € (verre de vin et café compris), carte env 20 €.* En voyant cette grande salle tirée à quatre épingles, avec lumières savamment distillées et nappes immaculées, on se dit que le portefeuille va en prendre un sérieux coup. Que nenni ! Les prix sont serrés (à la virgule près !). Si elle n'a rien d'exceptionnel, la cuisine est vraiment copieuse, dans un registre méditerranéen où l'on retrouve risottos, légumes du soleil et poissons du jour. Et ça débite ! En bref, cadre et qualité corrects à des prix sages. Belle terrasse sur cette place très passante.

🍴 ***Tandem*** *(zoom Las Letras E5, **223**) : c/ de Santa María, 39. ☎ 91-016-80-67. • info@tandemrestaurante.com • Ⓜ Antón Martín. Lun-sam 10h30-minuit, dim 10h30-17h30. Media raciones et raciones 5-18 €.* Qu'est-ce qu'un tandem sinon le petit frère d'un tricycle ? Tout juste ! Même volonté de travailler des produits extra-frais qu'au plus chic *TriCiclo* (voir « Plus chic »), et quelques jolies fantaisies dans les préparations, à prix plus sages et dans l'esprit taverne boisée légèrement modernisée. En cas de faim intempestive, bons et copieux *bocadillos*, un peu à toute heure. Brunch le dimanche.

🍴 ***Taverna Maceira*** *(zoom Las Letras E5, **134**) : c/ de las Huertas, 66. ☎ 91-429-58-18. • tabernamaceira@hotmail.com • Ⓜ Antón Martín. Tlj 13h15 (13h30 sam-dim)-16h15 (16h30 sam-dim) et 20h30-0h15 (1h ven-sam ; 20h-minuit dim). Menus 10 et 15 €, repas env 15 €, tapas et raciones 4-14 €.* Un des plus authentiques restos populaires qu'on connaisse. Cadre chaleureux (tonneaux aux murs, plafond décoré d'étoiles de mer), mais peu confortable (on peut se retrouver à une minuscule table ronde mal dégrossie, sur un rude tabouret). Mais la clientèle de quartier et d'habitués n'en a cure, c'est toujours plein (même un lundi soir !). Cuisine galicienne familiale mitonnée avec cœur et à prix fort modérés. Les *arroz* combleront les grosses faims à petits prix. Service parfois dépassé, mais la bonne humeur règne toujours... Autre adresse à 2 pas : *c/ Jesús, 7 (☎ 644-63-34-83, tlj sauf mar).*

Prix moyens (15-25 €)

Vi Cool (*zoom Las Letras D5,* **147**) : *c/ de las Huertas, 12. ☎ 91-429-49-13. Ⓜ Antón Martín ou Sol. Tlj jusqu'à minuit.* Menu del día *env 14 € (sans boisson, mais 4 plats), menus tapas min 2 pers 22 € ou 35 € pour la version marine ; carte 30 €.* Cadre contemporain assez original, haut plafond, grand volume, longue banquette confortable et ambiance détendue pour de succulentes tapas, qui repartent en général de grands classiques pour en changer l'esprit. Même la salle en sous-sol est étonnamment agréable ! Une adresse qui renouvelle le genre brillamment : finesse des produits, saveurs nouvelles, élégante présentation... Les menus, du jour comme de tapas, se révèlent de véritables aubaines. Belle carte des vins.

Casa González (*zoom Las Letras D4-5,* **287**) : *c/ del León, 12. ☎ 91-429-56-18. • casagonzalez madrid@gmail.com • Ⓜ Antón Martín. ♿ Lun-sam 9h30-minuit (ouv à partir de 18h30 juil-août). Fermé dim. Repas env 20 €. Digestif ou apéritif maison offert sur présentation de ce guide.* L'histoire de cette fameuse maison commence en 1931 lorsque le señor González, alors simple employé, décide de tenir boutique. Son credo à l'époque : des produits de qualité sélectionnés avec soin. Aujourd'hui, l'exigence est restée la même, et les connaisseurs s'y pressent pour y savourer fromages, pâtés, jambons, vins, etc., dans un décor d'épicerie fine (tous les produits sont d'ailleurs en vente à emporter). Devenu un peu cher, et service un poil guindé.

Inclán Brutal Bar (*zoom Las Letras D4,* **218**) : *c/ de Álvarez Gato, 4. ☎ 91-023-80-38. • reservas@ inclanbrutalbar.com • Ⓜ Sol. Lun-ven 20h-1h, w-e 13h-1h. Résa conseillée. Tapas, raciones 6-20 €.* À la fois bar à cocktails et restaurant. Une belle déco *factory* revisitée, bar à cocktail devant la cuisine à l'entrée et grande table à partager, d'autres plus intimes dans la salle en longueur et petit patio à l'arrière, voilà pour le décor. Dans l'assiette, une délicieuse cuisine fusion espagnole et méditerranéenne. Carte courte, intéressant de partager plusieurs petits plats pour pouvoir goûter plus largement à cette cuisine délicieuse, à la lisière du gastro. Jeter un œil au barman qui prépare les cocktails avec une grande agilité !

Rosi la Loca (*zoom Las Letras D4,* **219**) : *c/ de Cádiz, 4. ☎ 91-532-66-81. • rosilalocabar@hotmail.com • Ⓜ Sol. Tlj 19h30 (13h ven, 11h w-e)-minuit. Résa conseillée. Brunch sam-dim 8-10 €, entrées-plats 5-20 €, plats à partager 30 €.* On est surpris par la déco un peu kitsch avec ses grosses fleurs en papier, mais la cuisine méditerranéenne de ce gastro-bar ne vous laissera pas indifférent. Carte courte, avec en introduction des noms poétiques comme « L'Allégresse du jardin » ou « Saveurs de la mer ». Une cuisine créative et quelques plats classiques revisités avec talent. Accueil charmant, pour ne rien gâcher. Même propriétaire que l'*Inclán Brutal.*

Plus chic (25-40 €)

TriCiclo (*zoom Las Letras E5,* **220**) : *c/ de Santa Maria, 28. ☎ 91-024-47-98. • info@eltriciclo.es • Ⓜ Antón Martín. Tlj sauf dim, midi et soir. Résa indispensable si vous ne voulez pas vous retrouver au bar, peu confortable. Menu déj 29 € et gastro (6 plats et 1 dessert) 57 €. Carte 25-30 €.* Une adresse de choix pour les gourmets : cuisine exclusivement à base de produits frais et souvent locaux, et travaillés avec beaucoup de fantaisie. Les classiques espagnols sont joliment détournés, ici en changeant le mode de cuisson, là en introduisant un ingrédient inattendu... et la carte, courte, divague aussi vers quelques pointes d'exotisme. Ici, les *raciones* sont déclinées en *media raciones* (demie) mais aussi en tiers : histoire d'en goûter plus, pardi ! Cela dit, si la salle, qui, elle aussi, marie tradition et modernité, est agréable, on aime bien se percher sur les tout 1ers guéridons, proche du bar de l'entrée. Service impeccable et efficace, parfois un peu long. Une très belle adresse.

La Ferretería *(zoom Las Letras D5,* ***185****) : c/ Atocha, 59. ☎ 91-429-73-61. • reservas@ferreteriabyego.com • Ⓜ Antón Martín. Tlj 13h30-16h, 21h-minuit (0h30 ven-sam). Tapas min 4 €, raciones 12-18 € ; côté resto, compter min 40 €.* L'entrée ne peut laisser indifférent : l'ancienne quincaillerie tout en bois, avec petits tiroirs et multiples placards, sert désormais sur ses vieux comptoirs des verres de *vino* et des tapas... pendant qu'un artiste de la lame cisèle avec grande précision de fins copeaux de jambon. Un peu prétentieux de prime abord, l'endroit, lorsqu'on s'aventure dans l'arrière-boutique, dévoile tables hautes et cuisine ouverte, un peu plus confortables. Côté tapas, des classiques modernisés ou non, avec priorité au sourçage des produits et à l'instantanéité des préparations. Pour les curieux, les assiettes de jambon *serrano* ou *ibérico* « Ego Style » en dévoilent d'insoupçonnées subtilités (pas données cependant). Au sous-sol, une très belle salle voûtée en brique accueille le resto (mais là, il faut vraiment casser sa tirelire !). Service un poil guindé, parfois dépassé, mais l'endroit mérite la halte.

Autour du paseo des Arts

Bon marché (moins de 15 €)

El Fogón Verde *(zoom Las Letras E5,* ***235****) : c/ Alameda, 4. ☎ 91-199-79-38. • info@elfogonverde.net • Tlj 13h-16h, plus ven-sam 20h30-23h. Menus midi 11,50 €, soir 20 €.* Murs chaulés et vieilles boiseries laissent deviner l'ancienne taverne de quartier, à peine retapée. Un pur végétarien que ce bien nommé « four vert », avec aussi des alternatives végétaliennes et sans gluten. Et le menu qui offre 2 choix (pas de carte ici) s'adapte au marché de saison, et change tous les jours. C'est aussi frais que copieux. Autre originalité, le fonctionnement sous forme de coopérative : les employés sont leurs propres patrons ! Est-il utile de préciser que les tendances locavores et *slow food* font partie des références de l'endroit ? Une démarche d'économie solidaire, locale et savoureuse. Petit bémol sur le service, parfois bougon.

De prix moyens à plus chic (15-40 €)

Samarkanda *(plan détachable E6,* ***191****) : estación de Atocha, terminal AVE, glorieta Carlos V. ☎ 91-530-87-21 ou 97-46. • samarkanda@restaurantesamarkanda.com • Ⓜ Atocha Renfe. Ouv 13h-16h, 21h-minuit. Fermé dim et lun soir, 25 déc et 1er janv. Compter 30-35 €.* Au cœur même de la gare d'Atocha, rénovée pour accueillir l'*AVE* (le TGV Madrid-Séville), 2 salles Art déco, une terrasse avec vue sur le fameux jardin tropical de la gare... La carte, originale, propose des plats créatifs qui font découvrir la nouvelle cuisine madrilène, légère et pleine de saveurs (les viandes y sont particulièrement goûteuses). Attention, pas pour les grosses faims, portions minimales !

Estado Puro *(zoom Las Letras E4,* ***173****) : pl. de Cánovas del Castillo, 4. ☎ 91-779-30-36. • info@tapasenestadopuro.com • Ⓜ Antón Martín ou Banco de España. Au rdc du* NH Hotel. *Tlj midi et soir jusqu'à 23h. Carte 30-35 €.* C'est la déclinaison bistrot du chef Paco Roncero (dont on dit qu'il réinventa l'art des tapas). Dans un surprenant cadre moderno-kitsch (comptoir composé de centaines de minidanseuses de flamenco), l'occasion de déguster une cuisine pleine d'idées et de saveurs. À la carte, des miniplats goûteux.

Service efficace qui laisse cependant le temps de lire les expressions populaires affichées aux murs, leur traduction et leur... vrai sens ! Seul petit regret, l'atmosphère peu chaleureuse. Terrasse.

Où découvrir l'une des meilleures *bodegas* de Madrid ?

Autour du paseo des Arts

Bodegas Rosell *(plan détachable E6, **143**) : c/ del General Lacy, 14. ☎ 91-467-84-58. • informacion@bodegasrosell.es • Ⓜ Atocha Renfe, Palos de la Frontera ou Antón Martín. Angle c/ de las Delicias. Tlj sauf lun et dim soir 12h-16h, 19h-minuit. Fermé août. Résa conseillée soirs et w-e. Tapas 3-4 €, repas env 20 €.* Certes un poil excentré, mais les hardis lecteurs qui feront l'effort ne le regretteront pas ! C'est d'abord une superbe façade (bleu dur et rouge) garnie de céramiques d'Alfonso Romero (qui réalisa celle de la célèbre *Villa Rosa* de la plaza de Santa Ana). Ensuite, c'est un authentique bar à vins (sans télé !), au cadre chaleureux et à la clientèle avertie. Ni snobs ni people ici, que des amoureux du vin, sélectionné avec passion par le patron, Manuel Rosell, véritable maître dans ce domaine (et petit-fils du fondateur, c'est dire si c'est dans les gènes). Choix énorme (200 vins de toutes les régions) à des prix modérés. Cuisine du même tonneau : sélection de délicieuses tapas et *raciones,* et goûteux plats de bistrot, comme la *morcilla de Burgos,* la *bacalao al horno con ali-oli...* Belle sélection de charcuteries et fromages. Viandes diverses et poissons, là encore sans attentat au portefeuille.

Où prendre le petit déjeuner ? Où savourer des douceurs ?

Brown Bear Bakery *(zoom Las Letras D4-5, **189**) : c/ del León, 10. ☎ 91-369-05-87. • info@brownbearbakery.es • Ⓜ Antón Martín. Tlj 8h30-21h, petit déj dès 3 €.* Cette boulangerie propose de bonnes viennoiseries, muffins, cookies, macarons, etc., que l'on peut déguster dans 2 petites salles de l'arrière-boutique, à faire glisser avec un café et un jus d'orange frais au petit déj, ainsi que des brunchs *(sam-dim 10h30-15h30).*

Où boire un verre à l'heure du thé ?

Autour du paseo des Arts

Pabellón del Espejo *(plan détachable E3, **278**) : paseo de Recoletos, 31. ☎ 91-308-23-47. • clientes@restauranteelespejo.com • Ⓜ Colón. Tlj 9h-1h (3h le w-e).* Admirer la déco Art nouveau qui date de... 1978. Miroirs sculptés, moulures de style nouille, azulejos... La structure de l'édifice « baltaro-eiffelien » ressemble tantôt à une crinoline, tantôt à une perruque d'infante. Une belle réussite qui évoque un peu une maquette Grand Siècle posée sur le Monopoly de la Castellana. Terrasse bucolique aux beaux jours sur le large terre-plein du *paseo.*

Café Gijón *(plan détachable E3, **279**) : paseo de Recoletos, 21. ☎ 91-521-54-25. • cafegijon@cafegijon.com • Ⓜ Colón. Tlj 7h30-1h30. Menu dégustation min 30 €.* LE grand café de Madrid. Une institution, une vieille maison, un passage obligé depuis plus de 1 siècle. Ce fut le rendez-vous des écrivains espagnols avant d'être la « cantine chic » des cadres et employés de la Castellana. Un peu guindé, quand même. Aujourd'hui, vaut surtout pour sa charmante terrasse aux chaises en fer forgé, sur le terre-plein de l'avenue.

Où boire un verre ? Où écouter de la musique live ?

Barrio de Las Letras

Dans ce haut lieu de la nuit madrilène, dédale de ruelles très animées, les bars musicaux sont légion. De très nombreux touristes (et Madrilènes !) y affluent. Vous y passerez forcément.
Sur la plaza de Santa Ana, qui servit de décor à plusieurs scènes de films d'Almodóvar, notamment *Talons aiguilles,* nombreuses terrasses agréables pour prendre un verre en journée ou en soirée dès qu'il fait beau.

Tôt ou tard

La Venencia *(zoom Las Letras D4,* ***291****) : c/ de Echegaray, 7. ☎ 91-429-73-13. Ⓜ Sol. Tlj (sauf août) jusqu'à 0h30 (un peu plus tard le w-e).* Furieusement authentique ! Vieux bistrot très sombre à la façade et aux murs patinés décorés de belles affiches illustrant les fêtes du Xérès. Foultitude de tonneaux avec leur luxe d'odeurs de moisi et de pipi de chat (eh oui ! le soufre des vignes). Ici, vous êtes dans le temple du xérès, avec un antique comptoir de bois où l'on marque encore à la craie les consos. La clientèle s'accorde à reconnaître la qualité du *fino,* qu'on accompagne, comme les Andalous, d'un délicieux jambon fumé. P.-S. : la *venencia* est cette petite louche à la tige bombée utilisée pour servir le xérès. Lecteurs photographes, soyez très discrets, le patron sort de ses gonds à la vue du moindre objectif !

Cervecería Alemana *(zoom Las Letras D4,* ***265****) : pl. de Santa Ana, 6. ☎ 91-429-70-33. • info@cerveceriaalemana.com • Ⓜ Antón Martín. Tlj 11h-1h (2h le w-e).* Raciones 4,50-10 €. Vénérable brasserie datant de 1904, dont les vieux panneaux marron foncé et l'ambiance un peu austère rappellent les tavernes germaniques (le 1er aubergiste était allemand). Quelques vieilles photos de corrida, tables de bistrot en marbre. Surtout fréquenté par les cheveux gris du quartier, voilà un lieu tranquille pour siffler une bière en journée. Les plus romantiques s'installeront sous la pendule, à la table préférée de Hemingway, qui vint souvent ici durant la guerre civile. Possibilité de grignoter quelques tapas.

Plutôt le soir

Café Central *(zoom Las Letras D4-5,* ***295****) : pl. del Ángel, 10. ☎ 91-369-41-43. • info@cafecentralmadrid.com • cafecentralmadrid.com • Ⓜ Antón Martín ou Sol. Tlj 13h30-2h30 (3h30 le w-e). Concerts tlj 21h-23h, 18 € lun-mar, 17 € les autres j. Résa conseillée. Le midi, petit menu sympa 13 € (16 € le w-e).* Bar musical, ni trop grand ni trop petit, au cadre de brasserie délicieusement rétro, inspiration Art déco. Principalement des groupes de jazz, tous les soirs, qui changent toutes les semaines. Cet établissement fut nommé par le magazine américain *Downbeat* comme l'un des 100 meilleurs jazz-clubs au monde... et c'est le seul en Espagne à avoir eu cet honneur ! Quand toutes les tables sont prises, on reste debout à partager un verre et une conversation avec son voisin de comptoir. Prix des consommations raisonnables et bons cocktails. Beaucoup d'ambiance, y compris en façade lorsque les plus fauchés tentent de profiter de la musique depuis la rue.

Blackbird *(zoom Las Letras D5,* ***296****) : c/ de las Huertas, 22. ☎ 91-052-21-67. • blackbirdrockbar.gestion@gmail.com • blackbird-rock-bar-webnode.es • Ⓜ Sevilla ou Antón Martín. Mar-dim 19h30-3h. Concerts mer-dim 21h-23h : 4-5 € (gratuit mer et dim).* Tapissé de photos noir et blanc de légendes du genre, un petit rade rock-blues tout en longueur qui crache fort ses riffs de guitare, en live une bonne partie de la semaine. De quoi secouer ses cheveux gras.

El Imperfecto *(zoom Las Letras D5,* ***296****) : pl. de Matute, 2 (angle c/ de las Huertas). 📱 680-90-44-36. • barelimperfecto@gmail.com • Ⓜ Antón Martín. Tlj 12h-23h30.* Un drôle de petit cocktail-bar aux couleurs flashy mais aux lumières bien dosées, surchargé d'objets kitsch et d'affiches, dans une sorte de désordre poétique et délibéré. Intime, tranquille, confortable, et on peut y écouter du jazz. Bons *batidos naturales,* cocktails pas chers et les mojitos seraient parmi les meilleurs de Madrid ! Bien aussi pour prendre un thé dans la journée. Jeune et décontracté du porte-monnaie. Quelques tables en terrasse, vite prises d'assaut.

Salmon Guru (*zoom Las Letras D4,* **291**) : *c/ de Echegaray, 21. ☎ 91-000-61-85. Ⓜ Sol. Mar-dim 17h-2h (2h30 ven-sam). Cocktails 9-11 €. Raciones 6-12 €.* *Tribute to New York* dans ce bar ambiance posée, lumières tamisées, déco glam' et miroirs griffonnés de personnages de comics qui assument leur côté *dark.* Derrière le bar scintillent les bouteilles, on vient ici siroter des cocktails, classiques ou créatifs, toniques, nourris au whisky comme au mezcal. Tapas soignés pour accompagner, dans une atmosphère plus relax que guindée.

Sur un *rooftop*

Radio (*zoom Las Letras D4,* **297**) : *pl. de Santa Ana, 14. ☎ 91-701-60-00 ou 23. • memadrid@melia.com • Ⓜ Antón Martín ou Sol. Ouv aux beaux jours seulement (à partir de fin avr). Tlj 21h-1h30 (3h le w-e). Entrée : 20 €, 1 conso incluse. Cocktail env 12 €.* Au sommet du chic et branché *ME Madrid Hotel,* splendide terrasse en parquet avec de confortables canapés et lits à baldaquin tendance design. On y descend des cocktails avec la jeunesse dorée de Madrid. Petite piste de danse pour se tortiller sur de la musique électro distillée par un DJ.

Où danser ?

Barrio de Las Letras

Pas mal de petites boîtes, plutôt modestes et du genre interchangeable, de part et d'autre de la calle de la Cruz *(zoom Las Letras D4).* Si vous n'êtes pas trop regardant sur le cadre et la zik, profitez des promos sur les boissons offertes dans la rue par les rabatteurs. Sinon, celle-ci a plus particulièrement retenu notre attention.

El Son (*zoom Las Letras D4,* **50**) : *c/ de la Victoria, 6. 📱 67-105-67-91. • discotecaelson.com • Ⓜ Sol. Tlj 21h30-5h (6h le w-e). Musique live mar-jeu à partir de 2h. Entrée : env 10 €.* Ambiance *caliente* dans ce bar-boîte salsa et latino qui ne se prend jamais trop au sérieux. Cours de danse payants à 22h30 du lundi au jeudi pour mieux maîtriser la suite de la soirée. Une boîte vraiment sympa, surtout du mardi au jeudi, quand c'est un groupe *en vivo* qui assure le rythme.

Autour du paseo des Arts

Teatro Kapital (*zoom Las Letras E5,* **384**) : *c/ de Atocha, 125. ☎ 91-420-29-06. • info@teatrokapital.com • grupo-kapital.com • Ⓜ Estación del Arte. Ouv jeu-sam minuit-6h. Fermé dim-mer. Entrée : env 17 € avec 2 consos.* L'une des plus grandes boîtes de Madrid, avec pas moins de 7 étages (dont un espace funk et R'n'B, un lounge, un bar à rhums et un autre à cocktails, etc.), pouvant accueillir plus de 5 000 *clubbers* (20-25 ans en moyenne). Les meilleurs DJs de Madrid s'y produisent pour des nuits à thème retentissantes. Terrasse au dernier étage avec fumigènes aussi puissants que des réacteurs de fusée en plein décollage !

Achats

Barrio de Las Letras

Museo del Jamón (*zoom Las Letras D4,* **120**) : *carrera de San Jerónimo, 6. ☎ 91-521-03-46. Ⓜ Sol. Tlj 9h-minuit.* Du *bellota* (le plus cher) aux *paletas granadinas* en passant par les *picadillos* (chutes de jambons mélangées) et les *lomos,* toute la charcuterie du pays y est. N'oubliez pas de prendre votre ticket avant de faire la queue. Pas le plus traditionnel, mais c'est là que vous aurez le plus de choix, et les produits sont vraiment bons (voir aussi « Où manger des tapas ? »).

Casa Mira *(zoom Las Letras D4,* ***420****) : carrera de San Jerónimo, 30. ☎ 91-429-67-96. • info@casamira.es • Ⓜ Sevilla. Fermé juil-août, et les dim juin-sept. Tlj 10h-14h, 17h-20h ; dim 10h-14h30, 17h-21h.* Fondée en 1855, et conservée quasiment intacte depuis : rien que la vitrine est un spectacle. Mais c'est surtout la meilleure pâtisserie pour s'approvisionner en *turrón* absolument artisanal. Goûtez aussi toutes ces bonnes choses qui tournent en vitrine : les *rosquillas,* le *mazapán* (pâte d'amandes aux parfums divers) et les *polvorones* andalous, biscuits presque en poudre que l'on doit écraser et tasser dans leur papier avant de les gober.

La Violeta *(zoom Las Letras D4,* ***406****) : pl. de Canalejas, 6. ☎ 91-522-55-22. • info@lavioletaonline.es • Ⓜ Sol. Tlj sauf dim 10h-20h. Fermé août.* Une mignonne boutique historique spécialisée dans les bonbons à la violette et les violettes naturelles confites (cultivées dans les *sierras* voisines de Madrid). Mais aussi fruits confits et chocolats. Les mamies du quartier en raffolent !

Casa Seseña *(zoom Las Letras D4,* ***421****) : c/ de la Cruz, 23. ☎ 91-531-68-40. • capas@sesena.com • Ⓜ Sol. Lun-ven 10h-20h (10h30-14h30 sam). Fermé dim, et 2 sem en août.* Si vous rêvez depuis l'enfance d'une cape espagnole sur mesure, façon torero urbain... voici l'adresse que vous cherchiez. Depuis 1901 et 4 générations, les Seseña, de père en fils, se transmettent ce savoir-faire, en drap de laine, en velours, pour homme comme pour femme, aussi bien des modèles traditionnels que de belles coupes modernes et colorées. Comptez quand même autour de 600 €, mais il paraît qu'elles sont garanties à vie, ou presque !

Galería Canalejas *(zoom Las Letras D4,* ***407****) : pl. de Canalejas, 1. • galeriacanalejas.com • Ⓜ Sol. Tlj 10h-21h pour les boutiques ; 12h-minuit (2h ven-dim) pour le* Food Hall. Cet immeuble du XIXe s, après de très longues années d'une superbe restauration, accueille, sur plus de 16 000 m² et 3 niveaux, un concentré du luxe international et de la haute gastronomie en plein cœur de Madrid. Les boutiques des marques les plus prestigieuses, de la mode à la joaillerie en passant par les accessoires. Mais surtout le *Food Hall*, conceptualisé par les plus grands chefs, offrira une expérience gastronomique unique à Madrid.

À voir

Barrio de Las Letras

Plaza de Santa Ana *(zoom Las Letras D4) : Ⓜ Sol.* Située au confluent de ruelles très animées d'où affluent de nombreux touristes, cette charmante place doit sa célébrité à Pedro Almodóvar qui l'a choisie comme décor pour *Talons aiguilles.* La *Cervecería Alemana,* sur le côté sud de la place, est un vieux café au décor patiné par le temps. Sur le même côté de la place, plusieurs autres tavernes de styles différents, comme la *Cervecería Santa Ana* et sa façade de bois sculpté... Rançon du charme de cette placette et de son succès, les terrasses des cafés deviennent inabordables, et le service perd en chaleur.

Certains édifices ont conservé de belles façades en azulejos. Notamment, à l'angle avec la calle de Núñez de Arce (nos 15-17), la ***Villa Rosa,*** avec sa devanture reproduisant merveilleusement Séville, Cordoue, Grenade... À deux pas, ***Viva Madrid*** *(c/ Manuel Fernández y González, 7 ; zoom Las Letras D4),* l'un des plus beaux cafés de Madrid avec sa façade en azulejos. Déco intérieure du même tonneau, faite de glaces et bois sculpté (en revanche, très touristique, atmosphère artificielle)... Et, immanquable dans un genre différent, dominant la place, la superbe façade de style éclectique de l'hôtel *ME,* avec sa tourelle « gaudiesque », sa longue série de bow-windows, son fronton sculpté de putti et son resto. Hôtel longtemps populaire, fréquenté en particulier par les toreros, transformé en établissement chic et design.

¶¶ ***Depuis la plaza de Santa Ana*** ou la petite plaza del Ángel adjacente, il faut se laisser glisser le long de la ***c/ de las Huertas,*** de la ***c/ del Prado,*** de la ***c/ del León*** et des ruelles de ce *barrio de Las Letras.* Si la calle de las Huertas tire son nom des jardins et maraîchages de faubourg qui longtemps occupèrent la colline, le *barrio,* lui, tient sa référence littéraire des activités des imprimeurs (c'est ici que *Don Quichotte* fut édité pour la 1re fois), des théâtres qui s'installèrent nombreux, et de la foule d'écrivains et d'artistes qui élirent domicile, fin XVIe-début XVIIe s, dans ce quartier hors les murs à la réputation alors interlope... les maisons closes s'y comptaient, dit-on, par dizaines. Évocation de cet âge d'or, de ***nombreuses citations d'écrivains*** (espagnols pour la plupart) émaillent le pavé de leurs lettres au bronze poli par les semelles des promeneurs.

MADRID

¶¶ Et puis si vous poussez vers la ***c/ de Cervantes,*** vous y trouverez 2 surprises : une ***plaque,*** presque à l'angle avec la c/ del León, rappelant que Cervantes vécut quelques années ici, et la délicieuse ***casa-museo Lope de Vega*** *(zoom Las Letras D-E4)* : *au n° 11.* ☎ *91-429-92-16.* • *casamuseolopedevega.org* • *Fermé lun, 1er janv, 1er et 15 mai, 9 nov, 24, 25 et 31 déc. Mar-dim 10h-18h, visites guidées de 35 mn, départ ttes les 30 mn (dernier départ à 17h), max 10 pers, en espagnol, anglais et parfois français (1/j. en général) ; GRATUIT, mais* ***résa obligatoire,*** *par mail (• casamuseolopedevega@madrid.org •) ou par tél.* Une maison et son très joli jardin de poche, où vécut le fameux poète. Si le mobilier n'est pas celui d'origine, il est d'époque. Et, outre l'illustration du quotidien de cet homme de lettres fantasque et grand amateur de la gent féminine, c'est aussi une découverte du mode de vie d'alors dans les milieux semi-bourgeois. Visites guidées intéressantes et très vivantes.

¶ Enfin, les amoureux du verbe matinaux pousseront jusqu'au n° 18 de la c/ Lope de Vega, à savoir le ***convento de las Trinitarias Descalzas...*** Pendant des années, on supposa que **Cervantes** y avait été enterré en 1616, mais ses restes avaient été égarés lors d'une rénovation de l'église, fin XVIIe s. Ce sont des fouilles menées en 2015 qui ont permis de retrouver (et d'authentifier grâce aux blessures qu'il avait reçues à la bataille de Lepante) les vestiges du cercueil et des ossements du père de Don Quichotte. Une plaque mortuaire, dans l'église des Trinitaires, sur la gauche juste après la porte, protège désormais le ***tombeau de Cervantes.*** Rien de spectaculaire cependant ! *Visite seulement lun-mer et ven 8h-10h, jeu 19h-20h (c'est-à-dire 30 mn avt la messe de 8h30 – 19h30 jeu) ; sam et veilles de j. fériés 19h-20h15, dim 11h30-12h45 ; gratuit. Rester discret, le couvent est toujours en activité.*

Los paseos et les musées

¶ ***Los paseos :*** les *paseos del Prado, de Recoletos* et *de la Castellana* constituent une véritable voie rapide en pleine ville avec, cependant, de grandes terrasses agréables en été. Ils furent, avant le règne de l'automobile, les Champs-Élysées des élégantes Madrilènes. Là encore, d'importants édifices, comme le ***musée du Prado*** et les ministères. À noter, juste derrière le Prado, la belle ***église San Jerónimo el Real*** (édifiée au début du XVIe s, mais considérablement remaniée).

¶ ***Plaza de Colón*** *(plan détachable E3)* **:** Ⓜ *Colón.* On y trouve la ***Biblioteca nacional de España*** *(Bibliothèque nationale),* centre culturel de la ville, à droite de la cascade de la place (expos toujours intéressantes). Sur le côté de l'esplanade, côté c/ de Serrano, une méga sculpture de Joaquin Vaquero Trucios émaillée de citations de philosophes et d'écrivains. Et au centre du rond-point, perché sur sa colonne, c'est bien Cristobal qui domine l'ensemble !

*** ***Museo del Prado*** *(plan d'ensemble et zoom Las Letras E4-5)* **:** *paseo del Prado. ☎ 91-330-28-00. • museodelprado.es • Ⓜ Banco de España ou Estación del Arte. ♿ Tlj 10h-20h (17h dim ; 14h 6 janv, 24 et 31 déc) ; fermé 1er janv, 1er mai et 25 déc. Entrée : 15 € ; réduc familles nombreuses, + de 65 ans ; gratuit lun-sam 18h-20h, dim 15h-17h et tte l'année pour moins de 18 ans, étudiants européens de moins de 25 ans et chômeurs. Audioguide : suspendu pour Covid-19, à télécharger sur le site • museodelprado.es •. Conseil :* ***résa obligatoire en ligne*** *ou par tél au ☎ 902-10-70-77.* ***Sinon*** *l'abono* Paseo del Arte *sert aussi de coupe-file. À noter que pdt les créneaux de gratuité, on bénéficie aussi d'une réduc de 50 % sur les expos temporaires.*
Entrée et billetterie : puerta Goya *(côté plaza Cánovas del Castillo ; zoom Las Letras E5).*
Le Prado s'est refait une jeunesse, en se dotant d'une extension en partie souterraine (sous le jardin, à l'arrière du bâtiment par rapport au paseo del Prado), aménagée en une belle galerie qui accueille différents services (boutiques, cafétéria, auditorium, etc., ainsi que les services techniques de restauration et conservation). Elle mène également à l'***étonnant cloître San Jerónimo,*** totalement rénové et réaménagé. Devenu quasi invisible de l'extérieur, car encapuchonné dans un bâtiment moderne en grès (il se fond entre les bâtiments environnants), le cloître, perché au sommet de 2 escaliers mécaniques, abrite désormais une ***belle collection de sculptures italiennes de la Renaissance.*** Et le plus fort, c'est que, de l'intérieur du cloître, le bâtiment qui le protège reste à peu près insoupçonnable.
L'un des plus riches musées de peinture au monde, dans un édifice principal du XVIIIe s. Il présente les collections que les rois d'Espagne eurent le bon goût de constituer, depuis Charles Quint, et de se transmettre malgré les aléas de l'histoire (guerres, incendies, pillage des généraux napoléoniens). C'est Ferdinand VII qui créa officiellement le musée en 1819. Il ne représente pas seulement un fabuleux panorama de la peinture espagnole, mais également des écoles flamande et italienne.
À situation exceptionnelle, mesures inédites ! Le musée du Prado, afin de préserver à la fois la santé de tous et le goût de chacun pour la culture, a imaginé un parcours « spécial Covid-19 », sous la forme d'une exposition intitulée « *Reencuentro* » (Retrouvailles). Jusqu'à nouvel ordre, c'est la seule manière de découvrir le Prado, la visite « traditionnelle » n'étant pas accessible. Cela dit, elle vaut le coup, vu la qualité des œuvres réunies !

Visite « Reencuentro *»*

C'est autour de la Grande Galerie du 1er étage, qui traverse le vénérable bâtiment dans toute sa longueur, que s'articulent ces ***249 œuvres, les plus emblématiques de la collection*** (ce qui a nécessité de redéployer plus de 190 œuvres, un boulot de dingue !). Voici donc la quintessence du Prado, exposée chronologiquement du XVe au début du XXe s, ce qui crée finalement des dialogues inédits entre les œuvres et les artistes, au-delà des époques et de la géographie de l'Europe.
Pour commencer, le superbe bronze *Charles Quint et la Fureur* de ***Leone*** et ***Pompeo Leoni*** accueille les visiteurs et les guide vers 2 des plus importantes œuvres du musée (salle 14) ; la merveilleuse *Annonciation* de ***Fra Angelico,*** dont le panneau central exprime le cycle de la condamnation et du salut de l'homme (toile de transition entre gothique tardif et Renaissance) et, de ***Van der Weyden,*** une *Descente de Croix,* avec une extraordinaire mise en scène des personnages.
Ensuite (salles 25 et 26), ***Bosch, Patinir, Titien, Le Corrège, Rafael, Juan de Flandes, Veronèse, le Tintoret*** et ***Guido Reni,*** entre autres grands artistes italiens et flamands des XVIe et XVIIe s.

Certaines œuvres sont restées à leur place habituelle, comme les portraits de ***Titien*** : son célèbre *Empereur Charles Quint à Mühlberg* exprime toute la puissance des Habsbourgs, au cœur de la Grande Galerie (salle 27). Lui faisant face, 2 des *Furies* ouvrent l'accès à la plus grande salle du musée (salle 12), où sont réunies – pour la 1re fois depuis au moins 1929 – *Les Ménines* et *Les Fileuses* de ***Velázquez,*** avec un retable montrant les bouffons du peintre, des portraits et scènes religieuses ainsi que de grands philosophes. Cette salle nommée le « *sancta sanctorum* » (sanctuaire sacré) retrouve son sens originel en offrant un des moments les plus émouvants de la visite.
À la fin de la Galerie (salles 28 et 29), les œuvres religieuses et mythologiques de ***Rubens.*** On peut admirer un dialogue entre *Saturne* de ***Goya*** et ***Rubens*** exposés ensemble, face à *La Reddition de Breda* de ***Velázquez*** (probablement le tableau le plus connu des écoliers, tant il est reproduit dans les livres scolaires), donnant à ce dernier un nouveau contexte en le faisant figurer entre les portraits équestres du *Duc de Lerme* et le *Ferdinand d'Autriche*.
Dans l'aile nord (salles 8B, 9B et 10B) sont exposés ***Ribera,*** maître du naturalisme espagnol, ainsi que ***Maíno*** et ***Zurbarán,*** dont le naturalisme européen cohabite avec ***le Caravage*** et ***Georges de La Tour. Artemisia Gentileschi,*** elle, dialogue avec ***Le Greco,*** tous 2 aux côtés des portraits d'***Alonso Sanchez Coello, Sofonisba Anguissola*** ou bien ***Antonio Moro.***
Dans la zone sud (salle 16B), voici les grands maîtres espagnols du milieu du XVIIe s : ***Murillo*** et ***Cano,*** accompagnés de leurs contemporains ***Claude Lorrain,*** artiste de l'école française, et ***Van Dyck,*** de l'école flamande.
La fin de la Grande Galerie mène à la salle 32, toute entière consacrée à ***Goya*** : un portrait de la famille royale, *Famille de Charles IV,* fait face à *Dos de mayo* et *Tres de mayo 1808* (œuvre majeure pour sa rupture sans concession avec la tradition picturale : un immense cri pour la liberté). Après avoir montré son talent de portraitiste (salles 35 et 36), Goya annonce aussi la modernité des artistes du XIXe s, avec *Le Chien*.

Visite traditionnelle

Si vous disposez de peu de temps, privilégiez la peinture espagnole en commençant par les salles Goya au rez-de-chaussée, puis enchaînez sur les peintres espagnols au 1er étage. On peut se dispenser du 2d (étage !), même s'il s'agit en partie des cartons de Goya pour la décoration du palais d'El Pardo près de Madrid.
Il ne s'agit pas ici d'énumérer toutes les œuvres du Prado (les publications du musée le font très bien), mais celles avant tout qui nous ont fait pousser de grands cris d'admiration.

Le rez-de-chaussée

– Si l'on souhaite respecter la chronologie, on commence, bien sûr, par les ***salles des primitifs religieux*** *(salle 50),* au rez-de-chaussée. Pas trop nombreux (ainsi que les retables), donc une vraie sélection. Magnifique retable de l'archevêque don Sancho de Rojas.
– Dans la section ***peinture romane*** *(salle 51C),* fresques murales du XIIe s transférées sur toile, dont celle, magnifique, de l'ermitage de la Santa Cruz de Maderuelo. Sur celles de l'ermitage de San Baudelio (près de Soria, XIe s), assez fascinantes, on distingue très nettement un éléphant et un ours. Étonnamment, le sujet des fresques de cette chapelle mozarabe n'est pas religieux.
– Les salles consacrées à la ***peinture espagnole aux périodes gothique et Renaissance*** *(salles 51A à 52C)* nous livrent des œuvres superbes : pour les influences de la peinture flamande *(salles 51A-51B),* celles de ***Fernando Gallego*** (fin du XVe s), notamment *La Vierge de pitié, Le Christ donnant sa bénédiction...* Du ***Maître de la Sisla,*** la *Mort de la Vierge (salle 51A).* Mais encore des œuvres de Martín Bernat ou Bermejo, ou cet étonnant *Archange saint Michel* du ***Maestro de Zafra*** : à ses pieds, l'hécatombe de démons ferait presque penser à Bosch ! ***Pedro Berruguete*** *(salle 52A)* symbolise la conjonction entre l'école

hispano-flamande et la Renaissance italienne *(San Gregorio Magno y san Jerónimo, San Ambrosio y san Agustín).* Dans cette même salle 52A, minuscule et extraordinaire *Vierge à l'Enfant* en albâtre de Gil de Siloé ; et au plafond, celui, à caissons, d'une église du León. D'***Alonso Sanchez Coello,*** le *Mariage mystique de sainte Catherine (52B).* Il fut l'un des rares peintres espagnols apprécié de Philippe II (qui préférait les écoles flamande et italienne). Peinture sur liège où, précisément, on sent l'influence flamande et aussi celle du Parmesan. Des œuvres exceptionnelles de ***Luis de Morales*** dit le Divin, dont *La Vierge et l'Enfant (52C).* On note immédiatement le regard mélancolique de la Vierge, pressentant déjà les futures souffrances du Christ, tandis que Jésus cherche le sein d'une main et, de l'autre, s'accroche au voile d'une transparence raffinée. De ***Juan de Juanes*** *(52C), Le Dernier Souper* où se perçoit nettement l'influence de de Vinci, par la disposition de l'espace et les visages expressifs des apôtres (on y trouve aussi un peu la manière de Raphaël), ainsi que la série consacrée au martyre de San Esteban ; et un très beau triptyque sur bois destiné à un retable : Jésus flanqué de personnages de l'Ancien Testament, d'un côté Melquisedec, roi de Salem, de l'autre Aarón le grand-prêtre. La Renaissance espagnole dans toute sa splendeur !

- ***Salle 49 :*** immense salle consacrée à la peinture italienne. Ils sont venus, ils sont tous là : ***Andrea del Sarto*** (Florence) dont on apprécie, dans le *Sacrifice d'Isaac,* le velouté du trait, ***Bronzino, le Parmesan*** dont on admire la légèreté du toucher des vêtements, la fluidité du style... Il se révèle ici au sommet de son talent, en particulier dans les portraits *Pedro Maria Rossi* et *Camilla Gonzaga* (quel travail sur le pourpoint et la distribution de la lumière !). Mais c'est ***Raphaël*** qui captive ici les regards, en particulier avec la *Sainte Famille, Jésus et saint Jean.* Noter Joseph, en retrait, effacé, désabusé, le regard un peu sceptique (ruminant probablement sur la procréation assistée !), Marie et son regard indulgent devant les 2 garçons qui se disputent, avec l'archange Raphaël, Tobias et saint Jérôme ; et, surtout, à côté, le *Cardinal,* dont on ne manquera de remarquer le visage énigmatique rappelant quelque peu la *Joconde,* et en face, la *Chute pendant la montée au calvaire.* Et puis encore ***Carrache,*** nettement plus sombre, et ***Alessandro Allori.*** À deux pas, la grande salle des retables, dont celui de la *Vie de la Vierge et de saint François* de ***Nicola Francès.***
- ***Salle 56B :*** quelles œuvres ! Notamment, une *Sainte Famille* de ***Bernadino Luini,*** avec un sourire à la Léonard de Vinci. Fameux sourire que l'on retrouve sur cette bien étrange réplique de la *Joconde* (voir encadré). Merveilleuse *Annonciation* de ***Fra Angelico,*** dont le panneau central exprime le cycle de la condamnation et du salut de l'homme (à gauche, chassés du paradis, à droite l'Annonciation, symbole de la future rédemption). Toile de transition entre le gothique tardif (utilisation de l'or, sens du détail et technique de la miniature) et la Renaissance (traitement de la perspective et de l'architecture). À côté, une sublime *Vierge à la grenade* de ***Fra Angelico,*** chef-d'œuvre du Quattrocento florentin : aussi lumineux que délicat. Puis ***le Corrège,*** dont on admire une ravissante *Vierge à l'Enfant avec saint Jean* (influence nette de Vinci), ***Antonello de Messina*** *(Christ mort soutenu par un ange),* ***Mantegna...*** De ***Botticelli,*** *L'Histoire de Nastagio degli Onesti.*

MONA LISA A UNE SŒUR !

Exposé au Prado (salle 56B), cet emblématique portrait n'avait jamais été identifié comme tel du fait de son arrière-plan peint en noir. Une restauration récente a pourtant montré des similitudes entre les 2 tableaux : il s'agit d'une peinture à l'huile, contemporaine de Léonard de Vinci. Sous la couche de noir, un paysage de montagne identique à l'original et, surtout, un visage plus lisse, plus jeune aussi, voire plus énigmatique que notre Mona Lisa nationale. Elle aurait été réalisée par un de ses élèves, dans son propre atelier. Quand l'élève dépasse le maître...

– ***Salles 55 à 58A (peinture de la Renaissance) :*** aller immédiatement aux chefs-d'œuvre, comme le sublime *Jardin des délices* de ***Jerôme Bosch, salle 56A*** qui lui est entièrement dédiée. Peintre flamand du XVe s dont on ne sait pas grand-chose, Bosch (« el Bosco », en espagnol) choisit la dernière syllabe du nom de sa ville d'origine, 's-Hertogenbosch (Bois-le-Duc), pour pseudonyme. Véritable génie, précurseur du surréalisme, il a su décrire avec un symbolisme exacerbé les angoisses de l'époque médiévale. L'observation du comportement humain, des fantasmes et des songes se traduit dans des scènes d'un grotesque sans bornes, d'un surréalisme envoûtant qui confine au délire psychédélique. *Le Jardin des délices* exprime dans une éblouissante vigueur picturale la fresque de la vie, de l'innocente rencontre (noter la position d'Adam sur le panneau de gauche) aux affres de l'enfer en passant par un monde d'abondance (panneau central), de volupté lyrique, de bonheur ludique et absolu. Remarquez tout de même les fissures dans la bulle de verre, symbolisant la fragilité annoncée de ces plaisirs. Et ne vous y trompez pas, nul érotisme dans le tableau, Bosch, fervent catholique, voulait seulement montrer ce qui était condamnable dans certains comportements humains. Dans le volet *L'Enfer,* les démons y prennent des formes d'animaux monstrueux excluant toute rédemption. 4 siècles avant, il annonce déjà Dalí ! Au 1er plan, on a droit au supplice raffiné de l'impie, du joueur et de l'alchimiste. *La Tentation de saint Antoine* est une autre œuvre marquante. Notons encore *L'Adoration des Mages* (proche de la peinture flamande) : ici, remarquer le ravissant traitement du paysage ; quant aux gueux, ils se révèlent tristement gris et blafards. Enfin, *La Charrette de foin (El Caro de Heno).* Dans cette charrette, plus de morale que de surréalisme. Volet de gauche, l'origine du péché et Adam et Ève chassés du paradis. Au centre, la convoitise des biens terrestres symbolisés par la charrette de foin. Les puissants, le pape, l'empereur et les seigneurs suivent, sûrs d'avoir leur part du gâteau. Le peuple se bat et se marche dessus pour quelques brindilles. Sur le tas de foin, c'est la fête, mais le musicien est un démon. Les nantis sont tranquillement servis comme l'abbesse (en bas à droite), cependant que le char est tiré vers l'enfer (panneau de droite) où mille tourments attendent les pécheurs… Voir aussi, au centre de la salle, la table où Bosch a illustré les 7 péchés capitaux.

Salle 55A, malheureusement en restauration actuellement, un chef-d'œuvre légué par ***Bruegel l'Ancien,*** le *Triomphe de la mort.* Grand admirateur de Bosch, Bruegel se pose lui aussi en moraliste. Dans la tradition des danses macabres médiévales, on conjure la peur de la mort en la mettant en scène et… gagnante ! Une armée de squelettes, protégée par des « boucliers cercueils » empêche les gens de fuir, tandis que les pécheurs sont poussés dans une sorte de container. Personne n'y échappe, ni le roi avaricieux qui agonise dans le coin gauche, ni les amants insouciants dans le coin droit… De ***Joachim Patinir,*** la *Tentation de saint Antoine* : gros travail sur les paysages dans de fortes tonalités de bleus.

– La peinture allemande *(salle 55B)* présente peu d'œuvres, mais elles sont de qualité : d'***Albrecht Dürer,*** un *Autoportrait* d'une facture sublime (peut-être le portrait le plus connu de lui). Il a 26 ans et porte de riches vêtements pour signifier ostensiblement que la peinture est un art noble (noter la belle et fière signature sous la fenêtre). Dans *Portrait d'un homme inconnu,* l'artiste sait rendre avec vigueur et vérité le regard dur et implacable du personnage (un haut fonctionnaire, pense-t-on, vu la riche houppelande et le papier dans la main). De ce dernier encore, un *Adam et Ève,* 1re représentation de corps nus dans le Vieux Monde (1507). Terrible *Trois âges de l'homme* de ***Hans Baldung Grien*** et impressionnante *Chasse au cerf* de ***Lucas Cranach le Vieux*** (noter le nombre improbable de cerfs !)…

– ***Salle 57A :*** *Sainte Famille* de ***Bernard Van Orley,*** bel élan des anges et de l'Enfant Jésus vers le visage de la Vierge. Encore ***Patinir*** et son *Repos pendant la Fuite en Égypte.* Sublimes tableaux du maître ***Jan Gossaert (dit Mabuse).*** Technique du drapé et rendu du velouté des peaux parfaits. Son chef-d'œuvre absolu, le *Christ entouré de la Vierge Marie et de saint Jean-Baptiste.* Il s'inspira largement des personnages de *Van Eyck* dans son retable de Gand. De ***Juan de Flandes,*** intéressante *Résurrection de Lazare (salle 57)* et surtout une remarquable

Crucifixion. Peinture tout en longueur permettant de singulariser les personnages et leur équilibre dans la composition (l'imposant et sombre soldat contrebalançant le chœur de femmes pleureuses).

– ***Salle 58,*** plusieurs œuvres de ***Robert Campin,*** dont *Sainte Barbara,* avec, au fond, la tour symbolisant le lieu où elle fut enfermée pour cacher sa beauté. De ***Roger Van der Weyden,*** admirables *Crucifixion* et *Descente de Croix (salle 58A).* Dans cette dernière, extraordinaire mise en scène des personnages. Le centre de gravité du tableau est déplacé totalement en bas, à gauche (bouleversant visage de la Vierge). De l'immense ***Hans Memling,*** *Vierge à l'Enfant,* mais surtout cet adorable triptyque de *L'Adoration des Mages.* Ce fut, dit-on, la 1re représentation d'un roi noir dans la peinture religieuse... De ***Dirk Bouts,*** superbe triptyque de la vie de la Vierge.

– Au rez-de-chaussée, dans l'immense ***salle 75*** consacrée surtout à Vicente Lopez, c'est un portrait de ***Goya*** lui-même, peint par ***Vicente Lopez*** qui retiendra vraiment l'attention. Extraordinaire portrait du maître à 80 ans, probablement le meilleur jamais réalisé. *Lopez* fut, à partir de 1815, l'artiste le plus sollicité par l'aristocratie madrilène. Peintre à la technique particulièrement soignée et d'une très grande sensibilité, pas étonnant qu'il fût choisi par Goya...

– ***Salle 61B :*** *La Reddition de Bailen* de **José Casado del Alisal** retient l'attention pour ses similitudes avec celle de Breda (de Velázquez). Même empathie du vainqueur espagnol envers le général français vaincu (l'un rayonne, l'autre arbore quand même un teint cireux). En face, d'***Eduardo Rosales,*** la reine Isabelle qui dicte son testament. Admirez, du même côté, le délicat et lumineux *Tobias et l'Ange.*

COMMENT LE MANQUE DE GOÛT DES FRANÇAIS PROFITA AUX ESPAGNOLS !

Les peintures noires de Goya furent acquises en 1873 par un collectionneur français. Il les fit alors transférer sur toile et les présenta à l'Exposition universelle de Paris en 1878. Un vrai bide, elles passèrent totalement inaperçues ! Le collectionneur les offrit donc à l'État espagnol qui les installa au Prado. Dès lors, elles attirèrent en masse les visiteurs et, bien plus tard, les expressionnistes et les surréalistes reconnurent en elles l'un des éléments fondateurs de l'art moderne...

– ***Salle 61A :*** la peinture historique et cette œuvre pathétique : *L'Exécution de Torrijos et de ses compagnons sur la plage de Málaga.* Beaucoup d'émotion sur les visages et les attitudes de ces patriotes qui luttèrent contre l'absolutisme royal, toutes classes confondues, de l'aristo au paysan et marin de base... Les autres fresques assez mortifères rappellent quelque peu le style des tableaux historiques russes (outrageusement dramatiques, dans des couleurs et lumières outrancières)...

– ***Salles 60A-62-62A : Joaquim Sorolla*** (*60A* et un peu *62A,* la peinture moderne, paysages, portraits). Il se fit surtout connaître par ses scènes de genre alliant réalisme et lyrisme. *Salle 62 :* les toiles de *Mariano Fortuny* (belle lumière, il y a du Delacroix chez cet orientaliste). Les amateurs ne manqueront pas de pousser jusqu'à la *casa-museo Sorolla* (voir plus loin) pour découvrir tout son univers. Son ami, ***Martín Rico,*** présente également une peinture lumineuse, annonciatrice de l'impressionnisme espagnol !

– ***Salle 62B :*** jolis portraits, en particulier celui de la délicieuse *Amalia* dans son éblouissante robe bleue, peint par ***Federico de Madrazo.*** Il sut capter le sourire vaguement juvénile et ironique de la jeune femme (pourtant, elle a déjà 32 ans). Nettement influencé par Ingres (peau de porcelaine, délicatesse du toucher)...

– ***Salles 63-63A-63B :*** portraits de ***Raimundo de Madrazo*** *(salle 63)* particulièrement maîtrisés. Il sut notamment, de façon brillante, capter le regard défiant d'*Aline Masson,* son modèle préféré. Pleinement dans le romantisme, ***David***

Roberts et son intérieur de la *Mezquita de Cordoue (salle 63B).* En voyage en Andalousie, il attrapa magistralement la fantastique lumière du pays. Divers paysages espagnols *(salle 63A).*
– Dans les ***salles 64 à 67,*** bel autoportrait de Goya (*salle 65* ; on le reconnaît bien en le comparant avec celui de Vicente Lopez), mais surtout ses œuvres les plus saisissantes : par exemple, celles de la *Quinta del Sordo,* sa résidence. Goya, malade et en proie, sur la fin de sa vie, à des délires mystiques, peignit ces œuvres très fortes, ces « peintures noires » *(salles 66-67),* sur les murs de la salle à manger de sa maison. Comme le *Sabbat* (ou le *Grand Bouc*), très loin de l'académisme triomphant à l'époque, peintes avec une incroyable liberté, elles dégagent une grande émotion et une terrible et inquiétante beauté. De même pour l'halluciné *Saturne dévorant l'un de ses enfants,* le *Duel à coups de gourdin* et *Deux vieillards.* Ce sont des personnages grotesques, un monde de cauchemar cruel et monstrueux dont on a pu dire qu'il préfigurait celui du XXe s. Le *Pèlerinage de San Isidro* exprime ainsi un pessimisme total. *Salle 66, Le Colosse,* une allégorie de la guerre d'Indépendance, est plus que saisissant. Cette œuvre a longtemps été attribuée à Goya, mais elle nous vient en réalité d'un de ses (très doués) disciples.
– ***Salles 64-65 :*** parmi les œuvres de **Goya** les plus célèbres, le *Dos de Mayo* et le *Tres de Mayo 1808 en Madrid.* Avant le *Tres de Mayo,* aucune œuvre n'avait rompu avec autant de violence avec la tradition picturale. Cette exécution se révèle un immense cri pour la liberté. Les tueurs sont dans l'ombre. L'homme qui va mourir baigne dans la lumière, dans une attitude dérisoire et sublime, symbole de la résistance du peuple espagnol...

Le 1er étage

La saga des chefs-d'œuvre continue : ***Goya*** encore dans ses grands portraits, ***Velázquez, Rubens, Murillo, Zurbarán, le Greco, le Caravage, Ribera, Titien, le Tintoret, Véronèse...***
– **Titien (salles 41 à 44) :** ses portraits dont le *Federico Gonzague, duc de Mantoue (salle 41), L'Adoration de Vénus (salle 44)* et l'un des plus célèbres, *Vénus et Adonis (salle 44)...* Toute la sensualité vénitienne dans la *salle 44,* tandis que la *salle 43* célèbre Venise et la peinture religieuse (dont Véronèse) ! Pêle-mêle encore, au fil de ces salles, *La femme qui découvre son sein* du ***Tintoret*** *(salle 44),* un magnifique ***Giovanni Bellini*** *Vierge à l'Enfant (salle 42)*, et *salle 40,* ***Bassano, Palma le Jeune...***
– ***Les salles 2 à 6 :*** sont dédiées à la peinture française et italienne du XVIIe, et les amoureux de sa lumière peuvent y admirer le fameux *Embarquement de saint Paul* du ***Lorrain*** *(salle 2),* le *Parnasse* de ***Poussin*** *(salle 3)* et *Sainte Cécile (salle 4).* Magnifique *Pietà* de ***Daniele Crespi*** *(salle 5),* regarder l'expression des visages et l'angelot, à l'arrière, qui se met le doigt dans l'œil ! Ou encore *salle 6, La Curación de Tobias* de ***Bernardo Strozzi,*** le *David et Goliath* du ***Caravage,*** superbe. Mais on a un faible pour ce tableau de ***Giovanni Serodine,*** *Sainte Marguerite* qui ressuscite en jeune garçon.
– ***La Grande Galerie :*** elle est en fait composée de 5 salles qui se suivent en continu. Les ***salles 28-29*** sont dédiées à ***Rubens*** et se révèlent d'une richesse prodigieuse. Fortement influencé par l'école vénitienne, il présente ici des œuvres très baroques : *Cérès et Pan* (réalisé avec *Frans Snyders*), le tragique *Saturne dévorant son enfant,* l'étonnante *Naissance de la Voie lactée, Les Trois Grâces* ; parmi les dernières œuvres de Rubens, c'est l'aboutissement de son style plein de grâce, de joie, de sensualité, symbole de son bonheur après le 2e mariage... Quant à *L'Adoration des Mages,* elle présente une extraordinaire débauche de détails !
– **Grande Galerie (suite) :** on y retrouve *(salle 27)* ***Titien,*** dont le célèbre *Empereur Charles Quint à Mühlberg* qui symbolise la quintessence de la puissance des Habsbourgs. Dans la foulée, ***le Tintoret,*** dont l'étonnant *Lavement des pieds (salle 25)* où les disciples du Christ sont présentés de façon très quotidienne et où le sujet principal est décalé à droite pour renforcer l'effet de perspective. Noter derrière cette scène, dans la pièce du fond, l'évocation du « dernier souper »...

Aussi de beaux **Véronèse,** dont *La Leçon du Christ aux docteurs du Temple (salle 26).* De **Bassano,** la *Forge de Vulcain (salle 25),* œuvre tardive et impressionnante. Seule la présence de Cupidon indique que c'est une scène mythologique (là encore, influence de Titien à travers la répartition de la lumière sur les corps).

– ***Murillo (salles 16-17),*** peintre du XVIIe s, porte-parole de la religiosité populaire. L'Église lui fit un grand nombre de commandes. ***Murillo*** ne quitta quasiment pas Séville, cependant cela ne l'empêcha pas de bien connaître le travail des peintres vénitiens et flamands de son époque (et surtout celui de Ribera). Quel talent de coloriste, quelle distribution géniale de la lumière ! Certes, parfois, c'est une religiosité un peu mièvre, mais vraiment, il manifeste un grand sens de la composition. On remarquera la *Sainte Famille au petit oiseau (salle 17).* Dans cette toile, inhabituelle, étonnante présence dominante de Joseph, alors qu'en peinture il est le plus souvent dans l'ombre ou quasiment effacé ! D'autres chefs-d'œuvre, *Explication du songe au pape Libère (salle 16), L'Adoration des bergers (salle 17)* (là, on sent l'influence de Ribera), la série des Vierges avec surtout *L'Immaculée Conception des Vénérables (salle 16)* – emportée dans les bagages du maréchal Soult après la guerre d'Espagne et rendue par la France en 1940.

MADRID

– ***Peinture flamande (salle 16B) :*** *Judith au banquet de Holoferne* de **Rembrandt,** dont on admire la somptuosité de la robe. Autres toiles remarquables, celles de ***Jan Bruegel le Vieux,*** notamment sa série *Les Cinq Sens,* réalisée avec **Rubens.** Une débauche d'instruments de musique, celui de l'ouïe. Le goût est symbolisé par les victuailles. Une mère embrassant son enfant et des ouvriers travaillant le métal symbolisent le toucher. Une orgie de fleurs y exprime le plaisir de l'odorat et, enfin, le plaisir de la vue est révélé par de nombreuses œuvres d'art de l'Antiquité et celles de... Rubens. On y reconnaît entre autres *La Gloutonnerie* (à ce propos, on a là un étonnant hommage envers un contemporain !) ! Dans la toile *L'Archiduc Léopold-William dans sa galerie de peinture,* dans l'un des 4 personnages, c'est le peintre **David Teniers le Jeune** qui se représente lui-même... De *Teniers* toujours, la *Fête champêtre.* Resplendissantes natures mortes de **Frans Snyders.** *Danse avec personnages mythologiques* de **Rubens...** Là, quelle finesse d'exécution, rythme et légèreté des mouvements ! Mais ***le plus fascinant Rubens*** du musée reste le *Jardin de l'Amour,* où le traitement des jeux de lumière est à son summum ; et on notera le dégradé progressif, génial, des personnages, au fur et à mesure que l'on va vers le fond du tableau !

– ***Salles 32 et 34 à 38,*** d'autres œuvres de **Goya :** les portraits de la famille royale, dont l'extraordinaire *Famille de Charles IV (salle 32).* De facture vraiment peu conventionnelle : personnages dans la pénombre, peu souriants ; une femme tourne la tête ; un enfant a l'air figé comme sur une photo d'école. Outre les coups de pinceau enlevés restituant l'éclat des bijoux, des soies et tissus chamarrés, Goya arrive à exprimer les sentiments des personnages et les charges de haine les uns vis-à-vis des autres : tour à tour mesquins, médiocres, petits, fiers. Aucune concession dans la composition, aucune obséquiosité vis-à-vis du pouvoir.

Dans la *Sainte Famille (salle 35),* le pauvre Joseph, comme toujours, reste dans l'ombre. Portrait peu flatteur de *Charles III à la chasse,* peu flatteur non plus son portrait *en armure (salle 37).* Puis intéressant *Duc et duchesse d'Osuna et leurs enfants (salle 34).* Les portraits de famille étaient un genre presque inconnu jusque-là à la Cour. Ici, l'artiste utilise subtilement les variations de gris et les teintes vertes pour renforcer le côté léger et délicat de la texture des vêtements. *La Maja desnuda* et *La Maja vestida* **(salle 36),** la plus célèbre paire de tableaux de **Goya,** attirent du monde aussi. Peintes vers 1798, elles provoquèrent les foudres de l'Inquisition sur Goya.

LA MAJA NUE

La Maja desnuda (salle 36), l'un des tableaux les plus célèbres de Goya, représente une femme nue langoureusement allongée sur un lit. En 1814, la terrible Inquisition, qui existait toujours, lui fit un procès. L'artiste partit en exil à Bordeaux, où il mourut.

La *Maja desnuda* fut un événement, car auparavant il y avait peu de nus dans la peinture espagnole. Dans la *Comtesse de Chinchón (salle 38),* qui est enceinte, *Goya* réussit à exprimer la timidité du personnage (comme s'il la prenait en photo !). Dans les cheveux, un bouquet d'épis de blé, symbole de la fécondité.

– ***Salle 39 (peinture française du XVIIIe s) : Van Loo, Nicolas de Largillière...*** Le *Louis XVI* d'**Antoine-François Callet** se révèle une petite merveille... Dans la lignée de Rigaud : prodigieuse richesse des détails et du rendu de l'hermine !

– ***Salles 19-20-21-22 (peinture anglaise, française et italienne) :*** tous les grands sont là *(salle 21),* **Georges Romney** et son *Master Ward,* **Thomas Lawrence, Gainsborough, Watteau...** De **Tiepolo,** la *Chute du Christ* et, surtout, *L'Immaculée Conception (salle 19),* à nos yeux son œuvre la plus importante au Prado. La Vierge écrase le péché originel représenté par le serpent (lys et rose symbolisant la virginité). Quant à *Abraham et les Trois Anges,* ils semblent sponsorisés par *McDo* (en bas, à droite comme un hamburger, non ?). ***Salle 20 :*** au passage, ***Anton Rafael Mengs,*** un fin portraitiste qui mérite un peu d'attention...

– ***Salles 8 à 15,*** consacrées à la peinture espagnole du XVIe au XIXe s. On retrouve bien évidemment ***Velázquez,*** qui a droit à la plus grande salle du musée ***(salle 12),*** mais que l'on retrouve également dans les salles autour. Mais aussi ***Zurbarán, le Greco, Ribera...***

LES MÉNINES, SI MYSTÉRIEUSES

Pourquoi les personnages de ce tableau nous regardent-ils ? En fait, ils observent quelqu'un d'autre qu'on ne voit pas ! La solution se trouve dans le miroir tout au fond : on y aperçoit le roi Philippe IV et la reine. Velázquez, sur la gauche, est donc en train de peindre le couple royal, et tout le monde les observe. Ce n'est pas vous qu'on regarde, cher lecteur !

– Dans la ***salle 12,*** on peut déjà admirer le tableau le plus célèbre de ***Velázquez,*** *Les Ménines à la cour de Philippe IV.* Velázquez excella dans le portrait royal, mais encore plus dans les personnages bizarres de la Cour ***(salle 15)*** : nains, bouffons, etc. Dans cette toile, quel jeu superbe de l'espace et de la lumière : l'artiste réussit véritablement à intégrer le spectateur à son tableau ! Ce qui est également intéressant, c'est qu'il affirme son appartenance sociale par différents messages : contrairement aux autres personnages, il se situe dans l'espace de l'infante. Il porte la croix de l'ordre de Saint-Jacques, ce qui le rattache à la noblesse. En outre, son air sérieux et réfléchi veut démontrer que son activité artistique est plus de l'ordre de l'intellectuel que du manuel... Quant au sujet qu'il peint, réponse dans l'encadré ! À Madrid, il devint l'ami de Rubens qui lui conseilla de voyager en Italie. Il y retourna plusieurs fois pour acheter des tableaux de Titien pour le roi. De Titien, il disait : « Il a tout inventé. » À Rome, il se liera avec Poussin et le Bernin. *Les Fileuses (salle 15A),* autre œuvre majeure, avec personnages assez réalistes au 1er plan et ceux du fond, presque dilués dans la lumière. Détail important : dans le fond du tableau, on aperçoit *L'Enlèvement d'Europe* par *Titien* et *Rubens,* ce qui témoigne de l'admiration de Velázquez pour ces 2 peintres. *La Reddition de Breda (salle 9A),* probablement le tableau le plus connu des écoliers, tant il est reproduit dans les livres scolaires. Célèbre pour son jeu de lignes (diagonales, courbes, parallèles) : une remarquable construction ! Ce qui est également nouveau dans cette toile, c'est qu'on ne cherche pas à montrer le triomphe, l'arrogance d'une victoire, mais plutôt l'empathie, la clémence envers les vaincus. *Les Buveurs* ***(salle 10)*** montrent que Velázquez n'a pas son pareil pour peindre sans complaisance la joie populaire teintée d'hébétude. Période naturaliste où il n'utilisa qu'un minimum de couleurs, ne jouant strictement que sur les bruns... C'était le tableau favori de Manet. *L'Infant Baltázar Carlos* ***(salle 12)*** révèle de façon éclatante la fraîcheur, le naturel, la vivacité du jeune prince. Le musée nous offre aussi l'une des seules œuvres religieuses de Velázquez : *Le Christ crucifié* ***(salle 14),*** noble et humain, qui semble plus méditatif que mourant. Ou encore ***(salle 11),*** l'intéressant *Triumph de Bacchus,* où le classicisme du sujet est cassé par les visages des 3 hommes populaires, burinés et superbement dessinés et également la *Forge de Vulcain,* célèbre tableau mythologique.

– ***Zurbarán (salle 10A),*** peintre des scènes religieuses de la 1re moitié du XVIIe s, restera célèbre pour ses « blancs » lumineux, comme dans la superbe *Apparition de l'apôtre saint Pierre à saint Pierre Nolasque (salle 10A),* qui capte la lumière d'une manière incroyable. L'absence de décor et les personnages ascétiques donnent un côté austère aux toiles. Natures mortes aux couleurs parfaites.

– ***Le Caravage et José de Ribera (salles 6 à 9) :*** nombreuses œuvres majeures du **Caravage,** dont *David et la tête de Goliath* et les *Suiveurs.* Pathétique *Saint Jérôme lisant* de **Georges de La Tour *(salle 7).*** De **Ribera,** la curieuse Magdalena Ventura, la *Femme à barbe* donnant le sein à son enfant : c'est le duc d'Alcalá qui commanda le portrait de cette mère velue, victime d'un désordre hormonal. Fascinant *Saint Jérôme écrivain* également ***(salle 7).*** Contemporain de Zurbarán, *Ribera* montre une adhésion sans faille au style du Caravage et à son « ténébrisme » avec, en plus, un zeste de baroque. Dans la *Résurrection de Lazare* ***(salle 7),*** période Rome et Naples, il accentue encore plus l'émotion sur les visages, et le caractère dramatique de la scène. Superbe également, *Le Songe de Jacob, de* ***Ribera (salle 9).*** Belle *Adoration des bergers* ***(salle 7A)*** de ***Juan Bautista Maíno,*** aux couleurs éclatantes. Noter le velouté des peaux, le superbe rendu de la toison de l'agneau. Joseph n'apparaît même plus effacé, il a carrément disparu !

– ***Le Greco (salles 8B, 9B et 10B)*** est largement représenté même si, à cause du cadre formel, on ne ressent pas les mêmes émotions qu'à la cathédrale de Tolède. Ce Crétois, de son vrai nom Dhomínikos Theotokópoulos, l'un des artistes les plus originaux de tous les temps, trouva en Espagne son inspiration. Une œuvre unique, habitée, empreinte d'une grande religiosité ; ses personnages aux visages émaciés contrastent avec les couleurs vives et chaleureuses des drapés (grenat, vert, bleu, jaune). Le grand critique Élie Faure dit de lui qu'il délivra l'âme espagnole. Il transita avant par Venise et Rome, dont il rapporta des influences de Titien et de Michel-Ange présentes dans ses 1res toiles, comme *L'Annonciation* et *La Sainte Trinité* ***(salle 8B*** ; sa 1re œuvre espagnole), riche en couleurs ; parallèle intéressant à faire avec *La Trinité* de ***José de Ribera*** dans la *salle 8* voisine, qui lui fait face, beaucoup plus sombre. Dans le *Christ portant la Croix* ***(salle 9B),*** les yeux explosent de dévotion ! Et puis la célèbre série : *La Crucifixion, La Résurrection, Le Baptême du Christ, L'Assomption de la Vierge* ***(salle 9B).*** Peintures pour le retable de Doña Maria de Aragon (1596). L'artiste est en fin de carrière, couleurs froides, intenses et contrastantes... Et enfin le choc : *L'Adoration des bergers* ***(salle 10B),*** tellement lumineux et coloré, fantastique œuvre de ses dernières années, peinte pour sa propre chapelle funéraire. La toile tout en hauteur met en valeur la distance séparant le Ciel de la Terre. La lumière irradiée par l'Enfant donne aux autres personnages un relief statuaire. Le paroxysme du lyrisme ! Les personnages semblent brûler d'un feu mystique... Le berger du fond est un autoportrait, à sa droite, c'est son fils.

Le 2d étage

On y accède par les ascenseurs tt au bout du 1er étage, derrière la salle 39. Peintures espagnoles des XVIIIe et XIXe s essentiellement. Encore des ***Goya (salles 85 à 87, 90 à 92 et 94),*** de l'époque où il peignait des cartons de tapisserie destinés aux palais royaux (1770-1780). Scènes de la vie quotidienne très fraîches et d'un style primesautier auquel l'artiste ne nous avait pas habitués : noces, jeux et parties de chasse, scènes champêtres...

Pour s'aérer les neurones en sortant des musées, nos lecteurs bucoliques flâneront dans le ***Real Jardín botánico,*** juste en face du Prado *(zoom Las Letras E5)* : *entrée pl. de Murillo ; ● rjb.csic.es ● ; tlj 10h-21h (18h nov-fév, 19h mars et oct, 20h avr et sept), puis fermeture au coucher du soleil, c'est-à-dire entre 18h et 21h selon saison ; entrée : 6 €, réduc, gratuit moins de 18 ans et mardi après 14h. L'expo ferme à 16h30.* Très belles serres (dont la plus ancienne disposait d'un étonnant système de chauffage !), vastes parterres thématiques, depuis les plantes médicinales jusqu'aux rares essences d'Amérique du Sud ou aux bonsaïs : la collection est superbe. Certaines perspectives donnent vraiment l'impression d'avoir quitté la ville, perdu que l'on est entre les frondaisons touffues... Le *Pabellón Villanueva,* au fond, accueille aussi des expos et un très agréable café-resto (certes un peu cher, mais pour un rafraîchissement, ça passe !).

Museo Centro de Arte Reina Sofía *(zoom Las Letras E5-6)* **:** *c/ de Santa Isabel, 52. ☎ 91-774-10-00. • museoreinasofia.es • Ⓜ Estación del Arte. Tlj sauf mar 10h-21h (14h30 dim, mais de 13h30 à 14h30, slt le bâtiment Sabatini, 2e étage, le reste du musée est fermé) ; ferme à 19h en oct et mars, et 18h nov-fév. Fermé 1er et 6 janv, 1er et 15 mai, 9 nov, 24, 25 et 31 déc. Entrée : 5 € ; réduc achat de ticket en ligne, étudiants et carte jeune ; gratuit tte l'année aux moins de 18 ans, citoyens de l'UE de plus de 65 ans et chômeurs ; gratuit pour ts en sem 19h-21h, et dim 13h30-14h15, ainsi que 18 mai, 12 oct et 6 déc. Pour les amateurs, visites guidées gratuites (en espagnol) lun et mer à 17h et sam à 11h. Les gros sacs doivent être déposés dans des casiers (gratuits), mais conserver sa carte d'identité pour louer un audioguide (4,50 €).* ***Résa sur internet conseillée. Rappel : l'abono Paseo del Arte peut être acheté ici et sert de coupe-file. Attention : pdt la session gratuite le dim ap-m (13h30-14h30), seule une partie de la collection permanente est accessible,*** *à savoir le fameux 2e étage ; le reste du musée est fermé. Petit conseil : prendre un plan à l'entrée, car le musée est labyrinthique et la signalisation très légère.*

Les collections permanentes sont aux 2e et 4e étages. ***Si vous n'avez que peu de temps, sélectionnez d'abord le 2e étage, un must, et en 1er lieu Guernica.*** L'œuvre géniale de Picasso justifie à elle seule la visite.

Musée installé dans l'ancien hôpital construit à la fin du XVIIIe s par Francesco Sabatini à la demande du roi. Excellente idée de la part des autorités de l'avoir reconverti en centre d'exposition consacré aux œuvres et aux mouvements les plus significatifs de l'***art du XXe s*** et plus particulièrement aux spécificités de la scène artistique espagnole. L'accès au musée se fait par l'un des 2 ascenseurs enrobés de cages de verre futuristes accolées à la façade XVIIIe s de l'édifice, ou par le nouveau bâtiment donnant sur la ronda de Atocha et la c/ de Argumosa, dessiné par Jean Nouvel, et qui abrite désormais les œuvres de 1962 à 1982, les expositions temporaires, et, dans son patio triangulaire, un resto, la librairie, la bibliothèque, etc. Également un agréable jardin extérieur dominé par une sculpture de Calder.

2e étage de l'édifice Sabatini

Intitulé « ***L'irruption du XXe s : utopies et conflits*** »

Une grande partie du 2e *étage,* remodelé, expose l'art d'avant-garde espagnole des années 1900-1945, dont une bonne partie consacrée à la guerre d'Espagne autour du clou de la collection, à savoir le *Guernica* de **Picasso.** Immense richesse de ces collections présentant, entre autres, le cubisme, le surréalisme, le dadaïsme.

– ***Salle 202*** *(Paroles en liberté)* **:** **Picabia,** bien sûr, pilier du dadaïsme. ***Man Ray*** *(Élevage de poussière),* ***Kurt Schwitters*** (et ses collages). Documents inédits et ce beau poème : *Notre Dame de la peinture.* Fascinant

GUERNICA, OU LE CRI DU PEINTRE

Le 26 avril 1937, l'aviation de la légion allemande Condor pilonna la ville basque de Guernica, selon la technique du « tapis de bombes » (une 1re dans l'histoire militaire). Ce massacre de 2 000 civils fit l'effet d'un électrochoc. En protestation contre cette barbarie, Picasso peignit cette toile considérée depuis lors comme son chef-d'œuvre. Un officier allemand, admirant un jour Guernica, *lui posa la question : « C'est vous qui avez fait ça ? » Picasso répondit : « Non, c'est vous. »*

MADRID

Belomancie d'***Yves Tanguy,*** les photos émouvantes de ***Kertèsz,*** les *Oiseaux rouges* de ***Max Ernst,*** puis ***Brassaï, Dora Maar, Miró, André Masson.*** *Composition* de Rafael Alberti... Originaux de livres de poésie *(Breton, Éluard, Soupault).*
– ***Salle 203 :*** *Arlequin, Buste et Palette, Deux figures* et le *Portrait de Buñuel* par ***Dalí*** et le *Bal* d'***André Lhote.***
– ***Salle 204 :*** essentiellement les insolites figures d'***Alberto,*** l'étrange *Composition cosmique* d'***Oscar Dominguez*** et une peinture à l'huile de ***Man Ray.***
– ***Salle 205 :*** encore l'univers bizarre et fascinant d'***Oscar Dominguez*** avec les *Siphons* et *L'Apparition de la mer.* On adore les subtiles variations sur le lion (surtout le *Lion-bicyclette* !)... Une « pièce » : l'original de l'*Anthologie de l'humour noir* de **Breton.** Et nul ne manquera le *Visage du grand masturbateur* de ***Salvador Dalí...***
– ***Salle 206*** *(Art et Culture en exil)* **:** principale thématique, la guerre d'Espagne et sa lourde charge émotive. Photos inédites du *camp de Gurs* où furent internés les républicains espagnols, symbole de « l'hospitalité française ». Livres de l'exil. Puis dessins satiriques et peintures sur la guerre. Quelques œuvres très fortes : *Allégorie du Bien et du Mal* de **Fernández** et le *Monument aux Espagnols morts pour la France* de **Picasso.** *Femme au foulard rouge* et la *Révolution espagnole* de ***Picabia,*** et un saisissant tableau d'***André Masson,*** *En revenant de l'exécution* (avec les sinistres gardes civils et leur tête de Mickey). *Espagne* de **George Grosz** qui a toujours parfaitement su exprimer les horreurs de la guerre. Puis *Sacrifices,* remarquable série d'***André Masson.*** Terrible tableau dénonçant la complicité de l'Église espagnole avec Franco, les *Réguliers* (où elle distribue des prébendes aux mercenaires tabors marocains). Ne pas manquer non plus les dessins pleins de force sur la guerre d'***Horacio Ferrer,*** très morbides d'***Antonio Rodríguez Luna*** ou pleins d'humour de ***Luis Quintanilla.*** De ***Ferrer,*** *Madrid 1937,* superbe composition au réalisme émouvant. Intéressante série de **Josep Renau,** *Déclaration des principes de la République espagnole* (ou le graphisme qui rejoint la politique).
Quant au célèbre ***Guernica,*** après une escale au Casón del Buen Retiro depuis son retour des États-Unis en 1981, il occupe désormais une salle à lui tout seul : très impressionnant. Visages torturés, membres sectionnés, bouches béantes, tons gris et noirs, tout est fait pour augmenter le sentiment de souffrance et de douleur. Outre la taille impressionnante de ce chef-d'œuvre, l'absence de couleur est frappante : le noir et blanc renforce l'idée de mort et de deuil. Le tableau symbolise la douleur (sur la gauche, l'enfant mort porté par sa mère, la gueule du cheval défoncée par une lance...), mais aussi l'espérance (sur la droite, la femme tenant une lumière et tout en bas, une fleur discrète, signe que la vie renaît malgré tout). Bien qu'archiconnue l'œuvre de Picasso conserve une forte capacité émotionnelle. Dans la salle en face, comme pour lui donner plus de poids, un film sur la guerre d'Espagne est projeté. Entre les 2, une salle est consacrée aux études faites pour *Guernica,* voir tout particulièrement la superbe tête de cheval sur fond noir.
– Bien d'autres peintres ont accroché notre regard. ***José Gutiérrez Solana*** *(salles 201, 206 et 207)* et le réalisme de ses scènes : morceaux de sucre, cuillère dans la soucoupe, petite boîte d'allumettes et autoportrait de l'artiste à l'extrême gauche dans la *Tertulia del Café de Pombo.* Dans *La Visita del Obispo,* remarquer la signature de l'artiste sur l'enveloppe timbrée posée sur la table. De ***Picasso*** encore, *La Femme en bleu* (curieusement, elle fut reniée par le peintre), qui marque le début de sa période bleue, *Le Peintre et son modèle* (3 tableaux de 1963). Et on découvre aussi ***Buñel*** avec *Le Chien andalou* et bien d'autres réalisations cinématographiques qui en feront un des plus grands cinéastes espagnols (si ce n'est le plus important) dans un registre bien à lui.
– ***Salle 201*** *(symbolisme et modernisme)* **:** *Portrait de Sonia de Klamery, comtesse de Pradere* (composition d'une sombre sensualité) par ***Anglada Camarasa.*** *Lecture* de ***Julio Romero de Torrès,*** *Christ au sang* de ***Ignacio Zuloaga,*** *Désastres de la guerre* de ***Goya...*** Spectaculaire *Scène de garrot* de ***Ramón Gayas.*** Enfin, les *Pêcheurs,* fins dessins au charbon de bois de ***José Ortiz Echagüe.***

MADRID

– La ***salle 208*** est consacrée en grande partie au Madrilène ***Juan Gris*** et à ses œuvres cubistes très influencées par Picasso (tout est peint au même niveau : pas de 3e dimension ni de profondeur de champ) ; une bonne illustration de l'évolution du cubisme vers l'analytique synthétique. À ses côtés figurent fort logiquement ***Fernand Léger*** et ***Georges Braque,*** pionniers du cubisme. La ***salle 209*** est consacrée au *New Art* en Espagne.
– ***Salle 210*** *(rupture cubiste de l'espace)* **:** œuvres de ***Sonia et Robert Delaunay.*** Quelques ***Juan Gris*** encore : *Moulin à café, tasse et verre sur une table...* ***Braque,*** toujours, et les masques africains qui inspirèrent grandement ***Picasso.***

4e étage
Intitulé : « ***La guerre est finie ? L'art pour un monde divisé...*** »
Le *4e étage,* plus politique, traite de l'après-guerre (1945-1968). Cette dernière a mis fin aux avant-gardes historiques, c'est ce que cherche à nous raconter cette partie du musée. Le discours des créateurs devient plus existentialiste *(salle 401).* Les maîtres de l'abstraction nous interrogent aussi sur les conséquences du conflit et comment continuer à être artiste après un tel séisme, à travers des toiles de ***Picasso,*** encore lui, mais aussi certains artistes qui émergent à cette période et jouissent aujourd'hui d'un énorme prestige international, comme ***Antoni Tàpies, Jorge Oteiza*** ou ***Esteban Vincente.*** Certains mouvements d'artistes voient le jour comme ***El paso,*** qui diffuse le langage informel ou le ***CoBrA Group*** *(salle 402),* émergeant de 1948 à 1951, autour du concept du primordial et du primitif. Avec ***Joan Miró*** et *Peinture,* ***Pierre Alechinsky,*** dont on peut voir *Les Hautes Herbes,* ou encore ***Karel Appel,*** *Figures.* Projection du film *Allemagne, année zéro* de ***Rosselini*** et une photo en noir et blanc de ***Lee Miller*** terrifiante.
Intéressante expo d'affiches franquistes en face desquelles s'élèvent les envolées poétiques de ***Klee, Kandinsky*** et les œuvres de ***Joan Ponç,*** assurément influencé par Dalí *(salle 405).* On retiendra évidemment la belle collection d'***Antoni Tàpies*** *(salles 401, 406 et 417),* magistral peintre catalan et particulièrement son *Gran Libro,* où l'on peut lire les principales préoccupations métaphysiques de sa vie. Pas toujours facile d'approche, cependant, vu son degré d'abstraction. Notons aussi le travail sur le noir du peintre ***Antonio Saura*** *(salle 406),* influencé par l'abstraction américaine et, visiblement, par Dalí aussi ; notons encore le travail de ***Manuel Millares*** en noir et blanc également, comme de grandes plaies ouvertes. *Salle 404,* intéressantes couvertures du magazine *La Cordoniz* de 1941 à 1950, où les artistes, pour éviter la confrontation directe avec le pouvoir dictatorial, dont ils seraient sortis perdants, ont utilisé l'humour irrationnel pour transgresser. La *salle 411* est entièrement consacrée à ***Louise Bourgeois,*** dessins et sculptures, le corps en exil.
Au fil des salles, on découvre également les œuvres de ***Fautrier*** *(salle 401),* ***José G. Solana*** avec *Têtes et Masques (salle 412),* puis ***Rothko*** *(salle 409)...* Insolites images critiques des années 1960 et beaux tableaux comme *Vivre et laisser mourir ou la fin tragique de Marcel Duchamp (salle 428)...* Collages particulièrement originaux de ***Joan Rabascall,*** dont *Fille construite sur une ligne voluptueuse (salle 425).* Puis ***Klein, Villeglé, Tinguely*** *(salle 424),* ***Christo, Raymond Hains...*** Photos décalées de ***R. Rauschenberg*** *(salle 423)...* ***Fontana*** *(salle 418),* Tàpies et les collages géniaux, façon B.D. surréaliste d'***Antonio Saura,*** ainsi que ceux d'***Alberto Greco.*** Puis ***Robert Motherwell*** *(salle 409),* ***Franz Kline, Sam Francis*** et son *Amérique et l'invention de la modernité (salle 410)...* Mais aussi ***Francis Bacon, Jean Dubuffet,*** ou encore ***Yves Klein.*** Pour finir, l'Espagne des années 1960, avec *Les Quatre Dictateurs* d'***Eduardo Arroyo*** *(salle 428),* un vrai choc pour son expressionnisme fascinant, et enfin *salle 429,* des extraits du film d'Alain Resnais (1966), *La guerre est finie.*

L'extension moderne (edificio Nouvel)
Intitulée : « ***De la révolte à la postmodernité*** »
Édifiée en 2005 par Jean Nouvel, avec son immense marquise rouge en aluminium et zinc, elle cohabite harmonieusement avec l'édifice Sabatini.

– Fin du parcours chronologique. Au 1er étage et rez-de-chaussée : des années 1962 à nos jours, les artistes remettent en question la nature même de l'art. Au fond, qu'est-ce que l'art ? interrogent artistes, critiques d'art et public... La question du genre, de la culture underground, de la culture de masse, de la mondialisation et du marché de l'art sont les grands thèmes de la réflexion qui guide cette 3e section du musée. Réponse entre autres avec ***Michelangelo Pistoletto,*** un des leaders de l'*Arte Povera (salle 104),* ***Gerhard Richter*** *(salle 001),* un des plus grands peintres contemporains, fan de Pollock, dont on vous livre l'une des radicales définitions : « Mes tableaux sont sans objet ; mais comme tout objet, ils sont l'objet d'eux-mêmes. Ils n'ont par conséquent ni contenu, ni signification, ni sens ; ils sont comme les choses, les arbres, les animaux, les hommes ou les jours qui, eux aussi n'ont ni raison d'être, ni fin, ni but. Voilà quel est l'enjeu (mais il y a quand même de bons et de mauvais tableaux !). » Enfin, ***Marcel Broodthaers*** *(salles 001 et 104).* Ce dernier, amoureux de Magritte et de Mallarmé, enchante et étonne avec ses œuvres, assemblages insolites ou accumulation d'objets mélangeant finement humour et absurde ! Mais au fil des salles, on découvre également les œuvres de ***Robert Morris,*** avec une série de sérigraphies. D'autres artistes de l'*Arte Povera,* comme ***Luciano Fabro, Mario Merz...*** Salle 4, l'art et la politique à la fin de la dictature franquiste, illustrés par des documents authentiques sur les tortures, et un film de 16 mn ! Puis, pour finir, art et activisme en Amérique latine, illustrés par de longs panneaux de ***Juan Carlos Romero*** sur la violence. On termine par la culture urbaine *(salle 009),* appuyée par un film d'***Almodóvar,*** *Pepi, Luci, Bom et autres filles du quartier* (1980).

– La *librairie* du musée (au rez-de-chaussée de l'extension moderne) est richement fournie. Ouvrages relatifs à l'art dans un bon nombre de langues... les tentations sont grandes.

Arzábal Reina Sofía *(zoom Las Letras E5,* ***227****) : c/ de Santa Isabel, 52. ☎ 91-528-68-28 ou 29. • arzabal.com • Sur le côté du musée Reina Sofía, presque sur la place. Tlj 9h-2h (dîner à partir de 20h). Salades, snacks 12-18 €, carte min 30 € le soir (résa conseillée pour le dîner).* Il faut passer l'entrée un peu austère, et finalement discrète, pour découvrir d'abord des salles façon taverne moderne, ouvertes toute la journée, puis un insoupçonnable jardin-terrasse luxuriant, véritable havre de fraîcheur l'été. Une halte idéale après ou avant le musée, pour boire un verre et grignoter un bout, dans un cadre presque bucolique. En soirée, la zone tapas se réduit, et la verdure est plutôt réservée aux vrais repas : cuisine dans l'air du temps, plutôt bien réalisée, un peu chère déjà.

Voir aussi, ne serait-ce que pour son très beau design (de l'architecture intérieure au mobilier), le ***NuBel,*** l'autre café-restaurant du *Reina Sofía (zoom Las Letras E6,* ***228*** *; entrée par l'edificio Nouvel, ou c/ Argumosa, 43 ; ☎ 91-530-17-61 ; • info@nubel.es • ; tlj sauf mar, 9h-minuit ; snack à prix moyens, repas déjà chic).* Une cuisine de qualité, mais il faut dire que la carte est signée par le jeune chef Manuel Berganza, qui a déjà eu plusieurs fois la tête dans les étoiles !

Museo Thyssen-Bornemisza *(zoom Las Letras E4) : palacio de Villahermosa, paseo del Prado, 8. ☎ 917-91-13-70. • museothyssen.org • Ⓜ Banco de España. Lun 12h-16h (seulement pour la collection permanente), mar-dim 10h-19h (21h sam pour les expos temporaires) ; fermé 1er janv, 1er mai et 25 déc. Entrée : 9 €, expo temporaire incluse ; réduc plus de 65 ans, carte Jeune et étudiants sur présentation d'un justificatif ;* **gratuit moins de 18 ans et pour ts lun 12h-16h à la collection permanente. Achats et résas recommandés sur leur site internet (mêmes tarifs). Possible d'y prendre l'abono Paseo del Arte *qui sert aussi de* coupe-file.** *Audioguide intéressant (en français) : 5 € pour l'expo permanente, 4 € l'expo temporaire ; 7 € en combiné pour les 2. Pour l'expo temporaire, l'horaire de visite est imposé au moment de l'achat du billet, pour cause d'affluence. Parfois, une partie de l'expo temporaire est délocalisée sur un autre site. Parfois des ouvertures nocturnes (jusqu'à 23h ou 23h30) en juil-août : se renseigner sur place.*

Depuis octobre 1992, la collection longuement convoitée de Hans Heinrich Thyssen est définitivement proposée au public. La famille Thyssen a bâti l'une des plus grosses fortunes allemandes grâce aux 2 guerres mondiales. L'héritier Thyssen, grand collectionneur d'art, n'a pas donné sa collection à l'État espagnol mais, après d'âpres négociations, lui a vendu pour la somme de 400 millions d'euros. *Business is business !*
Répartie dans près de 50 salles sur 3 étages (18 000 m²), cette collection de près de 800 tableaux est tout simplement époustouflante, tout particulièrement en ce qui concerne la peinture hollandaise au XVIIe s, la peinture nord-américaine du XIXe s et l'expressionnisme allemand. D'autant que depuis juin 2004 elle s'est enrichie d'une nouvelle aile où sont exposées près de 200 peintures gracieusement prêtées (ce coup-ci !) par la baronne Carmen Thyssen-Bornemisza (ex-Miss Espagne des années 1960) qui poursuivit la collection à la mort de son mari, en 2002. Au total, près de 1 000 tableaux, donc ! Bien sûr, on ne va pas s'amuser à les détailler, vous nous l'accorderez ! Laissez-vous porter tout simplement par la magie de la collection. Même les plus réfractaires à la peinture risqueraient bien d'être séduits. Tous les plus grands noms qui ont marqué l'histoire de la peinture sont présents. Ne pas hésiter à prendre l'audioguide dont les commentaires sont très bien faits. On comprend tout sur l'évolution et l'histoire de la peinture à travers les siècles (du XIIIe au XXe s), d'autant plus que les œuvres sont exposées de manière chronologique. Il permet également d'avoir des explications sur les principales œuvres.
La partie la plus ancienne de la collection s'étale sur 3 niveaux (2 niveaux pour celle de Carmen Thyssen-Bornemisza répartis dans une aile attenante). ***Début de la visite au 2e étage,*** que l'on peut atteindre en ascenseur. On découvre d'abord une collection d'œuvres religieuses dont une riche présentation de peintres primitifs italiens, mais également des peintres allemands et espagnols du XVIe s (salle 2) et primitifs néerlandais (salle 3). Quelques coups de cœur dans les 1res salles (1 à 4) : après les classiques ***Duccio, Simone Martini*** et ***Giovanni di Paolo*** et son *Pape en Avignon,* bouche bée devant l'admirable *Crucifixion* de ***David Gérard,*** l'*Ascension* de ***Johann Koerbecke*** (beau travail sur les visages) et la remarquable technique de ***Jan Van Eyck*** pour son diptyque de l'*Annonciation.* Les salles suivantes (5 à 11) font traverser toutes les périodes de la Renaissance jusqu'au Maniérisme. Superbes portraits (salle 5) : *Jeune homme en prière* de ***Hans Memling*** et *Henri VIII d'Angleterre* par ***Hans Holbein.*** Plus ***Antonello da Messina, Roger Van der Weyden...*** Dans la salle 7, voir *Le Jeune Gentilhomme dans un paysage* de ***Vittore Carpaccio*** (XVIe s), l'un des joyaux du musée qui introduit le portrait en pied dans la peinture occidentale (XVIe s). Salle 8, la peinture allemande dont le curieux *Jésus parmi les docteurs* de ***Dürer*** (tous avec une tronche patibulaire, sauf Jésus). Dürer réalisa ce tableau à Venise et réussit à fondre habilement la Renaissance nordique avec l'italienne (noter sa signature sur le papier dépassant du livre). Salle 9, la *Nymphe qui se repose* de ***Lucas Cranach le Vieux,*** mais aussi sa *Vierge à l'Enfant avec une grappe de raisin,* et le curieux visage de l'enfant. Salle 10, un impressionnant *Massacre des innocents,* transposé dans un village du XVIe s, de ***Lucas Van Valckenborch.*** Salle 11, ***le Tintoret, Titien, Bassano, El Greco*** dont on déguste une ravissante *Annonciation* de sa période vénitienne (on y sent nettement la triple influence de Véronèse, de Titien et du Tintoret, qu'il admirait beaucoup)... La salle 12 est une transition habile vers la peinture baroque, avec *Sainte Catherine d'Alexandrie* du ***Caravage.*** On y retrouve les symboles de son martyre : la roue avec les couteaux et l'épée qui la décapita. Les salles suivantes (13 à 21) conduisent en douceur vers les différents courants de la peinture du XVIIIe s, laissant derrière eux la Renaissance. Éblouissement garanti par la lumière du ***Lorrain*** dans la *Fuite en Égypte* (salle 13). Et le non moins lumineux *Christ sur la croix* de ***Zurbarán,*** qui excelle dans ce domaine (salle 14). Puis les merveilleux ***Canaletto, Guardi, Bellotto*** (salle 17). Surtout, *Canaletto,* notre chouchou et celui de la reine d'Angleterre (la preuve, elle en a chez elle !), notamment sa superbe *Place Saint-Marc* à Venise. Adorable *Christ dans la tempête sur le lac*

de Tibériade de **Bruegel le Vieux,** chromatisme de bleus génial (salle 19). Salle 19 toujours, impressionnant *Saint Michel chassant Lucifer* de **Rubens** et également sa terriblement sensuelle Vénus, dans son *Vénus et Cupidon.* Bel autoportrait de **Rembrandt** à l'expression inquiète et au regard empreint de gravité (salle 21). Ensuite, ***2 possibilités s'offrent à vous.*** Poursuivre la visite par la collection de Carmen Thyssen-Bornemisza (salles « numérotées » de A à P) ou rejoindre le 1er étage pour continuer avec l'ancienne collection, puis grimper à nouveau au 2e étage, pour poursuivre avec la collection de Madame. La 1re solution vous économisera quelques pas, la 2de nous paraît présenter plus de cohérence par rapport à l'histoire et à l'évolution de la peinture. À vous de voir. Mais attention, gardez la visite du rez-de-chaussée pour la fin, car ensuite, on ne peut pas remonter.

Pour ceux qui opteraient pour la 1re solution : la collection de Carmen Thyssen-Bornemisza, très éclectique, offre une sorte de condensé de celle de son mari. En guise de mise en bouche, on peut déguster, dans les salles A à C, le *Jugement de Salomon* de **Lucas Giordano** (géniale construction pyramidale culminant avec l'enfant tout en haut et les visages dans le style de Ribera dont l'artiste était un fan !), puis de beaux paysages hollandais du XVIIe s : l'idyllique *Jardin d'Éden* de **Bruegel le Vieux,** les *Patineurs* de **Ruysdael** ou encore les plus inattendues scènes brésiliennes de **Post.** Quelques vues de Venise également, par **Canaletto** notamment. Suit le XVIIIe s français (salle D, avec un superbe travail sur la lumière dans *Nuit, scène de la côte méditerranéenne* de **Vernet**), puis les peintres américains du XIXe s et leurs fabuleux paysages, symbolisés par les *Chutes de saint Antoine* d'**Albert Bierstadt** (salles E et F). Salles G-H-K, on reste très nature, version ***impressionniste,*** avec **Jongkind, Boudin,** la *Source* de **Corot, Monet, Pissarro** (le *Champ de choux*), **Courbet...** Également un **Van Gogh,** très sombre (*Moulin de Gennep*). Au niveau inférieur, après un nouveau coup d'œil aux peintres américains (salle J), suite des impressionnistes (Monet toujours, avec le *Pont de Charing Cross*), postimpressionnistes et l'école de Pont-Aven. Les codes se bousculent ensuite avec un panorama de la 1re moitié du XXe s, salle N (intéressant *Ludwig Kirch in Munich* de **Kandinsky**). Puis, salle O, les ***Fauves*** : **de Vlaminck, Dufy, Braque** (*Marine, L'Estaque,* ce village qui marqua son tournant vers le cubisme !). Salle P, découverte des 1res avant-gardes : les ***expressionnistes*** **(Kokoschka, Kirchner),** les ***cubistes*** ou apparentés (**Picasso** évidemment, **Fernand Léger, Juan Gris, Kupka, Robert Delaunay**), **Georgia O'Keeffe,** qui nous balade dans les rues de New York, **Egon Schiele...**

Avec le ***1er étage de l'ancienne collection,*** on poursuit le voyage depuis la peinture hollandaise du XVIIe s (avec les salles numérotées, suite logique du 2e étage donc). De la 22 à la 26, scènes de la vie quotidienne, paysages, scènes d'intérieur aux Pays-Bas. À commencer, salle 22, par **Frans Hals,** considéré comme le génie du portrait au XVIe s. Sa *Famille devant un paysage,* à la touche souple et libre, aux corps déliés, montre, entre autres, les 2 principes régissant la famille : la fidélité, symbolisée par les 2 mains qui s'étreignent, et le chien, symbole de la loyauté. De **David Theniers II,** pittoresque *Fête de village.* Puis, au fil des salles (23 à 26), *Voyageur à la porte d'une taverne* de **Van Ostade** (salle 23), beau paysage hivernal de **Jan Goyen** (salle 24), **Cuyp** (salle 25), *Vue de Naarden* de **Van Ruisdael** salle 26 (le plus grand peintre de paysages de l'époque). Noter, également salle 26, la précision des détails, la touche minutieuse de **Van de Velde** pour sa *Flotte hollandaise...*

Salle 27, belles natures mortes, dont celle au *Vase chinois* de **Willem Kalf.** Remarquable distribution de la lumière pour faire sortir les objets de l'ombre tout en douceur ; ne pas manquer non plus ses autres œuvres, remarquables de détails. Salle 28, la peinture anglaise et française du XVIIIe s, avec le séduisant *Sara Buxton* de **Gainsborough** et le *Pierrot allègre* de **Watteau,** plus **Fragonard, Nattier, sir Thomas Lawrence...** Salles 29-30, on entre dans le XIXe s avec la peinture américaine : **Copley, Peale, Cole, Head, Church...** Remarquable *Duchesse de Sutherland* de **John Singer Sargent.** Salles 31 à 33, romantisme, naturalisme, impressionnisme et postimpressionnisme européen : *Matin de Pâques* de **Caspar**

David Friedrich, pape du romantisme allemand, puis ***Whistler*** et un (obligatoirement beau) *Vessenots à Auvers* de ***Van Gogh.*** C'est l'une de ses dernières toiles qui exprime bien ses sentiments contradictoires : sensation de liberté devant une nature si belle, si séduisante, en même temps qu'une profonde mélancolie et un sentiment de solitude... le suicide n'est guère loin ! Puis la *Rue Saint-Honoré* de ***Pissarro,*** *Chez le chapelier* et la *Ballerine verte* de ***Degas,*** où l'on admire sa technique du pastel, appliquée avec une virtuosité confondante. Et aussi ***Renoir*** et la *Femme à l'ombrelle dans un jardin*, ou encore ***Monet*** avec *La Débâcle à Vétheuil,* toutes 2 très champêtres...
Les salles suivantes (34 à 38) vont permettre d'appréhender plus particulièrement l'***évolution de la peinture allemande au XXe s.*** Noter l'influence du fauvisme chez les 1ers expressionnistes allemands, comme en témoignent les œuvres de ***Kirchner*** (membre du groupe *Die Brucke*). Notamment, la *Femme en rouge* et *Fränzi devant une chaise sculptée,* salle 36, usage arbitraire de la couleur, simplification formelle, tout comme chez ***Franz Marc*** dans *Le Rêve.* Mais aussi celles d'***Émile Nolde,*** *Soir d'automne,* puis ***Munch, James Ensor*** *(Théâtre de masques),* ***Matisse, Van Dongen.*** Émotion devant le *Cirque,* l'une des dernières œuvres d'***Auguste Macke,*** tué en 1914, l'un des 1ers morts allemands de la bataille de la Marne. Nette influence du cubisme et du futurisme dans le *Métropolis* de ***Georges Grosz*** (salle 39), qui introduit le réalisme d'entre-deux-guerres. Ici, l'artiste, traumatisé par sa Première Guerre mondiale, donne à cette toile fascinante un aspect apocalyptique témoignant de l'aliénation de l'homme et de ses tendances à l'autodestruction... Dans *The Battery* de ***Réginald Marsh,*** grande vivacité du trait, le vent semble comme pousser le coup de pinceau...Salle 40, magistral *Hotel Room* d'***Edward Hopper*** sur la solitude.
Enfin, ***le rez-de-chaussée***, consacré aux grandes tendances du XXe s, aussi bien en Europe avec le surréalisme ou le cubisme qu'aux États-Unis avec le pop art. Salle 41 à 43, cubisme et les pionniers de l'abstraction. Salle 41, constater la rivalité ***Braque-Picasso*** des années 1910-1911... Peu de différences dans les styles, suivre le match opposant la *Femme à la mandoline* de Georges à *L'Homme à la clarinette* de Pablo ! Salles 42-43, ***Kupka, Picabia, Kandinsky*** *(Peinture avec trois taches)* et l'avant-garde russe : ***Goncharova, Rozanova, Popova...***
Puis, salles 44 à 48, dadaïsme et surréalisme prédominent, et nous conduisent vers le néodadaïsme et le pop art. En vrac, ***Klee, Marx Ernst, Picasso*** et son *Arlequin au miroir,* ***Chagall...*** De ***Dalí*** (salle 45), une œuvre majeure et un titre « daliesque » : *Rêve causé par le vol d'une abeille autour d'une grenade une seconde avant l'éveil.* Ici, il propose ses propres représentations des rêves, se servant des théories de Freud pour démontrer la richesse de la signification des images... Puis ***Delvaux, Tanguy*** et les plus grands Américains contemporains : ***Pollock, Willem de Kooning, Rothko, Frank Stella.*** Autoportrait de ***Lucian Freud,*** tiens, moins trash que ses modèles ! ***Bacon,*** qui peignit, d'une façon prémonitoire, l'un de ses derniers amants 2 ans avant qu'il ne se suicide ; ou ***Rauschenberg,*** et puis la célèbre *Femme au bain* de ***Lichtenstein*** (salle 48). C'est le « bain de Vénus » si souvent peint au cours de l'histoire de l'art, façon B.D., par l'un des fondateurs du mouvement pop art !
Bref, une collection diversifiée et très, très complète. Reste cependant une question en suspens : combien de canons faut-il fabriquer pour se payer une telle collection ?

♜♜♜ ***Museo naval*** *(plan détachable E4)* **:** *paseo del Prado, 5. Accès temporaire durant les travaux : c/ Montalbán, 2.* ☎ *91-523-85-16.* • *armada.mde.es/museo naval* • Ⓜ *Banco de España.* ♿ *Mar-dim 10h-19h (15h en août) ; fermé lun, 1er et 6 janv, Vendredi saint, 1er mai, 16 juil, et 24, 25 et 31 déc. Visites guidées thématiques le w-e à 11h30 (en espagnol). Don de 3 € pour la maintenance du musée. Attention, il faut* ***présenter son passeport ou sa carte d'identité*** *à l'entrée : ne l'oubliez pas !* ***Fermé pour travaux jusqu'à nouvel ordre.*** Le Musée naval de Madrid est à la mer et à l'histoire maritime ce que le Prado est à la peinture : une merveille à ne pas rater. Voilà un des plus beaux musées maritimes au monde ! La grandeur de l'Espagne du Siècle d'or (XVIe s) reposa avant tout sur sa puissance navale, l'audace et la compétence de ses marins. On attend avec impatience sa réouverture, avec une muséographie modernisée !

Museo de la Biblioteca nacional de España *(musée de la Bibliothèque nationale ; plan détachable E-F3)* **:** *paseo de Recoletos, 20-22. ☎ 91-516-89-67. • bne.es • Ⓜ Colón ou Serrano. Au rdc de la bibliothèque. Mar-sam 10h-20h, dim 10h-14h. Fermé lun. GRATUIT. Fermé pour Covid-19.* Véritable musée du livre et de l'écriture dans une muséologie moderne attractive. 8 grandes salles où l'on n'a pas le temps de s'ennuyer. Parcours dans une douce lumière bleutée pour découvrir les dictionnaires des écritures les plus anciennes (cunéiforme, hiéroglyphes, calendrier maya, etc.). Expo d'objets liés à l'écriture et différents types de formes de livres. Histoire du papier et des incunables. Des « pièces » exceptionnelles : une *Vie du Christ* de 1513, une lettre de sainte Thérèse (fondatrice des carmels ; 1604), des ouvrages de religieuses du XVIIe s rédigés à la main, du matériel de copistes médiévaux. Un manuscrit particulièrement rare : le *codice de Metz* (814-820) illustré d'animaux fantastiques, livres enluminés... 1re traduction en espagnol des écrits en hébreu du savant *Maimonide* (XIIe s). Magnifique livre d'heures de Carlos V. Très intéressante section sur la généralisation du savoir (XVIe-XIXe s). 1ers caractères d'imprimerie en gothique. Émouvant : les manuscrits originaux des plus grands poètes : Federico García Lorca, Neruda... Instruments de mathématiques du roi Carlos II. Pittoresque collection de globes célestes et de vénérables phonographes (dont un curieux *hérophon* illustré de musiciens célèbres). Petite section sur la gravure, la reliure, la presse écrite. Captivante maquette faite de microprocesseurs figurant une ville et posant une tout aussi intéressante question : « Est-ce la fin de l'écriture ? »...

MADRID

CaixaForum *(zoom Las Letras E5)* **:** *paseo del Prado, 36. ☎ 91-330-73-00. • obrasociallacaixa.org • Ⓜ Estación del Arte. Légèrement en retrait du paseo, à mi-chemin entre le museo del Prado et le Reina Sofía. Tlj 10h-20h. Fermé 1er et 6 janv, et 25 déc. Entrée : 6 € ; gratuit moins de 16 ans. Audioguide : 2 €.* Un centre culturel qui offre de nombreuses expositions d'art contemporain, conférences, etc. Le bâtiment étonne : une ancienne centrale électrique du XIXe s, toute de brique rouge, qui a été carrément surélevée et posée sur des piliers habillés de revêtements métalliques à la *Star Trek,* et coiffée en son sommet de panneaux d'acier oxydé, délicatement ajourés tels des moucharabiehs pour certains. Une œuvre résolument contemporaine et indéniablement réussie, que l'on doit au fameux cabinet suisse *Herzog & de Meuron.* Sur l'esplanade qui la précède, un superbe mur végétalisé (le 1er en Espagne), réalisé par le botaniste français Patrick Blanc, dont l'œuvre la plus connue des Français est le mur végétal du Musée du quai Branly – Jacques Chirac, à Paris ! À l'intérieur, 3 étages pour accueillir les expositions et une cafétéria plutôt agréable au dernier niveau, le tout desservi par un escalier rectangulaire moderne tout en arrondis et à l'axe légèrement décalé : effet visuel garanti. Librairie très fournie.

LE MADRID DE LOS AUSTRIAS

Plan détachable B-C4-5 et zoom centre ; Ⓜ Sol ou Ópera

Difficile au cours d'un séjour madrilène de ne pas boire un verre sur une des terrasses de la *plaza Mayor,* un des cœurs historiques du Madrid communément appelé *Madrid de Los Austrias* (le *Madrid autrichien,* en fait *Madrid des Habsbourgs*), qui donne lieu à de riches balades émaillées de nombreuses découvertes architecturales.

Au sud de la place, le charmant et non moins dynamique quartier de ***La Latina.*** Ruelles étroites, qui montent et descendent au gré des petits vallons urbains, escaliers menant à des places cachées, maisons rouges et ocre, urbanisme de ville de province plus que de capitale : on pense parfois à certains quartiers de Rome. La Latina mérite bien son nom. Pourtant, c'est un secteur qui s'est développé du temps des Habsbourgs aux XVIe et XVIIe s, quand Charles Quint et ses alliés régnaient sur le pays. La Latina est aujourd'hui l'un des cœurs battants de la nuit madrilène, au même titre que les quartiers de Chueca, de Malasaña et de Las Letras. De populaire doucement branché, il est devenu carrément l'un des coins les plus en vue. Autour de la calle Cava Baja et des places et ruelles tortueuses adjacentes *(zoom centre C5)* ont essaimé une foule de bars à tapas et de restos où l'on se presse le soir, des terrasses animées aux beaux jours, et le dimanche, jour du marché, même les étudiants sont de la partie. Un quartier très agréable où les promeneurs sont plus à l'aise que les automobilistes.

Où manger des tapas ?

Du côté de la plaza Mayor

Tôt ou tard

|●| *Mercado de San Miguel* *(zoom centre C4, **130**)* **:** *pl. de San Miguel.* ☎ *91-542-49-36.* • *info@mercadodesanmiguel.es* • Ⓜ *Sol. Tlj 12h-22h (23h ven-sam ; minuit en été).* À deux pas de la plaza Mayor, cette magnifique halle en fer de 1916 rénovée à grands frais, abrite un agréable *gastro-mercado* moderne, très pratique en cas de fringale. On y trouve fruits et légumes, fromages, charcuterie, viande, poisson, pâtisseries, vin, etc., sous toutes leurs formes, à déguster sur place, debout ou perché sur des chaises hautes au comptoir des commerçants. Et même un bar à huîtres ! Prix assez élevés. Aussi animé à midi qu'en soirée, et bien mieux que les restos à touristes de la plaza Mayor !

|●| *La Campana* *(zoom centre C4, **129**)* **:** *c/ de Botoneras, 6.* ☎ *91-364-29-84.* Ⓜ *Sol. Tlj 9h-23h (1h le w-e).* Bocadillo *de calamar 3 €,* ración *dès 6 €.* LE temple du *bocadillo* de calamar, casse-croûte préféré des Madrilènes, à toute heure. L'endroit ne paie vraiment pas de mine, mais ça débite, et la file d'attente serpente finalement plutôt vite. Quelques tables aussi (et quelques autres produits dispos, plutôt côté mer), mais nous, on préfère emporter le *bocadillo* bien dodu et s'en mettre plein les doigts !

|●| ☂ *The Hat Roof Top* *(zoom centre C4, **81**)* **:** *c/ Imperial, 9.* ☎ *91-772-85-72.* • *info@thehatmadrid.com* • Ⓜ *Sol ou Tirso de Molina. Au dernier étage (ascenseur). Tlj 17h (13h dim)-1h.* Tablas *8-15 €.* Perché au sommet de cette AJ nouvelle vague, donc vraiment à deux pas de la plaza Mayor, un très agréable *rooftop* où se partager des *tablas* de charcuterie ou de fromage, assis sur de petits tabourets. Quelques tables abritées sous une grande véranda pour les jours plus frais ou pluvieux. Vue extra ! Mais comme les *rooftops* sont rares à Madrid, l'endroit est couru, et le videur, en bas de l'ascenseur, ne s'en laisse pas conter... Prendre son mal en patience...

|●| ☂ *Museo del Jamón* *(zoom centre C4, **131**)* **:** *pl. Mayor, 7.* ☎ *91-531-23-67.* • *museodeljamon@museodeljamon.es* • Ⓜ *Ópera ou Sol. Tlj 8h-0h30. Petits menus 9-13 €.* Un peu plus cher que les autres établissements de la chaîne, surtout en terrasse ! Mais peut dépanner au comptoir.

|●| ☂ *La Torre del Oro* *(zoom centre C4, **133**)* **:** *pl. Mayor, 26, c/ del Arco de Triunfo.* ☎ *91-366-50-16.* Ⓜ *Ópera ou Sol. Tlj.* Bocadillos *6-10 €,* raciones *et plats 8-26 € (2-3 € plus cher en terrasse).* Pour les amateurs de déco tauromachique : photos de *matadores* célèbres, vidéos de corridas en continu, énormes têtes de taureaux empaillées. Bar proposant des tapas (chères) et des produits de la mer très frais, mais à la qualité parfois discutable. Grande terrasse l'été, éminemment touristique et bourrée de monde les soirs d'après-corrida. On paie clairement l'emplacement.

Bodegas Ricla *(zoom centre C4, **184**) : c/ de Cuchilleros, 6. ☎ 91-365-20-69. Ⓜ Ópera ou La Latina. Tlj sauf dim soir et mar, 13h-16h, 19h30-minuit. Tapas 3,50-4 €.* Toute petite *bodega* bien dans son jus, malgré la proximité de la plaza Mayor. Uniquement un comptoir contre lequel les habitués se pressent pour se réjouir d'une *tapa de bacalao* (l'une des spécialités) ou d'un *bocadillo de calamares.*

MADRID

Du côté de La Latina

La Latina est, par excellence, le quartier des bars à tapas. Comme on dit à Madrid, c'est le quartier pour « *ir de tapeo* ». Il suffit d'arpenter la ***calle Cava Baja,*** incontournable pour saisir cette ambiance unique, où s'alignent en enfilade les bars à tapas de qualité, pour s'en convaincre ! Le week-end, à partir de 21h, l'animation bat son plein. Le dimanche après-midi et même le dimanche soir, il y a foule également. Normal, c'est le jour du marché !

Casa Lucas *(zoom centre C5, **127**) : c/ de la Cava Baja, 30. ☎ 91-365-08-04. • info@casalucas.es • Ⓜ La Latina. Tlj sauf mer midi 13h-15h30, 20h-minuit (ven-sam 13h-16h, 20h-1h). Fermé 24, 25 déc et 31 déc-1er janv. Pintxos 6-10 €, raciones 12-21 €.* Une cuisine de bistrot recherchée et goûteuse, servie en toute simplicité et avec le sourire par le papa du chef dans un cadre de bois clair : 5 tables, un bar et basta ! Carte assez courte mais parfaitement maîtrisée, et toujours quelques propositions de la semaine. Parmi les spécialités, essayer le foie gras mi-cuit aux fruits caramélisés ou les délicieux cannellonis noirs aux fruits de mer... Le tout mis en valeur par une présentation soignée et une carte des vins très étudiée. On comprend pourquoi l'endroit est si prisé... D'ailleurs, la cuisine a un furieux goût de revenez-y : on voudrait goûter à tout !

Juanalaloca *(zoom centre C5, **138**) : pl. Puerta de Moros, 4. ☎ 91-364-05-25. • restaurantejuanalaloca@hotmail.com • Ⓜ La Latina. Tlj sauf lun 12h-1h. Congés : 2e sem d'août. Raciones 7-15 € ; petit menu le midi en sem 14,50 €.* Cadre moderne (carrelages métro, lumière tamisée) pour cet excellent bar à tapas. On recommande leur menu du midi, inventif et d'un rapport qualité-prix convaincant ; à dévorer sur les quelques tables de bistrot en marbre. Derrière le comptoir, bel étal de tapas bien frais et toujours aussi créatif. Vaste choix de bons vins espagnols servis au verre.

Posada del Dragon – Bar Dragónate *(zoom centre C5, **136**) : c/ de la Cava Baja, 14. ☎ 91-119-14-24. • info@posadadeldragon.com • Ⓜ La Latina. Tlj midi et soir. Pintxos 3-4 €, raciones 8-15 €.* Au rez-de-chaussée d'un hôtel, voici un bar à tapas servant des petits délices créatifs et d'une qualité indéniable. Sur le beau comptoir de granit et de marbre s'étalent *empanadas* variées, tartines, croquettes et *ceviche...* Tout est frais, à base de produits du marché. Vins au verre et bières artisanales. Plus cher du côté des salles carrelées de blanc, ventilées et modernes, ainsi que sur la terrasse-patio intérieure : mieux vaut se contenter des tapas du bar.

La Cabra en el Tejado *(plan détachable C5, **137**) : c/ de Santa Ana, 31. Presque à l'angle de la c/ Toledo. ☎ 91-142-46-43. • lacabraeneltejadobar@gmail.com • Ⓜ La Latina. Tlj à partir de 18h (11h30 dim)-2h (sam 13h30-2h30. Quiches, crêpes, croquettes et tostas 4-5 €, menu midi 11 € (sauf juil-août).* Entre le bar à tapas et le bar tout court, un bar de quartier dans son jus, investi par une équipe dynamique. Miniquiches, minicrêpes et croquettes font office de tapas, pour accompagner un joli choix de vins. Très fréquenté par les 25-35 ans, aussi bien entre copines autour d'un gâteau au chocolat dans l'après-midi que par des bandes assoiffées. De quoi faire vraiment monter la chèvre sur le toit *(i la cabra en el tejado !)...*

Delic *(zoom centre C5, **135**) : c/ Costanilla de San Andrés, 14 (pl. de la Paja). ☎ 91-364-54-50.*

• bazardelic@gmail.com • Ⓜ La Latina. Tlj sauf lun 11h-2h (2h30 ven-sam). Grignotage 5-10 €, menu du jour 12,50 €. Un endroit agréable pour un en-cas sucré ou salé (un en-cas, on a dit : les gros appétits resteront sur leur faim). Difficile de ne pas trouver saveur à son goût : salades originales, *empanadas,* houmous, mais surtout des gâteaux, tartes et muffins alléchants. Un éclairage chaleureux, de vieilles pubs *Banania* et des photos en noir et blanc. Musique cool. Jusqu'à 22h30, vous avez une chance de trouver une table, après... tables en terrasse sur la plaza de la Paja, toutes aussi disputées !

Plutôt le soir

El Viajero *(zoom centre C5,* ***126****) : pl. de la Cebada, 11 (en face du marché). ☎ 91-366-90-64. • elviajero@elviajeromadrid.com • Ⓜ La Latina. Mer-dim 12h-2h. Tapas et raciones 4-12 €, repas 18-20 €.* Un des repaires du quartier, avec ses murs de brique ou de béton brut, son mobilier de brocante, ses différents espaces pour satisfaire toutes les envies. La grande terrasse, sous les parasols face au marché. Le rez-de-chaussée, l'œil sur la cuisine ouverte, perché sur des tabourets autour de longues tablées rugissantes. L'étage, plus intime, avec ses canapés de cuir. Et enfin, aux beaux jours, le toit-terrasse jardin. Pour mettre tout le monde d'accord, un mojito réputé, et un large choix de tapas et *raciones* travaillés, des classiques poulpe ou *croquetas,* au plus exotique houmous et ses chips d'aubergine, en passant par le miniburger au brie et à la confiture d'oignons. Difficile de ne pas trouver son compte !

Lamiak *(zoom centre C5,* ***140****) : c/ de la Cava Baja, 42. ☎ 91-365-52-12. Ⓜ La Latina. Tlj 12h-minuit. Pintxo env 3 €, raciones 7-15 €.* Un cadre joyeux, entre des murs jaune paille. Une ambiance décontractée, bercée de musique électro-jazzy. Pas d'autre alternative que de rester debout, son verre à la main, tellement l'endroit est bondé en soirée (et le dimanche, à l'heure du marché). Quelques guéridons et des tables en sous-sol. Chaleureux, vraiment bon et pas cher. Autre adresse tout aussi chouette à Lavapiés (voir plus loin).

Taberna Almendro 13 *(zoom centre C5,* ***139****) : c/ del Almendro, 13. ☎ 91-365-42-52. Ⓜ La Latina. Tlj 13h-16h, 19h30-minuit (w-e et j. fériés 13h-17h et 20h-1h). Env 15 €.* Dans ce bar andalou immuable aux mignonnes petites fresques, les patrons ne plaisantent pas sur le choix de leurs charcuteries et vins de Xérès, qu'ils vont chercher chez de petits producteurs. Leur spécialité, les *roscas,* sorte de gros sandwichs ronds de pain baguette toasté, fourré de charcut', de viande, de fromage. À partager, et à arroser, par exemple, d'une *manzanilla,* un xérès doux. Une excellente adresse à prix justes.

Vers la gare de Príncipe Pío

Casa Mingo *(plan détachable A3,* ***232****) : paseo de la Florida, 34. ☎ 91-547-79-18. • sidrasmingo@yahoo.es • Les bus n°s 46 (départ à l'angle d'Alcalá et Gran Vía) et 75 (départ Callao) s'arrêtent à 50 m, le bus n° 41 part d'Atocha. Ⓜ Príncipe Pío ; puis 300 m à pied. Tlj en continu 11h-minuit. Raciones 7-12 €.* À côté de l'ermitage décoré de fresques de Goya. C'est le dernier grand *chigre* (« bar à cidre » en *bable,* dialecte des Asturies) et le plus ancien de Madrid (1888), entre les pierres massives d'un ancien dépôt ferroviaire sous la voie de chemin de fer. À l'intérieur, les milliers de bouteilles alignées au-dessus du comptoir et les grandes barriques composent un décor figé depuis des lustres. L'été, c'est bourré, et on sort les tables. Choix restreint ; on vous conseille la spécialité de tripes *(callos)* à la madrilène (avec chorizo, lard et boudin), le poulet rôti (*pollo asado* – les habitants du quartier viennent le chercher à emporter*)*, le chorizo au cidre... Garder une place pour l'un des plus fameux fromages d'Espagne : le *cabrales* (genre de roquefort servi en tranches généreuses), que l'on écrase en le mélangeant à un peu de cidre, lequel est servi doux ou naturel en boutanches de 75 cl (l'usine de production est juste à côté).

Où manger (assis) ?

Du côté de la plaza Mayor

Prix moyens (15-25 €)

🍴 ***El Cucurucho del Mar*** *(zoom centre C4,* ***201****) : c/ del Postigo de San Martín, 6. ☎ 91-524-08-41. • cpachecogc@msn.com • Ⓜ Callao. Tlj sauf lun soir. Menus tlj midi et en sem le soir env 13 € (vin compris), ou le w-e le soir 15-17 €, carte 20-35 €. Digestif offert sur présentation de ce guide.* Décor de coquillages et d'étoiles de mer incrustés sur fond crème réussi. Parce que dans ce resto galicien, le poisson et les fruits de mer règnent en maîtres, de la soupe en passant par la ventrèche jusqu'à l'arrivage de la pêche du jour. Frais, goûteux et cuissons parfaites, un trio gagnant. Excellente *mariscada* pour 2. Attention, le menu du jour, lui, est plus basique, mais reconstituant. Quelques tables en terrasse.

🍴 ***Mirador del Arco de Cuchilleros*** *(zoom centre C4,* ***197****) : c/ Cava de San Miguel, 8. ☎ 91-364-57-93. • miradordelarcodecuchilleros • Ⓜ Ópera ou Sol. Lun-jeu 19h-minuit, ven-dim 13h-minuit (19h dim). Tapas et raciones 5-18 €.* À 2 pas du marché San Miguel et de la plaza Mayor, une institution du quartier (1890) : le dimanche, on y croise les familles madrilènes dans un décor chaleureux, quasi inchangé, avec ses grandes planches de marbre brut accrochées aux murs. Terrasse sur la rue. Dans l'assiette, tout est fait maison, c'est simple, bon et copieux. Bon rapport qualité-prix. Service efficace et sans chichis.

🍴 ***La Taberna del Alabardero*** *(zoom centre C4,* ***195****) : c/ Felipe V, 6. ☎ 91-547-25-77. • alabarderomadrid@grupolezama.es • Ⓜ Ópera. Tlj 11h30-1h. Résa le soir. Tapas 2,50-5,50 €, raciones 12-18 €. Côté restaurant on passe à la catégorie supérieure, env 50 €.* Un vrai restaurant madrilène, chic mais typique, où le roi aurait l'habitude de venir déguster son omelette après le théâtre ! Superbe terrasse, avec vue sur le Palais royal, pour laquelle on opte, si le temps le permet. Ou encore à l'intérieur, assis dans la 1re salle, où l'on sert tapas et *raciones,* avec son antique bar en bois sculpté, ses banquettes rouges, ses photos souvenirs aux murs. Une bonne occasion de *tapear* dans un lieu « hautement » fréquenté, sans se ruiner. Sinon, si vous êtes en fonds, côté restaurant cela se passe dans la salle du... fond, plus chic (tables nappées) et aussi beaucoup plus cher. Bonne ambiance et service pro.

Très chic (plus de 40 €)

🍴 ***Casa Botín*** (zoom centre C4, **202**) *: c/ de Cuchilleros, 17. ☎ 91-366-42-17. • gesbotin@botin.es • Ⓜ Tirso de Molina. Tlj 13h-16h, 20h-minuit. Résa le soir. Menu min 46,50 € le soir.* Maison datant de 1725, ce qui en fait l'un des plus vieux restaurants du monde, selon le *Guinness des records.* Pour la petite histoire, c'est un cuisinier français, M. Jean Botin, qui l'a ouvert. Demander à voir le four et la préparation de l'agneau de lait (la spécialité) et du cochon. Plusieurs salles à manger à la déco soignée. Bien sûr, c'est l'un des restos les plus touristiques de Madrid, et quand vient l'addition, c'est le coup de bambou... Une astuce : se rabattre sur le ½ poulet rôti, accompagné de pommes de terre au four, le plat le moins cher de la carte !

Du côté de La Latina

Bon marché (moins de 15 €)

🍴 ☂ ***Viva Burger*** *(zoom centre C5,* ***135****) : c/ Costanilla de San Andrés, 16 (pl. de la Paja). ☎ 91-366-33-49. • reservas@vivaburger.es • Ⓜ La Latina. Tlj 11h-minuit (2h ven-sam ; en hiver fermé lun-jeu midi). Menu midi 12,50 €, carte env 15 €.* Belle terrasse sur l'adorable et prisée plaza de la Paja, ou grande salle boisée et chaleureuse : déjà 2 beaux atouts pour ce resto végétarien. Mais ce qui attire la foule (carrément !), ce sont les burgers végé bien frais proposés en formule au déjeuner (boisson et dessert compris). Un sans-faute.

La Buha *(zoom centre C5,* ***154****) : pl. de la Cebada, 10. ☎ 91-366-11-60. Ⓜ La Latina. Tlj 12h-2h. Plats 9-15 €, tortillas 12,50 €.* En face du *Mercado de la Cebada,* les habitués viennent ici avant tout pour manger la tortilla, une des meilleure de la ville. Grande terrasse sur le large trottoir pour déguster des tortillas à tous les ingrédients possibles (fromages, jambons, légumes, viandes, poissons, champignons et truffes...). En tout, une petite vingtaine de variété. Attention, à partager à plusieurs (il y en pour 4 au moins), elles sont énormes !

De prix moyens à chic (15-35 €)

Naia *(zoom centre C5,* ***234****) : pl. de la Paja, 3. ☎ 91-366-27-83. • info@naiabistro.com • Ⓜ La Latina. Tlj 12h30-16h30, 19h30-23h. Menu midi en sem 12,50 €, raciones 8,50-18 €. Apéritif maison, digestif ou café offert sur présentation de ce guide.* Encore une bonne adresse sur cette adorable plaza de la Paja, où la carte assez courte joue le jeu des produits traditionnels revus et corrigés de manière raffinée. À partager en guise de tapas sur la terrasse (prise d'assaut, comme toujours), ou en s'attablant pour un vrai repas dans les agréables salles très contemporaines et plutôt classes, qui se prêtent bien à un tête-à-tête intime. Une belle halte.

Astor *(zoom centre C5,* ***199****) : c/ del Almendro, 9. ☎ 91-039-80-00. • restaurant@astor.es • Ⓜ La Latina. Ouv mer-dim 13h-16h, 20h30-minuit. Fermé lun-mar. Résa conseillée. Repas 25-30 €.* Un tout petit resto avec son bar à l'entrée, seulement 8 tables dans sa petite salle en longueur jusqu'à la cuisine ouverte. Ambiance tamisée et playlist goûteuse en fond sonore. Le jeune couple, lui Argentin et elle de Valladolid, unis dans la création de ce restaurant tout comme dans la vie, a installé au piano un chef italo-péruvien de talent. Une belle réussite, la carte est créative et les mets associent le meilleur de chaque pays dont ils sont originaires. On se régale dès l'amuse-bouche. Gardez une place pour le dessert, on se souvient encore du cheesecake ! Accueil charmant pour ne rien gâcher.

Très chic (plus de 40 €)

El Landó *(plan détachable B5,* ***205****) : pl. de Gabriel Miró, 8. ☎ 91-366-76-81 ou 91-365-82-53. • info@casalucio.es • Ⓜ La Latina. Tlj sauf dim soir et lun 13h-16h, 20h30-minuit. Fermé en août. Carte 45-60 €.* Au sous-sol, dans un décor de superbes boiseries, une salle climatisée et une carte typiquement castillane. Voici le resto le plus fréquenté par la jet-set et le monde du spectacle. Il suffit de jeter un coup d'œil aux photos, à l'entrée : Tom Cruise, Will Smith, les Rolling Stones, Randy Cooper (dernier people en date) et aussi... Juan Carlos, en personne ! Cuisine traditionnelle de haute volée. Spécialité : *patatas con huevos* (pommes de terre aux œufs). Est-il nécessaire de préciser que la réservation est ultra-conseillée ?

Où prendre le petit déj ?
Où savourer des douceurs ?

Chocolate con churros : les amateurs (nombreux ! et nous en sommes...) de cette onctueuse préparation dans laquelle on trempe sans vergogne de croustillants et fondants *churros,* apprendront qu'à Madrid le *chocolate con churros* est généralement servi jusque vers 11h-12h, puis en fin d'après-midi, vers 17h-18h. Direction, sans hésitation (adieu, régime !) à la **Chocolatería San Ginés** *(zoom centre C4,* ***272*** *; pasadizo de San Ginés, 5 ; voir plus loin « Faims de nuit »)* ou à la **Chocolatería Valor** *(zoom centre C4,* ***273*** *; c/ del Postigo San Martín, 7 ; ☎ 91-522-92-88, • serrabar@serrabar.es • ; tlj 8h – 8h30 w-e-22h30 – 23h sam-dim ; sur présentation de ce guide, 1 ration de churros offerte pour la commande*

MADRID

de 4 chocolats chauds). CB refusées. Chocolate con churros 4,80 €. Dispose d'une terrasse et d'une salle proprette.

Mistura *(zoom centre C4,* ***281****) : c/ Ciudad Rodrigo, 6. ● shop@misturaicecream.com ● Ⓜ Sol ou Ópera. Tlj 10h-23h (minuit ven-sam). Formules petit déj 3,50-5,50 € (jusqu'à 13h), glace min 2,95 €.* À l'entrée de la plaza Mayor, les onctueuses et savoureuses glaces artisanales *Mistura* (voir plus loin « Quartier de Chueca. Où prendre le petit déj ? Où savourer des douceurs ?... »). Également un bon choix de mueslis, salades de fruits, etc., pour des petits déj qui calent. Salle en sous-sol étonnante, ou à emporter.

Où boire un verre à l'heure du thé ?

Café de Oriente *(zoom centre C4,* ***271****) : pl. de Oriente, 2. ☎ 91-541-39-74 (cafétéria) ou 91-547-15-64 (resto). ● cafeoriente@grupolezama.es ● Ⓜ Ópera. En face du Palais royal. Tlj 8h30 (9h dim)-1h30 (plus tard le w-e). Menu du jour (cafét') env 16 €, compter 50 € à la carte.* Un café-brasserie situé à la place d'un ancien couvent. Banquettes de velours, tissus d'un classicisme très victorien tendus sur les murs. Y aller surtout pour « farnienter » sur l'agréable terrasse, l'été, face aux jardins du Palais royal. Cuisine assez sophistiquée. Atmosphère d'une simplicité élégante (le style madrilène) mais pas trop chichiteuse compte tenu de l'endroit.

El Ventorrillo *(plan détachable B5,* ***270****) : c/ de Bailén, 14. ☎ 91-366-35-78. Ⓜ Ópera. Tlj 12h-1h (fermé mer en hiver).* Voici sans doute l'une des plus belles terrasses de Madrid, avec une vue imprenable sur la cathédrale Santa María la Real de la Almudena et les arbres des parcs alentour, puisqu'ici on les surplombe tous. Alors évidemment, les boissons (jus de fruits, bières, vins au verre) sont chères mais *¡ dios !* que l'on s'y sent bien !

Où boire un verre ? Où écouter de la musique live ?

Du côté de la plaza Mayor

Plutôt dans la journée

Plusieurs bars-restos avec ***terrasses*** encadrent la plaza Mayor *(zoom centre C4).* Excessivement chers bien sûr, et qui racolent le client à qui mieux mieux !

Rooftop du Corte Inglés *(zoom Las Letras D4,* ***301****) : pl. Puerta del Sol, 10. Ⓜ Sol.* Ce *Corte Inglés* destiné au sport possède un toit-terrasse accessible à tous, d'où l'on a une super vue. Accueil en revanche pas toujours top, mais se contenter d'y boire un verre pour le coucher du soleil est très sympa.

Plutôt le soir

La Coquette Blues Bar *(zoom centre C4,* ***306****) : c/ de las Hileras, 14. ☎ 91-530-80-95. Ⓜ Ópera ou Sol. Congés : août. Tlj sauf lun 20h-3h (21h en hiver). Entrée libre mais conso plus chère les soirs de concert.* On aime bien ce *blues bar,* installé dans une minuscule cave décatie en brique rouge. Les lieux sont si étroits que le public grignote ses *pipas* collé aux musicos. Bonne atmosphère conviviale, qui sonne aussi juste que les notes des groupes invités presque chaque soir. Venir tôt, car très vite plein à craquer.

Café Berlin *(zoom centre C4,* ***298****) : c/ Costanilla de Los Angeles, 20. ☎ 91-559-74-29. ● infocafeberlin@gmail.com ● berlincafe.es ● Ⓜ Ópera ou Callao. Concerts ts les soirs vers 21h et 23h (sauf lun) puis DJ mar-dim jusqu'à 6h. Entrée : 10-15 €, 1 conso incluse.* En sous-sol, une salle circulaire, la scène au fond, la piste de danse au milieu et, tout autour, rangés derrière des rambardes Art déco, des tables rondes et des fauteuils rouge à lèvres. Un décor tendance pour un des clubs-concerts les plus courus de la ville chez les actifs urbains comme on dit, la trentaine relax. Ça commence par un concert, même 2, éclectiques (jazz, blues, salsa ou même flamenco) et ça finit en boîte de nuit, avec aux platines plus de funk que de boom boom.

Du côté de La Latina

Plutôt dans la journée

On a un petit faible pour la terrasse de la ***Cervecería San Andrés*** *(zoom centre C5,* ***310****)* sur la belle place San Andrés (pardi !) avec ses tables à l'ombre du clocher de l'église San Andrés (re-pardi !) et, surtout, à l'écart de la circulation automobile.

Plutôt le soir

Aux beaux jours, on traîne, on discute, on se rencontre aux ***terrasses*** des bistrots donnant sur la ***plaza de la Paja*** et la ***plaza San Andrés*** *(zoom centre C5),* très animées en soirée (mais sous la pression des riverains – qui veulent, paraît-il, dormir la nuit – tout ferme à 1h du mat !).

María Pandora *(plan détachable B5,* ***315****) : pl. Gabriel Miró, 1. ☎ 91-364-00-39. • info@mariapandora.com • mariapandora.com • Ⓜ La Latina. Lun-sam 19h-2h, dim 16h-23h.* Vue imprenable sur le parc de la Casa de Campo depuis ce café littéraire tranquille : canapés et fauteuils, lumières tamisées et musique jazzy. Si le coin librairie cache des trésors de la littérature latino-américaine, la carte des boissons, elle, fait la part belle aux champagnes et *cavas* (vins catalans pétillants...). Parfois des concerts, one-man-shows, soirées poésie et présentations de livres qui garantissent une soirée intello cool. Une adresse assez intemporelle, version décontractée, qui colle bien à l'esprit du quartier.

Marula Café *(plan détachable B5,* ***300****) : c/ de Caños Viejos, 3. ☎ 91-366-15-96. • info@marulacafe.com • marulacafe.com • Ⓜ La Latina. Concerts mer-dim à partir de 23h30-minuit (22h dim). Payant ven-sam (6-9 €), gratuit les autres soirs. Fermé lun-mar.* Planqué dans une impasse, un minuscule club funk rouge seventies qui envoie de la syncope en live 5 soirs par semaine, à l'heure où les garçons sages plongent sous la couette. Gros son et ambiance plus ou moins énergique selon l'affluence.

Contraclub *(plan détachable B5,* ***314****) : c/ de Bailén, 16. ☎ 91-365-55-45. • info@contraclub.com • contraclub.es • Ⓜ La Latina. Juste après le pont de Segovia. Ven-sam 22h30-6h. Fermé dim-jeu. Entrée : env 10 €.* Une petite salle de concert au décor rougeoyant pour une programmation indie pop. Quand les musicos ont rangé leur matos, un DJ électro passe aux commandes. La clientèle rajeunit alors un peu.

Sala Equis *(zoom centre C5,* ***294****) : c/ del Duque de Alba, 4. • info@salaequis.es • salaequis.es • Ⓜ Tirso de Molina ou La Latina. Tlj 18h (12h w-e)-1h (2h ven-sam).* L'ancien ciné *Alba* du début du XXe s a été transformé en un lieu culturel alternatif, avec des projections de 1 ou 2 films en V.O. par soir (programme sur le site), jusqu'à 3 films le vendredi. Une fois par mois rencontres-débats avec des réalisateurs, comédiens, scénaristes, etc., ou encore concerts. Parfois aussi des expos. Un véritable lieu de rencontre où l'on peut juste venir boire un verre, en s'étalant sur les anciens gradins, sur les canapés et fauteuils dépareillés ou encore sur les transats déjà en position pour visionner le prochain film ! Quelques petites choses à grignoter pour éponger la boisson. Ambiance jeune et vraiment sympa.

Flamenco

Corral de la Morería *(plan détachable B5,* ***401****) : c/ de la Morería, 17. ☎ 91-365-84-46 ou 11-37. • info@corraldelamoreria.com • corraldelamoreria.com • Ⓜ Ópera ou La Latina. Rue qui donne c/ de Bailén, au niveau du viaducto. Repas à partir de 19h ; spectacles à 20h et 22h. Résa conseillée. Spectacle seul : 50 € (conso incluse) ; petite réduc si on dîne (mais repas à la carte 40 € env, taxes non incluses !).* Dans un décor néo-hispanique plongé dans la pénombre, voilà l'un des meilleurs spectacles de flamenco de

Madrid, qui a reçu au fil des ans de prestigieux clients (Marlon Brando, Marlène Dietrich, Lauren Bacall, Burt Lancaster, Richard Gere, Mohammed Ali...). En basse saison, assez facile de se contenter d'une boisson. De mai à septembre, beaucoup moins évident à cause du monde : on ne peut alors échapper au dîner-spectacle, un vrai coup de poignard dans le portefeuille. Veiller à la tenue vestimentaire.

Où prendre le petit déj ?
Où savourer une douceur ?

Chocolatería San Ginés *(zoom centre C4,* ***272****)* **:** *pasadizo de San Ginés, 5. ☎ 91-365-65-46. • info@chocolateriasangines.com • chocolateriasangines.com • Ⓜ Sol. Dans le vieux Madrid, dans le passage qui contourne l'église San Ginés et donne sur c/ Arenal. Tlj 8h-23h30. Chocolat 2,70 € ; 4,50 € avec churros ou porras.* Les murs de cette chocolaterie historique, fondée en 1894, résonnent des derniers décibels de la boîte voisine, le *Joy Eslava,* à l'heure où les grands fauves vont boire à la rivière ; les oiseaux de nuit, eux, se désaltèrent avec un chocolat épais, accompagné de *churros* et de *porras.* Faites de beaux rêves... Tables et comptoir de marbre, et, aux murs, les clients célèbres (Richard Gere, Yves Montand, Javier Bardem, Penélope Cruz, Almodóvar...). On paie au comptoir, on va se poser, et on donne son coupon au serveur. Madrilènes et touristes joyeusement mêlés plongent sans complexe leurs *churros* dans le liquide onctueux et délicieux, jusque sur les terrasses dans la ruelle piétonne.

Où danser ?

Joy Eslava *(zoom centre C4,* ***288****)* **:** *c/ del Arenal, 11. ☎ 91-366-37-33. • info@joy-eslava.com • joy-eslava.com • Ⓜ Sol. Tlj minuit-6h. Entrée : 15-18 € selon j. de la sem.* Cet ancien théâtre reconverti en boîte est un incontournable de la nuit madrilène. Un club sélect, mais pas trop, où vient transpirer la jeunesse dorée de Madrid, un brin *fashionista,* mais décontractée. Soirées à thème différentes chaque soir. On y croise régulièrement des VIP du monde des sports, du spectacle, des médias... Concerts de *musica en vivo* en début de soirée.

Voir aussi plus haut le ***Café Berlin,*** qui se transforme en boîte passé minuit.

Achats

Quartier commerçant par excellence. Dans la calle Mayor s'alignent des ***boutiques de jeans.***

Real Fabrica *(zoom Las Letras D4,* ***408****)* **:** *c/ de Cervantes, 9. ☎ 91-125-20-21. • realfabrica.com • Ⓜ Antón Martín. Tlj 11h-21h (19h dim).* Cette boutique propose une très bonne sélection de produits de créateurs, privilégiant les produits naturels et 100 % espagnols. Mais aussi des produits de fabrication espagnole historiques et typiques remis au goût du jour, comme la limonade, le siphon à vermouth ou le panier en osier... Pêle-mêle on dégote ainsi une superbe paire de sandales de Minorque de rêve, des eaux de Cologne, des chaussons tout douillets pour l'hiver, du linge de maison en lin, des plaids dans lesquels se nicher... Mais aussi de la vaisselle, de l'épicerie fine, des vins de la Rioja et jambon de bellota, des marmelades, huiles d'olive, etc.

Casa Hernanz *(zoom centre C4,* ***426****)* **:** *c/ de Toledo, 18. ☎ 91-366-54-50. • casahernanz@hotmail.com • Ⓜ Tirso de Molina. En contrebas de la pl. Mayor. Lun-ven 9h-13h30,*

16h30-20h ; sam 10h-14h. Fermé dim. Touristes et Madrilènes traversent la ville pour venir y choisir leurs espadrilles faites main depuis 1845. Certains jours à l'ouverture, il y a même la queue ! Également de la vannerie artisanale et un bon choix de sacs en jute.

Cocol (zoom centre C5, **409**) **:** *Costanilla de San Andrés, 18 ; juste au-dessus de la pl. de la Paja. ☎ 91-919-67-70. • cocolmadrid.es • Ⓜ La Latina. Tlj 11h30-14h30, 17h-20h ; en continu sam jusqu'à 18h et dim 17h. Fermé 2 sem en août.* Dans un ancien atelier de tapisserie avec ses façades en bois et ses grandes vitrines. Toutes sortes d'objets : poterie, ustensiles de cuisine émaillés, mortiers, planches à découper, objets de déco, linge de maison... Tout est fait mains avec des matériaux naturels et dans le respect de la tradition, ce qui certes a un certain prix.

El Flamenco Vive (zoom Las Letras D5, **424**) **:** *c/ Moratín, 6. ☎ 91-547-39-17. • info@elflamencovive.es • Ⓜ Ópera. Lun-ven 10h-14h, 17h-20h30 ; sam sur rdv. Fermé dim.* Les voix inoubliables d'Antonio Maierena ou de Camarón, la guitare de Paco de Lucía, le flamenco-blues de Ketama, le flamenco-variétés de Pata Negra... Une petite boutique très spécialisée pour tout connaître du flamenco : livres, CD, tenues et chaussures.

Discos la Metralleta (zoom centre C4, **435**) **:** *pl. de San Martín, en sous-sol. ☎ 91-531-82-64. • felipe@lametralleta.es • Ⓜ Ópera ou Sol. Accessible par un escalier qui descend à côté de l'Hotel Palacio San Martín. Lun-sam 10h-14h, 16h30-20h30.* Les collectionneurs de disques passeront des heures dans ces 3 grandes salles débordant de vinyles et de CD, en quête de la perle rare. Belle section de musique latino, beaucoup de rock toutes tendances et de la variété en pagaille.

Maty (zoom centre C4, **405**) **:** *c/ de las Hileras, 7. ☎ 91-541-20-16. • info@maty.es • Ⓜ Ópera ou Sol. Lun-ven 11h-14h, 17h-19h ; sam 11h-14h.* Un magasin historique (1943) et dans son jus qui regorge de robes, costumes et accessoires pour danseurs, en particulier de flamenco. En soi, un vrai spectacle. Une antenne à deux pas de là *(c/ Maestro Victoria, 2 ; ☎ 91-531-32-91),* pas mal non plus, et exclusivement tournée vers le flamenco : toutes les robes possibles et même inimaginables, chaussures, peignes à cheveux et mantilles.

Ferpal (zoom centre C4, **432**) **:** *c/ del Arenal, 7. ☎ 91-532-38-99. Ⓜ Sol. Lun-ven 10h-15h, 18h-20h45 ; sam 10h-15h. Fermé dim.* Épicerie fine, jambons, chorizo, saucissons suspendus au-dessus des étals... On pourrait craindre le pur piège à touristes vu l'emplacement, mais il n'en est rien : les produits sont de qualité, et les Madrilènes aussi viennent s'y ravitailler. On prend un ticket et on fait gentiment la queue devant la vitrine qui nous intéresse.

Foire aux timbres (zoom centre C4) **:** *dim mat sous les arcades de la pl. Mayor.* Également grand choix de billets de banque et cartes postales anciennes (mais question prix, pas de cadeau !).

MADRID

À voir

Plaza Mayor (zoom centre C4) **:** une superbe place (122 m sur 94), construite entre 1617 et 1619, sur ordre du roi Philippe III (au centre, sa statue), symbole de l'architecture du Madrid de Los Austrias. Cette place a servi de scène pour les autodafés, de théâtre pour les pièces religieuses de Lope de Vega ou d'arène pour des corridas. Elle était aussi la place des exécutions criminelles, ou des manifestations populaires et carnavals (encore de nos jours). Autant de souvenirs tragiques ou joyeux relatés sur les dossiers des 4 bancs circulaires situés à chaque coin de la place. Mais s'il y a du monde, vous aurez bien du mal à admirer les gravures !

Architecture assez dépouillée, révélant l'influence de Herrera. De grandes arcades voûtées communiquent avec les principales rues voisines. Les habitations situées entre les tours sont antérieures à la construction de la place.

On peut y voir la ***casa de la Panadería*** (boulangerie) avec ses fresques mythologiques peintes en 1992 pour remplacer les anciennes fresques très détériorées et, de l'autre côté, la ***casa de la Carnecería*** (boucherie). Elles portent toujours leur nom respectif. Belles maisons à portique. L'été, on prend le café au soleil, entre amis, au milieu des bateleurs de rue en tout genre, musiciens, mimes, etc. ; faut dire que c'est un point d'affluence incontournable pour les visiteurs de passage, d'autant qu'elle accueille l'office de tourisme principal. Tous les dimanches matin, marché aux timbres et à la monnaie sous les arcades. Une dernière chose : au nº 30, l'une des plus anciennes boutiques de sombreros de la ville. De la casquette d'hidalgo un peu ringarde aux chapeaux à larges bords...
Tout autour, petits cafés et restos en pagaille dans un réseau de rues piétonnes et marchandes reliant la puerta del Sol à la plaza Callao au niveau de la Gran Vía. Les rues du quartier portent les noms des petits métiers artisanaux qu'on y trouvait du temps de Philippe III : *cuchilleros* (couteliers), *bordodores* (brodeurs), *botoneros* (fabricants de boutons), etc.

➢ De la plaza Mayor, passer sous l'arche voisine de l'office de tourisme et remonter la petite rue Felipe III jusqu'à l'***iglesia San Ginés*** *(zoom centre C4 ; n'ouvre qu'à 18h).* Cervantes et Lope de Vega (écrivain et poète, auteur de plus de 1 800 comédies) y furent baptisés, entre autres. L'église, d'origine mozarabe, est l'une des plus anciennes de la ville puisqu'elle fut mentionnée au XIIe s. Elle fut plusieurs fois réformée et arbore un petit air de forteresse. À l'intérieur, 2 œuvres intéressantes : *Les Marchands chassés du Temple* du Greco et un très beau christ en ivoire (XVIIe s). Poursuivre tout droit par la c/ San Martín jusqu'à la plaza de las Descalzas Reales, pour visiter son fameux couvent.

★★★ ***Convento de las Descalzas Reales*** *(zoom centre C4)* **:** *pl. de las Descalzas Reales, 3. ☎ 902-04-44-54.* • *patrimonionacional.es* • Ⓜ *Sol. Fermé pour Covid-19. Mar-sam 10h-14h, 16h-18h30 ; dim et j. fériés 10h-15h. Fermé lun, et 24, 25 et 31 déc. Dernières entrées 1h avt. Visites en petits groupes, obligatoirement guidées (et parfois au pas de course), en espagnol, anglais ou italien selon les heures : il faut* ***réserver sur Internet.*** *Entrée : 6 € (8 € avec le Real monasterio de la Encarnación, valable 48h). Également inclus dans le* Bono 2 de Patrimonio Nacional *(ts les monuments de la communauté de Madrid gérés par* Patrimonio Nacional*). Gratuit moins de 5 ans et pour ts mer-jeu ap-m : venir alors avt l'ouverture pour retirer son entrée, puis revenir à l'heure dite.*
Qui devinerait l'existence, derrière cette noble mais sobre façade de monastère, d'un important trésor artistique Renaissance ? À l'origine, un palais construit au XVIe s par Luis de Vega (déjà architecte de l'extension de l'Alcázar de Séville), et occupé par Carlos V (c'est-à-dire Charles Quint, rien que ça !) et Isabel de Portugal, son épouse. C'est d'ailleurs ici que naquirent leurs enfants, le futur Philippe II et Doña Juana. Cette dernière se retrouve très jeune veuve de son cousin le prince Juan du Portugal, et décide de prendre le voile : son gentil frère Philippe II transforme tout bonnement le palais familial en couvent franciscain, qui n'accueillit guère que des femmes issues de la noblesse ! Ce qui explique la magnificence Renaissance de ce couvent très spécial.
Charmant cloître planté d'orangers, dont la galerie conduit à un escalier en marbre typiquement Renaissance, aux murs et plafond couverts de fresques baroques, balustrades en trompe l'œil, etc. L'une de ces fresques s'anime de pas moins de 8 archanges (au lieu des 4 reconnus par l'Église : privilège royal !), et vous remarquerez à droite de la 2e volée d'escaliers un portrait de la famille royale au complet. La galerie du 1er étage aligne les chapelles, toutes plus richement décorées les unes que les autres : Christ sanguinolent et martyrs sont à l'honneur. La chapelle de l'Annonciation avait à l'origine été décorée par Fra Angelico : pour remplacer son œuvre déplacée au musée du Prado, un artiste anonyme a produit une copie « à la manière de », afin de conserver à la chapelle son esprit. Belle collection d'objets liturgiques également, au fil de la visite : croix en cristal de Bohême, reliquaires, ostensoirs, tableaux en relief (en nacre, en corail, entre autres), etc.

Galeries de portraits de la famille royale à tous les âges, superbe salle aux sculptures, dont une étonnante Marie Madeleine en pénitente, très réaliste, vêtue d'une peau de chameau (véritable !). Et dans la grande salle du Roi, nombreux portraits de la famille (royale, toujours), dont certains peints par Rubens (sœur Dorothée, Catherine de Médicis...). Puis des enfilades de salles présentant les collections de tableaux : Zurbarán, Bruegel l'Ancien, Titien (bien représenté dans la salle « italienne »)... Également une superbe église (mais que l'on ne visite pas pendant les messes, en particulier le dimanche).

➢ En redescendant vers la plaza Mayor, on croise la c/ del Arenal, une longue rue piétonne et commerçante qui part de la puerta del Sol. Prendre à droite, sans oublier de lever le nez pour admirer les balcons et corniches sculptés. La rue s'achève par la plaza de Isabel II, où trône l'austère ***Teatro real*** *(Ⓜ Opera ; zoom centre C4 ; voir plus loin).* Initiée au début du XIXe s par le roi Fernando VII, sa construction est poursuivie par Isabel II qui sera toutefois amenée à faire détruire une partie du travail accompli, puisqu'il n'était plus au goût du jour. Cet édifice néoclassique sera finalement inauguré en 1850 et accueillera pièces, opéras, concerts et ballets avant d'être remodelé et converti définitivement en opéra, sa fonction exclusive depuis 1997. Longer le *Teatro real* par la droite en remontant la c/ Arrieta, jusqu'au couvent de la Encarnación.

★★ *Real monasterio de la Encarnación* *(plan détachable C4)* **:** *pl. de la Encarnación, 1 ; en bas de la c/ Bola. ☎ 91-454-88-00. • patrimonionacional.es • Ⓜ Ópera. À deux pas de la pl. Isabel II et de la pl. de Oriente. Fermé pour Covid-19. Mar-sam 10h-14h, 16h-18h30 ; dim et fêtes 10h-15h. Fermé lun. Dernières entrées 1h avt. Visites guidées ttes les 30 mn, en espagnol ; durée : 1h. Il faut* ***réserver sur Internet.*** *Entrée : 6 € (8 € avec le Convento de las Descalzas Reales ; valable 48h). Également inclus dans le* Bono 2 de Patrimonio Nacional *(ts les monuments de la communauté de Madrid gérés par* Patrimonio Nacional*) ; gratuit mer-jeu ap-m pour les ressortissants de l'UE : venir alors en avance pour retirer son entrée, et revenir à l'heure dite.*

Façade de style classique et beau retable dans l'église. Mais c'est surtout le *musée* qui mérite une visite : peintures de l'école madrilène ; ***Ribera, Carreño*** et ***Bartolomé Román*** sont notamment représentés. Dès l'entrée, on admire le *Saint Augustin et sainte Monique* de ***Luca Giordano,*** ainsi que le précieux *Rencontres franco-espagnoles sur la Bidassoa* (ou l'échange des Princesses) d'un anonyme flamand et 2 peintres ténébristes. Grande salle de peinture d'où émergent une belle *Assomption* de ***Carreño,*** une *Sainte Famille* de ***Van Cleeve*** et une douce *Vierge à l'Enfant* napolitaine.
– *Au 1er étage :* un impressionnant christ gisant assez sanguinolent, un beau *Christ en Croix* en ivoire sculpté hispano-philippin et un *Portement* de Luca Giordano. Dans la grande salle suivante, nombreux portraits en pied de nobles et de princesses (dont le fondateur du monastère).
– Retour au *rez-de-chaussée* pour une description un peu fastidieuse par le guide de toutes les fresques du cloître. Cependant, dans la 1re chapelle, intéressante *Apothéose de l'Agneau,* œuvre de ***Juan Van der Hamen*** (couleurs vives, visages expressifs). Puis suivent les épisodes de la vie de la Vierge (l'Annonciation, la Naissance, la Circoncision, la Présentation au Temple, etc.). Pour finir, les épisodes de la *Passion du Christ* et le martyre de saint Sébastien.
Salle du chapitre avec stalles en bois, grande fresque de la Cène et série de peintures de saints convertis en anges (Raphaël, Gabriel...). Mais le clou de la visite, c'est la ***salle des reliquaires, unique en Espagne,*** si ce n'est en Europe. Ils sont de toutes les formes possibles, faits de matériaux divers et précieux et abritent plus de 1 500 reliques, dont un morceau de la Sainte Croix et une fiole contenant le sang de saint... Pantaleon (qui se fige, dit-on, tous les 26 juillet !). Plafond peint et intéressant *La Vierge et Joseph,* tableau de ***Bernardino Luini*** (de l'école de Léonard de Vinci). Suivent sacristie et salle dédiée à la patronne des marins.

Imposante architecture néoclassique de l'église, mais sans trop de charme. Croisée de transept sous coupole et immense retable à colonnes de marbre. On notera la lourde table de communion à balustre en cuivre jaune.

➢ Au coin du *monasterio de la Encarnación* débute la ***plaza de Oriente*** *(plan détachable et zoom centre C4),* l'une des plus majestueuses de la ville. Semi-circulaire et agrémentée d'un jardin à la française, elle donne, comme vous l'aurez remarqué, sur la face est du Palais royal. Joseph Bonaparte, en supervisant la construction de cette place, fit détruire les maisons médiévales qui avaient le tort de gâcher la perspective. Au centre, la célèbre ***statue équestre de Philippe IV,*** gracieuse et imposante à la fois, réalisée au XVIIe s par Pietro Tacca, considéré comme le meilleur représentant du baroque toscan. Le poids repose entièrement sur les pattes arrière et la queue du cheval : une vraie prouesse technique pour l'époque. L'astuce, c'est que l'avant du canasson est creux alors que l'arrière est massif. Ainsi, l'équilibre et l'assise de l'ouvrage sont garantis. Mais l'aspect artistique n'est pas en reste : la posture du cheval cabré et le mouvement du roi, accentué par le drapé de son étole, donnent à l'ensemble une dynamique indéniable. Tout autour de Felipe sont alignés une vingtaine de rois wisigoths surnommés les ***Reyes godos,*** qui régnèrent du IVe au VIIe s apr. J.-C. Prévus à l'origine pour décorer la façade du *Palacio real,* ils furent en fait dispersés dans les jardins publics de la ville, car leur poids aurait rudement mis à l'épreuve la solidité des corniches... et mis en danger les passants ! Quelqu'un aurait pu y penser avant, non ?

MADRID

Teatro real *(zoom centre C4)* **:** *pl. de Oriente. ☎ 91-516-06-95. • teatro-real.es • Ⓜ Ópera. Fermé pour Covid-19. Visites guidées tlj 10h-13h (en anglais et en français sur demande) ; durée : 50 mn-1h ; entrée : 8 €, gratuit moins de 7 ans, réduc. Également des visites thématiques, seulement en espagnol : artistique (tlj à 9h30, env 1h15, 12 €) ; technique (tlj à 10h, env 1h15, 16 €, accessible aux enfants à partir de 10 ans seulement pour des raisons de sécurité) ; nocturne (à quelques dates seulement, uniquement sur résa, voir sur le site, 1h, 30 €). Enfin, visite libre avec audioguide tlj 10h30-16h30 (dernière entrée à 15h30) : 7 € ; réduc ; gratuit moins de 5 ans ; compter 1h de visite. Et combiné Teatro Real (avec audioguide) + Palacio Real (en visite libre) : 15 €.*

La visite classique (ou celle avec audioguide) est déjà une bonne introduction à l'histoire du bâtiment (enfin ouvert aux visiteurs), depuis son inauguration en 1850 jusqu'à sa rénovation à la fin du XXe s. Ce sont les aspects architecturaux du bâtiment qui sont mis en avant. Seule la salle est d'origine, le reste a été totalement reconstruit, surélevé et modernisé : les luxueux salons, le foyer, la salle – qui peut accueillir jusqu'à 1 750 personnes selon la taille de la fosse – et ses balcons. Très intéressante aussi, la visite « artistique ». Elle permet d'approcher les salles de répétition (chœur ou orchestre), les ateliers de couture, maquillage, costumes et de coiffure. Également les loges des comédiens (qui peuvent accueillir 360 personnes et sont équipées de télé, piano, canapé, douche, lit pour se reposer...) ou la régie. Explications sur le fonctionnement et le déroulement de tous ces ateliers, avant et pendant le spectacle.

Quant à la visite technique, probablement la plus intéressante, centrée sur la scène et ses coulisses, c'est toute la ***vie cachée*** de ce type de prestigieuses salles de spectacles qu'elle dévoile. Le processus de préparation d'un opéra, les ateliers de fabrication des décors (métal et bois). On découvre que la scène ne fait pas moins de 22 étages d'un immeuble (dont 8 sous la scène et 14 au-dessus) : elle est beaucoup plus grande que la salle. Très accessible grâce à un système hyper sophistiqué de poulies, de leviers, d'ascenseurs géants qui peuvent transbahuter de haut en bas (et réciproquement) les plateaux. Cela permet de préparer plusieurs décors à l'avance sur ces plateaux, selon les besoins du spectacle. Très impressionnant ! Et grâce à ce système, les camions accèdent à l'arrière de la scène pour déposer les matériaux et décors encombrants, directement sur cette dernière. Enfin, quelques chiffres : plus de 200 personnes travaillent ici tous les jours, 14 salles de répétition, 1 auditorium pour les spectacles pour enfants et 3 pour les cours universitaires. Et l'opéra dispose de ses propres studios télé pour les retransmissions.

Palacio real *(Palais royal ; plan d'ensemble et plan détachable B4)* **:** *c/ de Bailén. ☎ 91-454-88-00. • patrimonionacional.es • Ⓜ Ópera. Avr-sept : tlj 10h-20h ; oct-mars : tlj 10h-18h ; dernier accès 1h avt ; fermé les j. de réceptions officielles et la plupart des j. fériés. Entrée : 6,50 € ; ajouter 3 € pour l'audioguide (pas disponible pour cause de Covid-19 ; en français, on conseille de le prendre) ; expo temporaire : 3 € ; Real Cucina : 5 € (fermé pour Covid-19). Également inclus dans le* Bono 2 de Patrimonio Nacional *(ts les monuments de la communauté de Madrid gérés par* Patrimonio Nacional*) ; réduc moins de 16 ans, étudiants moins de 25 ans, et plus de 65 ans ressortissants de l'UE ; gratuit moins de 5 ans ; visite libre gratuite pour les ressortissants de l'UE lun-jeu à partir de 18h avr-sept, de 16h oct-mars.* ***Impressionnante relève solennelle de la garde le 1er mer du mois** à 12h dans la grande cour (sauf en été !), vérifier sur place s'il n'y a pas de changements exceptionnels, ça arrive parfois. Une autre relève, plus modeste et routinière, se déroule chaque mer 11h-14h devant la puerta del Príncipe, côté pl. de Oriente.* Grande vue sur le parc de la Casa de Campo et les faubourgs de Madrid. Sur la place conçue par Joseph Bonaparte, statue équestre de Philippe IV.

Histoire

Le Palais royal est construit à partir de 1738, sur le site de la forteresse ou *alcázar* fondé au milieu du IXe s sous l'émirat de Muhammad ben Abd al-Rahman, qui constitue le noyau dur du développement urbain de Madrid. L'*alcázar* est ensuite récupéré par les rois de Castille au tout début de la *Reconquista* (1085). Sous le règne de Charles Quint (Carlos V), la forteresse est transformée progressivement en palais de la Renaissance. C'est avec le transfert de la capitale de Tolède à Madrid en 1561, sous Philippe II, que le Palacio real retrouve son rôle politique. À Noël 1734, le vieil *alcázar* est détruit par un incendie. Le roi Felipe V, 1er roi de la maison des Bourbons d'Espagne, ordonne alors la construction d'un nouveau palais : c'est celui que l'on voit aujourd'hui. Une trentaine d'années furent nécessaires pour l'édifier dans ce style néoclassique, au charme assez austère.

Visite

On traverse d'abord la ***place d'Armes,*** grande esplanade utilisée pour les parades militaires. C'est là que l'actuel roi d'Espagne passe en revue les troupes chaque année. Puis le palais présente une intéressante déco intérieure, à commencer par le vestibule et le Grand Escalier qui mène aux appartements royaux. Plusieurs salles se distinguent par leur riche décor, autour du patio del Principe. Ornée de belles tapisseries, la ***salle des Colonnes*** est utilisée comme salle de fêtes, banquets et réceptions. Elle servit de cadre à la signature le 12 juin 1985 du traité d'adhésion de l'Espagne à la Communauté européenne, et plus récemment à l'abdication du roi Juan-Carlos. Également un rien chargé, le ***salon Gasparini,*** l'un des ensembles rococos les plus étonnants d'Espagne : c'était la chambre à coucher du roi Charles III. Ne pas rater le délicieux ***cabinet des Porcelaines,*** exemple frappant du goût pour les chinoiseries au XVIIIe s. La monumentale ***salle à manger,*** parsemée de dorures, affiche au plafond une fresque représentant Christophe Colomb offrant le Nouveau Monde au roi. Passage maintenant dans la ***chapelle royale*** (pas toujours ouverte), d'aspect très théâtral avec ses ors, ses marbres, son plafond doré à caissons, etc. Voir ensuite la ***salle de musique*** abritant une collection d'instruments à corde réalisés à la fin du XVIIe s par Stradivarius, le meilleur luthier de tous les temps. Enfin, succession de petites salles : la salle de billard à la déco boisée, l'étonnant fumoir à la déco orientalisante très prononcée, et l'élégant boudoir tout en stuc (œuvre de Sabatini) de Marie-Louise de Parme qui demeure l'une des salles les plus importantes du palais. Enfin, précédée de l'antichambre officielle, la ***salle du trône,*** tout en velours cramoisi et dorure, s'affirme kitschissime ! Au plafond, superbe fresque de Giambattista Tiepolo, *La Grandeur de la monarchie espagnole.*

– ***La real Farmacia*** *(pharmacie royale)* **:** *accès par la pl. d'Armes.* ***Actuellement fermée pour rénovation.*** Destinée depuis son origine à préparer les substances médicinales pour soigner la famille royale et la Cour, on y admire de riches collections de pots à pharmacie, récipients en verre de toutes formes, mortiers, distillateurs, etc. ; le tout rangé dans des meubles anciens.

– ***La real Armería*** *(Armurerie royale)* **:** *accès par la pl. d'Armes.* Ce musée présente de très belles armes et armures – datant du XIIIe au XIXe s – dont la plupart proviennent de la collection personnelle de l'empereur Charles Quint (Carlos V). Si on n'aime pas les armes en tant que telles, on peut toutefois y retrouver le souffle de la grande histoire. Parmi les pièces les plus rares : les armures personnelles de guerre de Charles Quint et de Philippe II, la litière de voyage de Charles Quint, l'épée du conquistador Francisco Pizarro, les armes et les vêtements de l'amiral turc Ali Pacha (tué à la bataille de Lépante), et, enfin, la tente du roi François Ier (roi de France) prise par son ennemi Charles Quint (encore lui !) après la bataille de Pavie (24 février 1525). L'épée de François Ier (symbole de la défaite française de Pavie) ne fut rendue à la France qu'en 1808 lors de l'occupation napoléonienne de Madrid.

– ***La Real Cocina*** *(la cuisine royale)* **:** visite ttes les heures en petit groupe seulement (résa conseillée, à l'entrée principale ou sur Internet). Si la visite est groupée, elle n'est pas guidée, et on peut le regretter. Installées au sous-sol d'une aile privée du palais (que l'on traverse sagement en silence !), ces vastes voûtes abritent rôtissoires gigantesques, longues plaques de cuisson et innombrables batterie de cuisine en cuivre de la fin du XIXe s. Cellier, glacière, caves... Les curieux remarqueront quelques poêles ou pianos de fonte issus d'ateliers français. Quelques panneaux, mais globalement ça manque d'explication, et on nous pousse d'une salle à l'autre un peu rapidement.

– À l'ouest du Palais royal, ***2 grands parcs agréables*** : le ***campo del Moro*** *(plan détachable B4 ; tlj 10h-18h, jusqu'à 20h avr-sept ; GRATUIT)* et celui de la ***Casa de Campo,*** qu'on peut rejoindre par un téléphérique *(A/R 6 €)* du paseo del Pintor Rosales Ferraz.

Face à la place d'Armes se trouve la ***cathédrale Santa María la Real de la Almudena*** *(plan détachable B4)* : *c/ de Bailén, 10. ☎ 91-542-22-00. • catedraldelaalmudena.es • Tlj 9h-20h30 (10h-21h en juil-août), sauf pdt les offices. Entrée : 1 €.* Commencée à la fin du XIXe s mais consacrée seulement en 1993 (année également du transfert de l'autel actuel depuis San Isidro), elle tire son nom de la muraille de l'*alcázar* : l'*Almudayna.* Si son architecture est d'un intérêt tout relatif, il faut néanmoins voir ses vitraux contemporains et son abside signés Kiko Argüello, vraiment étonnants ! Admirez également son plafond peint aux inspirations gothiques par José Luis Galina (en 2000) et ses portes en bronze au passage. Les amateurs d'art contemporain passeront aussi (discrètement – c'est un lieu de prière) un œil dans la *capilla del Santissimo* pour ses superbes mosaïques de Rupnik (2011). Et puis, elle est tout de même le siège officiel de l'archevêché de Madrid.

– ***Museo de la catedral*** **:** *accès depuis l'esplanade qui sépare la cathédrale du Palais royal. Lun-sam 10h30-14h30 ; fermé dim et j. fériés. Résa obligatoire sur • reservasmuseo@catedraldelaalmudena.es • ou au ☎ 915-59-28-74. Entrée : 6 € ; réduc. Audioguide gratuit à télécharger sur smartphone.* Après un passage par la

UNE VIERGE POLYGLOTTE ?

La patronne de Madrid, Santa Maria de la Almudena, porte un drôle de nom. La légende veut qu'elle ait été cachée par les chrétiens au IXe s pour la protéger de l'arrivée conquérante des musulmans. Redécouverte au XIe s par Alfonso VI, elle fut planquée dans la muraille qui protégeait la ville. Muraille se disant « al mudeina » en arabe, le nom de Sainte Marie « de la muraille » lui resta. Voici donc une Vierge bien chrétienne baptisée d'un nom arabe !

sacristie (encore de belles mosaïques de Rupnik) et la salle du chapitre, un ascenseur mène aux galeries supérieures. La 1re déroule le fil de l'histoire du diocèse de Madrid, avec force explications et illustrations de l'histoire mouvementée de la statue de Santa María de la Almudena et de la figure de San Isidro le laboureur, les 2 patrons de la ville. Tous 2 honorés par de nombreuses donations de paroissiens, mais celles destinées à la Vierge sont les plus impressionnantes (très nombreuses couronnes, des ostensoirs, etc.). Présentation aussi de la congrégation qui veille jalousement sur la Vierge et ses trésors (la *Real esclavitude* : tout un programme...). Accès par plusieurs volées de marches à la ***coupole, avec une terrasse*** qui en fait le tour à presque 360° ! Descente vers la 2de galerie, tout entière consacrée à la description et l'explication des 7 sacrements principaux de l'Église catholique. On peut s'en passer... La sortie se fait par la cathédrale.

– En sortant de celle-ci, tournez 2 fois à droite pour aller voir la ***crypte néoromane*** : *c/ Mayor, 92 ; ☎ 91-548-09-30 ; tlj 10h-20h ; donation : 1 ou 2 €.* Située juste en dessous de la cathédrale, c'est un impressionnant ensemble composé de près de 500 colonnes, celles de la nef centrale étant taillées d'un seul bloc. Sous le sol de marbre blanc, de nombreux tombeaux, étonnamment fleuris pour certains ; ce qui donne un drôle d'aspect aux transepts, ponctués de pots de fleur. Mais la perle de la crypte est cette icône de la *Vierge à la fleur de lys,* sur la droite, de loin la plus ancienne de Madrid, puisqu'elle fut peinte en 1083, après la reconquête de la ville. Pour l'anecdote, elle disparut pendant plusieurs siècles puis réapparut « par miracle » en 1623, à l'occasion des travaux de l'église.

➢ Juste en face de la crypte, jeter un œil aux très modestes restes de la ***muraille arabe,*** excavés en 1950. Ces remparts ceinturaient la ville au temps des Maures. Bon, il n'en reste vraiment pas grand-chose. Remonter vers le centre-ville en prenant la c/ Mayor. Sur la gauche au nº 86, le ***palacio de Abrantes,*** qui abrita les contingents italiens des Brigades internationales pendant la guerre civile espagnole. Aujourd'hui, cet édifice orné de jolies fresques est le siège de l'Institut culturel italien.

PASSE-MURAILLE

Les Madrilènes sont surnommés los gatos *(les chats) à cause de l'habileté qu'ils déployèrent, lors de la reconquête de la ville, à escalader la haute muraille construite par les Maures. Comme des chats !*

Plaza de la Villa *(zoom centre C4)* **:** plus loin dans la calle Mayor, on tombe sur cette « place de la mairie » très harmonieuse, bien qu'affichant 3 styles différents. Tout d'abord, l'hôtel de ville *(ayuntamiento),* appelé aussi ***Casa de la Villa,*** avec son architecture du XVIIe s caractéristique de la maison d'Autriche. Une partie servait autrefois de prison. Sur le côté est de la place, un vieux palais de brique dominé par la ***torre de los Lujanes,*** d'influence mudéjare (début du XVe s). Cette demeure, sans doute l'une des plus vieilles de la capitale, présente une belle porte gothique armoriée. Elle servit de prison à François Ier, roi de France, après sa défaite à Pavie contre Charles Quint (son grand ennemi), de février 1525 à janvier 1526. Côté sud, la ***casa de Cisneros,*** bâtie au XVIe s mais en partie reconstruite au début du XXe s lorsqu'elle fut rachetée par la mairie (l'arche qui la relie à la

ON N'EST JAMAIS MIEUX TRAHI QUE PAR LES SIENS...

Pirouette de l'histoire, François Ier dut sa défaite à Pavie à son propre cousin, le connétable Charles de Bourbon. Et plus encore, avant de passer sous la férule de Charles Quint, Charles était un compagnon d'armes de François Ier : il l'a d'ailleurs secondé avec autant d'ardeur que de succès à la bataille de Marignan, en 1515. En fait, ils se brouillèrent pour une histoire d'héritage...

Casa de la Villa date d'ailleurs de cette rénovation). Belle façade plateresque de... Bellido, qui date du début du XXe s ! Seules les façades donnant sur la c/ Sacramento et sur l'escalier sur le côté sont d'origine.

➢ Descendre la c/ del Cordón jusqu'à la place du même nom, dominée par... la ***casa del Cordón,*** pardi ! Elle tient son nom du cordon porté en guise de ceinture par les Franciscains, et qu'on peut observer en façade. En empruntant sur 20 m la c/ San Justo au coin de la place, on aperçoit la curieuse façade bombée de l'***iglesia San Miguel*** *(zoom centre C4),* de style baroque italien.
En face, descendre les marches du petit *pasaje del Obispo* et prendre la c/ Segovia sur la droite. Noter au passage l'amusante façade du *Centro de Salud,* composée d'un entrelacs de motifs floraux stylisés sur fond rouge. Plus bas, vous remarquerez plusieurs façades en trompe l'œil. Nous changeons de quartier : ***voici La Latina, l'un des coins les plus attachants de la ville.***

➢ Grimper la costanilla San Andrés, qui débouche sur la ***plaza de la Paja*** *(place de la Paille ; zoom centre C5).* C'était l'un des centres névralgiques à l'époque médiévale : le grand marché s'y tenait. Elle doit son nom à une coutume chrétienne qui obligeait les habitants à fournir en paille les chapelains et aumôniers du coin afin qu'ils puissent nourrir leur âne.
Tout de suite à gauche, ne pas manquer l'adorable ***jardín del Príncipe Anglona*** *(tlj 10h-22h, en hiver 10h-18h30)* l'un des rares exemples de jardins nobles qui nous soient parvenus. Dessiné au XVIIIe s, réaménagé début XIXe s et devenu public, il mélange le style néoclassique à des éléments arabes (fontaine). On peut faire un détour en remontant la c/ del Príncipe Anglona jusqu'à l'***iglesia San Pedro el Viejo,*** avec sa tour mudéjare.
Mais revenons à notre place de la Paille : en haut se trouve la ***capilla del Obispo*** *(zoom centre C5 ; visites possibles en silence, 20 mn avt chaque office, lesquels ont lieu lun-ven 18h30 et 19h30 – ainsi que 12h30 mar, jeu et ven –, sam 12h30 et 20h, dim 12h30 et 19h ; sinon visites guidées sur résa mar à 10h, 10h45 et 11h30, et jeu à 16h et 16h45, pour 4 €/pers : ☎ 91-559-28-74 ou sur • reservascapilladelobispo@archimadrid.es •),* bâtie au XVIe s afin d'abriter la dépouille de San Isidro. Elle mêle le style gothique avec une façade plateresque et des éléments Renaissance. Beau retable polychrome et intéressant tombeau sculpté.
Juste derrière, l'***iglesia San Andrés*** *(tlj sauf dim ap-m 8h-13h, 18h-20h),* du XVIIe s, vaut le coup d'œil pour sa coupole baroque surchargée d'angelots et de fruits.

Voisin, le petit ***museo de San Isidro*** (ou ***museo de los Orígenes*** ; *• madrid.es/museosanisidro • ; mar-dim 10h-20h – 19h de mi-juin à mi-sept ; GRATUIT ; feuillet à l'entrée en anglais ou espagnol – suspendu pour Covid-19*) est avant tout un minimusée de Madrid, mais on lui préfère le *museo de Historia,* nettement plus riche. Installé dans un ancien couvent, quelques pièces intéressantes cependant, dont une grande salle qui permet de visualiser en 3D la faune (dont dinosaures et autres mastodontes) qui occupait le site de la ville avant l'installation des hommes (les enfants kiffent !). Vestiges archéologiques aussi, puis une salle consacrée à San Isidro le laboureur, patron de la ville (y compris l'utilisation de son nom pour vendre de l'ambroisie ou du *vino quina*), et l'évocation de différentes légendes fondatrices de la ville, avant de finir par la chapelle. Enfin, petit jardin de simples.
Depuis la très agréable *plaza San Andrés,* où aiment flâner les Madrilènes, on aperçoit l'***iglesia San Francisco el Grande*** *(plan détachable B5),* dont l'unique intérêt est une chapelle décorée par Goya (la 1re à gauche).
À l'opposé partent les ***cava Baja*** et ***cava Alta*** *(zoom centre C5),* rues des plus vieilles auberges de Madrid, où les routards de l'époque traînaient leurs guêtres. Ça n'a pas vraiment changé, puisqu'aujourd'hui on y trouve de nombreux bars à tapas et une ambiance des plus animée en soirée. De là, il suffit de remonter les rues commerçantes vers le nord, en se laissant attirer comme un aimant par la très magnétique plaza Mayor.

Ermita de San Antonio de la Florida *(plan détachable A3) : sur la glorieta du même nom, au bout du paseo de la Florida. ☎ 91-542-07-22. Ⓜ Príncipe Pío puis 300 m à pied. Bus nos 46, 41 et 75. 15 juin-15 sept mar-ven 9h30-14h, w-e et fêtes 9h30-20h ; le reste de l'année mar-dim 9h30-20h. Fermé lun, 1er janv, 1er mai et 25 déc. GRATUIT.*
Dès 1732 fut construit sur les rives du Manzanares un ermitage à saint Antoine de Padoue, par Churriguera lui-même. Dans ce coin alors champêtre où les Madrilènes venaient prendre le frais et se baigner, une grande dévotion populaire à saint Antoine se développa très vite (un pèlerinage s'y tenait même le 13 juin). Au point qu'il fallût agrandir l'édifice plusieurs fois. Tâche confiée d'abord à Sabatini, puis, à la demande de Carlos V, à Fontana, qui bâtit l'ermitage actuel en 1792, dans le style néoclassique alors en vogue.
Banale vue de l'extérieur, bizarrement peu connue, cette chapelle est pourtant décorée de ***fresques de Goya,*** réalisées en 1798 et illustrant, sur la coupole à lanterne (merci le torticolis), le miracle de saint Antoine. Leur intérêt réside dans leur style résolument profane, voici un tableau précis de la société madrilène de l'époque avec ses aristos, grands bourgeois, demi-mondaines, mais surtout pauvres et gens du peuple qui ont plutôt l'air de demander des comptes à saint Antoine. Visages très expressifs, où se lit souvent l'inquiétude. La dépouille de Goya, mort à Bordeaux en 1828, fut rapatriée en 1919 pour reposer dans cette chapelle... du moins son corps, puisque sa tête, pour des raisons demeurées mystérieuses, n'a jamais été retrouvée. Un petit film intéressant retrace l'histoire du lieu et de la ville. Juste à côté de la chapelle originale a été bâtie sa sœur jumelle, où se déroulent les offices religieux (impossible dans l'ermitage d'origine : les pèlerins étaient trop présents !).

QUARTIER DE LAVAPIÉS ET EL RASTRO

Plan détachable et zoom Las Letras C-E5-6 ; Ⓜ Antón Martín

Demandez aux Madrilènes où se trouve le quartier des origines de Madrid, où l'histoire de la capitale a commencé. Ils vous diront : Lavapiés. Il faut savoir qu'à Madrid les habitants de chaque quartier prétendent être les « vrais » Madrilènes. Ceux de Lavapiés le crient plus fort que les autres. Ce quartier populaire et cosmopolite, d'une extrême hospitalité, accueille des émigrés et des restos du monde entier, et attire également une nouvelle population composée d'artistes et d'intellectuels. Le tout forme une joyeuse tour de Babel vraiment attachante, avec ses épiceries de tous les coins du monde et ses nombreux théâtres et centres culturels, comme le *Ciné Doré (zoom Las Letras D5).* Au niveau gastronomique, quelques rues se sont même transformées en *Little India* (au nord de plaza de Lavapiés, calles Lavapiés, del Ave María, del Olivar...).
C'est aussi un quartier en pleine mutation, à l'image de la place de Lavapiés, restaurée. Il est aujourd'hui menacé par la pression spéculative des promoteurs et de la Mairie, qui veulent le « normaliser ». Il serait pourtant dommage que ce quartier perde son esprit de village. Quoi qu'il en soit, Lavapiés est un quartier qui monte, tendance « branchouille bohème », et l'un de ceux qui réservent le plus de surprises au visiteur curieux.

Où manger des tapas ?

Lacaña *(zoom Las Letras E5, **159**) : c/ de Santa Isabel, 50. ☎ 91-527-22-69. • rosacatalanlosa@gmail.com • Ⓜ Estación del Arte (le plus proche), Antón Martín ou Lavapiés. Tlj 8h-2h (9h-1h w-e). Petits déj dès 4 €, menu* *midi 14-16 €, tapas 4-11 € et raciones 8-15 €, couscous le dim 15,50-20 €, repas 15-25 €, supplément en terrasse. CB refusées.* Pratique, à 2 pas du musée Reina Sofía. Un bar à tapas de quartier, aux couleurs pimpantes rehaussées par de belles expos de peinture. Grands choix de tapas et *raciones,* plus toujours 3 plats (et l'un des meilleurs couscous de Madrid le dimanche de 13h à 17h). Bonne sélection de cocktails et de jus de fruits hyper frais aussi (kiwi, papaye, maracuja, mangue, etc.). Terrasse très sympa aux beaux jours.

|●| ***Restaurante Achuri*** *(zoom Las Letras D5,* ***161****) : c/ de Argumosa, 21. ☎ 91-468-78-56. Ⓜ Lavapiés. Tlj jusque tard (16h30 dim). Tapas, raciones 4-7,50 € (un peu plus en terrasse).* Un des rendez-vous de la faune locale, tendance libertaire. Plutôt animé le soir (pas de cuisine avant 13h30). Tapas, *raciones, bocadillos,* croquettes, salades, gratins, mon tout du genre classique, mais les gens viennent surtout parce que c'est un très populaire point de rencontre. Terrasse.

|●| ***Lamiak*** *(zoom Las Letras D5,* ***140****) : c/ de la Rosa, 10. ☎ 91-539-74-50. Ⓜ Antón Martín. Tlj 10h (13h w-e)-1h (2h30 ven-sam). Pintxo env 3 €, raciones 7-15 €.* Tout proche de la plaza de Antón Martín, même esprit décontracté de bar de potes, de bon son et de *pintxos* qui calent à petit prix (mais sans sacrifier la qualité de la maison mère, dans La Latina).

|●| ***Taberna El Sur*** *(zoom Las Letras D5,* ***158****) : c/ de la Torrecilla del Leal, 12. Angle c/ San Simón. ☎ 91-527-83-40. Ⓜ Antón Martín. Tlj 10h-00h30 (1h ven-sam). Tapas 4-10 €, medias raciones et raciones 6-14 €.* Dans ce petit établissement tout en longueur, les habitués du quartier se serrent les coudes (et le cœur) au bar, pendant que les autres se partagent une poignée de guéridons et une autre de tables. Petit format, donc ! Mais de bons produits frais, simplement et justement préparés, et une ambiance plutôt décontractée.

|●| ***Sukaldea Atotxa*** *(zoom Las Letras E5,* ***233****) : c/ del Dr. Drumen, 3. ☎ 91-827-87-56. • sansemarasociados@gmail.com • Ⓜ Estación del Arte. Tlj 12h-23h. Pintxos 3,50-8 €, raciones 7-14 €.* Derrière le musée Reina Sofía, la rue piétonne. Grande terrasse bien agréable, qu'il est préférable de réserver le soir. Une cuisine tradi-fusion, dont les tapas et *pintxos,* que l'on peut nommer « gastro », sont délicieux et innovent ! Si la terrasse est bondée et que vous n'avez pas réservé, la salle est très agréable aussi. Excellent accueil.

Où manger (assis) ?

Bon marché (moins de 15 €)

|●| ***El Económico – Soidemersol*** *(zoom Las Letras D5,* ***170****) : c/ de Argumosa, 9 (angle c/ del Salitre). ☎ 91-539-41-95 ou 91-528-16-55. Ⓜ Lavapiés. Tlj 12h-1h sauf lun. Menu en sem env 12 € ; plats 9-12 €, rioja « jeune » 12 €.* Nourrit le quartier depuis 1948. Ce fut longtemps le resto des fauchés, et aujourd'hui, même si les prix ont grimpé, la cuisine maison, simple et peu chère, reste correcte (sans plus, hein !) et appréciée des étudiants et artistes du quartier. Salle tout en longueur avec tables en bois et azulejos, prolongée par une plus petite au fond, ou petite terrasse ombragée. Spécialité de confit de canard sauce orange et *bacalao a la plancha.* Pour les grosses faims, la *parrillada* de viandes (largement suffisante pour 2 !).

|●| ***Pum Pum Café*** *(zoom Las Letras D5,* ***152****) : c/ de Tribulete, 6. Pas de tél. • info@pumpumcafe.com • Ⓜ Lavapiés. Tlj 9h (10h w-e)-20h. Brunch w-e 10h-20h. Plats 7-9 €.* Ce genre de cafés tenus par des jeunes, qui s'inventent un peu partout, mais restent très sympa. Adorable petite salle aux murs de brique, tables et chaises d'école (avec coussin !) réhabilitées. Tendance bio, végane et fait maison. Bruschetta, toast, brioches, burger, salades... Essayez la *doble benedict PumPum,* très complète. Jus de fruits délicieux. Bref, un endroit

idéal pour grignoter toute la journée, et dès le petit déj. En prime, très bonne musique !

Dans cette catégorie, voir aussi ci-dessus dans « Où manger des tapas ? » ***Lamiak,*** qui dispose de quelques tables (vite pleines !).

De bon marché à prix moyens (15-25 €)

Taberna de Antonio Sánchez *(zoom Las Letras D5,* ***141****) : c/ del Mesón de Paredes, 13. ☎ 91-539-78-26. • tabernaantoniosanchez@gmail.com • Ⓜ Tirso de Molina. ♿ Tlj sauf dim soir 12h-16h30, 20h-minuit. Tapas env 3,50 € ; plats 8-15,50 €. Menu 12 €. Digestif ou café offert sur présentation de ce guide.* Baptisée du nom d'un célèbre torero, c'est une magnifique taverne fondée en 1830 et au charme suranné : murs de bois sombre, bancs, tables en marbre, têtes de taureaux empaillées... Dans l'assiette, bon choix de spécialités de la Castille, dont se régale la clientèle d'habitués tranquilles. Dommage que parfois les plats manquent dès le début du service.

Cascorro Bistrot *(zoom centre C5,* ***162****) : pl. de Cascorro, 21. ☎ 91-039-09-52. • bistrot.cascorro@yahoo.com • Ⓜ La Latina. Mar-sam 12h-1h, dim 13h-17h, fermé lun. Congés : 1 sem en août. Menu midi 10,50 €, carte 20-25 €. Apéritif maison offert sur présentation de ce guide.* Des pépites françaises derrière un tablier espagnol ! En vrai, ce bistrot, tenu par 2 Français, s'amuse des classiques ibériques en y introduisant des touches bien gauloises, le tout à base de produits frais. L'*ensalada rusa* se fait aérienne, le riz au lait se pare de caramel au beurre salé... une vraie réussite dès le menu du déjeuner. À la carte, compter 2-3 tapas pour être rassasié. Déco dans la même oscillation franco-ibérique, et beau choix de vins naturels.

Sidrería Casa de Asturias *(zoom Las Letras D5,* ***171****) : c/ de Argumosa, 4. ☎ 91-527-27-63. • casadeasturias@casadeasturias.com • Ⓜ Lavapiés. Tlj sauf dim. Fermé 3 sem fin août. Menu 10 € le midi en sem (11 € en terrasse) ; carte 25-30 €.* Au cœur de Lavapiés, un populaire bar-resto asturien où l'on retrouve le traditionnel cidre frais et fruité pour se désaltérer et qui, bien sûr, accompagne harmonieusement les bons petits plats de là-bas ! *Chorizo a la sidra, pimientos de padrón* (modérément épicés, pas trop grillés), *churrasco al troceado, sépia de la rias, fabada asturiana,* porc à toutes les sauces... le tout copieusement servi. Atmosphère turbulente et bruyante à souhait, terrasse sur le trottoir prise d'assaut aux beaux jours.

El Imparcial *(zoom centre C5,* ***226****) : c/ del Duque de Alba, 4. ☎ 91-795-89-86. • administracion@elimparcialmadrid.com • Ⓜ Tirso de Molina ou La Latina. Tlj 12h-1h (2h30 w-e). Menus midi 14-15 €, carte 25-30 €.* Derrière la façade ocre de cette demeure ancienne, à l'étage sous de bien hauts plafonds, c'est un long bar à cocktails et sa table d'hôtes en marbre qui sautent d'abord aux yeux. Mais notre préférence va à la très grande salle à l'éclectisme classe et étudié, où l'on s'attable à 2 ou sur une des grandes tables communes, entre mobilier contemporain se mêlant aux moulures et vieux parquet lasuré conservé dans son jus. Ensemble très lumineux et plébiscité par les habitants du quartier. En particulier au déjeuner, pour son menu au choix restreint mais hyper frais, autour d'une cuisine espagnole moderne qui suit les saisons.

Malacatín *(plan détachable C5,* ***164****) : c/ de la Ruda, 5. ☎ 91-365-52-41. • reservas@malacatin.com • Ⓜ La Latina. Ouv le tlj 11h-17h30, le soir mer-sam 20h-23h. Résa conseillée. Cocido complet env 20 €. Belle sélection de vins dès 14-15 €.* Existe depuis 1895. L'un des restos les plus populaires de El Rastro, et l'un des meilleurs *cocidos* de Madrid (pas moins de 14 ingrédients !). Pas bien grand, c'est vite surpeuplé. Cadre chaleureux d'affiches de *toros,* belles céramiques, vieux souvenirs se serrant les uns contre les autres, collection de chopes au plafond... Atmosphère rugissante garantie et réservation quasi obligatoire !

Voir aussi dans « Où manger des tapas ? » la ***Taberna El Sur,*** pour ses quelques tables.

MADRID

Où prendre le petit déj ?

L'Adoré *(zoom centre C5,* ***261****) : pl. de Cascorro, 20. 654-68-20-70. • marion.panadore@gmail.com • M La Latina. Tlj 8h-21h. Fermé 1 sem en août. Petit déj dès 2,70-3 €, salades du jour env 8 €, menu du jour 10,50 €, tostas y bocadillos 4-7 €, brunch tlj 15 €.* Un petit local bien dans son époque, qui surfe de manière sympathique sur la vague des salades fraîches, quiches et pâtisseries maison et pain artisanal. Et les viennoiseries du petit déj se tiennent très bien ! Faut dire que les jeunes proprios sont français...

La Rollerie *(zoom Las Letras D5,* ***277****) : c/ de Atocha, 20. ☎ 91-420-46-75. • atencionalcliente@larollerie.com • M Sol. Lun-mar 8h-16h, mer-dim 8h-20h. Petit déj servis 8h-12h30, brunch 8h-16h. Petits déj dès 4 €, brunch env 16 €.* Un vaste espace clair doublé d'une mezzanine, et une ambiance « à la campagne » agréablement standardisée pour cette boulangerie-salon de thé (une minichaîne espagnole) qui débite du petit déj pour tous les goûts, sucré ou salé. Viennoiseries et pains de bonne tenue, jus d'orange frais... De quoi bien commencer la journée. Également des salades et sandwichs, servis toute la journée. N'ayez pas peur de la file d'attente, elle progresse vite ! Comptoir pour emporter, aussi, et 3 autres succursales en ville.

Où manger une glace ?

Sani Sapori *(zoom Las Letras D5,* ***198****) : c/ de Lavapiés, 31. ☎ 91-530-89-96. • info@sanisapori.es • sani.sapori@gmail.com • M Lavapiés. Mars-oct, tlj sauf mar et mer mat 11h-23h (minuit sam, 22h dim) ; basse saison, ouv slt jeu-dim mêmes horaires ; Fermé janv-fév. Glaces 2,50-4 €.* Un glacier absolument extra, qui ne travaille que des produits bio soigneusement sélectionnés et élabore tous ses parfums, parfois franchement originaux, dans son propre laboratoire. La glace au baobab, vous en aviez déjà goûté, vous ? Onctueux, onctueux... Quelques tables en terrasse pour déguster sa douceur et reposer ses pieds.

Où boire un verre ? Où écouter de la musique live ?

Le long de la calle de Argumosa *(zoom Las Letras D-E5)*, une ribambelle de bars sympa étalent leurs terrasses sur le trottoir à l'abri des arbres (mais pas des oiseaux canardeurs...). Un paradis à l'heure de l'apéro, dans une belle atmosphère cosmopolite et populaire, mêlée d'intellos précaires. Encore faut-il réussir à dégoter une table ! La nuit, pas de parano inutile, mais les jeunes filles éviteront tout de même de se promener seules dans les rues peu animées autour de la place de Lavapiés. Aucun risque, en revanche, dans la c/ de Argumosa, pleine de vie.

Tôt ou tard

La Buga del Lobo *(zoom Las Letras D5,* ***321****) : c/ de Argumosa, 11. ☎ 91-528-88-38. M Lavapiés. Tlj 12h-minuit. Apéritif maison offert sur présentation de ce guide.* Un bar-resto alterno, l'un des plus animés de la rue en soirée, recouvert de fresques trash et surréalistes, comme à Mexico. Tout évoque ici le voyage (La Buga est un petit port du Guatemala). Bonnes bières artisanales et souvent, le week-end, un petit groupe. Éviter d'y manger, cependant. Terrasse.

Bar Pavón *(plan détachable C5,* ***299****) : c/ de las Embajadores, 9. ☎ 91-219-06-82. • cafepavon@gmail.com • M La Latina. Tlj 10h30-1h30 (2h30 ven-sam). Raciones 4,50-5 €.* Décor rétro, un rien bobo, dans ce bar de quartier adossé au théâtre du même nom, et très fréquenté en début de soirée. Accoudé au comptoir, sous l'élégant plafond à caissons, on sirote bières artisanales et cocktails pas bien chers en picorant un choix restreint de *raciones* plutôt originales, avant d'aller faire l'inventaire des affiches de spectacles et concerts tapissant le couloir des toilettes, pour programmer sa soirée du lendemain. Un vrai repaire de cultureux, relax et convivial.

Bar Automatico *(zoom Las Letras D5, **326**) : c/ de Argumosa, 17. ☎ 91-530-99-21. • mespe18@hotmail.com • Ⓜ Lavapiés. Tlj 18h-1h30. Fermé en août.* Intime et un poil branchouille, il y règne une ambiance très relax. Bonnes tapas, croquettes, brochettes de poulet, etc., économiques.

Café Barbieri *(zoom Las Letras D5, **320**) : c/ del Ave María, 45. ☎ 91-527-36-58. Ⓜ Lavapiés. Tlj 8h-1h (2h30 ven-sam).* Vaste et élégante salle Belle Époque, conservée dans son jus : miroirs gravés, tables en marbre, banquettes en velours, colonnettes à chapiteaux, plafond mouluré. Un café au charme suranné, prisé des théâtreux et autres intellos bohèmes du quartier. Excellents cocktails de café aux mélanges parfois surprenants. De temps à autre des spectacles musicaux payants en fin de semaine. On évitera cependant d'y manger.

Culture, grignotage et café...

La Fugitiva – Librería Café *(zoom Las Letras D5, **329**) : c/ de Santa Isabel, 7 (angle c/ Duque de F. Núñez). ☎ 91-468-24-53. • lafugitiva.es • librerialafugitiva@gmail.com • Ⓜ Antón Martín. Lun-mar 10h-23h, mer-sam 10h-minuit, dim 11h-23h.* Très intéressante librairie de quartier (bouquins pointus, signatures d'auteurs, animations littéraires diverses) où l'on peut à toute heure se relaxer devant un bon café et des muffins. La librairie, l'âme d'un quartier, une espèce en voie de disparition, qu'il faut toujours défendre avec acharnement !

La Libre *(zoom Las Letras E6, **267**) : c/ de Argumosa, 39. ☎ 81-052-33-66. • pilarcatani42@hotmail.com • Ⓜ Lavapiés. Tlj 8h30 (9h30 w-e)-22h (23h ven-sam). Fermé j. fériés et autour de Noël. Petit déj jusqu'à 12h30 (13h30 sam-dim) 3-7 €, brunchs à tte heure 9-10 €. Réduc de 5% sur l'addition sur présentation de ce guide.* Au bout de la rue, derrière l'extension moderne du Reina Sofía, sur la placette avec la fontaine, sympathique et intime café-librairie pour déguster un café ou un thé, prendre son petit déj (brunch servi à toute heure) ou grignoter un snack, tranquillou. Cadre hétéroclite et chaleureux, mobilier kitsch, et miniterrasse recherchée.

Plutôt le soir

Juglar *(zoom Las Letras D5, **322**) : c/ de Lavapiés, 37. ☎ 91-528-43-81. • info@salajuglar.com • salajuglar.com • Ⓜ Lavapiés. Mer-dim 21h30-3h. Fermé lun-mar et 15 j. en août. Entrée libre ; ou 9-20 € selon concert (vers 22h).* On aime bien ce chaleureux bar tout en brique où se tiennent, du mercredi au samedi, dans la salle du fond, des concerts de musique live pour le moins éclectiques : pop, rock, funk, soul, reggae, flamenco, électro... Une programmation de qualité, très courue par les jeunes et moins jeunes, qui sirotent bières et cocktails pas chers collés-serrés en se laissant flatter les esgourdes ! Une référence dans la nuit madrilène.

Bodegas Lo Máximo *(zoom Las Letras D5, **323**) : c/ de San Carlos, 8. ☎ 91-539-00-70. Ⓜ Lavapiés. Tlj 18h (13h sam-dim)-2h (1h dim). Entrée libre.* Un bar d'étudiants sympa, clin d'œil aux seventies, avec ses grosses fleurs et son carrelage mosaïque. On y lie facilement connaissance autour d'un cocktail économique, dans une atmosphère pépère préférant la parlote à l'avalanche de décibels. Moins de monde en semaine, *claro*.

Taberna La Aguja *(zoom Las Letras D5, **324**) : c/ del Ave María, 25. ☎ 91-527-79-50. • laaguja lavapies@hotmail.com • Ⓜ Antón Martín ou Lavapiés. Tlj 20h30-2h30. CB refusées.* Un petit rade poisseux, fréquenté par les jeunes bohèmes du coin. Quelques affiches de concerts (les Stones, The Who...) donnent le ton. Les vinyles de blues et de rock qui tournent sur la platine font le reste.

Musica en vivo de temps en temps. Pas cher. Si c'est trop bondé, on peut se replier sur son clone, ***La Olivia,*** 200 m plus bas dans la même rue (nº 35). Même salle de poche, même collec' de vinyles, même clientèle, et mêmes horaires !

Cinéma

■ ***Ciné Doré*** *(zoom Las Letras D5) : c/ de Santa Isabel, 3 ; à l'angle du pasaje Doré, à côté du mercado Antón Martín. ☎ 91-369-11-25. Ⓜ Antón Martín. Fermé lun. Prix dérisoires (et gratuit moins de 18 ans). Cafétéria mar-dim 16h-minuit.* Logé dans une mignonne bâtisse Art nouveau, ce ciné-club plein de charme abrite la *Filmoteca española* et propose des projections de vieux films espagnols et étrangers, en intérieur ou en plein air. C'est le repaire des cinéphiles madrilènes. Le plafond de la grande salle vaut le coup d'œil.

Achats

Chaque dimanche matin, jusque vers 15h, la ***plaza de Cascorro*** *(zoom centre C5)* et la rue ***Ribera de Curtidores*** *(plan détachable C5)* sont envahies de stands : c'est El Rastro, le marché aux puces de la ville (voir ci-dessous dans « À voir. À faire ».)

Mercado Antón Martín *(zoom Las Letras D5, **403**) : c/ Santa Isabel, 5. ☎ 91-369-06-20. • mercadoantonmartin.com • Tlj sauf sam ap-m et dim 9h-14h, 17h-21h (23h30 pour les restos).* Un marché couvert avec des montagnes d'olives, des fromages locaux, de beaux fruits et légumes, et bien sûr des jambons, chorizo, bref, un marché très espagnol. Quelques tables au centre permettent de se poser pour tester les différentes spécialités des comptoirs (prix démocratiques).

Librería Malatesta *(zoom Las Letras D5, **430**) : c/ de Jesús y María, 24. ☎ 91-539-10-07. • info@lamalatesta.net • lamalatesta.net • Ⓜ Tirso de Molina ou Lavapiés. Lun-ven 10h30-14h, 17h-21h. Le dim, à El Rastro, pl. Tirso de Molina.* LA librairie alternative et libertaire de Madrid, bourrée de bouquins sur tous les sujets : politique, socio, écolo, Guy Debord en espagnol et des inédits de Bakounine en français, Thoreau, Orwell... Signatures d'auteurs. Cartes postales, affiches, excellent rayon musique et chansons, vidéos, bon choix de T-shirts engagés.

Voir aussi plus haut dans « Culture, grignotage et café... » ***La Fugitiva – Librería Café*** *(zoom Las Letras D5, **329** ; c/ de Santa Isabel, 7).*

À voir. À faire

Lavapiés : agréable balade à l'écart des sentiers battus de la plaza de Santa Ana, avant d'aller boire un verre... Sortir du métro à Tirso de Molina, et descendre la c/ del Mesón de Paredes *(zoom Las Letras D5-6)* tranquillement. Elle est bordée de *corralas,* ces habitations populaires typiques du vieux Madrid. Une *corrala,* c'est une cour entourée de galeries à chaque étage avec des montants et balcons en bois. Les pouvoirs publics ont restauré plusieurs grandes *corralas* typiques. On découvre aussi, toujours en descendant, les ruines d'une vieille église. Au retour, en remontant *(zoom Las Letras D5, **452**),* au nº 8, calle del Ave María, un *salón de peluquería* (coiffeur) avec devanture en azulejos reproduisant des dessins marrants.

➢ ***À la découverte du Lavapiés alternatif :*** pour humer l'air du temps et s'extasier devant la créativité de la jeunesse madrilène, rien de tel que de visiter les centres culturels autogérés que compte ce quartier hors normes. Le plus connu est la ***Tabacalera – Centro nacional de Artes Visuales*** *(plan détachable D6, **453** ; c/ de Embajadores, 53 ; • latabacalera.net • ; Ⓜ Embajadores ; tlj sauf lun, 12h-20h – 11h w-e et j. fériés),* installé dans une ancienne fabrique de cigarettes. Dans ce bâtiment décrépit et fourmillant de vie, on assiste chaque jour à des concerts gratuits, ateliers d'art, cours en tout genre. Mais également des expos et installations d'artistes pour la promotion de l'art. Cafétéria et bar à prix d'amis. Plus calme, enclavé entre des immeubles, le jardin partagé alternatif ***Esta es una plaza*** *(zoom Las Letras D-E6, **454** ; c/ del Doctor Fourquet, 24 ; • estaesunaplaza.blogspot.com.es • ; dim 12h-15h ; en principe, tlj ensoleillé en saison)* accueille les promeneurs entre ses carrés de potager bio. Les enfants disposent d'aires de jeux et peuvent suivre des ateliers créatifs pendant que les parents papotent dans des fauteuils de récup' ou suivent des cours de jardinage. Il y a même un petit amphithéâtre fabriqué à partir de vieux cageots, où l'on assiste les soirs de week-end à des concerts et pièces de théâtre. Au passage, petite visite à la ***Librería Malatesta*** *(c/ de Jesús y María, 24, voir plus haut, rubrique « Achats »).* Dans un style plus lisse, la ***casa Encendida*** *(plan détachable D6 ; ronda de Valencia, 2 ; ☎ 91-506-21-80 ; • lacasaencendida.es • ; tlj sauf lun 10h-22h),* sponsorisée par la *Caja Madrid.* Ici, pas de hippies pieds nus ni de graffitis sur les murs, mais de grandes salles accueillant des expos gratuites, parfois aussi des films et concerts, une bibliothèque pluridisciplinaire. Nombreux ateliers multimédia proposés (photos, radio, médiathèque) et cours d'espagnol pour les migrants. Pour finir, une boutique de commerce équitable (produits d'épicerie, livres, etc.). Cafétéria bon marché au rez-de-chaussée, belle terrasse sur le toit (qui accueille concert et cinéma en plein air les w-e de juillet-août, à prix mini – 3-5 €). Enfin, le ***mercado San Fernando*** *(zoom Las Letras D5-6 ; c/ de Embajadores, 41 ; • mercadodesanfernando.es • ; lun 9h-15h, 17h-21h, mar-sam 9h-22h (23h ven), dim 9h-17h)* a fait peau neuve. A perdu (un peu) de l'alimentation, mais s'est enrichi de nouveaux stands : produits bio et écolo, boutiques d'artisanat, petits ateliers, bières artisanales, cadeaux, petits troquets sympas...

C'est à deux pas que se tient le plus grand ***marché aux puces*** de Madrid, ***El Rastro*** *(plan détachable C5-6 ; c/ de la Ribera de Curtidores ; Ⓜ La Latina).* Gigantesque, il se tient chaque dimanche jusque vers 15h. Une foule énorme : vers 11h, on fait du 10 m à l'heure, et vers midi du sur-place ! Nettement plus animé en été que lors des frimas d'hiver. Fripes, petit artisanat, objets « tombés du camion » (autoradios, portables, montres), mais dans l'ensemble, nettement plus de camelote chinoise que de perles pour chineurs avertis. Quant aux boutiques d'antiquités, ouvertes en semaine, elles n'offrent pas vraiment de bonnes affaires. Mieux vaut quitter la rue de Ribera de Curtidores pour aller dans les petites rues adjacentes (c/ del Carnero, c/ de Carlos Arniches) ou rendre une visite aux antiquaires et créateurs de la plaza Vara de Rey.

AUTOUR DE LA GRAN VÍA ET DE LA PLAZA PUERTA DEL SOL

Plan détachable B-C3, D-E4 et zoom Chueca ;

Ⓜ *Plaza de España, Santo Domingo, Callao ou Sol*

La Gran Vía, artère centrale, commerçante et bourdonnante, relie la *plaza de España* à la *plaza del Callao* : on est au cœur de Madrid, au centre de l'animation. Des flots de Madrilènes déferlent presque à toute heure pour lécher les vitrines des magasins de chaînes et autres franchises. Quant

à la *plaza Puerta del Sol (plan détachable et zoom Las Letras D4)*, elle ne possède aucun charme particulier, mais, carrefour de nombreuses avenues, centre névralgique des lignes de métro et de bus, c'est le passage obligé des Madrilènes et provinciaux venus faire du shopping. C'est aussi là que se tint le grand sit-in de protestation des « Indignados », en 2011. Vous y passerez forcément à plusieurs reprises lors de votre séjour.

De l'ancienne porte médiévale, la ***puerta del Sol,*** il ne subsiste guère que le nom « Sol », qui provient du cadran solaire figurant jadis sur l'un des édifices. La place telle qu'on la découvre aujourd'hui fut aménagée sous Isabel II. À l'époque, c'était un lieu de rencontre où l'on venait parler politique et corridas. Cette place fut l'épicentre du bain de sang du *Dos de mayo 1808,* immortalisé par Goya. Une plaque commémorative le rappelle, sur la droite de la *Casa de Correos* (face sud de la place). Cette ancienne poste, qui abrite actuellement le gouvernement régional, servit de « Direction générale de la sécurité » sous Franco. C'est dire si les Droits de l'homme y ont donc été bafoués tant et plus. Au pied de cet édifice, la plaque indiquant le centre géographique d'où part le kilomètre 0 des nationales espagnoles.

À l'angle avec la c/ Alcalá se dresse une statue des 2 symboles de la ville, *El Oso y el Madroño* (L'Ours et l'Arbousier). C'est ici que les Madrilènes, jeunes et vieux, se retrouvent le soir du Nouvel An. Au centre de la place, une statue équestre de Charles III. Plus loin, entre la ***plaza del Callao*** *(plan détachable C4)* et la ***plaza de España*** *(plan détachable B-C3),* le quartier change d'aspect : les rues transversales deviennent des successions de bazars et de restos chinois entrecoupés de cabarets louches devant lesquels traînent des filles de joie pas si joyeuses... C'est aussi ça, le visage trop fardé du centre de Madrid.

UNE TRADITION BIEN UTILE

Les Madrilènes se retrouvent à la puerta del Sol le soir du Nouvel An, avec 12 grains de raisin. Ils les avalent au son des 12 coups de minuit pour que l'année soit bonne et prospère. Cette tradition ne date que de 1909, année de surproduction des vignes. Les vignerons eurent cette idée pour épuiser les stocks. La tradition est restée.

MADRID

Où manger des tapas ?

Casa Labra *(zoom Las Letras D4,* ***150****)* **:** *c/ de Tetuán, 12. ☎ 91-531-00-81. • casalabra@hotmail.com • Ⓜ Sol. Tlj 13h15-16h, 20h15-22h (11h-15h30, 18h-23h pour la taberna). Tapas et bocadillos 2-7 €.* Cette taverne existe depuis 1860, et il y en avait 1 500 comme celle-là en 1900 ! La Mecque des *croquetas* (parmi les meilleures que l'on ait jamais mangées !) et autres *buñuelos de bacalao* (morue), à savourer avec une bonne bière. Toujours bondé et, lorsque le petit bar sature, qu'importe, les clients débordent dans la rue piétonne et sur quelques guéridons fort prisés. Pour obtenir une boisson, demander un ticket à l'un des serveurs qui naviguent entre les consommateurs. Très bon vermouth à la pression *(vermuth de grifo).* C'est ici que serait né le Parti socialiste ouvrier espagnol : comme quoi, c'est un lieu qui inspire !

Voir aussi dans « Où manger (assis) ? » ci-après ***El Mollete Taberna,*** pour ses bons *tapas* en soirée.

Corte Inglés – Gourmet *(plan détachable C-D4,* ***187****)* **:** *pl. de Callao, 2 (entrée côté c/ del Carmen, puis à droite pour l'ascenseur jusqu'au 9e étage). Ⓜ Callao ou Sol. Tlj 10h-minuit (1h ven-sam).* Bon, on n'a pas vraiment l'habitude de vous emmener manger des tapas dans un grand magasin... Mais ce « marché » affiche 2 sacrés atouts : plusieurs comptoirs, avec ou sans tables, pour commander burgers, pizzas, planches de charcuterie ou de fromage autour d'un verre *(Imanol* ou *La Máquina* pour les tapas par exemple, ou *Juanillo Club* pour les amateurs de cocktails), et un looong balcon avec une vue splendide sur la Gran Vía, le quartier du Palais royal et les toits de la puerta del Sol. Un conseil : squatter d'abord une table sur la terrasse et envoyer ensuite l'un des convives chercher les godets. C'est qu'à l'heure de l'apéro elles se font rares, ces tables !

|●| ***Casa Manolo*** *(zoom Las Letras E4, **186**) : c/ de Jovellanos, 7. ☎ 91-521-45-16. Ⓜ Sevilla. Tlj sauf lun soir et dim, 9h-minuit env. Tapas max 8 €, carte 25-30 €.* Fondée en 1896. Découvrez la cantine informelle du Parlement espagnol – qui est à moins de 3 pas. Depuis plus d'un siècle, et dans un décor suranné, on se presse pour goûter d'excellentes croquettes. Sinon, 2 spécialités : l'*estofado de rabo de toro* (ragoût de queue de bœuf) et la *bacalao a la vizcaina.*

Où manger (assis) ?

De bon marché à prix moyens (15-25 €)

|●| ***El Mollete Taberna*** *(plan détachable C4, **144**) : c/ de la Bola, 4. ☎ 91-547-78-20. Ⓜ Santo Domingo ou Ópera. Tlj sauf dim 10h-2h, avec fermeture 17h-20h en sem. Congés : août, Noël et Nouvel An. Menu midi 12 €, plats 10-15 €, repas env 20 €.* Une des plus anciennes tavernes du quartier (1830), bien connue de Francis Ford Coppola qui y mangea en 2008. Adorable et minuscule avec seulement quelques tables en mezzanine et un petit comptoir. Cuisine familiale. Excellents produits. Bon menu au déj et grande affluence le soir. Bonnes et classiques tapas et *raciones* : croquettes de gorgonzola ou de boudin, *pulpo a la gallega,* flan de *marisco...* Chouette sélection de vins.

Plus chic (25-40 €)

|●| ***Taberna La Bola*** *(plan détachable C4, **146**) : c/ de la Bola, 5. ☎ 91-547-69-30 ou 91-541-71-64. • labola@labola.es • Ⓜ Santo Domingo. Tlj sauf dim soir (en été sam soir et dim) 13h30-15h30, 20h30-23h. Résa conseillée le soir. Cocidos 22-25 €. Carte 30-35 €. CB refusées.* Depuis 1870 (150 ans en 2020 !), une des grandes tavernes classiques de Madrid, devenue une institution – certains diront un piège à touristes –, spécialiste du fameux *cocido madrileño.* Dans une rue discrète, mais repérable à sa façade rouge pétard. Le décor intérieur n'a guère changé depuis le XIXe s. Cadre de panneaux sculptés et de banquettes de bois sombre, égayé de photos de clients célèbres et de dessins. Beau comptoir d'accueil et 2 salles chaleureuses, où virevoltent des serveurs à l'ancienne, se prenant au sérieux. Faut dire que l'on a là une clientèle assez assise (voire âgée : remarquez, le Sénat est au bout de la rue !). Beaucoup de vieux habitués donc, ravis de cette carte immuable et de l'atmosphère un peu conformiste. Qualité régulière du *cocido,* l'un des plus réputés de la ville (un repas à lui tout seul, servi en 2 plats) et encore à prix abordable. Le reste est très traditionnel et pas très fin... Plutôt roboratif, tout ça ! Si, à 13h, on a l'assurance de toujours trouver de la place, il est conseillé de réserver le soir.

Où prendre le petit déj ?

Où savourer de bons gâteaux ?

☕ ***La Mallorquina*** *(zoom Las Letras D4, **192**) : pl. Puerta del Sol, 8. ☎ 91-521-12-01. • info@pastelerialamallorquina.es • Ⓜ Sol. Tlj 8h30-21h.* À l'angle de la c/ Mayor, une pâtisserie qui régale les Madrilènes depuis 1894. Vitrines et rayons croulent sous les gâteaux et viennoiseries les plus savoureuses. Longs comptoirs où l'on se presse pour se sustenter avant le boulot ou salle au 1er étage au cadre banal, mais tranquille.

Où boire un verre à l'heure du thé ?

La Pecera – Círculo de Bellas Artes *(plan détachable et zoom Chueca E4,* ***274****) : dans le Círculo de Bellas Artes, c/ Alcalá, 42. ☎ 91-360-54-00. • info@circulobellasartes.com • Ⓜ Sevilla ou Banco de España. Tlj 9h-1h (3h le w-e).* On sirote un verre sur la terrasse (brumisée en été), ou dans la salle Belle Époque sous un beau plafond peint et un lustre impressionnant éclairant une femme nue couchée (qui reste de marbre). Consos chères, mais c'est tellement classe... un bel endroit !

Où boire un verre ? Où écouter de la musique live ? Où danser ?

Costello Café & Niteclub *(zoom Chueca D4,* ***330****) : c/ del Caballero de Gracia, 10. ☎ 91-522-18-15. • costello@familiacostello.com • costelloclub.com • Ⓜ Gran Vía. Mar-dim 20h-3h30. Fermé dim-lun. Entrée libre ; concerts 8-10 €.* Belle déco à la fois épurée et design dans ce chaleureux bar où la jeunesse madrilène (25-35 ans) cause fort sur de grandes banquettes, en sirotant le cocktail du jour pas cher. Également des concerts sympas vers 21h30 (rock, pop, funk, blues...) ou des soirées DJ sous les voûtes en brique de la jolie cave, qui compte aussi bar et piste de danse. Une très bonne adresse qu'on recommande chaudement.

Jardín Secreto de Salvador Bachiller *(zoom Chueca D4,* ***289****) : c/ Montera, 37. ☎ 91-531-12-51. Ⓜ Gran Vía. Tlj 17h (11h dim)-minuit (1h30 ven-sam). Fermé lun.* Au 4e et dernier étage d'une boutique (sacs, bagages, vaisselle et autres accessoires), un joli petit jardin suspendu pour boire de délicieux cocktails de fruits frais (avec ou sans alcool), servis avec une petite fleur comestible et des confiseries en guise de cacahouètes. Également quelques plats du chef (resto gastronomique juste en dessous), si l'envie vous prend de prolonger le plaisir et de profiter de la fraîcheur ambiante. Également un petit salon de thé au 1er étage, avec terrasse de poche.

Bocanegra Terraza *(plan détachable E4,* ***303****) : c/ del Marqués de Casa Riera, 44. 📱 607-45-37-53. Ⓜ Banco de España. Tlj 12h-1h. Tapas à partager 8-14 €.* Une belle grande terrasse dans un jardin, avec banquettes, tables basses et hautes posées sur un faux gazon. Bien agréable pour boire un verre dans la journée ou un cocktail le soir. Quelques tapas à partager pour éponger le tout.

Sur un *rooftop*

Plusieurs hôtels branchouilles ont ouvert les bars de leur toit-terrasse aux amateurs de belles vues de Madrid (et de cocktails : autant joindre l'agréable à l'agréable !). Au ***Dear Hotel*** *(plan détachable C3,* ***325*** *; Gran Vía, 80, presque au niveau de la pl. de España),* les 2 niveaux de terrasse ouvrent sur la plaza de España, se parent d'une piscinette, d'un resto, et d'un bar à cocktail forcément un peu chic *(pour le bar : tlj dès 20h ; sinon, terrasses ouv 12h-minuit).* Au ***Vincci Vía 66,*** on atteint la terrasse par un bel ascenseur vitré (puis un dédale de couloirs et un escalier !), pour s'installer dans un bar lounge très fashion et siroter des cocktails à 12-17 € *(plan détachable C3,* ***326*** *; Gran Vía, 66 ; tlj 15h-23h, 0h30 ven-sam).* Plus bling-bling encore, le ***Sunset Lookers*** s'est juché au sommet de l'hôtel *Santo Domingo* *(plan détachable C3,* ***99*** *; lire plus haut « Où dormir ? »).* Piscine (réservée aux résidents) et mobilier design, blanc plastoc.

Quant au ***Picalagartos Sky Bar,*** au dernier étage de l'hôtel ***NH Collection Gran Vía*** *(zoom Chueca D4,* ***334*** *; c/ Gran Vía, 21 ; accès ascenseur 9e étage ; lun-jeu 17h-1h ; ven-dim 12h-2h ; fermé nov-mars),* sa terrasse à 360° déploie une vue splendide sur la Gran Vía, bien sûr, mais aussi sur le quartier de Chueca et les toits de la puerta del Sol. Cocktails pas si chers et ambiance plutôt relax. Enfin, le ***Gingko Sky Bar,*** au 12e étage de l'***Hotel VP Plaza España Design*** *(plan détachable C3,* ***337*** *; pl. de España, 5 ; tlj 12h-1h30/3h30 ven-sam)* : si une partie de cette somptueuse terrasse (parfois venteuse !) accueille un resto – presque abordable, cela dit –, la vue époustouflante, au coucher du soleil, vaut bien de casser sa tirelire pour un cocktail dans la zone lounge !

Azotea – Círculo de Bellas Artes (plan détachable et zoom Chueca E4, **274**) **:** *dans le Círculo de Bellas Artes, c/ Alcalá, 42. ☎ 91-389-25-00 ; résa au resto : ☎ 91-530-17-61. • info@circulobellasartes.com • Ⓜ Sevilla ou Banco de España. Au 7e étage (ascenseur sur le flanc, côté c/ Marqués de Casa Riera). Tlj 12h-00h30 (2h30 ven-dim) ; horaires restreints automne et hiver (ferme vers 21h). Accès 5 € (expos du CBA comprises).* Pas tout à fait au sommet de cet étonnant bâtiment, mais ce 7e étage dégage déjà un panorama extra sur la calle Alcalá et la plaza de Cibeles, et on en prend plein les yeux en sirotant un verre affalé sur des sofas... On peut aussi y manger *(plats 14-20 €, résa recommandée, le nombre de vraies tables étant limité).*

Casa Suecia (plan détachable E4, **304**) **:** *c/ del Marqués de Casa Riera, 4. ☎ 91-051-35-92. Ⓜ Banco de España. Tlj 16h-minuit.* Ce *rooftop* (au sommet de l'hôtel *NH Suecia*) est l'une des plus hautes terrasses de la ville, vue à 360° pour boire un verre confortablement installé dans un sofa. Idéalement, avant le coucher du soleil pour profiter au max !

En boîte de nuit

El Sol (zoom Chueca D4, **381**) **:** *c/ Jardines, 3. ☎ 91-532-64-90. • comunicacion@salaelsol.com • salaelsol.com • Ⓜ Gran Vía. Mar-sam minuit-5h30 (6h le w-e). Fermé lun. Concerts : 10-20 € en moyenne. Entrée après le concert : env 14 €.* Avec sa déco kitschissime, ce club, présent dès le début de la Movida, a démâté plus d'un branché ! La clientèle des origines a su rester fidèle, et ce sont désormais des brochettes de quadras qui bougent leurs petits corps comme des dingues sur de la « musique-de-danse-de-jeune » en 2e partie de soirée, après des concerts qui voguent du rock à la soul. Atmosphère bon enfant. Une valeur sûre de la nuit madrilène.

Où voir un spectacle de flamenco ?

Las Tablas (plan détachable B3, **402**) **:** *pl. de España, 9. ☎ 91-542-05-20. • info@lastablasmadrid.com • lastablasmadrid.com • Spectacle de 1h ts les soirs à 20h et 22h. Entrée : 29 €/pers, 1 boisson incluse.* Un *tablao* modeste planqué dans un recoin de la plaza de España, qui vérifie l'adage : petite salle, grande qualité ! Certes, l'endroit est moderne, sans vrai cachet, mais la scène est toute proche, et les spectacles sont à vous dresser le poil ! Les troupes, qui tournent, viennent en général d'Andalousie. Parfois uniquement guitare et chant, parfois avec des danseurs, c'est selon. On peut y grignoter aussi, mais comme ils n'ont pas de vraie cuisine, ce sera planche de charcuterie ou salade de tomates...

Cinéma

Ciné Golem (plan détachable B3) **:** *c/ de Martín de los Heros, 14. ☎ 91-559-38-36. • golem.es • Ⓜ Plaza de España.* Un des 1ers cinés d'art et d'essai de Madrid qui, à ses débuts, invitait des réalisateurs et

MADRID

acteurs pour promouvoir un genre nouveau en Espagne à la fin des années 1970 : François Truffaut, Wim Wenders, Alan Turner et beaucoup d'autres sont venus ici. Les films sont en version originale. Agréable librairie-café cinéphile juste en face, le ***Ocho y Medio – Vía Margutta,*** où siroter un petit noir ou grignoter un plat du jour bon marché en attendant sa séance, en terrasse sur la rue piétonne, ou parmi les étagères croulant sous les bouquins consacrés au 7e art *(tlj sauf dim 10h-14h, 17h-20h30).* Almodóvar est partout mis à l'honneur dans la librairie !

Achats

Antigua Casa Talavera *(plan détachable C3, **427**) : c/ de Isabel la Católica, 2. ☎ 91-547-34-17. • info@antiguacasatalavera.com • Ⓜ Santo Domingo. Lun-ven 10h-13h30, 17h-20h.* À deux pas de la plaza Santo Domingo, une façade en azulejos, pour un magasin tenu par un grand connaisseur et passionné de céramiques hispaniques. Anciennes, modernes, des reproductions qui reprennent fidèlement les motifs traditionnels : des pièces fabriquées artisanalement dans la région de Tolède (Puerta la Reina et Talavera), de Grenade (où l'on apprend que les motifs du XVIIe s ne comportent que du bleu cobalt, alors qu'au XVIIIe s apparaissent aussi les verts) et Valence (essentiellement pour les azulejos). Une véritable caverne d'Ali Baba !

Discos Killer *(plan détachable D4, **433**) : c/ de la Montera, 28. ☎ 91-521-44-33. • discoskillers.com • Ⓜ Sol. Lun-sam 10h30-14h, 17h-20h30. Fermé dim.* Sur 2 étages, d'innombrables vinyles et CD d'occasion à bas prix : du pain bénit quand on aime fouiner dans les bacs pendant des heures ! Absolument tous les styles sont représentés.

Discos Babel *(zoom centre C4, **434**) : costanilla de Los Ángeles, 5. ☎ 91-548-10-82. • discosbabel.com • Ⓜ Ópera ou Santo Domingo. Lun-ven 11h-14h15, 16h45-20h ; sam 11h-14h30, 16h30-19h30.* Là aussi, pour les fans, un choix énorme de vinyles, des « pièces » uniques... et des vrais conseils.

À voir

🏛🏛 ***Gran Vía :*** la colonne vertébrale de Madrid regroupe la plupart des hôtels de chaîne, les magasins de marque et les franchises, etc. Là, quelques grandes salles de cinéma pour voir les derniers films américains et espagnols. Ouverte en 1918, avec un tracé en lignes brisées, cette avenue traverse un quartier de la fin du XIXe s, où certains immeubles s'inspirent de l'architecture du New York de l'époque ou de Chicago (c'était d'ailleurs le but visé). C'est le cas de la ***torre de la Telefónica*** *(zoom Chueca D4),* à l'angle de la c/ Fuencarral, construite en 1930, grandiose la nuit lorsqu'elle s'illumine. Ce style néoclassique, désormais typiquement madrilène, est à l'origine l'œuvre de l'***architecte Antonio Palacios*** (lequel construisit aussi la 1re ligne de métro de la ville). Expo gratuite *(accès par c/ Fuencarral, 3 ; tlj sauf lun)* sur les nouvelles technologies de la communication. La balade architecturale n'est pas terminée ! Voici un autre bel édifice, de style Belle Époque : l'***immeuble Metropolis*** (angle Gran Vía et c/ de Alcalá ; *zoom Chueca E4*). Sa façade monumentale abrite un groupe de sculptures allégoriques dédiées au commerce et à l'industrie, mais la Victoire ailée qui la coiffe n'est pas d'origine : elle a été ajoutée. 6 d'entre elles sont signées de la main du sculpteur français René de Saint Marceaux. Mais on doit ce colosse haut de 45 m à 2 architectes parisiens : ***Jules et Raymond Février*** (le père et le fils). Les ornementations (colonnes corinthiennes, tête de lions, etc.), caractéristiques de l'architecture haussmannienne du début du XXe s, rappellent furieusement Paris, et plus encore à la vue de la coupole d'ardoises sombres ornée de dorures et couronnée d'une victoire ailée. Achevé en 1911, l'***Edificio Metropolis*** (que vous retrouverez sur bon nombre de cartes postales !) devint très vite l'emblème de la Madrid moderne. L'écrivain américain Hemingway adorait la Gran Vía (qu'il fréquenta dans les années 1930-1940) et en parle souvent dans ses romans : il allait boire des whiskies au ***Café Chicote*** *(Gran Vía, 12),* qui existe toujours aujourd'hui mais où l'esprit ne souffle plus vraiment. À l'autre bout, au beau milieu de la plaza de España (en pleine restructuration et partiellement accessible), trône le colossal monument à la mémoire de Cervantes.

Museo real Academia de Bellas Artes de San Fernando *(plan détachable D4) : c/ de Alcalá, 13. ☎ 91-524-10-34. • rabasf.com • Ⓜ Sol ou Sevilla. Mar-dim et j. fériés 10h-14h ; fermé lun, août et certains j. fériés (1er et 6 janv, 1er et 30 mai, 9 nov, 24, 25 et 31 déc). Entrée : 8 € ; réduc ; gratuit moins de 18 ans, étudiants moins de 25 ans et mer pour tous (sauf j. fériés).*

Le musée comporte 2 sections. Si le 1er étage, le plus important, est toujours ouvert, c'est plus aléatoire pour le 2e étage. À noter que l'ensemble du musée est actuellement en restructuration, donc certaines de nos indications peuvent s'avérer obsolètes ! Voici un musée méconnu à tort, et qui offre de belles surprises. On peut y voir un ensemble d'œuvres couvrant la période du XVIe au XIXe s. Cette académie créée en 1752 par Ferdinand VI, dans un superbe édifice de style néoclassique, assura l'enseignement des beaux-arts jusqu'à la moitié du XXe s. Goya en fit partie à partir de 1780.

Rez-de-chaussée

– Les expos temporaires, mais surtout, tout au fond, la présentation des plaques de cuivre originales (1815) des *Désastres de la guerre* de **Goya.** Dans un cadre tamisé à souhait, une merveille !

1er étage

– *Salle 3,* consacrée au XVIIIe s, une esquisse du *Sacrifice de Callirhoé* de **Fragonard** (la version définitive est au Louvre) et une *Vénus* de **Van Loo** qui tente d'aguicher Mercure : comment résister ? Du même Van Loo, plusieurs portraits dont ceux du couple royal Fernando VI et Bárbara de Breganza. *Salle 6,* belle série de moines de **Zurbarán** (il s'agit des moines du couvent de la Merced, à Séville) et un adorable *Agnus Dei* (à la laine moutonnant à souhait !) prêt à être sacrifié. Et *salle 9,* un très expressif (et musculeux) *Saint Jérôme* d'**El Greco,** ainsi qu'une étonnante scène de vie familiale chez El Greco, œuvre de Jorge Theotocopuli, qui était tout simplement le fils naturel du maître. *Salle 10 :* belle adoration des bergers de Juan Do.

– *Salle 13,* ne pas manquer le *Martyre de saint Barthélemy* de **Ribera,** pour son beau travail sur la lumière et le spectaculaire arrachage de peau, ou son *Saint Jérôme pénitent,* presque illuminé par son écriture. De même, son *Ascension de Madeleine* pleine d'un doux lyrisme... Entre les 2, une captivante *Prise du Christ* de **Seghers,** qui semble éclairée par un feu toujours vivace. *L'Extase de saint François d'Assise* de **Murillo,** et aussi sa *Madeleine* qui en fait peut-être un peu trop... tout comme ses miséreux font bien proprets dans son *San Diego de Alcala et les pauvres.*

– *Salle 17,* **Rubens,** avec le magnifique *Suzanne et les vieillards* (carrément lubriques), et l'unique **Arcimboldo** d'Espagne, le délicat *Primavera* (printemps).

– *Salle 19,* une douzaine de **Goya,** dont quelques toiles majeures, comme *L'Enterrement de la Sardine,* tableau joyeux et inquiétant à la fois, auquel l'artiste sut insuffler vie et action, sans perdre sa manière grotesque. Ou encore, *La Tirana,* qui, malgré la sévérité de son visage, n'est que le surnom donné à l'actrice María Rosario Fernández. Citons aussi les scènes de genre : l'entrée des taureaux dans le village, la *Procession de flagellants,* une *Scène d'Inquisition,* la *Maison de fous* et 2 autoportraits, dont l'un en train de peindre. Les fans y trouveront encore quelques lettres écrites de sa plume et des testaments qui lèguent des œuvres à l'académie (Goya n'en fut pas seulement membre mais la dirigea également).

2e étage
– Un étage éclectique, où l'on découvrira des salles d'objets décoratifs, des émaux et surtout d'étranges reliefs miniatures en cire du XVIIIe s (notamment des vues de Dresde, Naples et Jérusalem), d'une étonnante précision, réalisés par ***Nicolas Englebert Cetto.*** Intéressants portraits de ***Vicente Lopez*** (classiques, mais superbe rendu !), de Tiepolo et d'un certain ***Velázquez,*** mais celui-là s'appelait Zacarias Gonzalez... Collection insolite d'*azufres,* petits portraits de terre cuite en médaillon. *Salles 29 et 30,* les routards amateurs de cartes se régaleront des plans et reliefs. *Salles 31 et 33 :* salles des plâtres et des antiques, comme il se doit dans toute académie des beaux-arts classique, avec reproduction de bustes antiques et reconstitution d'une partie de la villa de los Papiros d'Erculanum (Italie).

Dernier étage
Vaste section dédiée à l'***art du XXe s.*** Entre autres, collection de photos anciennes de la ville, *salle 41* consacrée à Sorolla et Rusiñol, beaux portraits et scènes de genre (superbe banquet de mariage) de Sotomayor *salle 42.* Ou le sombre José Gutierrez Solana *salle 43* et les portraits de femmes si expressifs de Zuloaga *salle 44.* En *salle 56,* quelques œuvres de ***Juan Gris*** et une série de dessins et de bronze de ***Picasso.***

MADRID

➢ En continuant la calle de Alcalá, au carrefour avec la Gran Vía, on aperçoit, en levant les yeux, des statues d'anges et de chars romains en bronze trônant fièrement sur les toits, ce qui allège un peu l'ensemble.

Círculo de Bellas Artes *(plan détachable et zoom Chueca E4,* ***274****)* ***:*** *c/ Alcalá, 42 (angle c/ Marqués de Casa Riera). ☎ 91-360-54-00. • circulobellasartes.com • Ⓜ Sevilla ou Banco de España. Tlj sauf lun 11h-14h, 17h-21h. Entrée expo : 5 € ; combiné avec l'Azotea (voir plus haut) : 5 €.* Le *Cercle des Beaux-Arts* est situé dans un superbe immeuble Art nouveau, et rien que pour lui la halte et la visite d'une expo valent la peine. Fourmille d'activités : expositions, conférences, cinéma, lectures publiques, rencontres d'écrivains, concerts (le tout de qualité). Et puis on peut siroter un verre dans sa cafétéria (de luxe !), *La Pecera,* ou, plus *hype,* sur le toit-terrasse, baptisé simplement l'***Azotea,*** avec une vue extra sur la ville (voir plus haut pour le détail de ces 2 adresses).

Plaza de Cibeles *(plan détachable E4)* ***:*** *Ⓜ Banco de España.* La calle de Alcalá mène à cette grande place consacrée à Cybèle, déesse de la Fertilité dans le monde gréco-romain. Celle-ci est représentée au milieu de la place sur un grand char tiré par 2 lions. Lieu de rencontre des fans du Real Madrid après les grands matchs historiques. Tout autour, on trouve la Banque d'Espagne, le palacio de Cibeles de style romantico-gothique, le ministère de la Défense, etc. De là, la calle de Alcalá se prolonge jusqu'à la plaza de Independencia avec l'imposante *puerta de Alcalá* au centre *(plan détachable F4).*

Mirador de Cibeles – CentroCentro *(plan détachable E4)* ***:*** *pl. de Cibeles, dans le* ***Palacio de Comunicaciones,*** *qui fait office d'hôtel de ville et de poste. ☎ 91-480-00-08. • centrocentro.org • Ⓜ Banco de España. Accès aux expos (gratuit) mar-dim 10h-20h (fermé certains j. fériés) ; montée au mirador mar-dim 10h30-13h30, 16h-19h. Montée : 3 € ; réduc moins de 14 ans ; gratuit le 1er mer du mois et certains j. fériés (2 et 15 mai, 9 nov) et moins de 6 ans ; limitée à 50 pers à la fois et 30 mn :* ***prendre son ticket à l'avance !*** *Visite guidée gratuite de l'édifice tlj à 12h et 17h30 ; durée : 45 mn-1h (en espagnol, plus rarement en français). Résa indispensable pour les visites guidées.* Rénové à grands frais, cet élégant « palais des communications » fut construit en 1919 sur un projet d'Antonio Palacios (qui dessina également le Círculo de Bellas Artes) et Joaquín Otamendi. Considéré comme le 1er édifice moderniste de Madrid, il était destiné à accueillir le siège de la Poste dans un cadre assez grandiloquent, il faut l'avouer ! Aujourd'hui siège de la mairie de Madrid, il offre, depuis son mirador situé à 70 m de haut, au 8e étage (accessible en partie par ascenseur), une ***vue absolument splendide*** sur la ville.

Profitez-en pour admirer l'édifice (ou découvrez-le lors d'une excellente visite guidée), avec ses ponts de verre, ses stucs ciselés, et l'adorable escalier G (juste derrière le bureau d'info touristique dans le hall), carrelé des azulejos d'origine. Il abrite aussi des expos temporaires de qualité, un auditorium, des concerts... Et une ***cafétéria*** au fond du hall *(menu du jour à 15 € tt à fait honorable),* et au 6e étage un resto gastronomique très chic ainsi qu'un ***bar-tapería en terrasse*** *(tlj 10h-minuit ; droit d'accès – déductible de l'addition).*

– Sur le flanc du bâtiment, par la calle Montalbán, accès à la ***galería de Cristal,*** la superbe verrière qui traverse le bâtiment comme un passage et débouche calle de Alcalá. On l'emprunte comme un passage pour l'admirer, et l'endroit accueille souvent des événements ou des installations (une patinoire en hiver, par exemple).

⚑⚑ *Museo Cerralbo* *(plan détachable B3)* **:** *c/ de Ventura Rodríguez, 17. ☎ 91-547-36-46. ● museocerralbo.mcu.es ● Ⓜ Plaza de España ou Ventura Rodríguez. Mar-sam 9h30-15h, plus jeu 17h-20h ; dim et j. fériés 10h-15h. Fermé lun et la plupart des j. fériés : 1er et 6 janv, 1er mai, 24, 25 et 31 déc. Entrée : 3 €, audioguide 2,50 € ; gratuit moins de 18 ans, plus de 65 ans, étudiants moins de 25 ans, familles nombreuses ; et pour ts jeu 17h-20h, et w-e 10h-15h.*

MADRID

Comme le musée Lázaro Galdiano, il s'agit d'un don du marquis de Cerralbo, qui résidait dans cet hôtel particulier bâti à la fin du XIXe s. L'édifice est si somptueux et si riche en chefs-d'œuvre qu'il serait dommage de zapper cette visite. Le but de ce genre de demeure était d'étaler sa fortune et son statut social afin d'impressionner le visiteur. Force est de constater que l'effet est réussi, même plus d'un siècle après ! Après le hall clinquant et le majestueux escalier d'honneur entièrement plaqué de marbre, la visite commence par le petit jardin à l'anglaise (le sanglier en marbre est une copie d'une œuvre florentine), puis on déambule au gré de somptueux salons, qui tranchent avec la sobriété (toute relative) de la chambre à coucher du maître des lieux (pièce que personne n'était censé visiter, ceci explique cela !). L'escalier qui s'épanouit de part et d'autre du hall permettait aux calèches de déposer les visiteurs à l'intérieur de l'édifice, qu'elles traversaient ensuite.

À l'étage noble, impressionnante salle d'armes qui rend hommage au prestigieux passé militaire de la famille. Joli fumoir décoré à l'orientale, le salon arabe, un style exotique dont la haute société de l'époque était friande. Puis la salle à manger d'apparat en met plein les mirettes avant d'accéder à la salle de billard, où l'on notera le portrait de Louis XIV par Hyacinthe Rigaud ainsi qu'un beau Tintoret. Le bureau du marquis, reflet de sa personnalité, directement relié à la bibliothèque et sa collection de timbres, monnaies et médailles, et les superbes rayonnages accueillant environ 10 000 volumes. Les amateurs de peinture frétilleront en arrivant dans les 3 galeries où trônent, entre autres, un magnifique *Saint François d'Assise* du Greco, un Zurbarán et un Ribera, un Caravage et des dessins de Goya. Et pour terminer en beauté, l'impressionnante salle de bal, qui relie les 3 galeries, avec ses dorures, ses superbes plafonds peints, ses panneaux de marbre des Pyrénées et ses miroirs vénitiens.

⚑⚑ *Templo de Debod* *(plan détachable B3)* **:** *paseo del Pintor Rosales, dans le parque de la Montaña. ☎ 91-366-74-15. Ⓜ Plaza de España. Mar-dim 10h-19h. Fermé lun et 1er et 6 janv, 1er mai, 24, 25 et 31 déc. GRATUIT (mais pas plus de 30 visiteurs à la fois à l'intérieur du temple, pour max 30 mn).* Une sacrée surprise : un ***authentique temple égyptien*** en plein Madrid ! Qui plus est situé dans un très beau parc : on y a construit un plan d'eau et planté des palmiers pour recréer son environnement. Construit en Égypte au IIe s av. J.-C., ce temple est un cadeau de l'État égyptien, offert en 1968 en remerciement pour la contribution de l'Espagne au sauvetage du temple d'Abu Simbel (déplacé pour construire le barrage d'Assouan). C'est l'un des rares vestiges de la civilisation égyptienne en bon état en dehors du pays. Dédié à Amon et Isis, il était initialement situé en Nubie (sud de l'Égypte). À l'intérieur subsiste les bas-reliefs d'origine, essentiellement des scènes d'adoration des divinités, bien mis en valeur par l'éclairage. À noter, les salles du 1er étage sont souvent fermées le week-end. De nuit, le temple éclairé est une splendeur.

➢ À l'arrière du temple, superbe point de vue sur la ville, de l'autre côté du río *Manzarana,* la *Casa de Campo,* et au sud, le *Palacio real,* la *Catedral* et le *Palacio de Abrantes.*

➢ À 5 mn du temple, départ du ***téléphérique*** *(plan détachable A2)* qui descend vers le parc Casa de Campo. *☎ 91-541-11-18. • telefericomadrid.es • Tlj 12h-19h (20h mai-sept, et 20h30 les w-e d'été). Le reste de l'année, vérifier sur leur site internet, horaires et j. d'ouverture plus aléatoires. Prix : 4,50 € l'aller simple, 6 € A/R ; réduc ; gratuit moins de 4 ans.* Belles vues à glaner sur l'ouest de la ville. Mais cela reste tout de même cher, pour une queue assez longue et seulement 11 mn de trajet. Le plus simple (et le moins cher) pour atteindre le parc reste le métro !

QUARTIER DE CHUECA

Zoom Chueca ; Ⓜ Chueca

Cœur battant du Madrid nocturne, épicentre de la vie agitée des jeunes branchés, Chueca est un secteur très vivant, grand comme un mouchoir de poche. Dans ce quadrillage de rues étroites que l'on sillonne volontiers à pied (éviter à tout prix la voiture), vous trouverez une foule de magasins de mode et de gadgets pour geeks – attention, les magasins n'ouvrent pas avant 11h dans le quartier – ainsi que de nombreux bars, restos design, boutiques dans le vent et *outlet.* Agréable de se balader en levant les yeux sur les balcons à fenêtres *(cristaleras)* qui ornent les façades des immeubles...
Les jeunes (ou moins jeunes) – de tous horizons – viennent avant tout profiter de l'animation des fins de semaine.
Plus qu'ailleurs, la vie nocturne dans ce quartier est grande consommatrice de lieux. Ce qui amène souvent des changements dans les noms des établissements ou dans le genre de clientèle.
Ne nous en veuillez pas. Vous trouverez à coup sûr, plus loin ou à côté, la toute dernière adresse tendance ! Il suffit d'observer ce qui se passe autour de soi et de suivre la foule...

Où manger des tapas ?

Tôt ou tard

🍽 ***Mercado de San Antón*** *(zoom Chueca D-E3,* ***156****) : c/ de Augusto Figueroa, 24. • info@mercadosananton.com • Ⓜ Chueca. Tlj 10h-minuit (22h pour la partie marché traditionnel au 1er étage).* Point de rendez-vous de la nouvelle population bobo du quartier, ce marché tout beau, tout neuf puisque, entièrement rénové, aligne, au 2e étage, des stands de cuisine grecque, italienne, japonaise ou même... espagnole ! Les produits sont excellents, le choix très varié et le cadre contemporain bien rafraîchissant. On commande aux comptoirs, puis on tente de se dégoter un bout de table à partager. Le toit-terrasse, au 3e, est occupé par un agréable resto-bar (la ***Cocina de San Antón,*** *☎ 91-330-02-94 ; tlj 10h-minuit (1h30 ven-sam) ; résa conseillée surtout en terrasse ; prix moyens*), qui a vite été adopté par les habitants du quartier. Si la cuisine est honnête (mais sans relief), le cadre et la terrasse sont bien agréables.

🍽 ***El Tigre Sidrería*** *(zoom Chueca D4,* ***165****) : c/ de las Infantas, 30. ☎ 91-532-00-72. Tlj 12h30-1h30. CB refusées.* Un des bars à tapas les plus populaires de Chueca... et pour cause, les tapas accompagnant la boisson (elle-même pas chère !) sont gratos. Certes, pas d'une grande finesse, mais cette grosse assiette de croquettes, saucisse, *pintxos* et patates sautées comble les faims des plus fauchés ! Toujours plein comme un œuf, les coudes sur le comptoir de marbre, les pieds dans les papiers gras, et la tête dans les conversations bruyantes. Cerise sur les tapas, service joyeux et alerte... *Annexes, toujours dans Chueca, au c /Infantas, 23, et c/ Hortaleza, 30.*

Bodega de la Ardosa *(zoom Chueca D3,* ***155****) : c/ de Colón, 13. ☎ 91-521-49-79. • victor-laardosa@hotmail.es • Ⓜ Tribunal ou Chueca. Lun-ven 8h30-2h, le w-e 11h45-2h30. Tapas à partir de 3 €, plats 8-20 €.* On a un petit faible pour cette *bodega* de poche vivante, fondée en 1892, pittoresque aux murs couverts de beaux azulejos, d'affiches anciennes, d'émouvants souvenirs et, derrière le vieux comptoir en bois, d'un impressionnant choix de bouteilles poussiéreuses. On boit de la bière et du vermouth sur des tonneaux, en se régalant de *croquetas,* de *pintxos* et d'assiettes de jambon, saucisson et fromage. Voir l'insolite tableau des records d'absorption de *Guinness...* À l'heure de l'apéro, qui s'étire bien tard, faudra jouer des coudes pour accéder au comptoir. Bonne ambiance, en journée comme tard le soir.

Das Meigas *(zoom Chueca D3,* ***166****) : c/ de Barbieri, 6. ☎ 91-532-85-76. • dasmeigas@hotmail.com • Ⓜ Chueca et Gran Vía. Lun-sam 11h-17h, 19h30-minuit (1h30 ven-sam). Fermé dim et en août. Tapas 4-9 €. Menus 12 (14 € sam-dim)-24 €. Café ou digestif offert sur présentation de ce guide.* Sympathique *marisquería* galicienne, fréquentée surtout le soir. Vraiment popu ; les habitués se pressent au comptoir pour se régaler de fruits de mer et de copieux tapas. Salle de resto confortable derrière, mais peu fréquentée, les clients préférant la 1re salle, plus chaleureuse et animée. Nul doute que vous y ferez un bon repas. En plus du poisson et des crustacés, l'occasion de déguster un bon *cocido completo.* Éviter la paella en revanche, décevante (en même temps, c'est normal, ce n'est ni galicien ni madrilène !).

Stop Madrid *(zoom Chueca D3,* ***157****) : c/ de Hortaleza, 11. ☎ 91-521-88-87. • hortaleza@stopmadrid.es • Ⓜ Gran Vía. Tlj 12h30-2h. Tapas min 3,50 €.* Fondée en 1928, cette ancienne boucherie aux murs carrelés de blanc n'a pas changé d'un iota depuis sa création. Aujourd'hui, sur le marbre du boucher, on ne découpe plus des quartiers de viande mais des tranches de *jamón.* Bonne qualité, certes, mais un peu chérot quand même au vu des portions : les petits budgets se contenteront d'un vermouth à la pression. Clientèle d'habitués, ça va sans dire. Quelques tables basses ou tonneaux pour poser une fesse.

Où manger (assis) ?

Bon marché (moins de 15 €)

Tienda de Vinos *(zoom Chueca D-E3,* ***149****) : c/ de Augusto Figueroa, 35. ☎ 91-521-70-12. En principe, tlj jusqu'à 22h30 (parfois fermé sans précision). Fermé fin août. Plats 7-12 €.* Vieux resto populaire, chargé d'histoire, fondé en 1890. Fréquenté durant la dictature de Franco par les étudiants de gauche, ce qui lui valut le surnom de *El Communista.* Est resté quasiment dans son jus depuis les années 1950-1960, avec son cadre austère de panneaux rouge foncé, son vieux bar à l'entrée. Seuls quelques articles de journaux, dessins et caricatures mettent un peu de couleur aux murs. Cuisine rustique, mais bonne, comme ces *chipirones* à l'encre bien servis, les *callos* au chorizo (tripes), *riñones al jerez* (rognons), *conejo* à la tomate (lapin). Le quartier est devenu tellement branché que ce lieu prolo dans l'âme est devenu paradoxalement décalé, presque out ! Nous, en tout cas, on l'aime toujours...

Bazaar Restaurant *(zoom Chueca D-E3,* ***221****) : c/ de la Libertad, 21. ☎ 91-523-39-05. Ⓜ Chueca. Fermé 1er janv, 24, 25 et 31 déc. Tlj 13h15-16h, 20h30-23h30 (minuit jeu-sam). Plats 8-18 €.* Une élégante salle blanche avec un beau parquet, entourée par d'immenses baies vitrées. Tables bien séparées. Les produits

MADRID

d'épicerie sont artistiquement disposés dans d'élégantes armoires. Bien que l'ensemble du personnel soit asiatique (comme dans tous les autres restos de cette minichaîne), la cuisine s'inspire de la Méditerranée. À des tarifs si bas, ne vous attendez tout de même pas à de la grande cuisine ni à un service très pro, mais les sardines sont top et le rapport qualité-prix dur à battre.

Bogotá *(zoom Chueca E3, **151**) : c/ de Belén, 20. ☎ 91-308-12-47. • bogotarestaurante@gmail.com • bogotarestaurante.es • Ⓜ Chueca ou Alonso Martínez. Tlj sauf dim 13h-16h, 21h-minuit. Menus midi 13-15 €, plats 6,50-17 €, repas env 20-25 €.* Comme les galeristes et créatifs du quartier, c'est surtout au déjeuner que l'on se presse entre ces murs pâles rehaussés de tirages photos originaux et de quelques tableaux. Une affaire de famille, qui privilégie la fraîcheur des produits et les plats de la cuisine populaire madrilène. Efficace et sympa au déjeuner, mais beaucoup plus désert le soir.

La Mordida *(zoom Chueca E3, **222**) : c/ de Belén, 13. ☎ 91-308-20-89. Ⓜ Alonso Martínez ou Chueca. Tlj 13h30-1h non-stop. Menu 13 €, plats 8-14 €.* Chaîne mexicaine : une explosion de couleurs, calendrier aztèque peint au plafond, tables et chaises aux peintures éclatantes, portraits de Zapata et du *subcomandante* Marcos, Frida Kahlo et autres illustres Mexicains. Crêpes de maïs au fromage fondu *(quesadillas)*, guacamole, *nachos*, fajitas (viande de poulet effilée en sauce), tacos... Ambiance, comme la déco, joyeuse et colorée.

Prix moyens (15-25 €)

El Cisne Azul *(zoom Chueca E3, **148**) : c/ de Gravina, 27. ☎ 91-521-37-99. • elcisneazuldegravina@gmail.com • Ⓜ Chueca. Tlj sauf dim. Viandes 16-21 €. Sélection champignons 15-25 €. Repas 25-30 €.* N'allez pas croire qu'on vous prend pour une truffe, mais voici un resto spécialisé... dans les champignons. Dans ce simple troquet décoré de photos de champis aux murs, on déguste des dizaines de variétés, parfois rares quand la saison s'y prête. Comme vous ne connaissez sans doute pas tous les noms en espagnol, un serveur vous les présente de visu. Ils sont ensuite apprêtés à votre convenance : aux œufs, au foie, au fromage, aux pétoncles, avec des ris d'agneau, etc. À vous chanterelles, russules et tricholomes ! Et au nº 19, à quelques pas, la version *taberna*, plus populaire, où l'on savoure des tapas de champignons accoudé au comptoir en sirotant de petits verres de vermouth.

Nänai *(zoom Chueca D3, **239**) : c/ del Barco, 26. 📱 62-787-98-24. • nanai_deseosyaverias@hotmail.com • nanairestaurante.com • Ⓜ Tribunal ou Chueca. Tlj sauf lun 18h-2h (3 h ven), sam-dim 14h-3h (minuit dim). Fermé lun. Plats 11-16 €.* Un petit resto bien sympa, avec son bar à l'entrée et le petit coin salon pour boire un verre. Dans la salle, toute en longueur, avec ses tables et chaises dépareillées, on s'installe sous les œuvres exposées de jeunes artistes espagnols (ça change tous les mois). Dans l'assiette, une carte courte, mais il en résulte que tous les produits sont frais. Une bonne petite cuisine, locale revisitée, avec quelques petits clins d'œil d'un peu plus loin sur la méditerranée et parfois jusqu'au pays du soleil levant. Clientèle de quartier.

Roostiq *(zoom Chueca E3, **168**) : c/ Augusto Figueroa, 47. ☎ 91-853-24-34. • info@roostiq.com • Ⓜ Chueca. Tlj sauf dim soir. Résa conseillée le soir en fin de sem. Plats 12-18 €, repas 25-30 €.* Une des nouvelles adresses en vogue de Chueca, un peu chicos mais encore abordable. « *Cocina al fuego* » (cuisine au feu !), voici son credo, complété par un choix judicieux de produits fermiers, et même issus de leur propre ferme pour certains. Vous l'avez compris, il s'agit d'une cuisine assez simple et classique, tout entière consacrée à respecter ces beaux produits saisonniers. Du coup, le poulet de la grand-mère *(pollo de la abuela)* est copieusement servi en cocotte, les pizzas sont fines et généreusement garnies, les viandes fondantes... Plus d'intimité dans la salle, mais on aime bien le bar aussi !

Le Cocó *(zoom Chueca D3, **175**) : c/ Barbieri, 15. ☎ 91-521-99-55.*

• info@lecocomadrid.com • Tlj 9h-minuit, cuisine en continu, réduite avt 13h et 15h-20h. Plats 8-16 €. Déco bohème chic, simili de bric et de broc, mais le tout est très étudié. Briques peintes ou lattes de parquet dépareillées sur les murs. On s'installe sur de grandes tables d'hôtes ou individuelles. Une cuisine espagnole de la *casa*, avec des produits bio ou de culture raisonnée (très à la mode en ce moment à Madrid), accompagnés de vins naturels. C'est bon, frais, pas compliqué, et on peut grignoter toute la journée !

Tasca Celso y Manolo *(zoom Chueca D-E4,* ***241****) : c/ de la Libertad, 1. ☎ 91-531-80-79. • celsoymanolo.es • Tlj cuisine en continu 13h-1h30 (2h30 ven-sam). Résa conseillée. Plats 8-18 €.* Baptisé du nom des anciens proprio (2 frères), les jeunes propriétaires actuels ont gardé aussi l'esprit. Une nouvelle version est un peu moins bon marché qu'à l'origine, mais bien plus inventive et qualitative. La carte met en avant les produits espagnols bio (provenance des produits sur la carte), dont les vedettes sont la tomate locale et les légumes qui accompagnent l'*Arroz con verduritas* (entre autres) provenant du jardin écologique de la *Trailla* (à Tudela au Pays Basque). Belle clientèle d'habitués du quartier.

Plus chic (25-40 €)

Taberna La Carmencita *(zoom Chueca E3,* ***177****) : c/ de la Libertad, 16. ☎ 91-531-09-11. • tabernalacarmencita@yahoo.es • Tlj cuisine en continu 12h30-2h. Plats 15-26 €, repas 25-30 €.* À l'angle de 2 rues, cette authentique taverne de 1854, fréquentée en son temps par Neruda, Alberti et bien d'autres, a vu grandir le quartier. Rafraîchie avec respect, avec ses 3 petites salles en enfilade, ses azulejos mis en valeur par des murs crème, ses parquets anciens, ses tables et chaises inchangées et quelques touches de modernité comme les luminaires. En cuisine, l'authenticité est aussi de mise, on mange dans les assiettes de nos grands-mères avec de grandes serviettes basques rouge et blanc. Dans l'assiette, des plats traditionnels, subtilement revisités. Une cuisine « bistronomique », absolument délicieuse, un régal pour les papilles. Tous les produits sont issus du commerce équitable, de cultures bio ou raisonnées, ou directement de producteurs locaux. Adorable petite salle à manger à privatiser au sous-sol près de la cuisine.

Arallo Taberna *(zoom Chueca D4,* ***229****) : c/ Reina, 31. 690-67-37-96. • madrid@arallotaberna.com • Ⓜ Chueca ou Sevilla. Tlj sauf lun 13h-16h, 20h-minuit. Fermé 2-3 sem en août. Résa conseillée jeu-dim, surtout le soir. Menu déj env 20 €, carte 25-30 €.* Une *taberna* nouvelle génération, ce qui saute aux yeux dès l'entrée (un ancien conteneur d'un bleu royal). Déco résolument post-indus', donc ! L'assiette, elle, est plutôt anti-indus', puisque les produits hyper frais sont travaillés dans une grande cuisine ouverte flanquée d'un long bar : la meilleure place pour profiter du ballet d'une extrême précision des nombreux cuistots qui s'y activent. Quelques tables quand même, pour plus de confort. On marie ici – voire on fusionne – la culture culinaire espagnole, fruits de mer en particulier, avec l'Asie et l'Amérique latine, tant du côté des saveurs que des cuissons. Et c'est une réussite ! Pour en sortir rassasié, compter 2-3 mini-entrées par personne et 1 plat. Vaste choix de vins, de bonnes bières (dont *La Chouffe*) et de cocktails : l'endroit est clairement dans l'air du temps, mais, curiosité, pas de dessert. Service virevoltant, et le rapport qualité-prix-surprise est finalement excellent !

Ribeira d'O Miño *(zoom Chueca D3,* ***167****) : c/ Santa Brígida, 1. ☎ 91-521-98-54. • marisqueriaribeiradomino.com • Ⓜ Chueca ou Tribunal. Tlj sauf lun 13h-16h, 20h-minuit. Fermé août. Plateau min 25 €.* Une des *marisquerías* les plus populaires de Madrid, à des prix étonnamment modérés. Tout au fond, 2 salles tranquilles pour savourer une excellente cuisine galicienne et des fruits de mer d'une belle fraîcheur. Le plateau de base, vraiment copieux, arrosé du p'tit blanc du patron, présente déjà

MADRID

un remarquable rapport qualité-prix. Chaleureuse atmosphère et clientèle d'habitués réjouis.

La Barraca (zoom Chueca D4, **230**) : *c/ de la Reina, 29. ☎ 91-532-71-54. • reservas@labarraca.es • Ⓜ Gran Vía ou Banco de España. Tlj 13h30-16h, 20h-minuit. Résa conseillée. Plats 10-20 €. Paellas 15-22 € (avec mariscos).* Plusieurs salles en enfilade, plus ou moins grandes (privatisables) à la déco chic traditionnelle, où l'on vient manger la spécialité de la maison : la paella, classée parmi les meilleures de la ville, déclinée en de multiples recettes (une quinzaine à la carte). La plupart sont servies pour 2 personnes ou plus. Copieux et succulent, un resto cité dans tous les bons guides gastronomiques. Aussi bien fréquenté par les hommes d'affaires du quartier que par les touristes de passage. Choix de vins impressionnant. Service légèrement blasé en revanche.

Si c'est complet, une alternative paella à deux pas :

Restaurante Paella de la Reina 39 (zoom Chueca D-E4, **179**) : *c/ de la Reina, 39. ☎ 91-531-18-85. • restaurante@lapaelladelareina.com • Ⓜ Gran Vía ou Banco de España. Tlj 13h30-16h, 20h-minuit. Paellas 15-25 €.* 3 petites salles en enfilade après avoir passé le bar. Un classique du genre qui propose également de bonnes paellas.

La Sacristía (zoom Chueca D3, **231**) : *pl. Pedro Zerolo, 1. ☎ 91-522-09-45. • info@la-sacristia.es • Ⓜ Gran Vía ou Banco de España. Tlj sauf dim soir, 13h-16h, 20h30-minuit. Fermé en août. Repas env 30 €.* Une enfilade de salles sobres, cossues et tranquilles permettent d'apprécier la cuisine. On vous apporte d'emblée de quoi picorer, et c'est avec le sourire qu'on vous sert gibier et poisson. Mais la grande spécialité, c'est la morue (la devise ici : « *i la bacalao, estrella de nuestra cocina !* »). N'abusez pas du vin de messe en dessert... Accueil adorable.

Où prendre le petit déj ? Où savourer des douceurs ? Où boire un jus de fruits frais ? Où boire un café ?

Horno San Onofre (zoom Chueca D3, **275**) : *c/ de San Onofre, 3. ☎ 91-522-85-44 ou 91-522-72-16. • websanonofre@gmail.com • Ⓜ Gran Vía. Tlj sauf 25 déc et 1er janv 8h-21h30 (9h-21h dim).* Hormis les viennoiseries encore tièdes à tremper dans le chocolat chaud ou le café, laissez-vous tenter par l'étonnante variété de *turrones* maison ou par la savoureuse *tarta de Santiago,* sorte de gâteau aux amandes. Nombreuses spécialités selon les périodes de l'année, demander celles du moment. Seulement 2 petites tables sur place. L'heureux propriétaire possède 3 autres pâtisseries dans le même quartier : *c/ Hernani, 7 ; c/ de Hortaleza, 9 ; c/ Mayor, 73, ainsi qu'au marché de San Miguel et même une au Japon !*

La Duquesita (plan détachable E3, **285**) : *c/ de Fernando VI, 2. ☎ 91-308-02-31. Ⓜ Bilbao. Tlj 9h-14h, 18h-20h30. Fermé dim ap-m et 1 sem en août.* Avec sa belle devanture d'origine, « *Confiteria y resposteria* », tout comme l'intérieur, cette pâtisserie familiale de 1914 attire à l'heure du thé, les dames chics du quartier. On y déguste les douceurs du chef, plusieurs fois récompensé, sur les tables hautes. Délicieux croissants, macarons... et on en passe et des meilleurs. Les gourmands seront satisfaits !

Café Comercial (plan détachable D2, **266**) : *glorieta de Bilbao, 7. ☎ 91-088-25-25. • info@cafecomercialmadrid.com • Ⓜ Bilbao. Tlj 8h30 (9h w-e)-2h (1h sam-dim).* On peut l'avouer : on a eu très très peur que ce superbe café de 1887, véritable institution de la ville pour les *tertullia* qui s'y tenaient, soit sacrifié sur l'autel du commerce à tout va, pendant ses 2 années de fermeture. Mais point de *McDo* à la place : il est bel et bien ressuscité, certes un peu plus léché, un peu plus branché... mais à l'image du quartier, en somme. Belle hauteur sous plafond, immenses miroirs et lustres façon Art déco témoignent toujours de son histoire, côté café (en rez-de-chaussée) comme côté resto. Agréable terrasse, squattée indifféremment par les *afterworks* en goguette, les étudiants à rouflaquette ou les papys à gapette.

Harina *(zoom Chueca D3,* ***282****) : c/ de Augusto Figueroa.* ☎ *91-521-72-51.* • *harina@harinamadrid.com* • *Tlj 9h-minuit. Petits déj 8-11,50 €.* Une boulangerie-cafét' en service continu, qui permet de prendre un petit déj comme une salade, une part de tarte ou un sandwich dodu à toute heure ! Certes, c'est une minichaîne, mais qui a de la tenue. Agréable salle aux matériaux bruts, claire et lumineuse, et petit éventail de tables sur la ruelle piétonne. Autre adresse, dotée d'une bien plus grande terrasse : *pl. de la Independencia* (c'est-à-dire puerta de Alcalá, face au parque de El Retiro), pour savourer la Madrid monumentale.

Mistura *(zoom Chueca D3,* ***281****) : c/ de Augusto Figueroa, 5.* ☎ *91-755-63-91.* • *shop@misturaicecream.com* • *Tlj 10h-23h (minuit ven-sam). Glace min 2,50 €.* Les glaces de *Mistura* (« mélange » en portugais) sont simplement succulentes ! Artisanales, sans conservateur ni colorant ou autre additif bizarre, à teneur en graisse réduite (si madame, c'est possible !)... On choisit ses parfums et son *topping* (fruits frais, fruits secs, graines variées, pépites de choco, etc.), qui sont habilement malaxés ensemble à froid, ce qui donne une texture assez unique. À vrai dire, on les a adorées même sans *topping*. La pistache à elle seule vaut le voyage à Madrid... Annexe du côté de la plaza Mayor (avec petits déj également).

Frutal Zumería Chueca *(zoom Chueca D3,* ***284****) : c/ de Gravina, 3.* ☎ *91-176-07-82.* • *frutalzumeria.com* • Ⓜ *Chueca. Tlj 9h (10h sam, 12h dim)-21h. Petits déj 2,50-8 €, jus de fruits 3,50 € les 400 ml à 8,50 € le litre.* Toute une sélection de jus de fruits et légumes aux vertus différentes (digestion, immunisant, vitaminé, détoxifiant, purifiant, antioxydant, favorisant la circulation, etc.). De quoi se refaire une petite santé après avoir abusé des bars à tapas et de leurs breuvages. 2 autres adresses dans le centre : ***Frutal Zumería Salamanca*** *(plan détachable G2,* ***284****) : c/ de José Ortega y Gasset, 55, local 2 ;* ☎ *91-260-71-23 ;* Ⓜ *Gasset ou Lista ; lun-sam 9h (10h sam)-21h30 ; fermé dim ; ferme à 20h30 hors saison.* ***Frutal Zumería Malasaña*** *(plan détachable D3,* ***284****) : c/ de San Andrés, 12.* ☎ *91-521-55-08.* Ⓜ *Tribunal. Tlj sauf dim 11h-20h30.*

MADRID

Où boire un verre ? Où écouter de la musique live ?

Beaucoup de monde, beaucoup de bars, dans ce secteur qui est sans conteste le plus branché de la ville. Revers de la médaille, ça manque parfois de caractère, les adresses changent de style comme de chemise, selon la mode du moment. En voici quelques-unes qui sortent du lot. Pour le reste, suivez la foule !

Tôt ou tard

Vinoteca Vides *(zoom Chueca E3,* ***319****) : c/ de la Libertad, 12.* ☎ *91-531-84-44.* • *info@vinotecavides.es* • Ⓜ *Chueca. Mar-ven 17h-2h, sam 12h-2h30. Raciones et medias raciones 5-12 €. Vins au verre 4,50-12 €. CB refusées.* Un petit bar à vins proposant pas moins de 125 crus espagnols de 65 régions différentes. Conseils avisés pour une initiation aux appellations et cépages du terroir ibérique. À accompagner de charcuterie ou de fromage, servis tout de même légèrement. Ambiance décontractée quoique touristique, et le soir on joue des coudes à l'*afterwork* !

Si l'envie vous prend de boire un verre perché, à deux pas, ***La Terraza de Oscar*** *(zoom Chueca D3,* ***331****) : pl. Pedro Zerolo.* C'est le toit-terrasse de l'hôtel *Room Mate Oscar*, idéal en fin de journée pour bénéficier de la vue superbe (360°) sur la ville.

Angel Sierra *(zoom Chueca E3, **335**) : c/ de Gravina, 11. ☎ 91-531-01-26. Ⓜ Chueca. Tlj 12h30-2h. Tapas 2-3 €.* Fresques patinées, azulejos, belles glaces gravées de pubs, grosses barriques dans la salle de derrière, centaines de bouteilles poussiéreuses... Dans cet antique « abreuvoir » fondé en 1917 et donnant sur la plaza Chueca, cœur de la fiesta du quartier, on picole de bons vins au comptoir, du vermouth artisanal, accompagnés, pourquoi pas, de délicieux anchois. Quelques tables en terrasse, sur la place. Bondé les soirs de fin de semaine, quand celle-ci est littéralement envahie par les noctambules.

Café Belén *(zoom Chueca E3, **338**) : c/ de Belén, 5. ☎ 91-308-27-47. • elcafebelen@gmail.com • Ⓜ Chueca ou Alonso Martínez. Mar-dim 15h30-3h (minuit dim).* Un îlot de tranquillité et de détente au beau milieu de la fiesta. Agréable petit bar cosy : vieilles poutres, tables en marbre, éclairage tamisé et musique choisie, pas trop forte, pour discuter gentiment entre amis ou en amoureux. À la carte : une foule de thés et un beau choix d'alcools.

Café Acuarela *(zoom Chueca D3, **336**) : c/ de Gravina, 10. ☎ 91-522-21-43. Ⓜ Chueca. Tlj 14h-3h.* Au cœur de Chueca, un petit salon de thé en journée, plutôt bar lounge le soir. Déco baroque classe et décalée, atmosphère élégante et très cosy, un poil mystique aussi avec ses images pieuses et tous ces *puppi* potelés. Quelle que soit l'heure, on s'y pose confortablement pour papoter et passer du bon temps...

Plutôt le soir

El Junco Jazz Club *(plan détachable E2-3, **341**) : pl. de Santa Barbara, 10. ☎ 91-319-20-81. • info@eljunco.com • eljunco.com • Ⓜ Alonso Martínez ou Chueca. Mar-sam 23h-5h30 (6h ven-sam). Entrée : 9-10 €.* Tous les soirs ou presque, des concerts de jazz, de blues, résonnant dans une cave voûtée brute de forme. Une formidable programmation, suivie de musiques funk, soul, blues, latina, brazil, reggae, etc., mixées par des DJs qui vous emmènent jusqu'aux 1res lueurs du jour. *Jams* d'enfer les dimanche, mardi et jeudi... Un club avec lequel il faut compter dans la nuit madrilène.

El Intruso *(zoom Chueca D3, **313**) : c/ de Augusto Figueroa, 3. • info@intrusobar.com • intrusobar.com • Ⓜ Chueca. Tlj 22h-5h30 (6h ven-sam). Concert ts les soirs ou presque vers 22h : 7-10 €.* Plongée dans la pénombre, une salle modèle new-yorkais, tout en longueur, le comptoir en L, la scène au fond, pour des concerts énergiques, éclectiques (funk, rock, blues, salsa, garage...) dans la lueur rougeoyante des spots. Et après le groupe, DJ. Banquettes pour reprendre son souffle. Les soirs d'affluence, grosse ambiance, plus relax que branchouille.

Barbara Ann *(plan détachable E3, **316**) : c/ de Santa Teresa, 8. ☎ 91-826-78-91. • barbaraann.es • Ⓜ Alonso Martínez ou Colón. Tlj sauf dim 17h30-1h (2h mer, 3h jeu-sam). Plats 11-20 €. Cocktails 8-10 €.* Décor glam' rock évidemment rétro, évidemment tamisé, dans cet *afterwork* pour urbains branchés à l'aise du portefeuille. Perché au comptoir ou confortablement calé sur les banquettes, on y sirote une courte sélection de cocktails, à accompagner de plats fusion osant le grand écart entre le Mexique et l'Asie, chacun portant le nom d'une star du rock (sans qu'on ait bien saisi le rapport...). En fin de semaine, à mesure que l'heure avance, l'ambiance monte et le volume des riffs aussi, jusqu'à ce que tout le monde termine compressé contre le comptoir. Transfusé à la basse-guitare-batterie, on est alors chaud pour aller se finir, presque en face, au ***Thundercat*** *(plan détachable E3, **317** ; c/de Campoamor, 11 ; • thundercatclub.com •),* boîte rock qui envoie les watts du jeudi au samedi à partir de minuit, avec d'abord un groupe assurant des reprises, puis DJ jusqu'à 6h du mat'.

Areia *(zoom Chueca D3, **339**) : c/ de Hortaleza, 92. ☎ 91-310-03-07. • info@areiachillout.com • Ⓜ Chueca, Alonso Martínez ou Tribunal. Tlj 14h (13h w-e)-3h. Entrée libre.* Un *chill out* qui a la cote auprès des jeunes actifs et autres trentenaires, pour ses coins sombres, ses canapés et banquettes moelleuses et sa déco aux accents orientaux. Bien pour une pause lounge dans l'après-midi, et encore mieux le soir, lorsque l'ambiance bat son plein, boostée par un DJ électro différent chaque soir. Possibilité de se restaurer (rien d'extraordinaire) en continu jusqu'à minuit.

Café Libertad 8 *(zoom Chueca E3,* ***344****)* **:** *c/ de la Libertad, 8. ☎ 91-532-11-50. • informacion@libertad8cafe.es • libertad8cafe.es • Ⓜ Chueca ou Banco de España. Tlj 18h-3h. Entrée libre ; animations : 4-5 € ; concerts : 7-10 €. Réduc de 10% sur présentation de ce guide.* Créé juste après la chute de Franco, un café littéraire bien connu des amateurs de soirées *cuentacuentos* (contes), poésies et surtout *cantautores* (chanteurs à texte), qui s'y produisent presque chaque soir vers 21h30. Riche programmation donc, et cadre très chaleureux, rétro et intime, pour une soirée culturelle au calme.

Où danser ?

Ocho y Medio *(Sala But ; plan détachable D2,* ***380****)* **:** *c/ de Barceló, 11. • ochoymedioclub.com • Ⓜ Tribunal. Ouv ven-sam dès minuit-1h. Fermé dim-jeu. Entrée : 12-15 €.* Ouvert au début des années 2000, relocalisé dans une salle en sous-sol, le *Ocho y Medio* est la référence pour des nuits rythmées d'électro-pop, électro-rock et autres sons indie, mixés par les DJs résidents ou par des invités, parmi lesquels, régulièrement, des stars du genre. De quoi faire du lieu l'un des clubs les plus courus de la ville chez les 25-35 ans. Beaucoup, beaucoup de monde, et une grosse ambiance. Parfois des concerts payants en 1re partie de soirée (vers 21h).

Les bars-boîtes aux couleurs du **rainbow flag** ***:*** on en trouve pas mal, souvent les uns à côté des autres, ouverts surtout en fin de semaine, de 23h à 3h en général. Des lieux bien plus modestes que les vraies boîtes, dans lesquels on danse en espace réduit, sans se prendre la tête. Leur entrée est la plupart du temps gratuite et accessible aussi aux hétéros sans restriction ni mauvaise grâce. D'un lieu (et d'un soir) à l'autre, l'ambiance peut parfois être un peu morte. N'hésitez pas à aller jeter un œil chez le voisin... Parmi les plus fréquentés, plutôt par des quadras, citons le ***Why Not*** *(zoom Chueca D3,* ***347*** *; c/ de San Bartolomé, 7),* en sous-sol, cadre avec lumière tamisée façon bateau en bois verni, photos de stars en noir et blanc. Entrée payante en revanche *(env 10 €).* Gratuit, et plus jeune, le ***D'Night,*** juste en face *(zoom Chueca D3,* ***346*** *; c/ de San Bartolomé, 6),* ou encore le ***Studio 54*** *(zoom Chueca D3,* ***345*** *; c/ de Barbieri, 7).* Voir aussi plus haut, dans « Où boire un verre ? » les soirées DJ d'après concert du jazz club ***El Junco*** (plutôt décontract'), et les mix de classiques rock du ***Thundercat.***

Achats

Mercado de San Antón *(zoom Chueca D-E3,* ***156****)* **:** *c/ de Augusto Figueroa, 24. ☎ 91-330-07-30. • mercadosananton.com • Tlj 10h-22h (15h dim) ; jusqu'à minuit en sem et 1h30 le w-e pour la zone resto et bars. Voir aussi « Où manger des tapas ? ».* Si son resto en terrasse et ses bars à tapas sont désormais un must, il conserve aussi une partie marché traditionnel, certes pas donnée, mais qui aligne les produits du terroir espagnol. Et au sous-sol, supermarché bienvenu.

Dans la ***calle de Fuencarral*** *(zoom Chueca D3-4 ; piétonne pour une large part),* nombreux magasins de fringues branchées, de créateurs, et de grandes chaînes internationales. Assez cher toutefois. Les amateurs de stocks *(outlet)* déambuleront plutôt le long de la ***calle de Hortaleza*** (attention, chaussures en vue, surtout des marques dédiées aux filles, mais pas exclusivement !) et dans les ruelles avoisinant la station de métro Chueca. Bien entendu, plusieurs boutiques *gay* *friendly* (fringues, librairies, objets de toutes sortes, etc.) autour de la plaza Chueca, dans les calles de Pelayo et de Hortaleza. Enfin, nombreux magasins de chaussures (encore, si, si !) où l'on peut trouver quelques bonnes affaires.

Patrimonio Comunal Olivarero *(plan détachable E3, **431**) : c/ de Mejía Lequerica, 1. ☎ 91-308-05-05. • patrimoniolivarero.com • Ⓜ Alonso Martínez ou Tribunal. Angle c/ Hortaleza. Lun-ven et sam mat 10h-14h, 17h-20h, fermé sam ap-m et dim. En juil, mar-sam 9h-15h, fermé dim-lun. Fermé en août.* Une fondation destinée à promouvoir les huiles d'olive espagnoles, et qui a ouvert boutique. Toutes les DOC en huile du pays, depuis le flacon de 20 cl au bidon de 5 l ! Parfois possible d'en déguster certaines.

Casa Postal *(zoom Chueca E3, **428**) : c/ de la Libertad, 37. ☎ 91-532-70-37. Ⓜ Chueca. Lun-ven 10h30-14h, 17h30-19h30 ; sam 11h-14h (fermé sam en août). Fermé dim.* Un véritable paradis pour les amateurs de cartes postales anciennes, de vieilles photographies et de plaques émaillées de récup'. M. Martín Carrasco Marqués en a en effet une collection superbe, rangée dans des tiroirs minutieusement numérotés. Dans les vitrines, des mini-antiquités, de petites boîtes, des objets miniatures... Adorable !

MADRID

À voir

Museo del Romanticismo *(musée du Romantisme ; plan détachable D3) : c/ de San Mateo, 13. ☎ 91-448-10-45. • museoromanticismo.mcu.es • Ⓜ Tribunal. Mar-sam 9h30-20h30 (18h30 nov-avr) ; dim et j. fériés 10h-15h. En juil-août, nocturne le jeu 20h30-23h (à vérifier). Fermé lun, 1er et 6 janv, 1er mai, 24, 25 et 31 déc. Entrée : 3 € ; réduc ; gratuit moins de 18 ans, étudiants moins de 25 ans, plus de 65 ans et pour tous sam après 14h, dim et certains j. fériés.* Installé dans un bel hôtel particulier, ce musée présente un panorama intéressant de la vie bourgeoise sous le règne d'Isabelle II (1833-1868), que l'on voit d'ailleurs à cheval et en uniforme militaire dès la 2e antichambre. La déco et les œuvres exposées reflètent à merveille les tendances de l'époque : plafond peint, superbe mobilier inspiré du style Empire, salle de bal kitsch à souhait avec ses murs tendus de soie rose (on en mangerait !)... Quant aux appartements privés, ils illustrent le penchant de la noblesse et de la bourgeoisie pour les stéréotypes de l'Espagne populaire, dont ils étaient si éloignés et qui leur semblaient si pittoresques : scènes de beuverie à la campagne, belles Andalouses, paysans richement vêtus (!), brigands et canailles de tout poil... Salle 10, admirer le nécessaire de toilette du roi Fernando VII lui-même, et le siège d'aisance qui accueillit maintes fois l'auguste postérieur. Dans l'oratoire, on notera encore le portrait du pape Grégoire Ier par Goya. Agréable ***petit café*** dans le jardin.

Museo de Historia *(plan détachable D3) : c/ de Fuencarral, 78. ☎ 91-701-18-63. • madrid.es/museodehistoria • Ⓜ Tribunal. Mar-dim 10h-19h. Fermé lun, 1er et 6 janv, 1er mai, 24, 25 et 31 déc. GRATUIT.* Voici une muséographie récente qui se concentre vraiment sur l'histoire de Madrid et des Madrilènes : les 3 niveaux suivent la chronologie de son développement en tant que capitale depuis le XVIe s. Le ***rez-de-chaussée*** s'organise surtout autour de portraits royaux (Philippe II, Charles Quint), de gravures et de tableaux. On y retrouve San Isidro, patron très populaire de la cité, des scènes de fêtes populaires ou religieuses (dont le Corpus Cristi) des XVIe et XVIIe s, et les sites royaux développés dans les proches environs (le palais du Retiro – à l'emplacement de l'actuel parc, la Casa de Campo, le palais du Pardo – qui était le lieu préféré de Philippe IV, etc.). Le ***1er étage*** aborde l'époque des Bourbons, le XVIIIe s, essentielle puisque c'est eux qui font de Madrid une capitale monumentale en multipliant les palais et les symboles de pouvoir dans l'architecture de la ville, comme l'arc de triomphe de la plaza de Alcalá. C'est aussi le siècle du développement des manufactures royales : on retrouve ici de monumentales toiles destinées à devenir des cartons de tapisserie, le cristal issu de la manufacture de La Granja de Ildefonso, des collections de porcelaine de celle du Buen Retiro, ou d'éventails. Enfin tout ce qui fait aussi la vie quotidienne et culturelle des Madrilènes : le théâtre, les costumes, etc. Et l'épisode de l'entrée de Napoléon dans la ville, avec des Madrilènes qui préfèrent mourir de faim plutôt que d'accepter du pain de l'ennemi ! Au ***2e étage,*** c'est le XIXe s et son cortège de guerres carlistes, qui opposeront Madrid et une partie de l'Espagne durant tout le siècle... Ce qui n'empêche pas le Romantisme d'émerger, comme partout en Europe, et de s'exprimer dans les beaux-arts en exaltant les héros de ces affrontements, comme le général Torrijos ou Mariana Pineda. Madrid est alors une ville à l'activité intellectuelle intense, où café et *tertullias* foisonnent d'échanges ! Période festive aussi, où Isabelle de Bourbon (Isabelle II) protège les artistes et érige l'opéra. Industrielle encore, alors que Alfonso XII met le train sur les rails... Ne pas finir la visite sans faire un tour au sous-sol, avec 2 superbes maquettes de la ville, qui illustrent parfaitement son développement (comparez donc avec le plan détachable de votre *Routard* !)

Museo de Cera *(plan détachable E3)* ***:*** *paseo de Recoletos, 41. ☎ 91-319-26-49. • museoceramadrid.com • Ⓜ Colón. Lun-ven 10h-14h, 16h30-20h ; w-e et j. fériés 10h-20h. Entrée à prix vertigineux : 21 € ; moins de 12 ans et plus de 65 ans : 14 €. Audioguide (pas en français) : 3 €. Tarif famille dispo seulement sur résa sur leur site. Fermé pour Covid-19.* Londres a son Tussaud, Paris a son Grévin, eh bien Madrid a aussi son musée de cire ! Plus de 450 personnages en 2 galeries. La 1re retrace l'histoire de l'Espagne au travers de ses dirigeants, ses explorateurs, ses sportifs, ses artistes et écrivains, ses toreros... Et la 2de rassemble un melting-pot de tout et n'importe quoi. Autres attractions : un simulateur, un train fantôme et une projection avec des effets spéciaux sur l'histoire de l'Espagne. Le tout sans grand intérêt, il faut l'avouer...
– En sortant, vous ne pourrez pas louper une superbe grenouille en bronze de 4 m de haut, au corps bleu-vert gravé de petits symboles. Œuvre d'Eladio de Mora, elle trône sur le trottoir juste devant l'entrée du Gran Casino de Madrid, qui a sponsorisé sa création et son installation. Cette ***Rana de la Fortuna*** (grenouille de la chance) est censée porter bonheur !

Fundación MAPFRE – Sala Braganza *(plan détachable E3)* ***:*** *c/ Bárbara de Braganza, 13. ☎ 91-581-46-09. • fundacionmapfre.org • Ouv seulement pdt les expositions : lun 14h-20h, mar-sam 10h-20h, dim 11h-19h. Entrée : 3 € ; gratuit lun ap-m.* MAPFRE n'est rien d'autre que la plus grosse compagnie d'assurances espagnole ! Et sa fondation subventionne plusieurs lieux culturels, dont cette salle. En général, expositions d'excellente tenue, dont les dates sont annoncées à grand renfort d'affichage dans toute la ville (et sur le site internet).

QUARTIER DE MALASAÑA

Plan détachable B-C-D2-3 ;
Ⓜ Bilbao, Tribunal, Ventura Rodríguez ou Noviciado

À moins de 10 mn à pied de la puerta del Sol. Autant dire la *puerta* à côté ! Tranquilles le jour, les rues qui grimpent de la calle de la Luna jusqu'à la plaza Dos de Mayo s'enfièvrent la nuit. Nombreux murs couverts de tags et de graffitis, témoins du renouveau du quartier qui a commencé dès les années de la Movida et ne s'est pas éteint depuis.
Son passé contestataire aux accents révolutionnaires n'était certes pas fait pour plaire à la dictature franquiste qui, en fermant l'université voisine de San Bernardo, parvint à disperser les étudiants devenus gênants. Pas étonnant, donc, si la fin de l'obscurantisme culturel venue, tous les faiseurs de courants s'y soient retrouvés pour fêter le retour de la liberté.

Autour de la plaza Dos de Mayo *(plan détachable D2-3 ; Ⓜ Tribunal ou Noviciado),* qu'on se le dise, c'est un quartier de *copas,* où l'on vient prendre un verre jusque tard dans la nuit dans une effervescence totale. Quelle ambiance ! Grosso modo, à l'ouest de la calle de Fuencarral et autour des *calles* (semi-piétonnes) de Velarde, de San Andrés, Vicente Ferrer, de la Palma et de la fac des arts appliqués, vous rencontrerez dès la nuit tombée un incroyable melting-pot culturel et pas mal d'adresses à l'esprit alternatif. Vieux punks sur le retour, nombreux étudiants, jeunes gens modernes, hipsters en pleine exploration urbaine, paumés sirotant leur bibine sur un banc, cœurs délaissés en quête de l'oubli, amoureux de « performances » et autres happenings... et une tripotée de bars et de restos dans l'air du temps.

LES CISEAUX DE LA LIBERTÉ

Le quartier tient son nom de Manuela Malasaña, jeune couturière qui fut exécutée à 16 ans par les troupes de Napoléon pour avoir, dit-on, détenu une arme interdite : une paire de ciseaux ! Elle devint une héroïne et un symbole de cette insurrection populaire de 1808 qui marqua le début de la guerre de Libération contre les Français.

Où manger des tapas ?

Gros dilemme : à Malasaña, on peut manger des tapas partout, ou presque ! La difficulté sera plutôt de trouver de la place quelque part en fin de semaine... Pour peu que le temps soit au beau fixe, des nuées de Madrilènes parcourent les ruelles et placettes du quartier à la recherche d'un coin de bar où poser son coude ou d'un bout de terrasse où squatter une table... Seules solutions pour le néophyte : se pointer très tôt (genre 19h), ou se laisser porter par la vague et tenter sa chance au pifomètre. Les rues et places les plus riches en bars : c/ Espíritu Santo (et sa placette Juan Pujol, à l'angle avec la c/ de San Andrés), et ses parallèles vers le nord jusqu'à la c/ de Manuela Malasaña ; plaza San Ildefonso (autour de l'église), c/ Baja de San Pablo (au sud et à l'est), c/ del Pez (au sud)... Et notre sélection de valeurs sûres, mais rarement vides !

I●I *El Pez Gordo* *(plan détachable D3,* ***145****) : c/ del Pez, 6. ☎ 649-76-24-80. • rociofuente@hotmail.com • Ⓜ Callao ou Tribunal. ♿ Tlj 18h-2h. Raciones 7-14 €. Digestif offert sur présentation de ce guide.* Dans cette petite rue qui draine du monde, tapas, vins et bières à prix fort raisonnables, que l'on grignote au son d'une musique jazzy, reggae ou *motown,* un poil rétro, comme le cadre. Goûtez le *salmorejo,* le pâté servi avec de la confiture, les délicieuses croquettes ou encore les tripes à la madrilène servies en copieuses *ración* ou *media ración.* Très populaire, tout ça !

I●I *Casa Julio* *(plan détachable D3,* ***210****) : c/ Madera, 37. ☎ 91-522-72-74. Ⓜ Tribunal. Tlj sauf dim 13h-15h30, 19h-minuit. Croquettes dès 5 €.* Car la spécialité, derrière cette devanture rouge bien patinée (l'endroit existe depuis les années 1920), ce sont les croquettes ! Coincé contre le comptoir ou réfugié à l'une des rares tables (et quelques guéridons), on déguste ces petites choses aussi croustillantes que fondantes dans un joyeux brouhaha. Et le pire, c'est qu'on en redemande. Certes touristique, mais les habitants du quartier s'y pressent tout autant.

I●I *Taberna La Lirio* *(plan détachable D3,* ***169****) : c/ del Espíritu Santo, 30. ☎ 91-521-39-58. • tabernalalirio@gmail.com • Ⓜ Tribunal ou Noviciado. Tlj midi-1h. Menu 10 €, repas 12-15 €.* Moins flamboyant et plus traditionnel que son voisin *Ojalá,* mais de bonnes tapas (à déguster en terrasse aux beaux jours) et une petite salle bariolée bien conviviale et vite remplie. De toute façon, sur cette placette, le soir venu, la 1re place dégotée sera la bonne !

Pez Tortilla *(plan détachable C3, **204**) : c/ Pez, 36. 653-91-99-84. • info@peztortilla.com • Ⓜ Noviciado. Lun-mer 18h-2h, jeu-dim 12h-2h (minuit dim).* Pintxo de tortilla 3 €. L'endroit fait fureur chez les jeunes noctambules du coin, car le concept se déguste avec délice ! De bonnes grosses parts de tortilla, nature, de *patatas* (le grand classique espagnol), asperges-jambon, champignons, fromage ou autre, en fonction des saisons, fraîchement préparées. C'est bien simple : sur le tableau au-dessus du bar, la liste des tortillas du jour encore dispo... Elles parviennent sur le comptoir au fur et à mesure de leur préparation, grand disque croustillant et moelleux-baveux à la fois de 30-40 cm de diamètre pour 3-4 cm d'épaisseur... On vous conseille d'opter pour le *pintxo,* c'est-à-dire la part (déjà 1/8) ; la grande, c'est l'omelette entière. Pour varier les plaisirs, quelques croquettes aussi. On arrose tout ça, comme partout à Malasaña, de *caña* bien fraîches ou de vins au verre franchement pas plus chers qu'ailleurs, dans une ambiance rugissante !

Orio *(zoom Chueca D3, **200**) : c/ de Fuencarral, 49. ☎ 91-521-83-18. • info@gruposagardi.com • Ⓜ Tribunal. Tlj 10h-1h. Pintxo env 2 €.* Un bar à tapas basque qui aligne une bonne sélection de *pintxos* sur le bar. On demande une assiette, on se sert, et on se perche au bar ou sur les tables hautes. À la sortie, c'est le nombre de piques (alignées sur le bord de son assiette !) qui détermine l'addition. C'est rapide, raisonnable côté prix, et plutôt de qualité égale. Bar à huîtres dans un coin (c'est la grande mode à Madrid depuis quelques années !) et salle de resto (plus chère) au 1er étage.

El Cambalache *(plan détachable D3, **206**) : c/ del Espíritu Santo, 28. ☎ 91-521-11-72. • cambalachedepizza@gmail.com • Ⓜ Tribunal. Sur la pl. Juan Pujol. Tlj 10h-minuit. Part de pizza et empanadas 2,50-4,50 €.* Pas vraiment un bar à tapas, mais ces spécialités d'Argentine s'avèrent la providence des affamés à budget serré. Pizzas « roulées » et *empanadas* (ces chaussons fourrés à la viande, entre autres) richement garnies, à emporter (quelques guéridons), histoire de caler cette affreuse dent creuse ! Un classique des faims intempestives du coin !

MADRID

Où manger (assis) ?

Bon marché (moins de 15 €)

Ojalá – La Musa *(plan détachable D3, **169**) : c/ de San Andrés, 1. ☎ 91-523-27-47. • ojala@grupolamusa.com • Ⓜ Tribunal ou San Bernardo. Tlj 8h30-1h (1h30 ven-sam). « Plage » ouv dès 18h30. Menu midi 10 € ; le soir, bonne sélection de viandes autour de 16 €.* Sur cette placette qui, le soir venu, foisonne d'animation, *Ojalá* est d'abord une cafétéria-resto aux murs turquoise. Mais elle cache aussi au sous-sol une cave en brique aménagée en resto de plage ! On y mange assis sur de confortables coussins posés sur une épaisse couche de sable blanc (et fin) de la plage d'Alicante, le tout éclairé par des néons fluo, mauve et bleu, dans une ambiance solarium assez rigolote. Sous les briques, la plage donc, ou comment s'offrir une soirée de vacances tout en restant en ville... Cuisine hispano-imaginative, burger, salades, *empanadas...* Smoothies et jus variés bien frais. Très bien aussi pour le petit déj.

80° – Ochenta Grados *(plan détachable D2, **172**) : c/ Manuela Malasaña, 10. ☎ 91-445-83-51. Ⓜ Tribunal ou Bilbao. Tlj 13h30-16h (16h30 ven-dim), 20h30-minuit (2h ven-sam). Menu midi en sem 12,50-13,80 € ; carte 15-20 €.* Voici 2 grandes salles claires et contemporaines, où les rouges-orangés viennent raviver les murs de brique. Quant à l'assiette, elle surprend, elle amuse, et on en redemande. Le principe ? Des plats plus ou moins traditionnels, proposés en *media ración* pour en goûter plusieurs (3-4 suffisent à combler un bon appétit), et gentiment réinterprétés... Le tartare, par exemple, s'accompagne d'une glace à la moutarde, le calamar se glisse dans un *pan de cristal* pour devenir *bocadillo*... et le tout n'est jamais cuit à plus de 80 °C afin de préserver au maximum les produits, d'où le nom de l'endroit. Service efficace et agréable, ce qui ne gâte rien. Un vrai bon plan.

La Cajita de Nori *(plan détachable C2,* ***153****) : c/ del Limón, 30. ☎ 91-758-72-95. • lacajitadenori@gmail.com • Ⓜ Ventura Rodríguez ou Noviciado. Face à l'entrée du centre culturel Conde Duque. Tlj midi et soir jusqu'à minuit (1h30 le w-e). Menu 11 € – 12,50 € en terrasse –, plats 9-20 €.* Ancien petit atelier de métallurgie (noter le système de poulies au-dessus du bar). Loin du tintamarre touristique, petit resto de quartier, clientèle locale sympa et accueil jeune ; petite salle derrière le bar, intime, colorée, climatisée et tranquille. Menu (vin et café compris) très correct, saucisse de Mamie Paulette et sa purée de 3 pommes vivement conseillées, et la paella du samedi et dimanche midi se révèle fort savoureuse... Terrasse sur la placette.

Zombie Bar *(plan détachable D3,* ***203****) : c/ del Pez, 7. ☎ 91-011-19-52. Ⓜ Tribunal ou Callao. Angle c/ de la Madera. Tlj 13h-1h30 (3h le w-e). Menu midi en sem 11 €, hamburgers 11-12 €.* Pas besoin de chercher bien loin : derrière ce bar à cocktails-*hamburguesería* se cache le duo électro des Zombie Kids... Déco inspirée de l'univers des comics Marvel, et carte de hamburgers variés et délicieux, avec une viande choisie avec soin (et même une version tofu pour les zombies-végétariens). Bière servie à la pression dans des bocaux (comme la confiote de maman !) et grand choix de cocktails. Arriver tôt ou tard, sous peine de virer mort-vivant de faim à faire la queue...

Prix moyens (15-25 €)

Paraíso del Jamón *(plan détachable C3,* ***217****) : c/ de San Bernardo, 8. ☎ 91-532-83-50. • info@paraisodeljamon.com • Ⓜ Santo Domingo. Tlj 7h-1h. Assiettes combinées 12-19 €, raciones 3-12,50 €.* Vous êtes plutôt *bellota, granadino, serrano* ? Pour le savoir, c'est ici qu'il faut vous rendre. Impressionnant ! Du sol au plafond, de beaux jambons entiers vous font de l'œil. Assiettes de dégustation plutôt copieuses avec également des salamis et des fromages du coin. Longs comptoirs de marbre et tables pour les déguster, dans une ambiance un peu ringarde mais rigolote. Des minimenus à consommer au bar avec boisson et *bocadillos*. Les *raciones* sont servies généreusement. Éviter les plats, moins intéressants. Un îlot d'ibéritude ! Plusieurs autres adresses en ville.

Où grignoter toute la journée ?

Federal Café *(plan détachable C2-3,* ***208****) : pl. de las Comendadoras, 9. ☎ 91-532-84-24. • madrid@federalcafe.es • Ⓜ Noviciado. Tlj 9h-minuit (1h ven-sam, 20h dim). Sandwichs, salades, burgers et plats 6,50-12 €.* Federal est le nom d'une petite ville dans le nord de l'Australie, ces endroits où il n'y a rien d'autre à faire que de boire et manger ! D'où l'idée de ce café branché, où les serveurs sont aussi jeunes et sympa que les clients, et où l'on peut boire et grignoter à toute heure de la journée. Grande salle esprit cantine moderne, ouverte sur la lumière par de grandes baies vitrées, complété d'une grande et belle terrasse, sur la place piétonne. Parfait également pour le brunch, bon choix et frais.

Mür *(plan détachable C3,* ***209****) : pl. Cristino Martos, 2. ☎ 91-139-98-09. • hola@murcafe.com • Ⓜ Ventura Rodríguez. Lun-ven 9h-23h (2h ven), sam 10h-2h, dim 11h-22h. Petits déj 3-6 € ; salades, tartes, bagels et autres snacks 5-9 €.* Toute petite entrée timide, ne pas s'y fier, la salle se trouve à l'étage, déco de bric et de broc. Au calme, sur un canapé ou attablé dans une ambiance assez cosy malgré tout. La cuisine est simple, bonne et le rapport qualité-prix imbattable. Petite terrasse sur la placette, pas désagréable en été sous les parasols.

Où savourer des douceurs et boire un café ou un thé ?

Café de Ruiz *(plan détachable D2,* ***276****)* **:** *c/ de Ruiz, 11. • cafederuiz@gmail.com • Ⓜ Tribunal. Tlj 15h-2h30 (3h30 ven-sam). CB refusées.* Partageant les confortables banquettes, vieilles dames pomponnées et ados bavards passent des heures dans ce café ancien. Aux murs, de vieilles affiches et, sur les tables en marbre, des mousses au chocolat succulentes, des cafés viennois avec petits fours, des thés exotiques. Au fond, des recoins plus intimes pris d'assaut par les tourtereaux. Un régal en fin d'après-midi.

Acquolina *(plan détachable D3,* ***264****)* **:** *pl. del Dos de Mayo (angle c/ Velarde, 15). ☎ 91-523-30-36. Ⓜ Tribunal ou Bilbao. Tlj sauf lun 13h30-minuit. Dès 2,50 €.* Bon glacier artisanal aux saveurs riches et subtiles, qui fait tourner les fruits au gré des saisons... Un régal pour les grands comme pour les petits, d'autant qu'un coin de la plaza Dos de Mayo est aménagé en aire de jeux pour les *niños*, à l'ombre des arbres.

Toma Café *(plan détachable C3,* ***286****)* **:** *c/ de la Palma, 49. ☎ 91-704-93-44. • toma.cafe • Ⓜ Tribunal. Tlj 8h (10h sam-dim)-20h.* Briques peintes en blanc et carrelages aux murs, tables en métal et plantes vertes au plafond pour le décor. Dans la tasse des grains à moudre au choix provenant du Brésil, Pérou, Bali ou Kenya, selon votre goût et état d'esprit du moment. Accompagné d'un *pan con tomate* ou d'un granola maison.

Où boire du bon vin ?

Entrevinos *(plan détachable B3,* ***194****)* **:** *c/ de Ferraz, 36. ☎ 91-548-31-14. • entrevinos@entrevinos.net • Ⓜ Ventura Rodríguez ou Argüelles. Tlj jusqu'à minuit. Fermé août. Medias raciones et raciones 7-15 €.* Presque en face du parc de la Montana, un fameux bar à vins, doublé d'un bon resto. Cadre sobre, rien ne doit détourner de la qualité des quelque 300 vins référencés ici. Cependant, les bruyants babillages de la clientèle donnent vie à ce lieu sympathique. D'autant que les plats s'avèrent assez élaborés et goûteux (excellent *salmorejo,* par exemple). Au tableau noir, les vins du mois.

Où boire un verre ? Où écouter de la musique live ?

Tôt ou tard

Les terrasses de la plaza Dos de Mayo *(plan détachable D2-3)* **:** sous les arbres, plusieurs bistrots disposent d'agréables terrasses pour boire un verre en grignotant tapas ou parts de pizza, en journée et jusque tard dans la nuit. Et ça continue dans les rues adjacentes... Bonne ambiance au *El 2D,* à l'angle avec la c/ Velarde, ou au *Malabar,* sur la place, ou au *Verbena (c/ Velarde, 24).*

Kikekeller *(plan détachable D3,* ***302****)* **:** *c/ de la Corredera Baja de San Pablo, 17. ☎ 91-522-87-67. • kikekeller@kikekeller.com • Ⓜ Callao. Boutique ouv lun-sam 17h-21h, le bar jeu-sam 19h-3h.* À l'arrière de la boutique de ce couple d'architectes designers, le show-room s'invente bar le week-end. Un lieu fort sympathique décoré de leurs créations, dans un esprit loft-art-studio, comme ce bar fait d'une calandre de tracteur des années 1920, cette cabine d'ascenseur devenue w-c, et tous ces meubles et objets uniques qu'ils ont créés. Les serveurs vous serviront habillés de leur kilt gris et chemise en jean, ou vous irez directement vous servir dans l'énorme frigo, d'une bière ou boisson en bouteille et ils vous l'ouvriront. Expos tous les 2 mois.

Mercado de San Ildefonso *(zoom Chueca D3,* ***312****)* **:** *c/ de Fuencarral,*

57. ☎ 91-559-13-00. • info@mercadodesanildefonso.com • Ⓜ Tribunal. Lun et mer-jeu 19h-minuit, ven-dim 13h-1h (minuit dim). Sur 3 étages et 2 terrasses, voici le dernier *street food market* de la ville, pile à la rencontre de Chueca et Malasaña. Même principe qu'au mercado San Antón tout proche, à Chueca (lire plus haut), en moins bobo, en plus gueulard et rigolard, tous âges mélangés. Bref, une atmosphère à l'image du quartier, bien sympa à l'heure de l'apéro, qu'on nourrit en piochant dans la foule de stands de croquettes, tortillas (omelettes), brochettes et autres tapas (18 comptoirs en tout et autant de bars que d'étages), avant de se trouver une place autour des grosses tables communes en bois.

MADRID

🍸 🍽 ***El Jardín Secreto*** *(plan détachable C3,* ***351****) : c/ del Conde Duque, 2. ☎ 91-541-80-23. • eljardinsecreto10@gmail.com • Ⓜ Bilbao ou Plaza de España. Tlj 18h30-1h30 (2h30 ven-sam). Fermé 2e et 3e sem d'août. Carte env 20 €.* Petit faible pour ce café-cabane ambiance exotique, joliment arrangé avec un bric-à-brac d'objets hétéroclites. Un lieu à la fois simple et chaleureux, qui a tout du nid pour tourtereaux. Bon choix de thés, cafés et chocolats délicieusement parfumés, mais aussi des cocktails qui descendent tout seuls, sans oublier les superbes salades, petits plats inventifs lorgnant vers l'Asie et desserts très craquants comme le prometteur *orgasmo por chocolate.* Excellent accueil.

Plutôt le soir

🍸 ***La Vía Láctea*** *(plan détachable D2-3,* ***352****) : c/ de Velarde, 18. ☎ 91-446-75-81. • info@lavialactea.net • Ⓜ Tribunal. Tlj 20h-3h. Entrée libre.* Ça se remplit passé minuit dans ce haut lieu de l'époque de la Movida qui, depuis les années 1980, n'a pas changé d'un iota ! Néons rougeoyants, vieilles affiches de concerts tapissant murs et plafonds, et côté musique, même combat pour le vieux rock'n'roll ! Tout au fond, le billard. Clientèle plus ou moins jeune, où chacun trouve sa place dans cet univers délicieusement vintage. Génial !

🍸 ***Tupperware*** *(plan détachable D3,* ***353****) : c/ Corredera Alta de San Pablo, 26. ☎ 91-548-50-16. 📱 625-52-35-61. • sonia@tupperwareclub.com • Ⓜ Tribunal. Tlj 20h-3h. Entrée libre. CB refusées.* Hommage décalé à l'univers des séries B dans ce petit bar kitschissime, classique des établissements de nuit du quartier. Figurines ringardes derrière le comptoir (Frankenstein et les Barbapapa !), fresque façon fanzine et extrait de films improbables sur fond de rock *old school* cultivent une ambiance bon enfant qui saute les générations. Plein à craquer le week-end. On peut poursuivre la soirée chez le voisin, ***Penta,*** bar-boîte rock version poche, bondé le week-end depuis la Movida *(c/ de la Palma, 4 ; tlj 23h-3h ; entrée : env 8 €).*

🍸 ***Madrid Me Mata*** *(plan détachable D3,* ***350****) : c/ Corredera Alta de San Pablo, 31. ☎ 91-173-82-45. • luismgar2011@gmail.com • Ⓜ Tribunal. Tlj 21h-3h. Entrée libre.* Retour vers le futur, direction les années 1980, dans ce bar hommage à la Movida. Les 3 salles en enfilade ont beau être tapissées de photos souvenirs de Pedro et consorts, la playlist dérouler les classiques des *eighties,* clip en prime, ça ne sent pas la naphtaline. Et si ceux qui ont le cheveu qui grisonne retrouvent là un air de jeunesse, les nouvelles générations s'y pressent volontiers aussi, passé minuit. Sûr qu'à Malasaña le cœur de la Movida bat encore !

🍸 ♩ ***Taboó*** *(plan détachable D3,* ***354****) : c/ de San Vicente Ferrer, 23. ☎ 91-524-11-89. Ⓜ Tribunal. Ven-sam 22h-6h. Fermé dim-jeu. Concert vers 21-22h, puis DJ. Entrée : 10-12 €.* Colorée en façade de 2 fresques destroy, une petite salle de concert très sympa, avec piste de danse et programmation éclectique, du flamenco au pop-rock en passant par les rythmes latinos. Et quand les zicos ont replié, les DJ prennent le relais (house). Très vite bondé d'étudiants venus « se terminer » ici ; c'est l'un des rades qui ferment le plus tard du quartier. Chaude ambiance !

🍸 ***El Maño*** *(plan détachable C2-3,* ***390****) : c/ de la Palma, 64. ☎ 91-163-31-90. Ⓜ Noviciado ou San Bernardo. Tlj sauf dim soir 13h-17h, 20h-2h. Raciones 4-9 €.* Dans une rue qui s'apparente à un bar à ciel ouvert, v'là, derrière sa devanture vitrée aux boiseries patinées, le rade où l'on vient entamer la soirée – ou plus si affinités –, avant d'aller se disperser chez les voisins. Atmosphère tonitruante autour du comptoir rétro et des rares tables de marbre dispersées sous le plafond Art déco. Entassés les uns contre les autres, on lie vite connaissance. De quoi augurer d'une bonne soirée... Tapas tout ce qu'il y a de plus banal pour accompagner.

🍷 ♩ **Freeway** *(plan détachable D3,* ***355****) : c/ de San Vicente Ferrer, 7 (angle corredera de San Pablo). ☎ 91-522-75-82. Tlj 18h-3h (3h30 ven-sam).* Toujours plein d'étudiants exubérants, sur fond musical tonitruant... Beau comptoir à fines colonnes en bois couvert de photos de chanteurs de rock. Mon tout dans une atmosphère rougeoyante, voire incandescente. Salle au sous-sol (DJ, concerts).

🍷 ***El Bistró del Teatro*** *(plan détachable C3,* ***332****) : c/ del Pez, 20. ☎ 91-127-40-75. • elbistrodelteatro@gmail.com • Tlj sauf dim 9h (10h sam)-minuit (1h30 jeu, 2h30 ven-sam).* Petit bistro tout rouge tout en profondeur où le vermouth, la bière et les *copa de vino* s'enfilent l'air de rien, souvent accompagné d'une *tapita.* On n'a pas été convaincu par la cuisine, mais l'ambiance est au rendez-vous, entre habitués et bande de potes en goguette dans cette calle del Pez qui ne cesse de gigoter.

🍷 ♩ **BarCo** *(zoom Chueca D3,* ***318****) : c/ del Barco, 34. ☎ 91-531-77-54. • pdejuan@barcobar.com • administracion@barcobar.com • barcobar.com • Ⓜ Tribunal ou Gran Vía. Tlj 22h30-5h30 (6h30 ven-sam). Concert tlj ou presque vers 23h-minuit ; régulièrement du flamenco dim, vers 21h30. Entrée : max 12 €.* Une salle à taille humaine, avec une programmation d'excellente qualité en jazz, soul, blues ou funk. Accueille aussi régulièrement les concerts de la *Escuela de Música creativa,* une école de jazz de bon niveau. Après les concerts, le bar se transforme en boîte, mais c'est souvent un peu mort.

Flamenco

♩ ***Teatro Flamenco Madrid*** *(plan détachable D3,* ***333****) : Teatro Alfil, c/ del Pez, 10. ☎ 91-159-20-05. • reservas@teatroflamencomadrid.com • teatroflamencomadrid.com • info@teatroalfil.com • teatroalfil.es • Ⓜ Noviciado, Tribunal ou Callao. Spectacle de 1h ts les soirs à 18h30 et 20h30 (et 22h15 ven-dim). Et lun à 22h, cycle « lunes flamenco », autour d'un artiste. Résa conseillée le w-e, sur place (billeterie ouv 13h-21h) ou sur leur site internet. Spectacle seul 25 €, 28 € avec conso (38 € avec table réservée, 50 € avec table + assortiment de charcuterie).* Le flamenco se tient ici dans une vraie salle de théâtre, servie par une mise en lumière qui trace le fil du spectacle. Il faut dire que le maître du lieu dirigea longtemps le *museo del Baile Flamenco* de Séville : un professionnel aguerri, donc ! Les artistes (musiciens, chanteurs et danseurs), toujours d'excellent niveau, changent régulièrement, chacun imprimant son style et son âme. Et lorsque l'émotion pure du flamenco jaillit... *Olé !*

MADRID

À voir

La ***plaza Dos de Mayo*** *(plan détachable D2-3)* incarne le cœur de ce quartier puisque, à cet endroit, les Madrilènes défendirent une caserne dont il ne reste aujourd'hui qu'une arche en pierre. Dans les années 1940-1950, le quartier fit à nouveau parler de lui en résistant à tous les projets de démolition qui le menaçaient, et ses loyers modiques attirèrent par la suite hippies et bohèmes de tout poil. Il était donc logique que le mouvement de la Movida prenne ses quartiers nocturnes à cet endroit, qui reste, encore aujourd'hui, un pôle d'activités foisonnantes, de cafés et de boutiques branchées.

Iglesia de San Antonio de los Alemanes *(plan détachable D3)* **:** *c/ de la Puebla. ☎ 91-522-37-74. Ouv lun-sam 10h30-14h. Entrée : 2 €.* Cette petite église, à l'origine *San Antonio de los Portugueses*, a été édifiée en 1624 à la demande de Felipe III pour l'offrir, ainsi que l'hôpital voisin, aux pèlerins et malades Portugais de passage à Madrid. Lorsque la couronne espagnole perdit le Portugal, la Reine *Mariana de Austría* la fit débaptiser pour les Allemands catholiques. Un petit joyau de l'art baroque, avec ses 1 500 m² de fresques murales du XVIIe s. Sur la partie inférieure sont représentés reines et rois sanctifiés d'Allemagne, Espagne, France, Angleterre et Bohème. Voir aussi la crypte, dédiée à la béatification, notamment en mémoire du Père *Pedro Poveda Castroverde* qui a officié dans cette église : fusillé en 1936 pendant la guerre d'Espagne et canonisé par Jean-Paul II en 2003.

Conde Duque Centro Cultural *(plan détachable C2-3)* **:** *c/ del Conde Duque, 11. ☎ 91-480-04-01 (8h-14h30). • condeduquemadrid.es • Ⓜ Ventura Rodríguez, Noviciado ou San Bernardo. Musée et expo : mar-ven 10h-14h, 15h-20h ; w-e et j. fériés 10h-13h30. Fermé lun, les 24, 25, 31 déc et 1er janv. GRATUIT.* Cette ancienne caserne début XVIIIe s, assez austère, accueille aujourd'hui, après une belle rénovation, une multitude d'activités et de services culturels. Bibliothèque historique de la ville, bibliothèque publique, et ce qui nous intéresse le plus : expositions de bonne qualité, théâtre, spectacles de danse ou concerts (programmation détaillée sur leur site). Également un petit ***musée d'Art contemporain*** (MAC), où l'accrochage tourne régulièrement. Les passionnés de graphisme (au sens large : de la B.D. à l'histoire de la publicité) iront aussi faire un tour, à 2 pas, au ***Museo ABC*** *(c/ Amaniel, 29-31 ; • museo.abc.es • ; mar-sam 11h-20h, dim 10h-14h ; fermé lun ; GRATUIT),* qui ne présente que des expos temporaires, souvent assez pointues.

Palacio de Liria *(plan détachable C2)* **:** *c/ de la Princesa, 20. ☎ 91-230-22-00. • palaciodeliria.com • Ⓜ Ventura Rodríguez ou Argüelles. Tlj, sauf lun-mer ap-m, 9h45-14h, 15h45-19h30 (18h30 nov-fév). Fermé 1er et 6 janv, 24 et 25 déc, et l'ap-m des 5 janv et 31 déc. Visite guidée de 1h ttes les 30 mn : 14 € (audioguide inclus en français) ; réduc ; gratuit moins de 6 ans, et pour tous lun à 9h15 et 9h45 sur résa Internet seulement.* ***Résa conseillée,*** *car visite par groupe de 15-20 pers max !*

Tout récemment ouvert à la visite, ce superbe palais du XVIIIe s, a été en grande partie détruit par un incendie en 1936. Mais la plupart des œuvres, qui constituent un patrimoine historique et culturel colossal, ont été sauvées, ouf ! Sa restauration a duré presque 20 ans. Le palais et son parc, en plein cœur de Madrid, appartiennent toujours à la fameuse famille3 d'Albe. Vieille et puissante lignée aristocratique espagnole, dont la personne la plus marquante ces dernières décennies était la fantasque Cayetana Fitz-James Stuart, grande figure de la vie mondaine espagnole (et des tabloïds !), disparue en 2014. Mais ce palais de 200 pièces ne fait pas que défier la chronique mondaine, il abrite aussi une collection privée exceptionnelle. Surnommé le « petit frère du Palais royal », il pourrait aussi bien être qualifié de « minicousin du musée du Prado », comme le souligne Sandrine Morel dans *Le Monde.* Outre la magnificence de la décoration, des tapisseries, lustres et du mobilier, ce sont donc des Goya, Velázquez, Rubens ou Zuloaga que croise la visite, qui se limite pourtant à 12 pièces de l'ensemble.

La visite débute dans le vestibule de style néoclassique par un petit film relatant à grands traits l'histoire de la famille depuis le XIIIe s. On accède à l'étage noble par un majestueux escalier à coupole, où trônent les portraits géants des ducs d'Albe. Puis la visite se poursuit à travers la dizaine de salons de l'étage noble : le salon Stuart ou l'antichambre, orné de portraits de plusieurs membres de la famille Stuart, le plus imposant (peintre anonyme) de Marie Stuart, mais également une immense et magnifique tapisserie du XIV-XVe s, probablement l'œuvre la plus ancienne de la collection familiale, à laquelle elle appartient depuis 1485 ; le salon flamand et ses œuvres du XVI-XVIIe s, dont l'une des plus remarquables est un portrait de Charles Quint et Isabelle du Portugal par Rubens. On admire également d'autres œuvres de Rubens, mais aussi, de Brueghel de Velours, Gérard Seghers, Teniers le Jeune, Van Ruisdael. Ou encore Van de Velde, considéré comme l'un des peintres de paysages marins les plus importants de l'école flamande. Dans le salon du grand-duc d'Albe (3e du nom), tableaux et tapisseries dudit grand-duc, dont un portrait par Rubens (encore !), une superbe tapisserie du duc à cheval relatant l'Expédition d'Allemagne avec les armes de Fernando de Toledo (Christ sur la croix). Également une toile qui aurait été réalisée par Titien Vecellio et une série d'armes et d'objets ayant appartenu au grand-duc. Le salon espagnol, où l'on peut admirer entre autres, des œuvres de Velasquez, Murillo, Le Greco, Zurbaran, Ribera... Le salon des Zuloaga doit son nom aux 3 grandes toiles du peintre qui ornent les murs, dont un portrait du 17e duc d'Albe, un autre de son épouse, le 3e étant leur fille, Doña Cayetana Fitz-James Stuart enfant. Le salon Italien, dédié comme il se doit à la peinture italienne (XVe, XVIe et XVIIe s), dont des œuvres des disciples de Vinci et Raphaël. 2 œuvres du Titien dont une *Cène*. Le salon Goya met en avant la 13e duchesse d'Albe, avec un portrait en pied de la duchesse et sur le mur opposé la marquise de Lazán, tante de l'impératrice Eugénie, très liée à la famille d'Albe.

La salle à manger figure au nombre des pièces réaménagées à l'identique des salles d'origine du palais. 4 immenses tapisseries de la manufacture des Gobelins, intitulées *Les Nouvelles Indes* (expéditions en Afrique et Antilles), issues d'une des plus célèbres séries des Gobelins baptisée... *Les Indes.* Le petit salon suivant, « Des Amours des Dieux », tire son nom des 3 tapisseries qui s'y trouvent, là encore issues des ateliers des Gobelins. L'immense salle de bal à la française plonge directement dans l'atmosphère du 2nd Empire, avec ses miroirs, tapisseries et sculptures. Le salon de l'impératrice Eugénie, ultime salon de la visite, offre une unité de style ; mobilier en marqueterie, chaises tapissées par la manufacture de Beauvais assorties aux tapisseries d'Aubusson qui couvrent les murs. Également un portrait du prince impérial. À sa mort, l'impératrice a transmis une partie de son patrimoine à son neveu, le duc d'Albe. Elle est d'ailleurs décédée au palais de Liria.

Clou de la visite, la ***superbe bibliothèque,*** au-rez-de-chaussée : plus de 18 000 volumes (dont des raretés, évidemment !) et documents. Dans les vitrines, répliques des originaux de documents marquants des archives familiales et l'un des codex les plus importants qui subsiste, *La Bible d'Albe* de 1430. Des lettres de Jean-Jacques Rousseau et Prosper Mérimée, entre autres, destinées au duc d'Albe. Une vitrine consacrée à Christophe Colomb expose la plus grande collection de documents signés par l'amiral. Notamment le rôle de l'équipage lors du 1er voyage en Amérique, ou encore une lettre à son fils Diego et une carte étonnante du littoral, tracée par Colomb lui-même.

QUARTIER DE CHAMBERÍ

Plan détachable B-C1-2 ; Ⓜ *Argüelles*

Un quartier plus aéré et plus résidentiel, plus cossu aussi, mais dans lequel on peut s'aventurer pour admirer ses larges avenues arborées, voire pousser jusqu'à son *mercado de Chamberí,* finalement tout proche du *museo Sorolla,* pour casser la croûte (calle Alonso Cano, 10).

Où manger ?

Calle Ponzano *(plan détachable D1)* **:** *c/ de Ponzano.* Ⓜ *Alfonso Cano.* Le pendant Nord et plus récent de la c/ Cava Baja : la rue est devenue

une référence gastronomique à Madrid, et l'une des plus fournies en bars à tapas (plus de 70 spots sur moins de 1 km). Le succès est tel (surtout le soir) que l'on parle aujourd'hui de « *ponzaning* » – que l'on pourrait traduire en espagnol par « *ir de tapeo* » – et c'est devenu un hashtag sur Instagram. Difficile de tous les citer, mais on a bien aimé :
Fide *(plan détachable D1,* ***211*** *; angle avec c/ de Bretón de los Herreros ; ☎ 91-442-20-89 ; • cervezones.com/fide/ • ; tlj 11h-16h30 – 17h30 sam-dim, 19h-00h – 1h ven-sam)* avec ses bières et ses conserves ; ***La Taberna Averías*** *(plan détachable D1,* ***212*** *; c/ de Ponzano, 16 ; ☎ 91-603-34-50 ; • tabernaaveria.com • ; lun-mer 19h-minuit ; jeu-sam 12h30-2h30),* pour ses très bons vins espagnols ; ou encore ***El Doble*** *(plan détachable D1,* ***213*** *; c/ de Ponzano, 58, angle c/ José Abascal ; ☎ 91-441-47-18 ; tlj 12h-16h15, 19h-minuit)* pour sa bière pression et ses tapas dans leur jus. Mais notre coup de cœur c'est :

🍽 ***Sala de Despiece*** *(plan détachable D1,* ***214****)* **:** *c/ de Ponzano, 11. ☎ 91-752-61-06. • saladedespiece.com • Tlj 14h-16h (2e service sam-dim 15h30-17h30), 20h30-00h30. Résa recommandée. Compter 25-30 €.* Installé dans une ancienne école d'apprentissage de découpe de poisson. Au plafond et sur les murs des caisses en polystyrène (blanches, vertes, bleues et jaunes) et une vitrine avec tous les ustensiles du boucher et un grand comptoir tout blanc où l'on s'installe de chaque côté, à moitié dans les cuisines et quelques rares tables hautes. Voilà pour le décor. Côté papilles, les serveurs en tabliers blanc de boucher utilisent des siphons et chalumeaux pour préparer sous vos yeux ébahis les délicieuses tapas du chef Javier Bonet, que vous aurez choisies sur la carte. Le mieux est de les partager, pour pouvoir en goûter plusieurs. Si c'est complet, une autre adresse à 2 pas,
Espacio Libre de Despiece *(plan détachable D1,* ***215****)* **:** *c/ de Ponzano, 10. À peu près le même menu et mêmes horaires.*

🍽 ***Jotá*** *(plan détachable D2,* ***240****)* **:** *c/ de Sandoval, 6. ☎ 91-448-00-57. • info@restaurantejota.com • Ⓜ Bilbao ou San Bernardo. Tlj sauf dim soir et lun soir, 13h-17h, 20h-minuit. Menu midi en sem 12 €. Repas 20-25 €.* 2 salles après le bar, dont 1 plus chic au fond avec ses nappes blanches, et 1 tout en longueur au sous-sol (pour les grandes tablées), mais aux beaux jours on optera plutôt pour la terrasse. Une bonne cuisine traditionnelle espagnole, concoctée avec les produits trouvés au marché le matin. Très bon rapport qualité-prix pour le menu du midi. Clientèle essentiellement du quartier, ou touristes égarés. Accueil aimable.

Où trouver l'un des meilleurs fromagers de Madrid ?

La Quesería *(plan détachable C2,* ***422****)* **:** *c/ de Blasco de Garay, 30. ☎ 91-594-38-56. • info@laqueseria.es • Ⓜ Argüelles. Tlj sauf sam ap-m et dim 10h-14h, 17h30-20h30. Fermé 2de quinzaine d'août.* Une boutique, où l'on trouve plus de 130 variétés de fromages (la plupart espagnols, et comme dirait Léo Ferré, allez savoir pourquoi ?)... Raúl Castañeda se révèle un artisan passionné, proposant les meilleurs produits du pays. Plus de 80 de ses fromages sont traditionnels, c'est-à-dire ayant au moins un siècle d'existence. Spécialités des Canaries comme le Palmero (un chèvre légèrement fumé), le Majorero et le Herreno. Il sait parler de toutes les régions avec talent et fait découvrir de vraies petites raretés. Emballage sous vide pour les voyageurs bien sûr !

À voir

Andén 0 – Estación Chamberí (plan détachable D-E2) : *pl. de Chamberí. ☎ 902-44-44-03. À l'angle de la c/ de Santa Engracia et de la c/ de Luchana, entrée par l'espèce de tourelle en verre et en métal. Jeu 10h-14h, ven-sam 10h-19h, dim 10h-15h (dernière entrée 30 mn avt la fermeture). Fermé lun-mer. GRATUIT.* Une ancienne station de métro désaffectée depuis des décennies, transformée tout simplement en musée du métro de Madrid et conservée dans son état d'origine (les années 1920). On y découvre, après une petite vidéo de 20 mn (en espagnol seulement) sur l'histoire et l'évolution du métro madrilène, le quai toujours décoré des réclames publicitaires, les belles céramiques et les guérites en bois des guichetiers. Et si vous empruntez la ligne 1, vous longerez ses quais fantomatiques.

QUARTIER DE SALAMANCA ET DU PARQUE DEL BUEN RETIRO

Plan détachable E-G2-5 ; Ⓜ Goya ou Príncipe de Vergara

À l'est du centre historique de Madrid, au-delà du paseo del Prado, s'étend le vaste quartier de Salamanca, habité par les catégories sociales aisées. Voici un autre visage de Madrid, luxueux et opulent. Quadrillé par une série de larges avenues et de rues se coupant à angle droit, Salamanca dévoile un urbanisme très différent de celui du Centro. C'est une sorte de ville nouvelle de la fin du XIXe s et du début du XXe s, juxtaposée à la ville ancienne. Le quartier est marqué dans son plan et son dessin par l'esprit fonctionnel et utilitariste, et l'opulence des années 1900. On y trouve les boutiques les plus chicos de la ville et des restos à tarifs généralement élevés. Ce n'est pas un quartier très animé le soir, mais on y vient dans la journée pour visiter le Musée archéologique et pour se promener (ou faire un jogging) dans le parque del Buen Retiro.

Où manger des tapas ?

Prix moyens (15-25 €)

I●I *29 Fanegas* (plan détachable F1, 178) : *c/ del General Oráa, 29. ☎ 91-411-61-31. • casa29fanegas@hotmail.com • Ⓜ Núñez de Balboa. Tlj 9h (11h w-e)-1h (0h30 dim, 2h jeu-sam). Fermé dim soir en août. Tapas et raciones 4-14 €.* Bien sûr, vous ne traverserez pas Madrid pour ce resto, mais si vous vous baladez dans le coin, sachez qu'il est considéré comme une valeur sûre du quartier. Chose inhabituelle, la minisalle au sous-sol (climatisée) est tout aussi fréquentée que le comptoir. Décor brique, carrelage immaculé souligné de jaune, bouteilles bien en vue, et tables de marbre. Clientèle de bonne famille, avec beaucoup de cols blancs le midi. De goûteuses *raciones*, comme les *pimientos del padrón* (petits piments verts grillés modérément épicés), la brandade de morue, le foie gras poêlé, de copieuses salades et un joli choix de *pintxos* pour accompagner les apéros du soir.

🍽 🍸 ***Platea Madrid*** *(plan détachable F3,* ***207****) : c/ de Goya, 5-7. ☎ 91-577-00-25. • info@plateamadrid.com • Ⓜ Serrano ou Colón. Tlj 12h-0h30 (2h30 jeu-sam). Assortiment de tapas env 20 €.* Immense spot gastronomique chic, magnifiquement aménagé dans une ancienne salle de spectacle dont on a conservé la structure. L'ancienne fosse et l'orchestre déploient un éventail de bars et de minirestos à tapas thématiques (souvent doublé d'une boutique spécialisée : jambon, produits de la mer, fromage, miniburgers, etc.), y compris quelques exotismes du côté japonais ou péruvien. Une fois la commande passée, le jeu est de trouver une place à l'une des tables que tout ce petit monde se partage... Et pour casser sa tirelire, grimper à l'étage jusqu'au resto *Arriba,* le resto très très gastronomique (et tout aussi cher !) du chef Ramón Freixa... Quant au balcon, il accueille *El Palco,* un bar à cocktails. Tout ça plaît beaucoup à la jeunesse dorée de la ville ! Il n'y a qu'à voir la file qui se forme à l'entrée le soir en fin de semaine.

🍽 🍸 ***Amazónico*** *(plan détachable F3,* ***216****) : c/ Jorge Juan, 20. ☎ 91-515-43-32. • restauranteamazonico.com • Ⓜ Principe de Vergara ou Retiro. Tlj 10h-3h. Résa conseillée. Plats 18-28 €, repas 35-40 €.* Un très bel endroit, lieu festif entre le *churrasco* brésilien (pays d'origine du chef) et le bar à sushis japonais. La cuisine ouverte à elle seule vaut le détour, cuissons au charbon ou au brasero. Animaux empaillés, plafonds végétalisés, une sorte de jungle urbaine qui attire en nombre une clientèle huppée du quartier. On y déguste une cuisine hybride entre Asie et Amazonie. On peut aussi se contenter de venir y boire un cocktail en début ou fin de soirée, pour profiter du décor et de l'ambiance. Terrasse. Club de jazz au sous-sol pour finir en beauté.

Très chic (plus de 40 €)

🍽 ***Laredo*** *(plan détachable G4,* ***174****) : c/ del Doctor Castelo, 30. ☎ 91-573-30-61. • laredo@tabernalaredo.com • Ⓜ Ibiza. Tlj sauf dim 12h-minuit (cuisine 13h30-16h, 20h30-23h30). Congés : août. Repas min 40 €.* Le bar à tapas traditionnel de la bourgeoisie locale est devenu un resto assez classe dans un superbe cadre design, sobre et élégant tout à la fois. Spacieuse salle à manger et bar fort agréable, mon tout dans un beau jeu de lumières. Bien entendu, ce « nouveau *Laredo* » propose toujours la même qualité de cuisine et des produits d'une réjouissante fraîcheur. Choix particulièrement étendu de plats savoureux. Goûtez donc au *cochinillo confitado,* crème de patate truffée... Le vin se révèle également l'un des points forts du lieu. Superbe sélection de flacons espagnols bien sûr, mais aussi de grands crus français (notamment de superbes bourgognes)...

Où manger (assis) ?

Prix moyens (15-25 €)

🍽 ***Puerto Lagasca*** *(plan détachable F2,* ***183****) : c/ de Lagasca, 81. ☎ 91-576-41-11. • info@puertolagasca.com • Ⓜ Núñez de Balboa. Tlj 8h30 (10h30 w-e)-2h. Fermé lun et sam midi en août. Repas 15-20 €.* Une taverne moderne fréquentée par les cols blancs du quartier, et bien connue également de la communauté française de Madrid, car voisine de l'église Notre-Dame-des-Français. Des tables hautes pour un déjeuner rapide ou, à l'arrière, une salle cosy et intime, aux tons frais. La carte, en *raciones* et *medias raciones,* décline de bons classiques, avec une belle place aux poissons. Bref, une pause pratique et goûteuse, à privilégier en semaine plutôt que le dimanche.

🍽 ***Gourmet Experience StreetXO*** *(plan détachable F2,* ***268****) : c/ de de Serrano, 52, au 7e étage du Corte Inglès. • streetxo.com • Ⓜ Velázquez. Tlj sauf dim 13h30-16h (16h30 ven-sam), plus 20h30-23h lun-mer et 20h-23h30 jeu-sam. Plats 14-24 €.* Le jeune chef Dabiz Nuñoz, triplement étoilé dans son resto gastronomique *DiverXo* à Madrid, propose ici une version low-cost de sa cuisine. Inspiré par les marchés asiatiques et méditerranéens, la star de la cuisine alternative madrilène offre une cacophonie gustative aussi déroutante que réussie, qui fait écho au décor laqué rouge et aux serveurs tatoués vêtus de camisoles de force. Pas de résa, il faut patienter (arriver 30 mn avant l'ouverture).

Plus chic (25- 40 €)

Coquetto Bar *(plan détachable E2,* ***269****) : c/ Fortuny, 2. ☎ 91-625-62-92. • coquettobar.com • Ⓜ Alonso Martínez. Tlj 8h (13h sam-dim)-23h (17h dim-lun, 22h mar-mer). Compter 30-35 €.* Une toute nouvelle adresse dans ce quartier calme et bourgeois à la limite de Salamanca. Fauteuil et banquettes cosy, têtes de taureaux en paille tressée accrochées aux murs. Dans l'assiette, le chef Mario Sandoval révèle le produit avec un immense respect et une grande simplicité. Une excellente cuisine : la star, c'est le produit. Goûter notamment le cochon de lait, plat phare du chef, un régal. On peut également y faire une halte juste pour boire un verre dans la journée.

Très chic (plus de 40 €)

Luzi Bombón *(plan détachable F1,* ***196****) : paseo de la Castellana, 35 (entrée sur Rafael Calvo). ☎ 91-702-27-36. • reservas.luzi@grupotragaluz.com • Ⓜ Rubén Darío. Tlj 12h-1h (2h jeu-sam). Plats 14-28 €.* Le coup de cœur des hommes d'affaires pour son concept moderne, son confort, l'atmosphère relax et pour l'excellent rapport qualité-prix de sa cuisine. Immense espace au design et mobilier particulièrement épurés, dans les tonalités gris, blanc et crème. Tables bien séparées et faible niveau sonore rendent pour une fois les conversations agréables. Cuisine ouverte traditionnelle, aux accents modernes également. Spécialités d'*arroz al carbón* et de plats francs du collier genre tartare au couteau ou poulet fermier, accompagnés de petits légumes assez élaborés. Belle terrasse.

Où savourer glaces et douceurs ?

Giangrossi *(plan détachable F3,* ***280****) : c/ de Velázquez, 41, au coin de la c/ de Hermosilla. ☎ 91-781-30-73. • info@giangrossi.com • Ⓜ Velázquez. Lun-ven 8h-minuit, w-e 9h-1h.* Déco blanc et orange, cadre résolument contemporain, confortables fauteuils ou tabourets hauts, terrasse ombragée, personnel tout de noir vêtu. On n'y sert pas seulement des glaces, mais c'est pour elles qu'on vient, et aussi pour le *turrón* ou le yaourt au miel et noix de macadamia. Gâteaux et autres viennoiseries. D'autres adresses dans Madrid.

Rocambolesc *(plan détachable F2,* ***283****) : El Corte Inglés, c/ de Serrano, 52. ☎ 91-576-52-34. Ⓜ Serrano. Au 7e étage, dans l'espace Gourmet. Tlj 12h30-minuit (1h ven-sam).* Le maître glacier catalan est parti à la conquête de Madrid en s'installant dans l'espace « gourmet » de ce *Corte Inglés* des beaux quartiers. On y retrouve toute la richesse de leurs arômes et le crémeux des textures ! Allez, en fermant les yeux, on oublie presque qu'on est dans un grand magasin !

Où boire un verre en début de soirée ?

Dry Martini Bar *(plan détachable F3,* ***391****) : c/ de Hermosilla, 2, dans l'hôtel Gran Meliá Fénix. ☎ 91-431-67-00. • drymartini@drymartinimad.com • Ⓜ Serrano ou Colón. Tlj 10h-1h (2h ven-sam, minuit dim). Cocktail env 14 €.* Atmosphère sélecte dans ce bar esprit Art déco, logé au rez-de-chaussée du très chic *Gran Meliá Fénix.* Coupole tapissée de mosaïque, fauteuils club, tentures cossues, long comptoir dont le métal brille sous les lumières tamisées. Le cadre en jette, et attire la *upper class* amatrice de cocktails novateurs, la plupart créés par Javier de las Muelas, un ponte de la discipline. Près d'une soixantaine de recettes à la carte, de quoi multiplier les expériences, si le portefeuille suit... Pour accompagner, tapas classiques abordables, ou cuisine soignée plus chère.

Achats

Pour les achats chics, une seule direction, la calle de ***José Ortega y Gasset*** *(plan détachable F-G2).* À la même hauteur, au nº 61 de la calle Serrano, une ***galerie*** occupe l'ancien immeuble du journal *ABC.*

Pour le plaisir des yeux, le charmant et presque bucolique marché couvert ***mercado de la Paz*** *(plan détachable F2-3) : entrées c/ de Ayala, 28, c/ Claudio Cuello, 48 et c/ Lagasca, 49. Fermé sam ap-m et dim.* On peut, indépendamment du bon jambon de belotta et du fromage à rapporter, s'y attabler pour grignoter quelques tapas, ou sinon, se poser chez ***Casa Dani,*** à l'intérieur ou sur la terrasse à l'entrée du marché *(côté c/ Lagasca)* et commander une bonne tortilla. Pour de belles antiquités, parcourir aussi la ***calle del Conde de Aranda*** *(plan détachable F3).*

À voir

Parque del Buen Retiro *(plan détachable F-G4-5)* **:** Ⓜ *Retiro. Ouv tlj 6h-22h (minuit avr-sept).* Bien agréable de s'y promener après une surdose de trafic automobile ou en sortant du Prado, pour reprendre des forces après une orgie de peinture. Bol d'air historique de Madrid, lieu idéal pour la sieste, il existait déjà au XVIe s, tout comme son lac (l'*Estanque*). De belles promenades bordées de grands arbres et de larges allées ouvertes convergent vers ce bassin central, où l'on peut louer une barque *(6 € lun-jeu, 8 € ven-dim ; pour 45 mn).* On peut aussi faire un tour du bassin en *barco solar (ttes les 15 mn 10h-14h, 16h-20h, 2 €/pers),* grosse barcasse très lente et sympathique qui fonctionne, comme son nom le suggère, à l'énergie solaire. À noter qu'en cas de pluie ces 2 activités aquatiques sont suspendues. Le dimanche matin, tout le monde s'y donne rendez-vous, tandis que musiciens, jongleurs et cartomanciennes assurent l'animation. Également des aires de jeux pour enfants et d'immenses pelouses, propices au farniente. Nombreux kiosques-cafés également (pas donnés), et un bistrot chic, *Florida Retiro* (dans le prolongement du bassin, côté avenida de Menéndez Pelayo, voir plus bas).

Faisant de l'ombre à la pièce d'eau, l'impressionnante colonnade surmontée d'une statue équestre est un ***monument dédié à Alphonse XII.*** Récemment rénové, le sommet de la colonne, juste sous la base de la statue, héberge un belvédère vitré, accessible uniquement en été et sur réservation, mais gratuit (tentez votre chance, des mois à l'avance, sur *• reservaspatrimonio.es • ; visites le w-e seulement, sur résa).*

Sur la droite, on parvient au ***palacio de Velázquez*** (palais des expositions). Édifice original de brique habillé d'azulejos, il accueille des expos temporaires gratuites, dans son immense volume aux structures métalliques, façon Art nouveau *(tlj 10h-21h, 19h mars et oct, 18h nov-fév).* Derrière, dominant un bassin, le beau ***palacio de Cristal*** (vestige de l'Expo universelle de Londres en 1851), tout en légèreté et transparence, présente, lui aussi de temps en temps des expositions temporaires *(mêmes horaires).* Et puis ce vaste parc offre encore une *rosaleda* (roseraie) et un observatoire astronomique. Au nord du parc s'étend *Recoletos,* prolongement de Salamanca et de ses magasins et restos chics.

🍽 🍷 ⛱ ***Florida Retiro** (plan détachable G4, **263**) : paseo República Dominicana, 1, à l'est du parc. ☎ 91-521-41-52. • floridaretiro.com •* Installés dans un joli pavillon en brique, 3 restos en enfilade, très différents de ce que l'on a l'habitude de trouver dans les parcs. *La Galería,* en terrasse ou à l'intérieur pour picorer des tapas. *El Pabellón :* carte plus élaborée, à l'image de la déco un peu plus recherchée ; et *La Terraza* : carte pas très bon marché, mais on peut se contenter d'1 ou 2 tapas (copieuses) pour boire un verre dans un cadre extrêmement paisible et agréable.

***Museo arqueológico nacional** (Musée archéologique ; plan détachable F3) : c/ de Serrano, 13. ☎ 91-577-79-12. • man.es • Ⓜ Serrano. ♿ Mar-sam 9h30-20h, dim et j. fériés 9h30-15h. Fermé lun, 1er et 6 janv, 1er mai, 24, 25 et 31 déc. Entrée : 3 € ; réduc ; gratuit sam après 14h et dim.*

Après plusieurs années de restructuration et de travaux, les collections archéologiques espagnoles ont retrouvé un écrin à leur dimension, modernisé, agrandi, repensé, enrichi de supports interactifs... 13 000 œuvres sur 3 niveaux illustrent désormais le riche patrimoine ibérique. Au rez-de-chaussée, on débute avec la préhistoire et le processus de peuplement de la péninsule (quelques belles pièces d'orfèvrerie).
Au ***1er étage,*** entrée de plain-pied dans la culture ibère *(salles 10 à 17)* avec les emblématiques et superbes « dames » du Ier millénaire av. J.-C., la *Dame de Baza* et la *Dame d'Elche* entre autres, du matériel issu des sites de Numancia ou Baza, et même la surprenante culture talayotique (présente sur les îles de Minorque et Majorque, aux Baléares). On enchaîne logiquement avec l'*Hispania Romana (salles 18 à 22),* dont une étonnante pompe hydraulique romaine, des bas-reliefs et de nombreux vestiges issus des sites de Mérida, Medina Sidonia ou Baelo Claudia. C'est dans la section Antiquité tardive – Monde médiéval/Al-Andalus *(salles 23 à 27)* que l'on retrouve les bijoux wisigothiques du « trésor de Guarraza » et de beaux spécimens d'art mudéjar.
Puis, au ***2e étage,*** le monde médiéval chrétien *(salle 27)* avec sa cohorte de gisants, de chapiteaux rescapés d'église ou le portail du monastère San Pedro de Arlanza. L'époque moderne *(salles 28 à 30)* présente un visage plus varié : collection de porcelaines, bronzes Renaissance, céramiques, instruments de musique ou vitrines d'armes, mais aussi les productions des manufactures royales de l'époque (Alcora, La Granja et Buen Retiro). Enfin, une section Égypte, Nubie et Proche-Orient *(salles 32 à 35)* suivie d'une grande salle consacrée à la Grèce, en particulier une superbe collection de vases. En redescendant, les amateurs s'arrêteront à l'entresol dédié à la numismatique et aux médailles *(salles 37 à 40),* qui offre un panorama de l'histoire des monnaies depuis la Chine antique jusqu'à nos jours. Sur place, boutique, cafétéria, etc.

***Fundación Juan March** (plan détachable G2) : c/ de Castelló, 77 (angle c/ de Padilla). ☎ 91-435-42-40. • march.es • Lun-sam 11h-20h, dim et j. fériés 10h-14h. GRATUIT. Fermé pour Covid-19.* Cette fondation accueille régulièrement des expos d'art contemporain assez pointues, et organise également des concerts ou des conférences, toujours de bonne qualité. Petite librairie.

Si les 2 musées suivants semblent un peu isolés, on les atteint en fait très rapidement en métro, et ils ne sont qu'à 10 mn à pied l'un de l'autre. Franchement, ne vous en privez pas, ce sont de vrais petits bijoux !

***Museo Sorolla** (plan détachable E1) : paseo del General Martínez Campos, 37. ☎ 91-310-15-84. • museosorolla.mcu.es • Ⓜ Rubén Darío ou Gregório Marañón. Bus no 5 depuis la puerta del Sol. Dans le nord de la ville. Mar-sam 9h30-20h, dim et j. fériés 10h-15h. Fermé lun, 1er et 6 janv, 1er mai, 9 nov, 24, 25 et 31 déc. Entrée : 3 € ; gratuit moins de 18 ans et plus de 65 ans, étudiants 18-25 ans et chômeurs ; gratuit pour tous sam 14h-20h et dim. Visite guidée (en espagnol) : gratuite tlj à 17h sauf de mi-juin à fin août ; ou 6 € tlj 11h-13h30.*

Audioguide : 2 €. L'ancienne demeure-atelier du peintre est devenue un petit musée qui mérite vraiment d'être découvert. D'abord parce que ça change des immenses palais où l'on ingurgite la peinture comme des gâteaux au chocolat, et puis parce que l'endroit est aussi frais et sympathique que la peinture de Sorolla. Il faut dire qu'on a un véritable faible pour Sorolla... Et son atelier, une pièce immense aux superbes proportions, tout au fond de la maison, est une véritable plongée dans son univers : ses livres alignés dans les bibliothèques (quelques-uns en français, d'ailleurs), ses collections d'objets anciens... ainsi qu'un bel éventail de toiles qui illustrent l'évolution de son travail. Et puis les petits ***jardins andalous*** qui précèdent la maison-atelier et l'isolent de la rue sont une merveille de finesse et de bon goût, avec le glouglou de leurs petites fontaines. Sous le soleil, le buis et les roses embaument. D'ailleurs, eux sont en accès libre !

Sorolla (1863-1923) exposa beaucoup aux États-Unis sous les auspices de l'*Hispanic Society de New York,* qui lui commanda plusieurs toiles. À Paris, il obtint le grand prix de l'Exposition universelle en 1900. Son évolution picturale est intéressante. Au début du XXe s, il s'est attaché à peindre le réalisme social espagnol. Plus tard, il cherche à faire partager son amour pour la lumière méditerranéenne et les éléments naturels.

Museo Lázaro Galdiano *(plan détachable F1)* **:** *c/ de Serrano, 122. ☎ 91-561-60-84. ● flg.es ● Ⓜ Núñez de Balboa ou Rubén Darío. Tlj sauf lun 9h30-15 ; fermé 1er et 6 janv, Jeudi et Vendredi saints, 1er et 15 mai, 15 août, et 24, 25 et 31 déc. Entrée : 7 € ; réduc ; gratuit moins de 12 ans ; gratuit pour tous tlj 14h-15h.*

D'une incroyable richesse, ce musée est situé dans une superbe demeure de maître construite au début du XXe s par un riche homme d'affaires, qui légua ses trésors à l'État en 1947. Sa collection déroule un vaste panorama de la création européenne de la Renaissance au XIXe s, balayant aussi bien les arts picturaux que liturgiques ou décoratifs. Çà et là, des accrochages temporaires d'œuvres contemporaines posent un autre regard sur la collection. Pour les amateurs, un complément indispensable au Prado.

– Au ***rez-de-chaussée,*** on commence logiquement par un hommage à José Lázaro Galdiano. Suivent quelques tableaux du XVe au XVIIIe s des écoles espagnoles et européennes. Ne pas manquer non plus les coffrets hispano-musulmans en ivoire du XIIe au XIVe s (2e salle). Très beau saint Michel en vitrail également, et impressionnante *chambre du Trésor* dans laquelle est exposée une remarquable collection de bijoux et d'émaux liturgiques, ainsi qu'une superbe épée du XVe s, au fourreau en argent ciselé puis doré.

– Le ***1er étage*** intéressera les férus de peinture espagnole, avec un large éventail de toiles du XVe au XIXe s. L'âge d'or espagnol (XVIe et XVIIe s) est particulièrement bien représenté (toiles d'*El Greco* notamment). Objets d'art religieux et beau mobilier d'époque. Ne pas oublier de lever le nez pour admirer les fresques qui ornent les plafonds richement sculptés. Avant de grimper au 2e étage, une halte s'impose dans la salle 13, entièrement consacrée à Goya. On peut y admirer son célèbre tableau *El Aquelarre* (« Le Sabbat ») et, à côté, la saisissante *Scène d'ensorcellement,* dont les tons bleu et noir augmentent la dimension dramatique.

– Au ***2e étage,*** place aux écoles de peintures italienne, flamande, hollandaise, allemande (angoissant *Calvaire* de Cranach, transposé dans son XVIe s), française et anglaise. Superbes écritoires et différents objets (bronzes, horloges, plateaux, etc.). Étonnante galerie de portraits miniatures et médaillons.

– Au ***3e étage,*** incroyable collection d'armes (mousquets et arbalètes incrustées d'ivoire), dont une incongrue épée-pistolet allemande du XVIIe s, le barillet fixé à la garde (pièce no 9). Enfin, superbes bronzes, céramiques, coffrets d'ivoire ou de bois marqueté, objets liturgiques en argent et textiles.

Avant de partir, faites donc un petit tour dans le jardin du musée et sa soixantaine d'espèces végétales différentes.

ENTRE LE CENTRE DE MADRID ET CHAMARTÍN

Plan d'ensemble ; nord de Madrid

Où manger ?

De plus chic à très chic (de 25 à plus de 40 €)

San Mamès *(plan d'ensemble,* **250***)* **:** *c/ Bravo Murillo, 88. ☎ 91-534-50-65. • tabernasanmamesmadrid@yahoo.com • Ⓜ Quatro Caminos. Tlj sauf dim, lun soir, fêtes et en août, 13h30-16h15, 20h30-23h15. Carte 30-35 €.* Petite taverne définitivement hors des sentiers battus. Pourtant le grand Ferran Adrià, les 1ers ministres Felipe Gonzalez et Zapatero et bien d'autres honorèrent le lieu de leur visite. C'est qu'elle régale les Madrilènes depuis tant d'années (c'est le fils qui officie désormais) et, dit-on, on y déguste parmi les meilleures tripes de la ville. Cadre intime, décor céramique traditionnel, nappes à carreaux et, sur les murs, une flopée de photos de célébrités et d'articles de journaux élogieux. Bonne sélection de vins.

Où boire un verre ? Où écouter de la musique live ?

Vers l'avenida de Brasil (Ⓜ Santiago Bernabéu)

Dans ce quartier chic et récent, entre appartements de luxe et bureaux cachés dans des immeubles à l'architecture banlieusarde, un nombre croissant de bars-boîtes à la clientèle *pija* (B.C.B.G.) jouent à touche-touche sur à peine 200 m, le long de l'avenida de Brasil.

The Irish Rover *(plan d'ensemble,* **365***)* **:** *avda de Brasil, 7. ☎ 91-597-48-11. • info@theirishrover.com • theirishrover.com • Tlj 12h-2h. Concerts gratuits mer-ven à partir de 23h.* Surprenant au cœur de l'Espagne, un minivillage irlandais avec ses rues pavées, son pub, sa pharmacie, son épicerie, ses billards, sa bibliothèque et sa terrasse. Côté concerts, du folk, de la musique irlandaise bien sûr, mais sans exclusivité, du rock, de la pop, et du jazz. La bière coule à flots et l'ambiance est garantie. Matchs de foot et rugby retransmis sur écran géant. Burgers et *fish & chips* pour parfaire le tableau.

Moby Dick Club *(plan d'ensemble,* **366***)* **:** *avda de Brasil, 5. ☎ 91-555-76-71. • mobydickclub@mobydickclub.com • mobydickclub.com • Mer-jeu 22h-3h (5h jeu), ven-sam 22h-6h. Fermé lun-mar. Congés : août. Entrée : 6-25 € selon programme ; gratuit après le concert (vers 23h30).* Cette carène de bateau renversé au décor industriel bien d'aujourd'hui joue les points de repère pour pop-rockeurs tendance B.C.B.G. Live différent chaque soir vers 22h, du mercredi au samedi. Après le concert, la soirée se prolonge avec DJs, dans la même tonalité.

À voir

Plaza de Castilla *(plan d'ensemble)* **:** *Ⓜ Plaza de Castilla.* Un autre aspect de Madrid, le Madrid moderne, avec ses avenues à 4 voies et ses 2 tristes immeubles aussi penchés que la tour de Pise, les torres Kio, du nom du consortium koweïtien qui en fut le commanditaire (et pompeusement surnommées « porte de l'Europe ») ! Sur le rond-point, monument dédié à Calvo Sotelo (monarchiste assassiné avant la guerre civile), et obélisque de Calatrava.

Contigu à la place, étalé au pied d'un château d'eau, l'un des bassins d'adduction d'eau de la ville, relié au canal Isabel II, a été transformé en un vaste parc, le *Cuarto depósito.*

Estadio Santiago Bernabéu *(stade ; plan d'ensemble) : ☎ 91-398-43-70. • realmadrid.com • Lun-sam 9h30-19h, dim 10h-18h30 (horaires différents les j. de match). Fermé 25 déc et 1er janv. Billets sur place, près de la porte 7, sur le paseo de la Castellana. Cher : 25 € (moins de 14 ans : 20 €) ; audioguide : 6 €.* Visite des gradins, des vestiaires, de la salle des trophées, du petit musée... Bref, une visite incontournable pour tout supporter qui se respecte. Cela dit, dans le genre, le mieux reste encore d'aller voir un match...

Corrida

– ***Plaza de toros Las Ventas*** *(plan d'ensemble) : c/ de Alcalá, 237. ☎ 91-356-22-00 (résas corrida). • info@lasventas.com • lasventastour.com • Ⓜ Ventas. Tlj 10h-18h (19h juin-août), dernière entrée 30 mn avt. Nocturne juil-août les jeu et sam 20h-23h. Ferme plus tôt les j. de corrida (ts les dim fin mars-début oct, 9 mai-10 juin, et feria d'oct). Fermé 31 déc-1er janv. Entrée du musée : 15 €, audioguide en français inclus ; réduc (guichet à la porte principale). Période Covid-19 : visites guidées seulement tlj à 10h30, 12h et 13h30, résa en ligne obligatoire.*

Las Ventas est la 3e plus grande *plaza* mondiale (avec plus de 23 000 places) derrière *Valencia* au Venezuela et la *Monumental* de Mexico. C'est un passage obligé pour qui veut inscrire ses lettres de noblesse tauromachique. À Madrid, on ne pardonne aucune erreur au torero venu chercher sa *confirmation* ; un public d'aficionados jusqu'à la caricature. Acclamé par les mouchoirs blancs ou humilié par les sifflets de la foule, le torero est seul face au taureau *bravo,* une immense bête sauvage et racée pouvant peser jusqu'à 600 kg et plus. Une corrida y a lieu tous les dimanches, du 10 mars au 17 octobre. Le fin du fin, c'est la *feria de San Isidro* qui se déroule tous les jours vers 19h la 2de quinzaine de mai jusqu'à mi-juin ; elle rassemble les plus grands toreros du moment. En général, les prix officiels des places (toutes numérotées) se situent entre 5 €, tout en haut de l'arène, et 150 €, tout près de la piste et à l'ombre. Selon les têtes d'affiche, les prix au marché noir peuvent atteindre des sommets vertigineux, attention aux arnaques ! Franchement, à moins d'être un inconditionnel de tauromachie, on vous conseille de prendre des places en haut, les *andanadas,* c'est vraiment pas cher et, en plus, c'est abrité.

– ***La visite des arènes*** commence par le musée. Quelques portraits de toreros célèbres, comme le fameux *Pepe Ilo,* célèbre torero du XVIIIe s, mort dans les arènes de Madrid. Une série d'affiches anciennes de corrida, des estampes, dessins et tableaux sur le sujet. Puis la plus belle partie du musée, des vitrines qui présentent de superbes costumes ayant appartenu à de grands toreros : costumes de *Manolete,* dont celui qu'il portait le jour de sa corrida mortelle ou la tenue d'une femme torero, *Juanita Cruz,* superbe. Une autre salle expose des banderilles, y compris explosives, dans une vitrine. Plusieurs portraits de toreros du XVIIIe au XXe s, tableaux de corrida et têtes de taureaux. Puis pour finir, dessins et peintures originaux d'affiches de corrida de 1990 à 2015. Viennent ensuite des films d'archives de corrida au sous-sol, avec des images de toreros violentés par le taureau (âmes sensibles s'abstenir). On poursuit par les arènes (dont on ne peut pas fouler le sol), la chapelle, la

LES MACHOS, PAS TOUJOURS CE QUE L'ON PENSE !

Les cordons qui serrent le pantalon du torero aux genoux sont des machos. D'où l'expression en espagnol « Apegarse bien los machos » (« Attache-toi bien les machos »), que l'on adresse à une personne qui va vivre une situation difficile ou dangereuse.

Caballerizas, l'écurie des ânes et des chevaux (ce sont les ânes qui tirent le taureau mort hors de l'arène). Puis l'arène, impressionnante, les gradins, la loge royale et la tribune du président de l'arène. Ce dernier est la personne la plus importante de la corrida. C'est lui qui décide de la grâce du taureau (rare... un seul fut gracié) Les aficionados sont toujours dans les gradins numéro 7. La récompense du torero (selon la qualité de son combat) va d'une oreille du taureau (décision des spectateurs) à la 2e oreille (c'est le président qui décide), la récompense suprême étant les 2 oreilles et la queue.
On peut voir les taureaux avant leur dernier voyage, de 12h à 12h30 les jours de corrida. Prendre un ticket à l'entrée principale (1 €), mais venir un peu avant, car les places sont limitées. En effet, les taureaux ne doivent pas voir d'être humain avant le combat, on les aperçoit d'une coursive au-dessus du toril.

QUARTIER DE MONCLOA

Plan d'ensemble ; ouest de Madrid

À voir

Museo de América *(plan d'ensemble et plan détachable A1)* **:** *avda de los Reyes Católicos, 6. ☎ 91-549-26-41. • mecd.gob.es/museodeamerica • Ⓜ Moncloa (ligne 3 : sortie Isaac Peral ; ligne 6 : sortie Plaza de Moncloa) ou Islas Filipinas (ligne 7 : sortie Gaztambide). À la sortie du métro, repérer la grande tour futuriste (El Faro), dans le prolongement de l'arc de triomphe : le musée, fléché, est juste derrière ; accès par une voie piétonne arborée en surplomb de la voie rapide voisine. Mar-sam 9h30-15h (19h jeu), dim et j. fériés 10h-15h. Fermé lun, 1er et 6 janv, 1er mai, 24, 25 et 31 déc. Entrée : 3 € ; réduc ; gratuit étudiants 18-25 ans, moins de 18 ans, plus de 65 ans et pour tous dim et jeu après 14h.*
Collections d'ethnographie, archéologie et art colonial, montrant l'évolution de la civilisation sur le continent américain de l'Alaska à la Patagonie, depuis la découverte des civilisations précolombiennes (inca, maya, aztèque...) jusqu'à aujourd'hui. C'est le seul bémol : l'histoire et le peuplement du continent sont assez peu traités pour ce qui est de la période d'avant la découverte.
Les salles consacrées à l'Amérique latine sont particulièrement intéressantes avec la conquête et l'exploration de l'Amérique par l'Espagne. Intéressante reconstitution d'un cabinet de curiosités du XVIIIe s, riche d'objets et d'échantillons savants (minéraux, bois exotiques, etc.) rapportés des terres lointaines. Parmi les pièces rares : une dalle en pierre de Palenque (civilisation maya, 600-800 apr. J.-C.), un *Codex Tudela* (Mexique, XVIe s), une copie d'un buste en métal doré représentant le conquistador Hernán Cortés, ou le trésor des Quimbayas (superbe ensemble d'objets et statues en or exhumés des tombes de 2 caciques en Colombie).

Faro de Moncloa *(tour de Moncloa ; plan détachable, A1)* **:** *avda de los Reyes Católicos, 6. ☎ 91-550-12-51. • esmadrid.com/faro-de-moncloa • Ⓜ Moncloa (ligne 3 : sortie Isaac Peral ; ligne 6 : sortie Plaza de Moncloa) ou Islas Filipinas (ligne 7 : sortie Gaztambide). Bien visible depuis la pl. de Moncloa, accès par une voie piétonne arborée en surplomb de la voie rapide. Actuellement fermé pour travaux. Mar-dim 9h30-20h (19h30 dernière entrée). Fermé lun. Entrée : 3 € ; réduc ; gratuit jusqu'à 6 ans. Théoriquement, à terme, sera assujetti à des résas à heure fixe.* Cette tour de télécommunications (elle a toujours cette fonction), pas forcément très gracieuse dans le paysage, a quand même l'avantage d'offrir, en haut de son ascenseur, une vue panoramique sur Madrid, panneaux de repérage à l'appui. Certes, ils sont très légèrement décalés par rapport au paysage urbain (où l'on découvre toute la verdure de Madrid !) qui s'ouvre à travers les larges baies vitrées, mais si vous passez dans le coin, pourquoi pas...

– Dans le hall au pied de la tour, ***petit office de tourisme municipal*** *(tlj 9h30-20h30).*

Museo del Traje *(musée du Costume ; plan d'ensemble)* **:** *avda Juan de Herrera, 2 (dans le quartier de l'université). ☎ 91-550-47-00. • mecd.gob.es/mtraje • Ⓜ Ciudad Universitaria, puis c'est à 5-10 mn à pied (mais mal indiqué) : descendre l'avda. Complutense jusqu'au rond-point, c'est sur la droite. Ou bus nº 46 depuis Ⓜ Sevilla ou Plaza de España : arrêt devant le musée. Fermé jusqu'au printemps 2021. Mar-sam 9h30-19h (jusqu'à 22h30 jeu en juil-août), dim 10h-15h. Fermé lun, 1er et 6 janv, 1er mai, 24, 25 et 31 déc. Entrée : 3 €, audioguide inclus ; réduc ; gratuit moins de 18 ans, étudiants 18-28 ans et plus de 65 ans ; gratuit pour tous le sam dès 14h et dim, ainsi que 18 mai, 12 oct, 16 nov et 6 déc.* Une belle muséographie moderne et didactique au service d'une superbe collection qui, si elle n'oublie pas les costumes masculins, fait la part belle aux costumes des femmes à travers l'histoire. Ou comment le corps social, d'une époque à l'autre, contraint le corps féminin à se plier à ses modèles. Illustration la plus parlante, l'évolution des sous-vêtements, du rigide corset d'hier au soutif-culotte d'aujourd'hui. Les pièces les plus anciennes, espagnoles, datent du XVIe s, mais le reste de l'Europe, et la France en particulier, sont bien présents aussi, l'arrivée des Bourbons ayant radicalement modifié les codes vestimentaires (voir, notamment, les costumes de bals et, moins glamour, les étonnants bas chaussettes). À partir du milieu du XIXe s, grâce à l'apparition et à la circulation des revues, la mode se fait européenne : romantisme, Belle Époque... jusqu'à l'avènement du prêt-à-porter dans la 2de moitié du XXe s. Enfin, belles pièces de haute couture espagnole et de créateurs contemporains. Pour finir, agréable cafétéria au rez-de-chaussée, et une boutique plutôt sympa.

La cité universitaire *(plan d'ensemble)* **:** *Ⓜ Moncloa.* Pour nos lecteurs qui ont du temps ou qui sont férus d'urbanisme. Sur l'un des champs de bataille les plus sanglants de la guerre civile, on construisit cette cité universitaire vaste, aérée et verdoyante. À l'entrée se trouve le *museo español de Arte contemporáneo,* qui abritait une importante collection d'art contemporain espagnol désormais transférée au *Centro de Arte Reina Sofía* (voir plus haut). À l'heure actuelle n'y sont plus exposées que des œuvres secondaires. Passé l'arc de triomphe qui en marque l'entrée, l'avenida de la Victoria mène au *palais de la Moncloa,* résidence du 1er ministre.

PARQUE MADRID RÍO

Sud de Madrid

Étendue sur 7 km le long des *rives du río Manzanares,* de la gare de Príncipe Pío à l'ouest (avec une liaison vers le parc Casa de Campo) jusqu'au quartier de Legazpi au sud-est (et Matadero), cette gigantesque coulée verte occupe avantageusement le tracé de l'ancien périphérique. Une vraie réussite ! *Ⓜ Pirámides et Marqués de Vadillo (ligne 5) sont les points d'accès les plus centraux (au niveau du puente de Toledo, piéton).* Au cours de la balade, à suivre à pied comme à vélo, se succèdent 17 passerelles et des ponts dignes d'intérêt, comme, en partant de l'ouest, le *puente del Rey* (de 1816), le *puente de Segovia,* du XVIe s (le plus ancien de Madrid), le *pont « oblique »*, le *puente del Principado de Andorra* (pont en Y, avec 2 bras sur une rive et 1 sur l'autre), le *puente de Toledo* (début du XVIIIe s) ou le futuriste *puente de Arganzuela,* de 274 m de long, dont la structure rappelle l'ADN (réservé aux piétons et aux cyclistes). Pour finir, les *ponts jumeaux de l'Invernadero* et *du Matadero* : 2 ponts piétons couverts, avec des voûtes ornées de mosaïques en verre recyclées figurant les habitants du quartier. Pour les fans de foot, coup d'œil en passant, entre le pont en Y et celui de Toledo,

à l'*estadio Vicente Calderón,* l'enceinte de l'Athlético Madrid (surprenant, le périph passe en dessous !). De ***nombreuses aires de jeux*** jalonnent le parcours, ainsi que des skate-parcs et terrains de sport qui font de ce grand parc ***le nouveau poumon de la ville.*** Quelques kiosques-cafét' ainsi que des points d'eau, des jeux d'eau et de grandes pelouses ombragées idéales pour pique-niquer ou faire une sieste.
Zone la plus sympa, les jardins du *puente de Toledo,* d'inspiration baroque, dont les motifs végétaux mettent superbement le pont en valeur. Autour du *puente de Arganzuela,* le parc se fait plus touffu et s'agrémente de fontaines et toboggans.

Matadero *(hors plan détachable par E6 et plan d'ensemble)* **:** *paseo de la Chopera, 14. ☎ 91-517-73-09. • mataderomadrid.org • Ⓜ Legazpi. Mar-ven 16h-21h (22h mai-oct), w-e et j. fériés 11h-21h (22h mai-oct). Fermé lun. En bordure du parque Madrid Río.* Dans un immense complexe de brique de style néomudéjar, les anciens abattoirs ont été transformés de manière spectaculaire en centre d'art contemporain et passerelle culturelle interdisciplinaire dédiée aux arts visuels. Très riche programmation : expos d'avant-garde (gratuites en général), cinéma (y compris séance nocturne en plein air gratuite en août), théâtre, danse, lectures, performances, résidence d'artiste, plateforme spécialisée dans le design, et de très nombreux événements éphémères, dont un marché de producteurs un week-end par mois (date variable) et un autre dédié au design, le 1er week-end de chaque mois en principe *(2 sections : gratuite en extérieur, payante en intérieur – 3 €).* Programme sur le site internet ou au comptoir d'info, au milieu de l'allée principale, sur la droite *(Zona Uno).* Jeter aussi un coup d'œil, à l'arrière, aux anciennes serres *(palacio de Cristal)* et à la *Casa del Reloj,* un centre culturel installé dans l'ancien pavillon administratif du marché aux bestiaux, lui aussi réhabilité (reconnaissable à sa tour de l'horloge).

Le complexe compte 2 cafés-restos à prix raisonnable, dont ***La Cantina,*** à l'entrée, aménagée dans l'ancienne chambre froide, qui sert en continu café et pâtisseries maison et, pour le repas, une courte sélection de plats et entrées du jour frais et créatifs, faisant la part belle aux légumes, ça change *(formules 10-13 €).* À apprécier au pied de l'imposante chaudière qui servait à fabriquer des blocs de glace, ou dans le grand patio à l'arrière. *625-90-81-88. Tlj sauf lun 11h-minuit.*

SES ENVIRONS

LES PARCS D'ATTRACTIONS

Parc Faunia (parque biológico de Valdebernardo) **:** *avda de las Comunidades, 28. ☎ 91-301-62-10. • faunia.es • Ⓜ Valdebernardo ou Cercanías Vicálvaro (C2). À 15 km de Madrid. Parking : 5 €. En gros : mai-août, tlj 10h30-19h (23h ou minuit ven-sam, 20h le w-e) ; sept, 10h-18h ; le reste de l'année, horaires compliqués, voir leur site internet. Entrée : 28,95 € ; env 21,95 € enfant (3-7 ans) et plus de 65 ans.* ***Grosse réduc sur le site internet : résa indispensable.*** À travers une agréable balade, on découvre les 8 écosystèmes de la planète. Au total, 720 espèces animales, des milliers d'arbres et de plantes, des expositions interactives, des ateliers... tout pour mieux connaître les richesses naturelles de la Terre, de façon ludique et créative.

Warner Bros Park (Warner Bros Movie World Madrid) **:** *à San Martín de la Vega sur la N IV, à 22 km de Madrid (sortie 22). ☎ 91-821-12-34. • parquewarner.com • Parking cher : 8 € (autant y aller en train !). Pour les piétons, trains directs (ligne Cercanías C3) depuis Atocha jusqu'à Pinto, puis des bus jusqu'au parc (détail des horaires sur leur site). Horaires compliqués : vérifier sur leur site ! Juil-août, tlj 11h30-minuit ; le reste de l'année, ouv essentiellement w-e et vac scol, grosso modo 11h-20h (parfois 21h ou 23h) ; fermé janv-fév. Entrée : 44,90 € adulte ; 39,90 € moins de 1,40 m et plus de 60 ans ; gratuit pour les enfants de moins de 1 m. Également pass de 2 j. et réduc pour les entrées après 17h et après 20h (parking gratuit à partir de 20h).* ***Grosse réduc sur Internet : résa plus que conseillée.*** Sur 150 ha, c'est l'un des plus grands parcs d'attractions d'Europe, composé de 5 zones thématiques : *Hollywood Blvd, Cartoon Village, Old West Territory, DC Super Heroes World* et *Warner Bros Studios.* Une trentaine d'attractions, pour tous les âges et tous les goûts, consacrées aux films et personnages de la *Warner Bros* : de la visite des studios aux attractions aquatiques, du ciné en 3D aux montagnes russes... Et, bien sûr, des restos, des boutiques, etc. De mi-juin à mi-septembre, également le ***Warner Bros Beach,*** voisin, un parc aquatique (billets combinés).

MEJORADA DEL CAMPO

Petite ville à 18 km à l'est de Madrid. Accès par l'autoroute R3 (payante), sortie n° 12 (cette bretelle rejoint l'A 3 Madrid-Valence).

Cette banlieue-dortoir n'a d'autre intérêt que sa cathédrale assez folle...

Catedral de Nuestra Señora del Pilar, de Don Justo Gallego : *à l'angle de la c/ Santa Rosa et de la c/ Antonio Gaudí (fléché). Entrée par c/ A. Gaudí, 10.*

Une incroyable construction dont le style évoque à la fois le facteur Cheval et les visions de Gaudí (le nom de la rue a été prémonitoire). Son maître d'œuvre, Justo Gallego Martínez, est né le 20 septembre 1925 à Mejorada del Campo. À 27 ans, il se fait moine cistercien à Soria. Malade de la tuberculose, il doit quitter les ordres, revient dans son village natal et décide de construire un temple à la gloire de Dieu, sur un terrain hérité de ses parents. Sans aucune formation d'architecte ni de maçon, inspiré de sa seule foi, il se lance en 1964 dans la construction de cette grande église, qu'il réalise de ses propres mains, en utilisant essentiellement des matériaux de récupération.

Le résultat est étonnant : des tours de brique et de ciment de 30 m de hauteur, des armatures métalliques surgissant à leur sommet, une coupole ajourée de 25 m, une vaste nef surmontée d'une rosace, un cloître, un patio à colonnes, une crypte... Après plus d'un demi-siècle de labeur de « bénédictin », don Justo Gallego, qui a fêté ses 95 ans en 2020, espère voir un jour son grand ouvrage achevé, avec des dons privés comme source de financement et la main-d'œuvre de plusieurs volontaires.
– On laisse une donation dans des urnes à l'intérieur de la cathédrale. Ne pas déranger don Justo, qui est désormais trop âgé pour rencontrer les visiteurs.

ALCALÁ DE HENARES

À l'est de Madrid, sur la route de Saragosse

• Plan *p. 177*

Excursion agréable de 1 journée. Une grande ville de plus de 200 000 habitants, qui cache un centre historique très riche en monuments. Alcalá abrite depuis des siècles la plus grande *université* de la communauté de Madrid, d'où l'ambiance jeune et les facilités pour se restaurer pas cher. L'édifice qui abrite l'université, classée depuis 1998 au Patrimoine mondial de l'Unesco, date de la Renaissance, et sa façade est le meilleur échantillon de bien des beautés architecturales qu'il abrite. Nombre de cigognes viennent au printemps faire leur nid sur les innombrables clochers et animent la ville de leur vol... Alcalá de Henares est aussi connue pour être la ville natale du célèbre auteur de Don Quichotte, *Miguel de Cervantes Saavedra* (1547-1616), dont on visite la maison.

Comment y aller de Madrid ?

Depuis la ***gare routière de l'avda de América*** *(plan d'ensemble et plan détachable G1,* ***2****)*. Bus n° 223. Départs ttes les 6-30 mn. Trajet : env 30 mn. *Infos : Cie Alsa, • alsa.es •*

Depuis les gares ***RENFE-Cercanías d'Atocha*** *(plateforme cercanías n° 3)* ***ou de Chamartín,*** départ ttes les 10-15 mn sur les lignes C2 (direction Guadalajara) et C7 (direction Alcalá de Henares). Trajet : 37 mn. *• renfe.com •*

Adresses utiles

Oficina de turismo *(plan B2,* ***1****) : Capilla del Oidor, pl. de Rodriguez Marin, s/n. ☎ 918-89-26-94. • turismoalcala.es • Également un* ***kiosque*** *pl. de Cervantes (angle c/ de Libreros, ouv ven-dim seulement ; plan A-B2,* ***2****). Mar-ven 10h-14h, 17h-20h (16h-19h en hiver) ; sam 10h-15h, 16h-20h (10h-19h en hiver) ; dim 10h-13h.* Plan de la ville, brochure en français, agenda culturel...

Où dormir ?

Hostel Complutum *(plan B2,* ***10****) : pl. de San Diego, 2. ☎ 918-80-03-87. • info@hostelcomplutum.com • hostelcomplutum.com • En face de l'entrée de l'université, sur la place. Lits en dortoir 23-24 €, petit déj et drap inclus ; doubles 64-69 €.* Niché dans un beau bâtiment ancien entièrement réaménagé, un *hostel* extra, aux dortoirs modernes et confortables (pas plus de 5 lits par unité, armoire, loupiote, bonne literie, salle de bains), et des chambres doubles du même acabit, lumineuses et sobrement décorées dans un esprit contemporain. Cuisine commune et salon TV à dispo des hôtes, et au rez-de-chaussée, un café-bistrot bon marché entre étagères de bouquins et plantes vertes, très fréquenté par la clientèle estudiantine. Vraiment réussi tout ça !

Hotel Evenia Alcalá Boutique *(hors plan par A2,* ***11****) : Cardenal Cisneros, 22. ☎ 918-83-02-95 ou 902-02-15-00. • alcala@eveniahotels.com • eveniahotels.com • À 5 mn à pied de la pl. Cervantes. Double env 80 €, petit déj compris.* En plein centre, dans une pittoresque maison du XVIIe s autour d'un patio frais, voici des chambres confortables, douillettes et arrangées façon design contemporain. Très bon rapport qualité-prix en période creuse. Une belle adresse de charme.

Où manger ? Où boire un verre ?

La Casa Vieja *(plan A2,* ***20****) : c/ San Felipe Neri, 7. ☎ 918-83-62-81. • casavieja@rutadelosmesones.com • À côté de la pl. Santos Niños. Tlj sauf dim soir et lun 13h-2h. Menus 15-27 €, plats 7-19 €, repas env 25 €. Également une carte de tapas.* Construit au XVIe s, ce superbe *mesón* en brique et vieille pierre reflète bien l'architecture populaire de la Renaissance. Si le temps le permet, demander une table dans la grande cour, très agréable. Dans l'assiette, bonne cuisine castillane mijotée avec soin, dont beaucoup de grillades. Également des tapas pour les fauchés. Rapport qualité-prix correct. Une adresse pour tous les budgets.

Hostería del Estudiante *(plan B2,* ***21****) : c/ Colegios, 3. ☎ 918-88-03-30. • alcala@parador.es • Resto de l'hôtel Parador. Tlj sauf dim soir-mar. Menu 28 €, plats 13-30 €.* Grande salle chaleureuse aux allures chics-médiévales, avec poutres apparentes. À la carte, cuisine de Castille qui fait la part belle aux viandes à la broche, *croquetas*, poulet au vin et même aux plats « basses calories ». Une adresse pour ceux qui ont des sous.

Café Renacimiento *(plan B1-2,* ***23****) : c/ Azucena, 2. ☎ 918-78-73-68. • info@caferenacimiento.es • Tlj sauf lun, 17h-3h (4h sam).* Bar lounge branché, installé dans... une ancienne petite chapelle baroque (celle du colegio Santa Catalina, 4 siècles d'histoire) ! On y sirote des cocktails assis sous la coupole, alors que le chœur est occupé par un comptoir. Concerts régulièrement. Une reconversion vraiment réussie !

À voir

Universidad de Alcalá *(colegio Mayor de San Ildefonso ; l'université ; plan B2) : pl. San Diego, s/n. ☎ 918-85-64-87. • visitasalcala.es • Visite guidée obligatoire en espagnol* (colegio Mayor + capilla) *à 11h, 12h, 13h (et 14h w-e et j. fériés), 16h, 17h, 18h (et 19h de mars à mi-oct). Avec en plus le Palacio Laredo (fermé août) : celles de 12h et 17h, et w-e et j. fériés à 11h30, 12h30, 13h30, 16h30, 17h30 et 18h30. Durée : 45 mn. Entrée : 6 € (7,50 € avec Palacio Laredo ; Palacio Laredo seul, sans visite guidée : 2,50 €) ; réduc.* L'une des plus prestigieuses universités d'Espagne, fondée en 1499. C'est ici que fut écrite la 1re Bible polyglotte (en latin, grec et hébreu). Le lieu a été classé en 1998 au Patrimoine mondial de l'Unesco. Après avoir détaillé la belle façade massive flanquée de blasons, de symboles mythologiques et du cordon des franciscains (son fondateur, le cardinal de Cisneros, était issu de cet ordre), on poursuit la visite en traversant plusieurs patios verdoyants affichant différents styles architecturaux, dont le 1er, en granit, est certainement le plus emblématique. Pénétrons ensuite dans le bâtiment le plus ancien de l'université pour y admirer l'impressionnante *salla Paraninfo* avec un plafond rouge, bleu et or très travaillé. C'est ici qu'a toujours lieu la remise

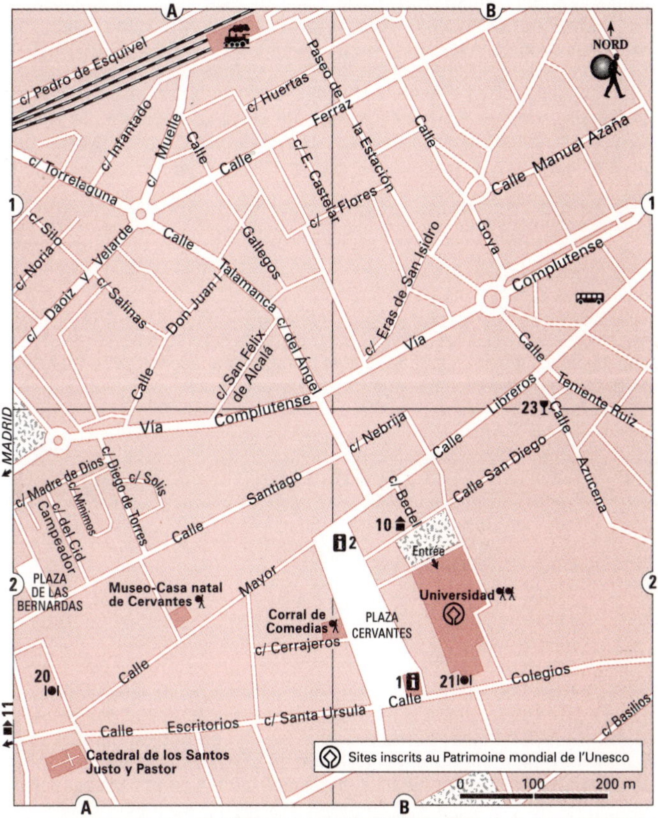

ALCALÁ DE HENARES

Adresses utiles	**Où manger ?**
1 Oficina de turismo (B2)	**Où boire un verre ?**
2 Kiosque de tourisme (A-B2)	20 La Casa Vieja (A2)
Où dormir ?	21 Hostería del Estudiante (B2)
10 Hostal Complutum (B2)	23 Café Renacimiento (B1-2)
11 Hotel Evenia Alcalá Boutique (hors plan par A2)	

des diplômes. Voir encore la *capilla de San Ildefonso* pour son superbe plafond mudéjar en bois sculpté, ainsi qu'un tombeau superbement ciselé.

Museo-casa natal de Cervantes *(plan A2) : c/ Mayor, 48. ☎ 918-89-96-54. • museocasanataldecervantes.org • À l'angle de la c/ Imagen. Mar-dim 10h-18h (19h le w-e ; dernière entrée 30 mn avt). Fermé lun, 1er et 6 janv, 1er mai, et 24, 25 et 31 déc. GRATUIT.* Petite maison en brique typique du XVIe s, entièrement rénovée (un peu trop d'ailleurs !), où naquit en 1547 le grand écrivain espagnol, figure tutélaire des Lettres du pays depuis plus de 5 siècles ! L'intérieur reproduit un habitat typique de l'époque, dans une version aseptisée. Organisé autour d'un patio central avec puits ravissant, le ***rez-de-chaussée*** est dédié aux pièces de vie : cuisine, salle à manger, parloir, boudoir des femmes, cabinet du père de Cervantes (vestiges de fresques du XVIe s), chirurgien de son état. Au ***1er étage,*** on trouve les chambres à coucher de la famille Cervantes, équipées de meubles d'époque : lits, coffres, bureaux, fauteuils, lampes à huile... Au même niveau, une pièce regroupant les marionnettes « quichottesques » de Maese Pedro.

Corral de Comedias *(plan A-B2)* **:** *pl. Cervantes, 15. ☎ 91-882-13-54. ● corraldealcala.com ● Visite guidée de 30 mn : vérifier auprès de l'office de tourisme, mais théoriquement mer-jeu à 11h30, 12h30 et 17h ; ven à 12h30 ; sam et dim à 11h30, 12h30 et 13h30, et sam 17h (modif possible selon représentations théâtrales). Fermé lun-mar. Résa en ligne recommandée, car nombre de place très limité Entrée : 3 €.* Mignon petit théâtre fondé en 1601 et toujours en activité. On en découvre les gradins, les balcons, la scène, et les coulisses où se trouvent les amusants dispositifs de bruitage et autres mécanismes de changement de décor. Dans ce bel écrin, représentations en fin de semaine toute l'année pour les hispanophones (se renseigner).

SES ENVIRONS

LA RÉGION DE MADRID

SAN LORENZO DE EL ESCORIAL (L'ESCURIAL)

À 50 km de Madrid.

Situé à plus de 1 000 m d'altitude au cœur de la sierra de Guadarrama, cet imposant monastère doublé d'un Palais royal est devenu l'un des plus célèbres musées d'Espagne, abritant notamment l'une des plus importantes collections de peinture du pays. Commandé par Philippe II en 1557 le jour de la Saint-Laurent (*San Lorenzo* en espagnol) suite à sa victoire sur l'armée d'Henri II, roi de France, il doit son nom à ce saint patronage. D'ailleurs le bâtiment a la forme d'un gril en souvenir de saint Laurent, qui subit le supplice du barbecue.

Commencée en 1563, la construction du complexe ne dura qu'une vingtaine d'années ; un record pour l'époque ! Cela explique aussi la grande unité de style de l'ouvrage en granit gris, aux lignes sobres, à l'aspect très austère, qui définira le style herrérien par la suite... Le monastère et le site de El Escorial ont été classés au Patrimoine mondial de l'Unesco en 1984, et demeurent l'attraction principale de la communauté de Madrid, des Madrilènes notamment. C'est aussi un bon point de départ pour des balades à pied dans la sierra.

Comment y aller de Madrid ?

En train

➢ Ligne C3, depuis la ***station souterraine Madrid-Atocha,*** env 1h05 de trajet. Départs ttes les heures. Passent également par les gares de Sol et Chamartín. *Infos : ☎ 912-320-320. ● renfe.com ●* De la ***gare d'El Escorial,*** un bus (nº 1) conduit ensuite au centre de San Lorenzo (sinon, 20-25 mn de marche, par exemple en traversant le parc).

En bus

➢ Depuis la ***gare routière*** située calle Princesa, sous la plaza Moncloa à Madrid *(Intercambiador de Moncloa ; Ⓜ Moncloa).* Bus n°s 661 et 664 à prendre au niveau - 1, départs ttes les 10-30 mn. Trajet : 55 mn. *Infos : ☎ 918-96-90-28. • autocaresherranz.com •* On arrive à la gare routière, à 5 mn à pied du monastère.

Adresse utile

Oficina de turismo : *c/ Grimaldi, 4. ☎ 918-90-53-13. • sanlorenzoturismo.org • Dans la rue piétonne face à l'entrée du palais. Tlj sauf dim ap-m 10h-14h, 15h-18h.* Plan de la ville, petite brochure en français, infos sur les sentiers de randonnée pédestre du coin, salle d'expo sur l'histoire du village, la faune et la flore de la sierra de Guadarrama.

Où dormir ?

De chic à plus chic (60-120 €)

Hotel de Martín : *c/ Gobernador, 1. ☎ 918-90-39-44. • info@alojamientodemartin.com • alojamientodemartin.com • Doubles 60-120 €, petit déj 7,50 €.* À 2 pas du palais, cette vieille maison de caractère livre une dizaine de belles chambres confortables et aménagées dans un style design bien affûté. Certaines donnent sur la place, d'autres, plus chères, sont dotées d'un jacuzzi.

Où manger ?

De prix moyens à plus chic (15-35 €)

Las Viandas : *pl. de la Constitución, 2. ☎ 918-90-09-86. • info@lasviandas.es • Fermé dim soir hors saison. Menu midi 11,50 €, sinon 25-30 €, plats 9-22 €.* Empanada *maison offerte sur présentation de ce guide.* Resto propret aux murs parsemés d'affiches d'art. Dans l'assiette, savoureuses spécialités de saison – inspirées des Asturies – avec pas mal de poissons et de viandes. Plats bien présentés et service stylé très aimable. Terrasse ombragée sur la place aux beaux jours. On s'est régalés !

Mesón-taberna La Cueva : *c/ San Antón, 4 ; entrée taberna c/ Sobral. ☎ 918-90-15-16. • mesonlacueva@mesonlacueva.com • Tlj sauf dim soir et lun. À la* taberna, *tapas et* raciones *2,50-13 €. Côté resto, menus 22-30 €, plats 5-21 €.* Cocido *le jeu 24 €.* Taverne plus que pittoresque construite en 1768 sur plusieurs niveaux par l'architecte du Prado. Les salles avec leur déco d'époque valent vraiment le détour : un véritable voyage dans le temps. Cuisine castillane pleine de saveurs, mitonnée avec les bons produits frais du terroir. Pour profiter de l'ambiance locale et de prix doux, opter pour la partie *taberna,* comme sortie d'un film de capes et d'épées : tapas, *raciones* et *bocadillos* généreusement servis, au bar, dans une micro-salle ou en terrasse sur la ruelle. La bonne table du village, pour toutes les bourses.

À voir

El Monasterio de San Lorenzo de El Escorial : *paseo Juan de Borbón y Battenberg, s/n. ☎ 918-90-59-03 ou 04. • patrimonionacional.es • Tlj sauf lun : mar-ven 10h-16h, w-e 10h-19h (18h oct-mars) ; fermé 24, 25 et 31 déc, 1er et 6 janv. Fermeture caisses 1h avt. Entrée : 6 € ; réduc. Gratuit pour les ressortissants de l'UE mer 10h-16h et dim 15h-19h (18h oct-mars).*

Audioguide en français 3 €, ou visite guidée en français (sur résa) 7 € – suspendus pour Covid-19, mais application à télécharger.
Conseil : arriver tôt (ou réserver vos entrées sur Internet). En été, ne pas avoir peur de la longue file d'attente ; ça va assez vite. Prévoir au moins 2h de visite en courant, et 3h pour en profiter ! Cafétéria bon marché sur place.
Le site s'explore selon un parcours bien cadré, traversant des salles d'apparat grandioses et souvent richement dotées de tableaux de maîtres, des appartements et autres lieux de vie intéressants mais plus modestes, sans oublier les patios, églises, bibliothèque...
Voici, tout d'abord, une jolie petite série de ***tapisseries flamandes*** provenant de la collection léguée par Charles Quint (Carlos V) à son fils Philippe II. Brodées de fils d'or, de laine et de soie, elles étaient sorties lors des cérémonies religieuses. Certaines sont inspirées du *Jardin des délices* du peintre Jérôme Bosch. Là, ne pas rater le *Martyre de saint Maurice* signé El Greco ; un avant-goût de la somptueuse collection de peintures royales à venir.
Pénétrons à présent dans l'orgie du ***musée de peinture*** et de ses œuvres formidables ! Tableaux de Michel Coxcie, l'un des peintres préférés de Philippe II, aussi appelé « le Raphaël flamand », dont un *Martyre de saint Philippe* aux allures de foire... Puis peinture italienne avec notamment Titien qui nous étonne dans sa superbe *Sainte Marguerite,* triomphant d'un dragon croix en main. Véronèse livre ensuite sa patte souple et lumineuse dans *Dieu le Père et l'Esprit saint.* Également des toiles du Tintoret, puis de la peinture espagnole avec notamment Ribera et son *Apparition de l'Enfant Jésus à saint Antoine de Padoue,* bouche bée ! Belle série de Luca Giordano, dont *Le Doute de saint Thomas,* et puis des Guercino... On perçoit que les goûts personnels de Philippe II le portaient vers des peintres très conventionnels, voire pompeux, alors même qu'il dédaignait la peinture du Greco, dont il rejetait l'audace...
Ne pas rater ensuite la sublime ***salle des Batailles,*** longue galerie couverte de fresques relatant les grandes victoires espagnoles du XVIe s. Elle demeure l'emblème de la politique d'expansion de Philippe II.
Montons à présent vers les ***appartements royaux*** *(palacio de los Austreas),* aux murs revêtus d'azulejos dans leur partie basse. Quelques meubles et portes marquetées de facture exceptionnelle. Et puis encore de beaux tableaux de valeur. Remarquer au sol la méridienne solaire utilisée pour mettre à l'heure les pendules du palais. Voir la chambre à coucher de Philippe II, attenante à son bureau modeste et sombre. C'est d'ici que le monarque dirigeait son empire !
Passons maintenant au ***panthéon royal,*** au terme d'un impressionnant tunnel de marbre conduisant au sous-sol. On retrouve dans cette crypte circulaire impressionnante pratiquement tous les rois et reines d'Espagne. Débauche de marbre et de bronze. Plus loin, le ***panthéon des Infants,*** assez morbide, présente quelques gisants sculptés d'une extrême finesse...
Ensuite, les ***salles capitulaires*** abritent une formidable débauche d'œuvres de grands peintres. Du Greco, un *Saint Pierre* en tunique jaune, mais surtout *L'Adoration du nom de Jésus,* où le roi Philippe II apparaît agenouillé. De Velázquez, *La Tunique de Joseph.* Et encore des Tintoret, plusieurs Véronèse, une foule de Ribera...
Entrons à présent dans la ***vieille église*** pour admirer notamment le *Martyre de saint Laurent* peint par Titien. À gauche en sortant, jeter un coup d'œil à l'escalier monumental du palais et sa voûte peinte d'une fresque à la gloire de l'Espagne.
Ensuite, la ***basilique*** se montre glaciale, austère, colossale ; bref, dans le plus pur style herrérien. Haute coupole centrale, immenses fresques aux plafonds, retable de 26 m de haut en marbre avec statues en bronze, représentant notamment les rois Charles V et Philippe II agenouillés et assistant à la messe.
Voir enfin la magnifique ***bibliothèque*** aux plafonds peints. Bibles et corans enluminés, cartes anciennes, scènes de batailles, manuscrits aux graphismes superbes, etc.
Les ***jardins*** du palais-monastère valent eux aussi le détour...

Fête

– ***Saint-Laurent :*** *10 août.* Fête de la ville. Corridas.

LA VALLÉE DE LOS CAÍDOS

À une dizaine de kilomètres de San Lorenzo de El Escorial, la célèbre « vallée des Morts », testament politique et architectural de Franco qui l'inaugura en 1959. On la repère de loin, avec sa croix de granit s'élevant à 150 m de haut. Y aller, ne serait-ce que pour rendre hommage aux nombreuses vies humaines qu'a englouties la construction de la *basilique souterraine Santa Cruz,* un monument démesuré symbole de la rudesse des années de dictature.

➢ ***Accès :*** ctra Guadarrama-El Escorial. La basilique se trouve à 6 km du portail d'entrée : voiture très conseillée. Sinon, 1 seul bus depuis San Lorenzo de El Escorial *(rens : ☎ 91-896-90-28 ; ligne 660A, à 15h15 du terminal des bus, retour à 17h30).*
– ***Visite :*** *infos au ☎ 91-890-56-11 ou 13-98. • patrimonionacional.es • Tlj sauf lun 10h-16h (18h w-e). Fermeture caisse 1h avt. Messe tlj à 11h, ainsi que dim à 13h et 17h. Entrée (chère !) : 4,50 € ; réduc.* Comme dans tout édifice religieux, attention à votre tenue (pas de débardeur ni de minijupe).

La basilique souterraine Santa Cruz : elle a été entièrement creusée dans la roche par des prisonniers républicains de la guerre civile. Chantier titanesque : 20 ans de travaux, une esplanade de 30 000 m² et une nef de 260 m de long (bien plus que Saint-Pierre de Rome) aux allures de hall de gare. L'architecture des lieux et la décoration intérieure en disent long sur la psychologie du dictateur et son rapport à la mystique catholique. Thèmes récurrents : la Sainte Croix (croisades), l'Apocalypse et la mort. Beaucoup de souffrance dans les représentations. Couleurs dominantes : le noir et le gris. Assez sinistre, tout ça, brrrr...
Dans le long couloir menant à la nef, 2 gigantesques anges de bronze à l'allure martiale terrifiante, épée en main, dont les traits évoquent furieusement l'art officiel de l'Italie fasciste et de l'Allemagne nazie. À la croisée du transept, coupole de 42 m de haut avec une fresque en mosaïque représentant tous les morts de l'Espagne montant vers Dieu. Petite précision : *los caídos* ne signifie pas « les caïds » bien sûr, mais « ceux qui sont tombés » (pour la patrie).
Au sol, à côté de l'autel central, la pierre tombale de Primo de Rivera (curieusement, seul son prénom, José Antonio, figure sur la dalle), puisque désormais la dépouille de Franco, exhumée après de nombreuses péripéties juridiques le 24 octobre 2019, n'est plus ici. Atmosphère vraiment pesante. On préfère la lumière du jour. Ouf !

UNE DÉPOUILLE ENCOMBRANTE

Ici, dans la crypte, reposent près de 40 000 victimes de la terrible guerre civile qui ensanglanta l'Espagne de 1936 à 1939. Principalement des nationalistes (27 000), mais aussi environ 10 000 républicains. La proximité de la sépulture de Franco, grand responsable de ces massacres, choquait : qu'un monument national d'une démocratie rende ainsi hommage à un dictateur... Le Parlement espagnol a finalement voté en septembre 2018 le principe d'une exhumation et d'un déménagement de sa dépouille.

De l'esplanade, panorama superbe sur toute la sierra de Guadarrama. Pour le contempler du pied même de la croix, emprunter les escaliers de l'autre côté de la butte, devant la basilique.

ARANJUEZ (28300) 59 000 hab.

• Plan *p. 183*

« Château, *concierto,* casino, fraises et asperges » : non, ce n'est pas le titre du dernier film d'Almodóvar, mais en résumé les mots-clés d'Aranjuez, élégante petite ville historique amarrée dans la verdure des bords du Tage, à 49 km au sud de Madrid. Ce « paysage culturel d'Aranjuez » a d'ailleurs été classé au Patrimoine mondial de l'Unesco en 2011. D'abord, un *château,* royal s'il vous plaît ! Aux XVIe et XVIIe s, les alentours immédiats étaient entièrement réservés aux bons plaisirs du roi et nul autre mortel n'avait le droit d'y résider... *Castillo* des Bourbons, sublime petit palais d'été (Casa del Labrador), voies d'eau sinueuses et barques royales témoignent encore de ces fastes passés. *Concierto* comme *Concierto de Aranjuez,* du grand compositeur espagnol Joaquín Rodrigo (1901-1999, enterré ici), et popularisé (entre autres) par Miles Davis. Casino, parce qu'on y vient aussi pour jouer. Fraises, car c'est une spécialité des jardins d'Aranjuez, au beau milieu de paysages arboricoles. Quant aux asperges, on les retrouve à la carte de la plupart des restaurants de la ville ! Étape intéressante pour les amateurs de palais et de beaux jardins, Aranjuez constitue en fin de semaine l'une des sorties préférées des Madrilènes.

Comment y aller ?

En bus

Gare routière *(plan B2) : c/ de las Infantas, 16. ☎ 902-19-87-88.*

➢ **Madrid** *(1h) :* de l'*Estación Sur,* avec les **bus n°s 423** et **419** *(• redtransporte.com •),* départs ttes les 15-30 mn ; env 40 mn à 1h de route.

En train

Gare ferroviaire *(plan A2) : c/ de la Estación, s/n. ☎ 912-320-320. • renfe.com • À 1 km à l'ouest du centre.* Pour rejoindre le centre, bus n°s 1, 2, 3 et 4.

➢ **Madrid** *(45 mn) :* 2-3 trains/h sur la ligne C3, au départ de la gare d'Atocha.

De mi-avr à fin juin et de mi-sept à fin oct, on peut aussi emprunter, les w-e et j. fériés, le ***tren de la Fresa (« train de la Fraise »),*** un vieux vapeur aux wagons de bois – qui fut le 2e à être inauguré en Espagne, en 1851 ! Il quitte la station *Delicias* (derrière Atocha) vers 10h pour arriver à Aranjuez vers 11h ; retour à Madrid le soir même vers 18h30, arrivée 19h30. Le prix du billet *(30-35 €, réduc enfants)* comprend une dégustation de fraises à bord (!), le transfert en bus vers le centre d'Aranjuez, la visite des jardins et, en option, la visite guidée du Palais royal et du musée des *Falúas reales (infos et résas : ☎ 912-320-320 ; • renfe.com •).*

Adresses et infos utiles

Oficina de turismo *(plan B2) : pl. de San Antonio, 9 (sous les arcades). ☎ 918-91-04-27. • aranjuez.es • Tlj 10h-18h (fermé lun-ven 14h-14h30).* Plan de la ville et bonnes brochures. Accueil sympa.

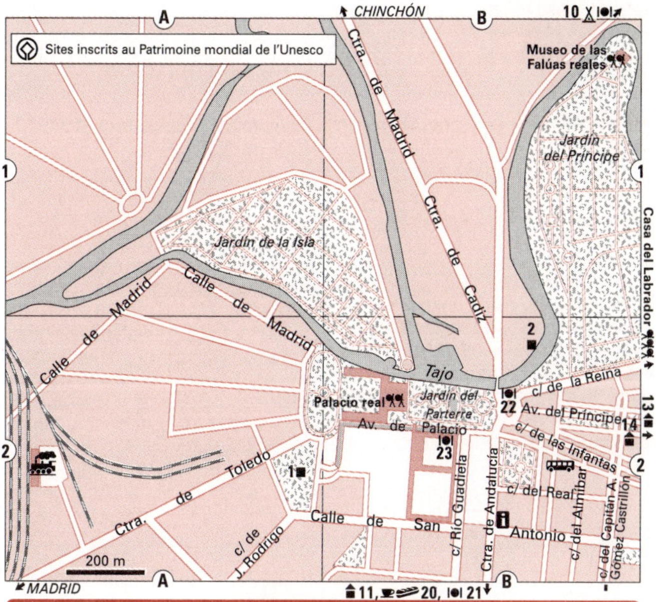

ARANJUEZ

Adresses utiles

- Oficina de turismo (B2)
- 1 Chiquitrén (A2)
- 2 Barco turístico « El Curiosity » (B2)

Où dormir ?

- 10 Camping Internacional Aranjuez (hors plan par B1)
- 11 Hostal Castilla (hors plan par B2)
- 13 Hotel El Cocherón 1919 (hors plan par B2)
- 14 Jardín de Aranjuez (B2)

Où manger ?
Où déguster une pâtisserie ?

- 20 Pastelería Parras (hors plan par B2)
- 21 Taberna-Mesón La Venta (hors plan par B2)
- 22 El Rana Verde (B2)
- 23 Carême (B2)

■ ***Chiquitrén*** *(plan A2,* ***1****)* **:** *départ c/ de Palacio Silvela (face Palais royal). ☎ 902-08-80-89. ● turismoaranjuez.com ● Départ tlj (sauf lun nov-fév) 11h-18h, ttes les h. Billet : 6 € ; réduc. Durée : 50 mn.* Ce petit train touristique dessert tous les sites, du Palais royal aux arènes en passant par la fameuse Casa del Labrador. Pratique pour ceux qui ne peuvent pas trop marcher.

■ ***Barco turístico « El Curiosity »*** *(plan B2,* ***2****)* **:** *embarcadère en contrebas du Puente Barcas, à l'extrémité est du Jardín del Parterre. ☎ 911-61-03-67. 📱 638-60-04-09. ● elcuriosity.com ● Seulement les w-e et j. fériés, à 12h30 et 17h30. Billet : 10 € ; réduc. Durée : 45 mn (2h30 avec la visite guidée d'un des jardins de la ville).* Une promenade au fil du Tage ? Partant en face du resto *El Rana Verde,* cette espèce de bateau-mouche remonte le cours d'eau jusqu'aux abords de la *Casa del Labrador* en passant devant le camping. Le tour inclut une visite guidée au choix.

Où dormir ?

Camping

Camping Internacional Aranjuez (hors plan par B1, **10**) : *c/ Soto del Rebollo, s/n. ☎ 918-91-13-95. • info@campingaranjuez.com • campingaranjuez.com • À 1 km au Nord, accès par la route M-305. Ouv tte l'année. Env 21-39 € pour 2 avec tente et voiture ; bungalows 64-150 € (4-8 pers).* Un immense site plutôt animé, entre le Tage et des champs agricoles. Les parcelles sont bien délimitées et ombragées, mais en saison c'est un peu l'usine et le sol est assez dur. Piscine (payante), bar-resto, épicerie, jeux pour enfants et location de kayaks.

Prix moyens (moins de 60 €)

Hostal Castilla (hors plan par B2, **11**) : *ctra de Andalucía, 98. ☎ 918-91-26-27. • hostalcastilla@yahoo.es • hostalcastillaaranjuez.com • Double env 50 €, petit déj 3 €.* Une adresse à l'ancienne, organisée autour d'un charmant patio fleuri et carrelé d'azulejos. Chambres correctes pour le prix, à la déco gentiment rustique, avec clim et, pour la plupart, une salle de bains refaite. Accueil avenant.

Chic (60-90 €)

Hotel El Cocherón 1919 (hors plan par B2, **13**) : *c/ Montesinos, 22. ☎ 918-75-43-50. 667-45-62-62. • hotel@elcocheron1919.com • elcocheron1919.com • Fermé 3 sem en août. Doubles 58-66 €, petit déj 6 €.* Un hôtel discret au rapport qualité-prix impeccable, l'un de nos préférés d'Aranjuez. Déco élégante et subtile mêlant le bois, les matériaux modernes et la couleur marron, dominante de la maison. La plupart des 10 chambres, charmantes, personnalisées et bien équipées, sont agencées autour d'un patio. Accueil gentil.

Jardín de Aranjuez (plan B2, **14**) : *avda del Príncipe, 26. ☎ 918-75-42-07. • info@hoteljardindearanjuez.com • hoteljardindearanjuez.com • Doubles 60-100 €, petit déj inclus.* Hôtel central accueillant, offrant une bonne vingtaine de chambres sans charme particulier (sol carrelé, déco classique), mais confortables et fort bien équipées (clim, minibar, coffre et sèche-cheveux). Celles côté rue sont plus claires et restent calmes. En revanche, on cherche toujours le jardin...

Où manger ? Où déguster une pâtisserie ?

De bon marché à prix moyens (moins de 25 €)

Pastelería Parras (hors plan par B2, **20**) : *c/ del Gobernador, 57. ☎ 918-91-01-56. • pasteleriaparras@gmail.com • Tlj 7h15-14h, 17h30-20h30.* Juste à côté du marché couvert, une boulangerie-pâtisserie réputée dans toute la ville pour ses parts de tartes, viennoiseries et autres gâteaux secs enrobés de chocolat. Prépare également de petits en-cas, sandwichs... Idéal aussi pour le petit déj.

Taberna-Mesón La Venta (hors plan par B2, **21**) : *c/ Stuart, 149. ☎ 918-92-57-69. • mesonlaventa@hotmail.es • Tlj 8h-17h, 20h-23h30. Menu midi en sem 12 €, plats et raciones 8-24 €.* À 10 mn à pied du Palais royal, un bar à vins-resto à la salle soignée ornée d'objets rustiques, et une terrasse sur le trottoir. Le lieu ne paie pas de mine mais propose une excellente cuisine traditionnelle espagnole, qu'il s'agisse des plats, des tapas ou des *raciones.* Même le vin au verre est réjouissant ! En bref, une excellente adresse, très couleur locale, fréquentée par les habitués du quartier.

De prix moyens à très chic (de 15 à plus de 35 €)

El Rana Verde (plan B2, **22**) : *c/ de la Reina, 1. ☎ 918-91-13-25.*

• info@elranaverde.com • ♿ Cuisine tlj sauf lun 9h-23h. Menus midi 18-31 €, plats 13-26 €. Café offert dans le menu du jour ou réduc de 10% sur la carte sur présentation de ce guide. Installée au bord du Tage depuis 1903, cette institution se repère de loin à sa couleur vert grenouille ou vert asperge – 2 spécialités (le batracien et le légume) qui font sa réputation, la 3e étant... les fraises ! On y sert aussi poissons, viandes et gibier. L'endroit est assez touristique ; on est plus attiré par le cadre et la terrasse au bord de l'eau que par la cuisine...

Carême *(plan B2,* ***23****) : avda de Palacio, 2. ☎ 918-92-64-86. • reservas@caremejesusdelcerro.com • Tlj sauf dim soir. Au bistrot, menu 18 €, plats et raciones 7-18 € ; au resto, menus 55-62 €, plats 15-26 €.* Une des tables renommées de la ville. Au rez-de-chaussée, le bistrot, avec ses tables semées sous les arcades, face aux jardins du Palais royal et, à l'étage, le resto – nettement plus cher – et son agréable terrasse dominant le parc. Dans l'assiette, une délicieuse cuisine de saison, à la fois enracinée et inventive, qui sublime les bons produits frais du terroir. Laissez-vous tenter par le pigeon *(pichón)* rôti... ou les artichauts au corail d'oursin !

À voir

– ***Important :*** *la visite du palais et des musées est* ***gratuite*** *mer toute la journée et dim de 15h à 19h.*

Palacio real *(plan B2) : pl. de Parejas. ☎ 918-91-07-40. • patrimonionacional.es • Tlj sauf lun 10h-16h (18h w-e et j. fériés). La caisse ferme 1h avt. Accès au jardin tlj 8h30-19h30. Entrée : 4,50 €, réduc ; visite du museo de las Falúas reales comprise. Audioguide en français : 3 € – suspendu pour Covid.*
Commencé par Philippe II au XVIe s et achevé par Charles III au XVIIIe s, le palais appartient toujours à la famille royale espagnole. Parfois comparé à Versailles pour ses immenses jardins et sa proximité avec Madrid, il n'a cependant jamais été le siège de la Cour. Tout de brique et de pierre blanche, il dégage une certaine austérité, fruit de l'intervention du fameux architecte Juan de Herrera.
La visite peut paraître un peu fade, surtout si vous avez déjà vu le palais de l'Escurial. Toutefois certaines salles méritent vraiment le coup d'œil. Tout d'abord, la ***salle des hallebardiers*** présente de belles tapisseries bruxelloises du XVIe s. Dans les ***appartements du roi,*** on trouve un étonnant fumoir couvert de stucs colorés et surmonté d'une coupole de style mauresque, le tout réalisé au XIXe s par le restaurateur en chef du palais de l'Alhambra. Suivent ensuite la ***salle de bal*** garnie de miroirs à dorures et de mobilier rococo, la ***chambre de la reine*** et son plumard grand veneur, puis le formidable ***cabinet de porcelaines,*** à la déco rococo-orientalisante exubérante. Ne pas manquer non plus la ***salle du trône,*** ornée d'un plafond peint et bardée de velours cramoisi et de lustres à pampilles, ainsi que l'***oratoire privé du roi,*** pour ses fresques bibliques aux attitudes et aux regards si expressifs.
– Après la visite, allez donc flâner dans les 3 beaux ***jardins*** qui entourent le palais. Bordés par le Tage, rendez-vous des cygnes et des canards, le *jardín del Parterre,* le *jardín de la Isla* et le *jardín del Príncipe* foisonnent de fontaines et de bosquets, et s'y nichent des potagers et des sections « à la française » fleuries et colorées. Une visite enrichie par les bonnes infos de l'audioguide du Palais royal.

Museo de las Falúas reales *(musée des Barques royales ; plan B1) : dans le jardín del Príncipe. Tlj sauf lun 10h-20h (18h oct-mars). Entrée incluse dans le* ***billet du Palacio real,*** *à prendre seulement à la billetterie du Palacio (qui ferme à 15h, 17h le w-e).* La famille royale aimait se détendre sur le Tage dans des barques richement décorées, qui étaient aussi utilisées lors des cérémonies d'apparat et des fêtes musicales sur l'eau. Ce petit musée en dévoile une demi-douzaine, toutes aussi belles et uniques les unes que les autres. De fabrication italienne et inaugurée sous le règne de Charles II (fin XVIIe s), la plus impressionnante de ces chaloupes fut construite à Naples et servait à voguer sur le lac des jardins du Buen Retiro, à Madrid. Elle foisonne de chérubins, atlantes et autres caryatides incroyables de dorure !

*** ***Casa del Labrador*** *(hors plan par B2)* **:** *dans le Jardín del Príncipe, à env 3 km à l'est du Palais royal. ☎ 918-91-03-05. ● patrimonionacional.es ● Accès à pied, en voiture, ou avec le train touristique* Chiquitrén *(voir « Adresses utiles »). Fermé temporairement.* Noyé dans un immense parc arboré où s'écoule paisiblement le Tage, on aime beaucoup ce petit palais tout cosy, qui était à l'origine un relais de chasse. C'est Charles IV qui, à la fin du XVIIIe s, lui donna son apparence actuelle et ses intérieurs néoclassiques à taille humaine : statuaire omniprésente, tentures de soie aux murs, plafonds peints de scènes mythologiques, pendules françaises, etc. Superbe salle décorée de mosaïques et de bustes antiques avec cette étonnante horloge animée française autour d'une représentation de la colonne de Trajan. Également un billard et, dans la *salle de bal,* la table en malachite offerte par un prince russe au XIXe s. Dans les pièces attenantes, voir aussi les toiles de Brambilla montrant de délicieux paysages et les jardins du Palais royal de la Granja de San Ildefonso, près de Ségovie. Puis l'étonnante *salle de platine* de style Empire (conçue à Paris en 1804) avec ses boiseries recouvertes de quelque 14 000 motifs de bronze et de... platine, logique !

DANS LES ENVIRONS D'ARANJUEZ

CHINCHÓN (28370)

Vieux et beau village à 20 km au nord-est d'Aranjuez et à 45 km de Madrid, Chinchón est la capitale de l'anisette. Ne pas hésiter à y faire un tour pour admirer sa remarquable *plaza* circulaire, entourée de maisons blanc et vert à galeries, sur 2 ou 3 niveaux. Détail étonnant, elle est encore recouverte de terre battue... Car toute l'esplanade a été conçue pour les spectacles taurins. Les galeries, elles, abritent bars et restos (proposant pour la plupart un menu du jour). Également les ruines d'un château du XIVe s (privé et fermé à la visite) et une église massive, *Nuestra Señora de la Asunción,* où l'on peut admirer un Goya.

Où dormir ? Où manger très chic ?

Parador : *c/ de los Huertos, 1. ☎ 91-894-08-36. ● chinchon@parador.es ● parador.es ● Doubles standard 90-190 €, petit déj 18 €.* Près de la place, un ancien monastère augustin du XVIIe s qui ne manque pas de cachet. Joli patio-jardin avec fontaine et galeries où trônent des statues religieuses. Chambres à la déco sobrement rustique. Piscine aussi, et resto traditionnel pas donné *(plats 20-28 €, menu 45 €).*

HOMMES, CULTURE, ENVIRONNEMENT

BOISSONS

– ***La bière (cerveza) :*** la boisson la plus répandue ! Dans les bars, plutôt qu'une *cerveza,* demandez *una caña,* l'incontournable et très rafraîchissante bière à la pression, généralement servie dans des verres de 0,2 l (pour un plus grand verre – 0,33 cl ou 0,5 l – demandez *una jarra*). Un panaché se dit *una clara.*

– ***Le vin :*** l'Espagne, et en particulier les régions qui entourent Madrid, produit de bons vins régionaux, connus et moins connus. Parmi les plus réputés, ceux de La Rioja, aussi célèbres en Espagne que nos bordeaux, et de la Castille-León (Ribera del Duero), sans oublier les vins du Somontano dans les environs de Huesca, en Aragon, et ceux de la Manche qui, quoique sans génie, offrent une bonne moyenne. Côté petites productions, on a raffolé d'un petit cru, le *cebreros,* dans la région d'Ávila. Les jeunes Espagnols s'abreuvent allègrement de *calimocho,* une boisson qui n'est ni plus ni moins que du vin rouge mélangé à du... *Coca-Cola* ! Dur, dur... Plus facile à avaler et très courant, le *tinto de verano,* à base de vin et de limonade (*gaseosa,* mais on dit souvent *casera,* du nom d'une marque) : buvable bien frais, mais avec modération quand même !

– ***Le vermuth al grifo :*** littéralement, vermouth au robinet. Il s'agit de vin cuit (en général d'Andalousie, mais pas nécessairement), macéré avec des herbes et livré dans des petits fûts avec de l'eau gazeuse. On le tire un peu comme de la bière à la pression. C'est léger, rafraîchissant, mousseux, et ça n'a rien à voir avec les vermouths en bouteille. À consommer avec beaucoup de tapas car ça monte vite à la tête.

Très courant aussi, le ***xérès,*** ce vin cuit que l'on associe plutôt en France à nos grands-mères, est servi dans tous les bars espagnols. Il peut être *fino, manzanilla, amontillado* ou *oloroso* (du plus clair au plus ambré).

– ***Le granizado de limón :*** jus de citron, sucre et glace pilée. On trouve aussi la version ***granizado de café*** ou ***de divers fruits*** (orange, pêche, etc.). Rafraîchissant.

– Le ***café,*** généralement très bon, est de tous les petits déjeuners. Les Espagnols l'apprécient particulièrement au lait *(café con leche),* ajouté bien chaud dans les bars. Si vous le voulez noir, demandez un *café solo* – ou un *cortado* si vous le préférez juste avec une touche de *leche.* Un allongé se dit *café largo,* mais les Espagnols ne l'aiment guère, ce traître à son espèce... Et puis : *café helado* (glacé) ou *café con hielo* (servi chaud mais avec un verre rempli de glaçons : à vous de faire le mélange pour obtenir un café frappé !).

– Autre incontournable espagnol depuis la découverte des Amériques, le ***chocolat chaud,*** qui en fait ne ressemble pas au nôtre. Ici, ce n'est pas un breuvage clairet à l'eau, mais une boisson riche et nourrissante, épaissie à la fécule (de maïs en général), dense en arômes, faite tout exprès pour y tremper les fameux *churros,* ces beignets allongés du petit déj. Un régal quand c'est bien fait, mais point trop n'en faut ! À noter, pour la petite histoire, que les Espagnols ont dû obtenir une dérogation de l'UE pour continuer à épaissir leur chocolat.

– La boisson la plus rafraîchissante qu'on trouve beaucoup en été est la ***horchata,*** que tout le monde traduit, à tort, par « orgeat ». Alors que l'orgeat est une boisson à base d'amandes, l'*horchata,* d'origine valencienne, est fabriquée avec le suc des tubercules et des tiges de la *chufa* (en français, le souchet jaune), une sorte de papyrus. Bon et rafraîchissant, avec une texture qui rappelle celle du lait (en plus farineux quand même). La recette semble héritée des Arabes, qui eux-mêmes l'ont reçue de l'Égypte antique, période durant laquelle le souchet était une base importante de l'alimentation. Il existe aussi des *horchatas* d'amandes et d'orge.

CUISINE

Commençons par le début de la journée : au petit déjeuner *(el desayuno),* les *tostadas* (pain grillé) ne sont pas beurrées, mais arrosées d'huile d'olive (avec ou sans tomates en dés ou en purée), ou tartinées de pâté ou de *sobrasada* (sorte de pâte de chorizo). Grande tradition madrilène du petit déj : le *chocolate con churros* ! Une bonne façon de démarrer la journée, laquelle sera ponctuée par 2 autres repas pris respectivement à partir de 14h (l'*almuerzo*) et 21h (la *cena*).

Les spécialités culinaires nationales

– ***La paella :*** fond de riz cuit dans l'huile en même temps que le poulet, le porc maigre, le jambon, les langoustines, les petits pois, l'ail, les oignons, les épices et le safran. La paella est d'origine valencienne. Elle est née au XIXᵉ s dans la région de l'Albufera, une grande lagune aux portes de Valence. Les pêcheurs ajoutèrent au riz les ingrédients trouvés sur place : anguille, lapin, haricots verts, petits pois, artichauts des *huertas* (jardins potagers), etc., ainsi que le safran, l'épice la plus chère au monde, qui donne à la paella sa couleur jaune. Vu son prix, le safran est très souvent remplacé par du curcuma ou un colorant alimentaire sans goût. En plein air, dans une grande poêle *(paellera)* posée sur un trépied, sa cuisson doit être lente, afin que le riz s'imprègne de tous les aliments de la recette, produisant le délicieux *soccarat,* croûte brune et croustillante qui se forme autour du plat. Sinon, c'est un simple « riz accommodé » *(arroz),* moins cher et parfois très bon, mais qui n'a que peu de choses à voir avec la vraie paella, laquelle peut nécessiter jusqu'à 2 bonnes heures de préparation (contre 30-40 mn) !
– ***Le gazpacho :*** soupe froide d'origine andalouse, composée de légumes crus : tomates, poivrons, oignons, concombres, ail, huile d'olive, vinaigre et pain dur.
– ***La tortilla :*** omelette épaisse servie froide ou chaude, le plus souvent aux pommes de terre *(patatas),* voire aux fines herbes, aux queues d'écrevisses (plus rares), au chorizo ou encore oignons, tomates, lardons, petits pois, etc.
– ***Le cocido :*** sorte de pot-au-feu avec plus ou moins de variantes, servi en plat de résistance et très roboratif. En général, servi comme spécialité du jour, dans certains restaurants, une fois par semaine.
– Côté douceurs, les ***churros,*** ces bâtons de pâte à crêpe frits, hérités de l'influence arabe, les ***porras*** (gros *churros*) et les ***buñuelos*** (beignets) à tremper (sans honte) dans le traditionnel chocolat chaud bien épais (qui, pour le coup, a un vrai ancrage dans le petit déjeuner traditionnel à Madrid). Autres délices, le plus souvent à base de lait et d'œufs, la ***leche frita,*** sorte de béchamel sucrée et épaisse, refroidie puis coupée en gros carrés frits dans l'huile puis saupoudrés de sucre (léger !), le ***tocino de cielo*** (gâteau aux cheveux d'ange), les ***natillas,*** crème anglaise épaisse et parfumée à la cannelle ou au citron, l'***arroz con leche*** (riz au lait), les ***torrijas,*** l'équivalent de notre pain perdu...

Les spécialités madrilènes

Madrid, en plein centre de l'Espagne, affiche des spécialités essentiellement issues de la culture paysanne, donc plutôt copieuses et riches, et pioche allègrement dans les plats traditionnels de ses voisines, la Castille-León et la Castille-La Manche.

– ***Cocido madrileño :*** la variante madrilène du *cocido,* en général complétée de pois chiches. Les bons restos le servent en 2 plats, d'abord le bouillon puis la viande accompagnée des légumes.
– ***Patatas bravas :*** pommes de terre sautées dans l'huile d'olive, nappées d'une mayonnaise épicée au poivron rouge et au piment (rouge aussi). La petite histoire raconte que c'est à Madrid qu'elles furent inventées, dans le bar *Las Bravas* (voir « Où manger ? »). Ils auraient même breveté la recette de leur sauce !
– ***Callos a la madrileña :*** tripes cuisinées dans une sauce tomate un peu relevée.
– ***Bocata de calamares :*** petit sandwich fourré de rondelles de calamar. Aussi étonnant que cela puisse paraître, c'est l'en-cas traditionnel de la ville, celui que l'on grignote à 6h du mat' en sortant de boîte, par exemple. Car si la mer est loin, le marché au poisson de Madrid est l'un des plus importants d'Europe (le plus grand, d'après certains).
– ***Huevos rotos :*** des frites, des oignons revenus avec du jambon, couvert d'œufs au plat. Dès le petit déj pour les plus affamés.
– ***Rabo de toro :*** queue de taureau (ou de bœuf) longuement mijotée en ragoût. Si la recette est plutôt andalouse, on la trouve sur presque toutes les cartes. Et les jeunes chefs s'amusent souvent à la revisiter.
– ***Cochinillo asado :*** cochon de lait rôti. Là encore, plutôt un plat traditionnel de Castille (en particulier autour de Ségovie), présent à Madrid dans les restos un peu chics.
– ***Migas :*** de petits morceaux de pain rassis, roussis dans de l'huile parfumée à l'ail avec des dés de jambon. Ce plat du pauvre est en vogue dans les bars à tapas, soit seul à grignoter, soit en guise de croûton amélioré sur des salades ou des soupes (froides comme chaudes).
– ***Morcilla :*** spécialité de Burgos, une sorte de boudin noir dans lequel le sang est mêlé de riz, de piment, d'oignon et d'ail.

Petit lexique culinaire

Agneau	*cordero*
Porc	*cerdo*
Bœuf	*vaca, buey*
Jambon	*jamón*
Poulet	*pollo*
Veau	*ternera*
Filet de porc	*solomillo*
Côtelette	*chuleta*
Rôti	*asado*
Grillé	*a la parrilla/a la plancha*
Frit	*frito*
Entrecôte, longe	*lomo*
Poisson	*pescado*
Morue	*bacalao*
Fruits de mer	*mariscos*
Hors-d'œuvre	*entremés*
Œufs	*huevos*
Omelette	*tortilla*
Salade	*ensalada*
Légumes	*verduras*
Riz	*arroz*
Dessert	*postre*
Fromage	*queso*
Glace	*helado*
Vin rouge (hic !)	*vino tinto*
Vin blanc (re-hic !)	*vino blanco*

Vin pétillant	*espumoso*
Eau plate/gazeuse	*agua sin gas/con gas*
Bière, panaché	*cerveza, clara*
Café noir	*café solo*
Expresso avec une noisette de lait	*cortado*
Café au lait	*café con leche*
Verre (pour l'eau)	*vaso*
Verre (pour le vin)	*copa*
Sel	*sal*
Poivre	*pimienta*
Moutarde	*mostaza*
Huile	*aceite*
Vinaigre	*vinagre*
Beurre	*mantequilla*
Pain	*pan*
Bouteille	*botella*

FLAMENCO

Expression pure et puissante de ce que l'âme andalouse possède de noble et tragique, voici le flamenco, art bouleversant en vérité, qui sort du ventre et prend au ventre, quelque chose d'indiciblement fort comme jailli du tréfonds de l'être, de la souffrance, du bonheur et de la mort. Cette énergie toute particulière qui passe de l'artiste au public, et du public à l'artiste, dans une communion pleine d'extase, s'appelle le *duende.* Si le flamenco n'est pas madrilène, on trouve cependant à Madrid quelques *tablaos* d'excellente qualité où en découvrir toute la puissance, ainsi que des boutiques spécialisées, et même une école renommée !

Retour aux sources

Vers la fin des années 1980, le flamenco s'est mis à résonner partout. À toutes les sauces, on nous le sert dans les night-clubs, sur la FM, et jusqu'aux robes vivement colorées et froufroutantes des danseuses de flamenco copiées par le prêt-à-porter. Et voici qu'un gitan, nommé Camarón de la Isla, est consacré star, parce qu'il joue du flamenco et enflamme des foules de jeunes. Que se passe-t-il ? Même s'il n'est pas originaire de ces régions d'Espagne, on vous en touche 2 mots ici, car vous aurez certainement la possibilité d'assister à des démonstrations, en particulier à Madrid. Les *tablaos,* ces salles de spectacle spécialisées, restent très bien pour une 1re approche, et le silence des non-initiés, finalement assez gênant devant la passion des danseurs, vous donnera certainement envie d'aller creuser un peu plus loin : il y a des chances, alors, que votre prochaine destination soit l'Andalousie ! Ce n'est pas un hasard si Camarón est fils et petit-fils de gitans. Car ce sont les gitans andalous qui ont créé le genre musical flamenco. Nés pour ainsi dire avec le *cante flamenco,* ils le chantent mieux que personne. Des générations d'apprentissage en ont fait les détenteurs de la sensibilité flamenca. Et pourquoi spécialement les gitans andalous ? Parce que c'est en Andalousie que se sont installés les gitans qui ont le plus voyagé ; et, durant leur périple – depuis l'Inde –, ce peuple a puisé dans tous les chants sacrés qu'il a pu entendre et chanté à son tour pour endurer sa peine. Alors, riches de cette connaissance unique, ils créèrent le *cante jondo,* la

FLAMENCO, L'ORIGINE

Une des théories raconte que le mot vient bizarrement de « flamand ». La danse gitane subit l'influence des domestiques, originaires des Flandres, qui entouraient Charles Quint quand il vint s'installer à Grenade.

forme la plus puissante du flamenco. Un cri, une déchirure. La prière d'un peuple fier et bafoué, toujours indépendant, longtemps martyrisé. Voir à ce sujet le très beau film de Tony Gatlif, *Latcho Drom,* qui parle de cette épopée musicale.
Dès le début du XIXe s, il s'exprimait dans les tavernes d'Andalousie, notamment celles de Triana à Séville. Ce chant libre était la fierté, l'expression des pauvres. Une langue à part entière.
La 1re évocation historique du flamenco remonte à 1750, dans un ouvrage intitulé *Le Livre des gitans de Triana,* de Jerónimo de Alba Diéguez. On y évoque une danse *(la danza del Cascabel Gordo)* interprétée par 12 vierges gitanes.
Vers 1850, les cabarets connurent en Espagne une vogue subite. De Séville à Madrid, le flamenco fit rugir sa belle voix. À cette même époque, des marins rapportèrent de Cuba, de Puerto Rico et d'Argentine des musiques nouvelles : *milongas, colombianas, guajiras.* Le flamenco, affamé comme les gorges qui le modulaient, se nourrit aussitôt de ces rythmes lointains.
À la fin du XIXe s, le flamenco passa du bar au théâtre. Lentement, il gagna ses lettres de noblesse et imposa sa violence triste et son ardente mélancolie. Vicente Blasco Ibáñez écrivait à l'époque : « Nous sommes un peuple triste, nous avons ça dans le sang. Nous ne savons pas chanter sans menacer ou sans pleurer, et plus nos chansons se mêlent de soupirs, de hoquets douloureux et de râles d'agonie, plus elles sont belles. »
La réhabilitation et, en quelque sorte, la popularisation passèrent par le biais des élites en pleine ferveur romantique qui trouvèrent dans ce chant une mélancolie, un spleen opportuns. Parmi eux figurait Lorca, promoteur du 1er *Concurso de cante jondo* à Grenade, en 1922. Le flamenco s'y teinta de touches d'amour, acquit ses premières lettres de patriotisme et de culture du patrimoine andalou. En quelques mots, il gagna en visibilité et en honorabilité.
Depuis, le flamenco a emprunté mille chemins. Du style le plus épuré (un chanteur pose simplement sa voix sur le rythme d'un marteau frappant une enclume, évoquant le travail d'un maréchal-ferrant) aux arrangements symphoniques des chansons de Camarón, le flamenco se décline sur toutes les gammes de la sensibilité gitane. ***Depuis 2010, il est inscrit au Patrimoine immatériel de l'humanité par l'Unesco.***
Le flamenco possède en gros 4 styles de base ou *palos* et fleurit dans les provinces de Cadix, Séville, Málaga et Grenade. Vous apprendrez à reconnaître les *soleares,* les *siguiriyas,* les *tangos* et les *fandangos.* Ces styles se subdivisent ensuite en mille ramifications et essences rythmiques parallèles : *bulerías, malagueñas* (de Málaga), *cartageneras* (de Carthagène), *granaínas* (de Grenade), *rondeñas* (de Ronda), *alegrías, cantiñas, rumbas, tientos...*
– Chaque année ***en juin*** se tient le festival ***Suma Flamenca,*** qui offre près de 200 concerts dans différentes salles. • *madrid.org/sumaflamenca* •
Pour nos lecteurs qui visiteraient Madrid à d'autres saisons, nous proposons quelques adresses. Elles ont l'avantage de présenter des artistes d'excellent niveau, mais le double inconvénient d'être plutôt touristiques et assez chères.

HISTOIRE

Les origines

Madrid constitue un cas d'école en histoire urbaine : voilà en effet une capitale qui ne s'est pas imposée d'elle-même. La ville, dans une forêt dense, peinait à exister face à ses « voisines » Tolède, Grenade, Cordoue ou Séville, beaucoup plus actives commercialement et culturellement.

Madrid arabe...

Si les origines de Madrid restent floues (petite bourgade wisigothique ?), on sait qu'au XIe s ***Mayrit*** était une ***citadelle arabe,*** composée d'un *alcázar* militaire et de quelques ruelles où vivaient essentiellement des agriculteurs et des artisans. Perchée au-dessus du río Manzanares, à l'emplacement de l'actuel *Palacio real,* elle protégeait les territoires musulmans des attaques des chrétiens du nord de la péninsule. Un pan des murailles de cette forteresse est toujours visible dans la Cuesta de la Vega, et des plaques, au gré des rues, rappellent l'existence des diverses portes de la ville. Ces murs en silex, qui projetaient des étincelles sous l'impact des flèches, auraient inspiré l'adage : *Fui sobre agua edificada, mis muros de fuego son* (« J'ai été édifiée sur l'eau, mes remparts sont construits de feu »), aujourd'hui écrit sur un mur place de la Puerta Cerrada. Et l'eau dans tout ça ? Eh bien, sachez que Madrid repose sur d'abondantes réserves aquifères. Le mot arabe qui les désigne, *mayra,* serait même, selon l'hypothèse la plus répandue, à l'origine du nom de la capitale.

... puis chrétienne : des débuts timides

En 1083, mettant un terme à la période arabe de l'histoire de la ville, les troupes du *roi chrétien Alfonso VI* escaladent ces remparts légendaires avec une agilité toute féline, d'où le surnom de *gatos* (chats) que l'on donne toujours aujourd'hui aux Madrilènes de pure souche.
Nouveaux occupants, nouvelle distribution urbaine : la population chrétienne se retrouve à l'intérieur de l'enceinte fortifiée, les musulmans et les juifs dans les faubourgs. Cette ville morcelée serait à l'origine du terme *madriles* (prononcer « madrilès »), Madrid au pluriel, qui a, lui aussi, perduré. C'est alors qu'apparaît, miraculeusement cachée dans les remparts (l'*almudayna* arabe), celle qui sera la patronne de la ville : la ***Vierge de l'Almudena,*** sculpture vénérée dans la cathédrale du même nom. Enfin, *El Oso y el Madroño* (l'ours et l'arbousier), blason de la ville dont la statue se situe puerta del Sol, date aussi de cette période médiévale : la cité était alors entourée de forêts touffues où le gibier était plus qu'abondant. Madrid se dote de nouveaux remparts et son ***alcázar*** perd son caractère militaire pour devenir une ***résidence royale,*** qui accueillera les rois de plus en plus souvent.
En 1202, la ville est dotée d'un *fuero,* une charte qui (enfin) fait d'elle un petit quelque chose. 10 ans plus tard éclate la bataille de Las Navas de Tolosa, avec à la clé l'Andalousie. Juste avant le déclenchement des hostilités entre les troupes d'Alphonse VIII et de Mohammed al-Nasir, ***saint Isidore le Laboureur*** serait apparu au roi chrétien. Ce petit coucou divin l'aurait galvanisé et, devinez quoi ?, les chrétiens gagnent la bataille. Si vous restez circonspect quant à son influence, toujours est-il que saint Isidore est désormais le ***patron de la ville,*** fêté en grande pompe chaque 15 mai.
Pendant les 2 siècles suivants, l'influence du catholicisme prend de l'ampleur. En décembre 1474, Isabelle la Catholique se concilie les notables de Madrid et se fait proclamer, un peu au forceps il faut bien le dire, « reine de Castille ». Elle fait bâtir le ***monasterio de San Jerónimo,*** l'***hospital de La Latina,*** distribue allègrement des titres de noblesse à ceux qui l'ont soutenue (on n'appelait pas encore ça du clientélisme), fait paver certaines rues et construire un abattoir. Charles Quint, son petit-fils, fera emprisonner François Ier dans la tour du ***palacio des Lujanes*** (encore debout plaza de la Villa). Malgré cette importance croissante, Madrid reste alors à Séville ce qu'une partie de thé britannique est à une fiesta colombienne... Mais le (long) processus est enfin lancé, qui fera de la Castille le centre des royaumes d'Espagne, et de Madrid la capitale de la Castille.

Capitale du royaume depuis 1561

Le roi ***Philippe II, fils du grand Charles Quint,*** récupère en 1556 les rênes du royaume par le truchement des alliances, et transfère la cour de Tolède à Madrid en 1561. ***Voici Madrid capitale du royaume !*** Le pourquoi de cette décision n'est toujours pas très clair aujourd'hui. Sans doute, la présence à Tolède d'un archevêché encombrant et d'une noblesse trop puissante a joué un rôle décisif. Madrid était une ville relativement neuve, facile à remanier au niveau tant architectural que politique. En outre, le bois et l'eau y abondaient, l'air de la sierra était particulièrement pur et les forêts autour regorgeaient de cerfs et autre gibier, prêts à assouvir la passion des Habsbourgs pour la chasse. À cette époque, en 1561, Madrid ne compte que 15 000 habitants... Devenue capitale du royaume, elle doit alors héberger une nouvelle population, composée de nobles et de fonctionnaires : à la fin du siècle, la ville atteint les 100 000 habitants. Du coup, une loi *(regalía de aposento)* oblige tous les Madrilènes à mettre à disposition de la Couronne la moitié de chaque maison, à condition qu'elle soit d'un bon confort et suffisamment vaste. Des constructions *a la malicia* (en trompe l'œil !) apparaissent alors dont les façades toute simples, aux fenêtres camouflées ou aux étages invisibles de l'extérieur, dissimulent la taille réelle. Les Madrilènes jouent d'ailleurs toujours, dans les quartiers de Los Austrias et de La Latina, à repérer ces demeures au cours de leurs balades...

L'empreinte des Habsbourgs et le Siècle d'or

La cité paisible connaît alors une expansion urbaine inédite et devient *Villa y Corte* (Ville et Cour royale). En effet, 2 résidences royales encadrent l'agglomération : à l'est, l'***alcázar,*** siège officiel de la Couronne ; à l'ouest, un ***palais de plaisance,*** construit sous Felipe IV, où les rois iront se retirer et chercher le repos (le ***Palacio del Buen Retiro,*** dont les jardins deviendront le célèbre parc). Entre les 2, une ville chaotique qui ne cesse de s'agrandir dans l'anarchie la plus totale. En plus, l'absence d'un système d'égouts fait de Madrid une capitale sale et puante (ce qui était assez commun dans les capitales européennes de l'époque, cela dit). De cette ville-fourmilière, où s'affairent quotidiennement marchands et artisans, mais aussi truands et charlatans, la ***plaza Mayor*** est la construction la plus emblématique. Son style sobre (murs en pierre et brique, toit en ardoise) caractérise l'architecture madrilène de « *los Austrias* » (les Habsbourgs, *i claro que si !*) : on le retrouve dans des bâtiments tels que l'***ancien hôtel de ville*** (plaza de la Villa), ou l'actuel ministère des Affaires étrangères. Et il inspirera d'ailleurs le franquisme 3 siècles plus tard.
La société baroque du XVIIe s aime la fête et les célébrations. Les visites des rois, les victoires militaires, les événements diplomatiques... Tous les prétextes sont bons pour une course de taureaux plaza Mayor, dont les balcons servent de loges aux rois et à la noblesse, ou pour un défilé calle Mayor. L'autre grande passion des Madrilènes de l'époque est le théâtre. Les pièces sont jouées dans les *corrales de comedias,* simples immeubles d'habitations dont la cour centrale sert de salle, flanquée d'une estrade en guise de scène. La plupart se trouvent dans l'actuel ***barrio de Las Letras,*** où de nombreux auteurs habitent : Tirso de Molina, Calderón de la Barca et, surtout, Lope de Vega, rénovateur du théâtre et chouchou de la Cour. Un certain Miguel de Cervantes est venu également s'installer dans ces rues pour tenter sa chance. Ce sont les auteurs du ***Siècle d'or*** espagnol, dont l'ironie et le sarcasme n'épargnent aucun secteur de la société. Il ne faut pas oublier que les artistes d'alors, Velázquez en tête, peignent des portraits non seulement des puissants mais aussi des miséreux qui survivent dans cette cour des Miracles qu'est le Madrid des Habsbourgs.

Charles III : roi ou maire ?

Les Bourbons débarquent en Espagne avec ***Philippe V, petit-fils de Louis XIV.*** Habitué à Versailles, il est tout de suite dégoûté par la capitale espagnole et par son vieil *alcázar* médiéval. Aurait-il provoqué l'incendie de la résidence royale la nuit de Noël de 1734 ? Les religieux ont eu chaud : des reliques telles que 3 épines de la couronne du Christ et un morceau de la Vraie Croix ont bien failli partir en fumée. Les artistes, en revanche, ont été plus malchanceux. Une douzaine

de Velázquez et quelques précieux Rubens ou Titien de la collection royale ne résistent pas aux flammes. Si le roi décide de se construire ***son petit Versailles particulier à La Granja,*** il ne néglige pas pour autant la capitale, qu'il essaie d'aménager en ville digne du prestige des Bourbons. Il fait ériger des fontaines, élargit des rues pour en faire des avenues... La grandeur à la française !
Napolitain d'origine et 3e des Bourbons, Charles III, sacré roi en 1759, débarque depuis son petit royaume de Naples dans une ville dont il ne cessera de modifier la structure. Son œuvre relève autant du saupoudrage que de la folie bâtisseuse. Aujourd'hui, si on lève la tête, on aperçoit encore de petits azulejos au-dessus des portes des maisons. Une obligation de Charles III. Il fait éclairer les rues, continue le pavage. Il s'entoure d'une clique d'architectes français et italiens. Parmi tant d'autres, les ***jardins du Palais royal*** *(plan détachable B4)* et la ***puerta de Alcalá,*** sur la plaza de la Independencia *(plan détachable F3-4)* de 1775 portent la marque de Francesco Sabatini. À la même époque (1785), le ***Prado*** *(plan détachable et zoom Las Letras E4-5)* commence à prendre forme. Le peuple appellera le roi *el mejor alcalde* de Madrid : le meilleur maire. Enfin, les Bourbons fondent les *Reales fábricas* sur le modèle des manufactures royales françaises. Dans le but de stimuler l'industrialisation et le savoir-faire, elles fournissent les palais et maisons seigneuriales en produits de luxe. Les 3 plus importantes sont celle du verre à La Granja et celles de la porcelaine et des tapisseries, toutes 2 à Madrid. Cette dernière, toujours en fonctionnement, embauchera en 1775 le jeune Goya pour la réalisation de toute une série de cartons...
Enfin, un point auquel nous attachons beaucoup d'importance : à partir de Charles III, ***on parle désormais des Madrilènes.*** Certes parce que la misère s'enkyste et que les insurrections se suivent, mais aussi parce que la population trouve enfin une identité, et une fierté à y vivre.

Les troubles des XIXe et XXe siècle

1808 : les troupes de ***Napoléon Bonaparte*** arrivent à Madrid. Le 2 mai, les Madrilènes se révoltent contre cette occupation et des affrontements armés éclatent un peu partout. Goya s'inspirera de ces événements pour créer 2 chefs-d'œuvre (exposés aujourd'hui au Prado). D'un côté, la lutte entre le peuple de Madrid et les mamelouks de la Garde impériale ; de l'autre, les exécutions massives de civils par les soldats français. Pourtant, ce sera une ***jeune fille du nom de Manuela Malasaña,*** tuée parce qu'elle portait une paire de ciseaux, qui deviendra le symbole de la résistance contre l'occupant et qui donnera son nom à tout un quartier de la capitale. Passons sur les frasques de Joseph Bonaparte, installé par son frère sur le trône espagnol et gentiment affublé du surnom de ***Pepe Botella*** (ou « Jojo, le roi du goulot », en bon français) par les Madrilènes... alors même que les historiens ibériques s'accordent à reconnaître qu'il était sobre !
Sur le plan urbain, 2 interventions majeures marqueront ce XIXe s : le canal d'Isabel II, qui apporte l'eau courante aux foyers madrilènes, et l'agrandissement de la ville avec la construction à l'est d'un quartier tiré au cordeau, qui, sous le parrainage du ***marquis de Salamanca,*** devient tout de suite le repaire des classes sociales aisées (le 16e arrondissement à la madrilène !). Au tournant du siècle, Madrid est toujours une ville à l'esprit provincial qui cherche à affirmer son statut de capitale. Les autorités conçoivent alors ***une grande avenue à l'image des grandes villes américaines.*** Le chantier de la ***Gran Vía*** dure 30 ans et entraîne la destruction de 312 maisons et de 14 rues. Une révolution urbaine qui a défrayé la chronique de l'époque.
En 1936, un soulèvement militaire met fin à la IIe République et déclenche ***une guerre civile de 3 ans.*** Au cri du célèbre *No pasarán* (« ils ne passeront pas »), Madrid résiste à toutes les attaques franquistes et est l'une des dernières villes à se rendre aux forces fascistes. Picasso dépeint les horreurs de la guerre dans son *Guernica,* qui n'arrivera à Madrid qu'en 1981, une fois la démocratie restaurée.

Après la guerre, il faudra reconstruire une ville meurtrie, qui doit héberger l'immigration massive venue des quatre coins du pays. Des villes-dortoirs poussent un peu partout en banlieue ; des autoroutes innervent les nouveaux quartiers. L'architecture reflète l'austérité de l'époque dans des constructions massives en brique et en granit. Vous n'aurez aucun mal à reconnaître, une fois sur la plaza de España, l'admirable béton armé franquiste, aussi fin et ciselé que le style pompier peut l'être. On comprend la ***Movida*** au regard de cette période.
Mais au fait, qu'est-ce donc que la Movida ? C'est ce mouvement complètement déluré qui s'éclatait dans l'excès et pratiquait la dérision comme discipline sociale. Fêtes, sexe et drogue, mais aussi matins glauques, misère et idéaux. Car tout l'édifice politique et « moral » mis au point par Franco s'est écroulé du jour au lendemain. Le Caudillo, en novembre 1975, passe l'arme à gauche (la seule chose qu'il ait jamais passée à gauche, d'ailleurs). Dès février 1976, un décret royal abolit la censure sur les films. Dans les 2 ans qui suivent, plus de 200 partis politiques sont créés à Madrid ! ***Enrique Tierno,*** ex-militant marxiste, philosophe et professeur agnostique, devient maire de Madrid. Il n'a pas son pareil pour surfer sur la vague de la Movida et réconcilier les Madrilènes avec leur ville, où la fête est passée au rang d'art éphémère.
Mais la massive industrialisation des années 1950-1990 a considérablement changé le visage de la cité, ainsi que l'urbanisation démente des 2 décennies suivantes.

Madrid aujourd'hui

Dans les années 2000, les maires du *Partido Popular,* le parti conservateur, se succèdent à la tête du gouvernement municipal, dont Ana Botella, épouse de l'ex-président José María Aznar. De cette période, où l'architecture était parfois plus destinée à satisfaire la mégalomanie des élus (et à remplir les caisses de certains constructeurs) que les besoins de la population, on retiendra quand même la ***mise en valeur des berges du Manzanares*** dans le cadre du projet *Madrid Río.* Longtemps snobé pour son maigre cours, le fleuve de la capitale a enfin trouvé sa place grâce à un ensemble de jardins, fontaines et ponts à l'architecture résolument contemporaine.
2 moments importants marqueront les 1res années de ce nouveau siècle. Le 11 mars 2004, Madrid est frappé par un attentat qui fera 192 morts dans plusieurs trains *Cercanías* (trains de banlieue). Cette barbarie fait suite à la participation de l'Espagne d'Aznar à l'invasion de l'Irak, aux côtés des États-Unis. Puis, à partir de 2008, le pays, à l'instar de toute l'Europe, plonge dans une crise économique sans précédents. En 2011, face à un système corrompu et à un chômage galopant, des manifestants occupent pendant des mois la puerta del Sol contestant le capitalisme sauvage. Le ***mouvement des* Indignados** (inspiré du livre *Indignez-vous,* de Stéphane Hessel) s'étend à d'autres villes, en Espagne et à l'étranger, et engendre la naissance de *Podemos,* un nouveau parti politique. C'est avec le soutien de cette formation que le parti *Ahora Madrid* remporte les élections municipales de juin 2015. La nouvelle maire, Manuela Carmena, ancienne juge, se démarque tout de suite de la précédente équipe municipale : pour faire face à cette période de crise économique, elle baisse les salaires exorbitants des hauts fonctionnaires municipaux (le sien inclus), supprime les voitures de fonction, ou encore crée un organisme d'aide aux Madrilènes se trouvant dans l'impossibilité de rembourser un prêt immobilier abusif. Le retour du PP (grâce à une alliance avec Ciudadanos et Vox) à la tête de la ville en juin 2019 initie de nouveaux changements, comme l'abandon de *Madrid Central,* un projet visant à transformer le centre de Madrid en zone à basse émission de particules fines...
La crise induite par la Covid a durement touché la ville, qui, malgré un confinement très strict de mars à mai 2020, a affiché au début de la pandémie des chiffres de mortalité vertigineux... Et les vagues suivantes ont induit plusieurs périodes de

semi-confinement ou de couvre-feu, qui ont évidemment, comme dans toute l'Europe, pas mal entravé le mode de vie des Madrilènes... et l'économie de la ville, en particulier dans l'hôtellerie et la restauration. Espérons que cela n'affectera pas à long terme le dynamisme et la joie de vivre de la capitale ! *¡ Suerte !* (Courage !)

JAMBONS

Vous en trouverez dans tous les bars à tapas dignes de ce nom et vous vous perdrez dans les boutiques spécialisées qui proposent un choix dément à tous les prix et, surtout, de toutes les qualités. Parce qu'il n'y a pas en Espagne UN jambon mais bien DES jambons. Le plus commun, et le moins cher, que l'on considère déjà en France – et à juste titre – comme un excellent produit, est le *serrano.* Du mot *sierra* (montagne), issu de porc blanc (pattes blanches) venant de toute l'Espagne. On le trouve partout, c'est le moins cher. Sa qualité peut aller d'excellente à très médiocre. Ainsi, au moment de l'acheter, pas toujours évident de savoir ce qu'il vaut, à moins de le goûter !

Reste les appellations contrôlées, qui permettent déjà de faire un tri. Citons ainsi le très bon jambon de Teruel, produit dans la province du même nom, dans le sud-est de l'Aragon et le 1er en Espagne à avoir obtenu l'AOC. Parmi les plus célèbres, le jambon de la vallée du Guadalquivir (entre Cordoue et Huesca), celui des Alpujarras (au sud de Grenade, entre la sierra Nevada et la mer) et surtout celui de la région de ***Trevélez.*** C'est l'un des meilleurs d'Espagne. Son goût est très spécifique et plutôt « doux », presque sucré de par sa faible concentration en sel. Tout en finesse !

Cela dit le *serrano* rivalise difficilement avec le divin ***jamón ibérico.*** Cette dénomination, assez large, regroupe en réalité différents niveaux de qualité :

– 1er critère à prendre en compte, ***la race.*** Le porc ibérique est un cochon de race méditerranéenne, à la couleur sombre (du brun au noir, mais jamais rose) et aux pattes presque noires, d'où son surnom de « ***pata negra*** ». Si le jambon provient d'un cochon né de 2 parents de race ibérique, il est *100 % ibérico* ; si 1 seul de ses 2 parents appartient à la race ibérique, il est *50 % ibérico* ; enfin, s'il est né d'un parent 100 % ibérique et d'un autre qui ne l'est que 50 %, le jambon est alors... 75 % ibérique ! Les fortiches en maths suivent toujours ? En dessous de 50 %, le jambon n'a plus le droit de s'appeler *ibérico* et redevient un simple *serrano.*

– 2e critère à prendre en compte, ***l'alimentation et le type d'élevage.*** On peut distinguer 3 grandes catégories dans le jambon ibérique : le *Cebo* (porcs élevés en batterie et nourris avec des céréales ou des compléments alimentaires) ; le *Cebo de campo* (porcs élevés en liberté, nourris de céréales mais aussi de ce qu'ils trouvent dans la nature) ; et enfin, le célèbre ***bellota*** (porcs élevés en totale liberté durant près de 2 ans, qui se nourrissent exclusivement de glands qu'ils cherchent eux-mêmes dans la nature). En réalité, ce qui compte le plus dans la qualité d'un jambon ibérique, c'est ce qu'a mangé le cochon !

– Le 3e et dernier critère important, c'est la ***région d'élevage.*** C'est ici que les différentes dénominations d'origines contrôlées (DO) entrent en compte. En Andalousie, la grande vedette des ***jamones ibéricos bellota,*** c'est celui de l'appellation contrôlée ***Jabugo*** (auparavant appelée « *jamón de Huelva* »), issu de cochons ibériques élevés dans les forêts de chênes verts et de chênes-lièges du parc naturel *de la Sierra de Aracena y Picos de Aroche,* à moins de 100 km au nord-ouest de Séville. On atteint ici le sublime ! On trouve 3 autres DO *(Denominación de Origen)* de bellota en Espagne : *Los Pedroches* (près de Cordoue), *Dehesa Extremadura* (en Estrémadure) et *Guijuelo Salamanca* (en Castille-et-León). Toutes ces régions ont un point commun : un environnement naturel où ***le chêne est roi.*** Ce sont ces écosystèmes uniques, appelés *dehesas* (pâturages), qui permettent au jambon de prendre son goût singulier. Les cochons y sont ***élevés en totale liberté*** et jamais nourris par l'homme (à part les bébés) ; pour manger, ils sont obligés de parcourir collines et vallées du matin ou soir, en quête de pitance. L'été, les glands se font rares, et les *patas negras* sont à la diète. Quand l'hiver revient et que les glands dégringolent à nouveau des arbres, les cochons affamés se gavent frénétiquement. C'est peu après ce moment-là qu'ils sont abattus. Ce mode de vie particulier fait que leur gras, qui irrigue toute leur chair, rend leur viande fondante et « persillée » ; elle possèderait des vertus uniques, comme une forte teneur en oméga 3 (bien sûr !).

– Autre élément à prendre en compte, bien souvent méconnu, ***le séchage.*** Pour le Jabugo, cette étape d'affinage peut durer jusqu'à 3 ans ! À ce niveau-là, on peut presque parler de grands crus. En bref, plus le séchage est long et naturel, meilleur est le jambon. Certaines maisons ont développé un savoir-faire exceptionnel en matière de séchage. La marque *5 Jotas,* également présente dans la région du Jabugo, est probablement la plus connue d'Espagne. Mais attention, elle ne produit pas que du jabugo et pas que du bellota.

– Ainsi avant d'acheter un jambon, on fera bien ***attention aux étiquettes*** présentes sur la patte de votre jambon, ou à défaut sur son emballage : tout y est indiqué ! Race (*serrano* ou *ibérico*), type d'élevage et provenance. Sachez que les pattes avant ne sont pas du jambon mais de la *paleta* (épaule), plus maigre ; pas le même goût, mais c'est tout de même excellent (si la *paleta* vient d'un cochon au bon pédigrée !), et ce morceau s'avère un peu moins cher que le *jamón.*

De ces porcs divers sortent également ***lomo*** (filet mignon de porc mariné puis fumé), ***chorizo*** et toute la gamme de la charcuterie espagnole, de qualité aussi variable que celle des *jamones,* selon le type d'élevage, l'alimentation et le temps de séchage. Là encore, regardez les indications pour connaître sa qualité. *Bellota* ou ibérique ? *Pata negra* ou non ? C'est reparti pour un tour !

MADRID DE NOCHE (MADRID LA NUIT)

En début de soirée

La nuit, le sport favori est la navigation d'un comptoir à un autre, d'un bar de copains à un *bar de copas.* Et si vous avez l'impression que tous les clients du bar se connaissent, c'est souvent une réalité : les Espagnols – et les Madrilènes ne font pas exception –, sortent souvent à deux pas de chez eux... Du coup ils retrouvent en effet leurs potes, mais aussi le patron du *Lavomatic* de la rue d'à côté ou la mère de leur voisine de palier ! Puis, à l'heure où tout ferme (de 1h30 à 2h en semaine, 2h30 ou 3h le week-end), on finit le parcours par 1 ou 2 boîtes (et, pour les plus courageux, une *after* de 6h à 12h).

– Pour assister à un concert, pas besoin d'attendre le week-end, et il y en a pour tous les goûts ! On vous indique les bars musicaux que l'on aime bien. Le concert y est souvent payant (5 à 30 €, avec en général 1 conso incluse), et après, un DJ prend le relais pour vous faire danser, généralement jusque vers 2-3h du matin... Pour un panel plus exhaustif, n'oubliez pas de consulter la ***Guía del Ocio, Madrid en Vivo*** ou ***Es Madrid Magazine*** (voir « Adresses et infos utiles. Agendas culturels »), ou encore le site internet : • *lanocheenvivo.com* •

Boîtes et discothèques

Tremplins de la Movida au début des années 1980, les clubs de Madrid ont une chaude réputation. D'abord par leur nombre, mais aussi par leur diversité et leur ouverture. En semaine, il vous sera possible d'entrer presque partout, même dans les clubs qui affichent le week-end un élitisme bon teint. Le physionomiste de l'entrée est plus là pour vous saluer que pour vous refouler. La sélection se fait, en pratique, par l'argent. En semaine, l'entrée des clubs (on les appelle

discoteca ou *sala*) est souvent gratuite avant 2h, sinon, compter 8 à 12 €. Le week-end, l'entrée, qui comprend une conso, est souvent plus élevée (12 à 20 €). Ne négligez pas les petits coupons (les *flyers*) que des rabatteurs distribuent dans la rue. Ils donnent droit à une réduction ou parfois même à la gratuité, généralement valable jusqu'à 2h du matin. Sachez aussi que certaines boîtes n'ouvrent que le week-end, que d'autres changent de nom en fonction du jour de la semaine, et qu'il y a rarement du monde avant 3h du matin, heure à laquelle les bars ferment. Enfin, à côté des vraies grandes boîtes pouvant accueillir en même temps des milliers de *clubbers,* ne négligez pas non plus les cafés-concerts où, après le groupe du soir, un DJ prend la relève. Certains font partie des lieux les plus réputés pour cette 2e partie de nuit, et drainent une clientèle venue spécialement pour le set du DJ.
Bon, les adresses qu'on vous indique constituent les classiques de la nuit et les *in* du moment, sachant que leur durée de vie peut être éphémère. À Madrid, on va en boîte comme on va au bar. On y reste 1h et on file dans une autre... Allez, bonne nuit !

MÉDIAS

VOTRE TV EN FRANÇAIS : TV5MONDE la première chaîne culturelle francophone mondiale

Avec ses 10 chaînes et ses 14 langues de sous-titrage et sa nouvelle plateforme numérique TV5MONDEplus, TV5MONDE s'adresse à 353 millions de foyers dans 198 pays du monde par câble, satellite et sur IPTV est présent dans plus de 3 millions de chambres d'hôtels. Vous y retrouverez de l'information, du cinéma, du divertissement, du sport, du documentaire... Préparez votre séjour grâce à son site voyage • *voyage.tv5monde.com* • et en voyage, restez connecté avec les applications et le site • *tv5monde.com* • Demandez à votre hôtel le canal de diffusion de TV5MONDE et contactez • *tv5monde.com/contact* • pour toutes remarques.

MOVIDA ET APRÈS-MOVIDA

L'après-« Movida »

Le terme de « Movida » est déjà ancien : l'expression s'appliquait, dans les années 1980-1990, au profond élan de création et de liberté qui s'était développé dans le monde des arts, de la décoration, de la peinture, du cinéma (avec notamment Pedro Almodóvar) et de la B.D. Il en reste cependant quelques traces dans la liberté débridée qui anime la nuit madrilène. Aujourd'hui, y a-t-il une vie après la Movida ? À vous de dénicher – avec notre aide – les coins et recoins de Madrid qui vous feront répondre par l'affirmative !
Voici déjà quelques-unes des tendances, pour vous mettre l'eau à la bouche.
– ***Les nuits débridées de Malasaña :*** le quartier au cœur de la Movida n'a rien perdu de son effervescence ; les soirs de week-end, on croirait évoluer dans un gigantesque bar à ciel ouvert. Certains lieux n'ont pas bougé d'un iota depuis les années 1980, mais la clientèle, elle, se mêle et se renouvelle. Quelle énergie !
– ***Le quartier gay :*** entre magasins de fringues et de déco, cafés, bars à la dernière mode et petites discothèques, le quartier de ***Chueca*** est l'autre secteur qui bouge. Ici, on a un sens aigu de la communication et *flyers* et tracts pullulent ! C'est comme la chasse au trésor.
– ***Les toits-terrasses et les lieux éphémères :*** la capitale espagnole n'échappe pas à cette tendance. Et comme les toits-terrasses sont rares, ils sont prisés ! (et pas très bon marché, faut l'avouer). La plupart se juchent au sommet d'hôtels

branchés, ambiance design et cheveux gominés. Quant aux bars éphémères, c'est surtout entre juin et octobre qu'ils fleurissent, dans des bâtiments en cours de réaffectation. Les *pop-up store* (boutiques éphémères), eux, s'en donnent à cœur joie toute l'année.

– ***Les cocktails vintage :*** autre tendance du moment, les bars à cocktails rétro, habillage Art déco, inspirés des *speakeasies,* bars clandestins de l'époque de la Prohibition aux États-Unis. Derrière le comptoir et ses bouteilles scintillantes, les *mixologists* dépoussièrent des recettes oubliées, ou créent les leurs, souvent toniques, rarement bon marché. Autre genre de breuvage, la mode très hipster des ***bières artisanales*** microbrassées, avec de plus en plus de bars dédiés.

– ***Les marchés gourmets :*** depuis la rénovation du mercado San Miguel, transformé en immense bar à tapas avec tout plein de petits stands spécialisés qui en poissons, qui en jambons, qui en croquettes, etc., à partager ensuite sur de grandes tablées communes, tout le monde en ouvre ! Ç'a été le tour du mercado San Antón, à Chueca, puis du mercado San Ildefonso à Malasaña, et même les grandes enseignes comme le *Corte Inglés* s'y sont mis. En fait, ça renoue, version moderne, avec le très traditionnel comptoir à tapas du marché de papa, où les commerçants et les clients éclusaient un gorgeon à la pause.

– ***Les cafés littéraires :*** l'après-midi, les Madrilènes aiment à se poser dans les cafés anciens du centre et de Malasaña. Un héritage de l'art de la *tertulia* : entre copains et copines, on parle pendant des heures de sa voisine de palier, on refait le monde ou on décortique le dernier match du Real Madrid et le dernier épisode de la série du moment (*telenovelas,* les séries guimauve brésiliennes, comme les séries américaines). De temps à autre, on s'y réunit autour d'un spécialiste pour discuter à bâtons rompus d'un thème, d'une idée... Une bonne adresse : le ***Café Libertad 8*** (voir « Où boire un verre ? Où écouter de la musique live ? » dans le quartier de Chueca). On peut aussi y écouter des chanteurs-compositeurs. Autre quartier, autre style, le ***María Pandora*** (voir « Où boire un verre ? Où écouter de la musique live ? » dans le quartier de La Latina), avec ses lectures et ses présentations de livres.

– ***Passer son week-end dans les embouteillages nocturnes (y compris à vélo !) :*** ça signifie qu'au moins vous êtes allé dans les bars à la mode !

– ***Les groupes de rock espagnols :*** très présents sur la scène madrilène. Textes très actuels et musique de qualité. Pas d'exclusive cela dit, à Madrid on joue aussi du funk, du jazz, du blues... En revanche, si vous restez quelques jours, vous noterez vite que ce sont les mêmes groupes qui tournent d'un lieu à l'autre.

– ***Les zarzuelas :*** style de théâtre musical espagnol, né à Madrid au XVIIe s, la zarzuela reprend du service. Les anciens répertoires sont dépoussiérés et remis à l'affiche. Les Madrilènes redécouvrent ces sortes d'opérettes avec plaisir. On peut assister à des spectacles, notamment au ***Théâtre de la Zarzuela*** *(c/ Jovellanos, 4 ; ☎ 91-524-54-00).*

PATRIMOINE CULTUREL

Architecture

Aux origines

Si les Carthaginois et leurs puissants ennemis romains n'ont laissé que peu de traces architecturales, les envahisseurs wisigoths contribuent, eux, à enrichir le patrimoine espagnol. Débarqués au VIe s, ces Ariens (une secte chrétienne) bâtissent des ***églises massives,*** trapues, aux murs parfois cyclopéens, inspirées des traditions romaine et byzantine. On en rencontre encore, souvent perdues en pleine campagne, comme à ***San Pedro de la Nave (Zamora), San Juan Bautista de Baños (Zamora)*** ou en ***Asturies.*** Croix de Malte, pampres et animaux y ornent autel et chapiteaux.

L'architecture romane

Des éléments wisigoths typiques, comme les ***fenêtres en forme de serrures,*** se transmettent au ***préroman,*** qui s'épanouit à partir du IXe s entre Catalogne, Asturies et Galice. Dans les replis montagneux du nord, de miniroyaumes chrétiens, derniers remparts contre l'avancée musulmane, se forment, puis se renforcent tandis que Compostelle prend de l'importance. Le style roman s'impose peu à peu au gré des pérégrinations des pèlerins. Aux côtés des personnages encore naïfs ornant les chapiteaux du cloître du monastère de ***San Juan de la Peña (Aragon)*** apparaissent des statues-colonnes soutenant les portails, des motifs d'entrelacs, des paons, des chimères, des créatures de l'enfer dévorant les pécheurs. L'élégante ***chapelle octogonale d'Eunate,*** aux baies couvertes d'albâtre, le proche ***pont de Puente la Reina (Navarre)*** – parmi d'autres – pavent le chemin vers le salut.

BON SANG, MAIS C'EST BIEN SÛR !

Les grandes familles espagnoles se targuaient d'avoir la peau claire, et les veines bleues apparentes, par opposition aux occupants maures (pas très catholiques) et aux juifs... Les gens bien nés n'allaient jamais au soleil (la mode du bronzage fut créée par Coco Chanel à partir de 1920). Par extension, le sang bleu est devenu synonyme de noblesse. L'expression n'a traversé les Pyrénées qu'au milieu du XIXe s.

L'époque maure

À ***Cordoue,*** plus grande cité d'Europe occidentale au Xe s, une réalisation incarne le développement et la puissance rayonnante du califat d'Al-Andalus : la ***Grande Mosquée,*** la plus vaste du monde après celle du Caire, dont les 800 colonnes forment une merveilleuse forêt aux arcades se multipliant comme autant de frondes de palmiers. ***Dans ce monde sûr de lui, qui prend le meilleur des autres cultures sans craindre leurs influences, les artisans de toutes les minorités participent à la construction.*** Ce sont ainsi des Byzantins qui réalisent l'exceptionnelle mosaïque or et bleu cobalt du grand mihrab. Peu d'exemples dans les régions centrales de l'Espagne, cependant.

Le mudéjar

Désunis, les royaumes musulmans succombent peu à peu à la Reconquête espagnole. Tolède est prise en 1085 ; Cordoue tombe en 1236, Séville en 1248. Les rois chrétiens ne se montrent pourtant pas forcément hostiles au monde qu'ils découvrent, et créent sans le vouloir ***un nouveau style architectural, le mudéjar.*** S'inspirant de la tolérance qui prévalait dans la Cordoue omeyyade, ***Alphonse X el Sabio (le Sage !) s'entoure de lettrés espagnols et arabes, de mathématiciens et d'astronomes juifs.*** Les Rois Catholiques raffolaient du raffinement dont bénéficiaient les califes et sultans, et souhaitaient avoir le même décor pour leurs propres palais. Au siècle suivant (1362), Pierre Ier le Cruel ordonne, à Séville, la construction du palais de l'Alcázar, dans un style directement inspiré de l'ornementation maure : arabesques, voûtes en stalactites, arcs en fer à cheval, faïences, broderies de pierre et de stucs, plafonds à caissons marquetés. Le *mudéjar,* mêlant au gothique occidental le savoir-faire des artisans de Grenade, intervenus sur demande personnelle du roi espagnol, atteint son apothéose.

MUDÉJAR ?

Ce mot vient de l'arabe et signifie « domestiqué ». Il s'agit de ces musulmans qui durent rapidement se convertir suite à la victoire des Rois Catholiques (1492). Ces derniers n'avaient pas la réputation d'être particulièrement tolérants.

Reconquête par la pierre

La Reconquête achevée marque le début d'une période toute de gloire, tournée vers la soumission des Amériques et le triomphe sans partage du catholicisme d'État. Églises, chapelles et monastères de style gothique (bientôt flamboyant, et plus souvent isabellin, du nom de la reine Isabelle la Catholique) se multiplient, souvent en lieu et place des anciennes mosquées. À Cordoue, la *grande mezquita* aux 800 colonnes menace d'être rasée. La municipalité s'y oppose, mais ne peut empêcher l'Église d'éventrer l'édifice et de faire élever, en son centre, une anachronique et colossale cathédrale.

Le plateresque

Le XVIe s subit tardivement l'influence de la Renaissance italienne, mais elle ne s'épanouit pas en Espagne aussi facilement que dans le reste de l'Europe. C'est ainsi un style remodelé, adapté, qui voit le jour : le ***plateresque.*** Son nom vient de la manière dont on ciselait l'argent *(plata),* très minutieusement, comme le faisaient les orfèvres. Le souci du détail et la richesse ornementale qui le caractérisent le rendent parfois lourd à digérer. Les portes et les fenêtres des églises sont le théâtre majeur de son expression. ***Diego de Siloé, l'architecte de Burgos,*** en est l'un des représentants les plus fameux. Les éléments principaux du plateresque sont décoratifs et non structurels : colonnes en forme de candélabres, ornementées de motifs en arabesques et surmontées de chapiteaux corinthiens, intégration de motifs floraux et de sculptures, usage ornemental de blasons héraldiques et d'enroulements, influences mudéjares et gothiques persistantes. On utilise aussi les *azulejos,* ces fameux carreaux de faïence peints, souvent bleus.
Dans la 2de moitié du XVIe s, on assiste à un retour à une certaine austérité, sous la conduite de l'architecte Juan de Herrera, proche de Charles Quint. Dans ce ***style herreriano,*** les volumes se font immenses, les plans rigoristes, les lignes droites ; l'ornementation est réduite à sa plus simple expression. C'est ainsi au Palais royal d'Aranjuez, à l'Alcázar de Tolède ou encore à l'Escurial, son principal chef-d'œuvre.

La réaction churrigueresque

Au début du XVIIe s, le *herreriano* a vécu. Les Espagnols, aux goûts foncièrement exubérants, s'accommodent mal des architectures ternes. Le ***règne du baroque,*** venu d'Italie, s'affirme. D'abord plutôt sages, les façades et les autels explosent au XVIIIe s en formes rococo, sous l'égide de ***José Benito Churriguera*** (1665-1725), sculpteur de formation. On parle ainsi de ***style churrigueresque.*** Stucs et sculptures polychromes, angelots potelés et dorés, guirlandes, moulures végétales et balustrades entrent en fanfare dans les églises. Vous avez dit surchargé ? Il n'est qu'à voir le retable de l'***église San Esteban de Salamanque,*** l'un des 1ers chefs-d'œuvre (1693) du maître, pour s'en convaincre. Salamanque est sans conteste la ville d'Espagne la plus riche en monuments churrigueresques, avec sa plaza Mayor réputée comme étant l'une des plus belles du pays. Mais on trouve ailleurs bien d'autres œuvres clés de cette époque : le très débridé *Transparente* de la ***cathédrale de Tolède,*** ingénieusement éclairé par un puits de lumière, la façade de l'***hospice San Fernando de Madrid,*** l'***Obradoiro de Compostelle,*** etc. Le churrigueresque s'est aussi particulièrement bien exporté dans les colonies américaines – et surtout au Mexique.

Le modernisme

Autant le style néoclassique n'a guère laissé de chef-d'œuvre en Espagne, autant l'aube du XXe s s'éveille-t-elle sur une nouvelle période faste : celle du modernisme. ***Cousin de l'Art nouveau,*** celui-ci émerge à Barcelone à l'initiative d'artistes, écrivains et intellectuels œuvrant pour une renaissance catalane. Parmi eux, 3 architectes : Josep Puig, Lluís Domènech et Antoni Gaudí. Mais il s'agit d'une autre région d'Espagne !

Petit lexique

– *Abbassides :* nom donné aux califes arabes issus de la dynastie d'Abu Abbas al-Saffah.
– *Alcázar :* palais habité par les rois et gouverneurs.
– *Alcazaba :* cité ceinte de hauts remparts. À ne pas confondre avec l'*alcázar.*
– *Almohades :* nom des Berbères qui dominèrent une bonne partie de l'Espagne et tout le Maghreb du milieu du XIIe s jusqu'au milieu du XIIIe s.
– *Azulejos :* carreaux de faïence qui couvrent le bas des murs et qui forment de fantastiques combinaisons géométriques. Les dominantes de couleurs sont le bleu, le vert, l'ocre et l'argenté. Les formes s'entrelacent à l'infini et composent souvent de belles étoiles.
– *Mauresque :* nom donné à l'art musulman utilisé en Espagne de manière générale.
– *Mihrab :* niche vers laquelle on se tourne pendant la prière dans une mosquée. Elle est en général voûtée et ornée de motifs délicats et de textes sacrés calligraphiés.
– *Morisques :* musulmans qui restèrent en Espagne après la *Reconquista.* La répression qu'ils subirent, les poussa à se réfugier dans les Alpujarras, avant d'être chassés du pays en 1609.
– *Mozarabe* (art) *:* art chrétien influencé par l'art musulman pendant l'occupation arabe, à partir du Xe s. C'est l'exact parallèle de l'art mudéjar.
– *Mozarabes :* nom donné aux chrétiens pendant l'occupation musulmane.
– *Omeyyades* (ou *Umayyades) :* dynastie qui domina l'Espagne du VIIIe s au milieu du XIe s. Fondée par Mu'awiyya, calife au VIIe s. Réputée pour sa tolérance vis-à-vis de la représentation des animaux et des êtres humains.

PERSONNAGES

Cinéma

– ***Victoria Abril** (1959) :* plus de 80 films à son actif, tant en espagnol, en anglais qu'en français, font de la Madrilène une actrice incontournable. Sulfureuse et faussement ingénue, Victoria Mérida Rojas excelle aussi bien dans les rôles qu'Almodóvar lui confie (*Attache-moi !, Kika,* et surtout son excellente prestation dans *Talons aiguilles*) qu'aux côtés d'Ana Belén et Ariadna Gil pour la belle saga que fut *Libertarias.* Parallèlement, Victoria Abril renoue avec la chanson, une vieille amie qu'elle avait délaissée, puis plus récemment avec le théâtre. Parmi les personnalités les plus populaires en Espagne, elle continue à tourner autant en France qu'en Espagne.
– ***Pedro Almodóvar** (1951) :* il est né à Calzada de Calatrava, un petit village de La Manche, mais sa renommée est internationale, et il a largement mis en valeur Madrid dans ses films. On doit à l'enfant terrible de la Movida madrilène une fière chandelle pour avoir fait sauter la chape de plomb cinématographique de la dictature. Après quelques courts-métrages, c'est *Pepi, Luci, Bom et autres filles du quartier* (1980) qui le révèle au grand public. Almodóvar affirme s'inspirer du cinéma espagnol des années 1950. *Femmes au bord de la crise de nerfs* (1987) délaisse le monde des marginaux et propose une satire de l'Espagne postfranquiste, des années fric et du « felipisme ». Almodóvar domine en maître incontesté les années 1980 et 1990 par sa tchatche hyper créative. En 1999, il reçoit le Prix de la mise en scène au Festival de Cannes, puis l'oscar du meilleur film non anglophone, pour *Tout sur ma mère,* dédié à toutes les mères et à la sienne en particulier, décédée quelques mois après la sortie du film. À partir de 2002, avec le superbe *Parle avec elle* (pour lequel il rafle un oscar du meilleur scénario) puis *La Mauvaise Éducation* (2004), *Volver* (2006), *Étreintes brisées* (2009) et *La piel que habito* (2011), il prend ses distances avec le comique qu'il insufflait à ses films et

aborde ses sujets, toujours très contemporains, avec des univers plus intimistes, comme pour provoquer le spectateur à regarder la société droit dans les yeux, sans le filtre de la satire. Détour par la comédie avec *Les Amants passagers* (2013), où l'angoisse d'un équipage convaincu que l'avion va s'écraser est tournée en dérision. Et retour à la complexité des relations humaines avec *Julieta* (2016). En 2019, toujours à Cannes, *Douleur et gloire* marque son grand retour auprès de la critique et du public, avec des confessions intimes d'une grande pudeur qui vaudra un prix d'interprétation à son acteur fétiche Antonio Banderas, qui réinterprète des périodes de la vie du réalisateur en souffrance.

– ***Luis Buñuel*** *(1900-1983)* **:** cinéaste espagnol naturalisé mexicain. En 1925, il fuit la dictature de Primo de Rivera pour la France où il fait ses 1res armes comme assistant du réalisateur Jean Epstein. Avec quelques copains, dont Dalí qu'il fréquentait déjà sur les bancs de la fac de Madrid, il réalise en 1928 *Un chien andalou,* manifeste surréaliste qui fait scandale. Après un exil aux États-Unis, il tourne au Mexique quelques productions commerciales et l'un de ses plus beaux films *(Los Olvidados),* sans toutefois s'éloigner de son précepte surréaliste et de son sens moral, puis retourne à ses 1res amours, la France, où il réalise quelques-uns de ses chefs-d'œuvre : *Belle de jour* (1966) et *Tristana* (1970) avec Catherine Deneuve, *Le Charme discret de la bourgeoisie* (1972) et *Cet obscur objet du désir* (1977), avec la belle Carole Bouquet qui y faisait ses débuts au cinéma. Un musée entièrement consacré à sa vie et son œuvre a ouvert à Calanda, dans les environs d'Alcañiz.

– ***Penélope Cruz*** *(1974)* **:** fille d'une coiffeuse et d'un mécanicien, la sublimissime Madrilène est d'abord révélée par José Juan Bigas Luna dans *Jambon Jambon* (1993) avec Javier Bardem. Puis par – devinez qui ? – Almodóvar ! Avec *En chair et en os* (1997), *Tout sur ma mère* (1999), et bien d'autres encore. Almodóvar, fasciné par les personnages féminins, la met sur le devant de la scène dans *Volver* (2006) et *Étreintes brisées* (2009). Entre-temps, sa carrière internationale décolle : on la retrouve dans le western *The Hi-Lo Country* (1999), mais aussi aux côtés de Luc Besson ou de Woody Allen, ou dans *Pirates des Caraïbes* en 2011. En 2009, elle est la 1re actrice espagnole à remporter un oscar pour son rôle dans *Vicky Cristina Barcelona.* Côté vie privée, on retient ses 3 ans de relation avec Tom Cruise (et non pas Cruz !), mais surtout son mariage avec le beau Javier Bardem en 2010 et la naissance de leurs 2 enfants.

– Et aussi : l'acteur ***Javier Bardem,*** certes canarien, mais d'une telle renommée (il fut le 1er Espagnol à recevoir un oscar en 2001) qu'il est incontournable partout en Espagne ; ***Carmen Maura,*** qui, après *Tigre de Papel,* collabore pendant la décennie 1980 avec Almodóvar (encore lui) et franchit la frontière pour tourner, entre autres, *Le bonheur est dans le pré, Alice et Martin,* ou *Les Femmes du 6e étage,* tout en restant fidèle à Almodóvar dans *Volver* ; ***Marisa Paredes,*** l'une des inoubliables héroïnes de *Tout sur ma mère.*

Littérature

– ***Miguel de Cervantes Saavedra*** *(1547-1616)* **:** né à Alcalá de Henares (environs de Madrid) dans une famille de *conversos* (juifs convertis). Quant au petit Miguel, il était bègue et... brillant poète. Condamné à l'âge de 20 ans pour avoir blessé quelqu'un en duel, il s'enfuit hors du pays. On le retrouve à Rome, domestique d'un cardinal (qui aurait été son amant). Il s'engage ensuite dans l'armée papale pour combattre les Turcs. Ironie du sort, il perd l'usage de la main gauche à la bataille de Lépante, en 1571. Après d'autres batailles, il est capturé par les Turcs et passe 5 ans emprisonné en Algérie. Selon ses biographes, il y deviendra l'amant du bey d'Alger ! Sa vie privée n'est d'ailleurs qu'une succession de scandales : il se maria pour des raisons financières, eut une fille qui n'était vraisemblablement pas de lui et vécut avec ses sœurs qui vendaient leurs charmes. Souvent endetté, il fit de la prison à plusieurs reprises (comme son père) et ne connut la gloire qu'à la fin de sa vie, avec la parution de *Don Quichotte.* Il écrivit pourtant une vingtaine de pièces de théâtre, mais 2 seulement sont parvenues jusqu'à nous. Preuve de sa grande force de caractère, il a réussi l'exploit de faire rire des générations de lecteurs avec son *Don Quichotte,* alors que sa propre existence n'aura été qu'une suite de malheurs et de catastrophes. Juste retour des choses : le père du roman moderne est aujourd'hui considéré comme l'un des plus grands écrivains de tous les temps...

– ***Federico García Lorca*** *(1898-1936)* **:** originaire de Fuente Vaqueros, près de Grenade, le poète publie à 20 ans ses 1ers poèmes. Il se sent proche de l'âme gitane, et la tauromachie l'inspire. C'est *Romancero Gitano* qui le fait connaître en 1928, puis il y a *Poeta en Nueva York* qu'il publie à l'issue d'un voyage aux États-Unis. Il revient à Grenade en 1936, en pleine terreur phalangiste. On l'arrête comme sympathisant républicain. Il est très rapidement et sommairement exécuté à Víznar la même année.

– ***Jorge Semprún*** *(1923-2011)* **:** né à Madrid, Semprún subit très tôt les conséquences du totalitarisme. À l'âge de 14 ans, il s'exile avec sa famille – chassée d'Espagne par Franco – en France, où il étudie la philosophie à la Sorbonne. 4 années plus tard, il devient résistant et entre au parti communiste espagnol, avant d'être déporté à Buchenwald en 1943. Dès lors, il est de tous les combats politiques, tout en menant parallèlement des activités littéraires : d'abord traducteur pour l'Unesco, il devient ensuite un écrivain de renom et décroche des prix. Semprún écrit aussi des scénarios engagés pour les cinéastes Alain Resnais, Joseph Losey et Costa-Gavras *(Z, L'Aveu).* De 1988 à 1991, il est ministre de la Culture du gouvernement espagnol. Il finit sa vie à Paris, se consacrant essentiellement à l'écriture.

– ***Rosa Montero*** *(1951)* **:** née à Madrid (et elle y vit toujours), journaliste et romancière, elle signe des textes, comme *Le Territoire des Barbares, La Fille du Cannibale* ou *Instructions pour sauver le monde,* toujours puissant, aux univers très personnels, à mi-chemin de la quête initiatique et du polar. Son talent est d'ailleurs récompensé par plusieurs prix, en Espagne.

Peinture et beaux-arts

El Greco, crétois d'origine, élève de Titien, servit Rome d'abord puis Tolède, et peignit essentiellement des portraits, des images de dévotion et des retables. Le Sévillan ***Diego de Silva Velázquez,*** loin de flatter la Cour dont il était pourtant peintre officiel, réalisa avec beaucoup d'audace son plus célèbre tableau, *Les Ménines.* Très influencé par l'Italie où il résidera 2 ans, il y exécutera l'un des seuls nus de la peinture espagnole, *Vénus au miroir.* Quant à ***Goya,*** nous retiendrons surtout *Les Fusillades du 3 mai 1808,* toile inspirée par l'invasion des troupes napoléoniennes en Espagne où l'on voit des condamnés tomber sous le feu du peloton d'exécution et qui célèbre la liberté. ***Zurbarán,*** quant à lui, décora le Buen Retiro de Madrid ; et de ***Miró,*** citons le chef-d'œuvre, *La Naissance du monde.* Vinrent ensuite ***Picasso,*** le monstre sacré, symbole de l'art du XXe s, père du cubisme et du surréalisme, l'exubérant ***Dalí*** et ses célèbres montres molles, ***Gaudí,*** la plus grande figure de l'architecture catalane, pilier de l'Art nouveau, ***Tàpies,*** marqué par la guerre civile

MYSTICISME OU PRAGMATISME ?

Paradoxalement, Le Greco ne connut pas une existence aussi mystique que son œuvre : il vivait à Tolède, en concubinage (pas très catholique...), et lisait de la poésie profane (pour rester pudique, disons profane !). De plus, connaissant la valeur de son art, il vendait ses toiles fort cher... Car, contrairement à certaines légendes, les artistes ne vivent pas seulement d'amour et d'eau fraîche !

et ses atrocités, dont le style mêle huile, marbre pulvérisé, pigments en poudre ou latex, altérés par des signes informels, ***Miquel Barceló*** (né aux Baléares), valeur sûre de l'art contemporain espagnol, qui joue avec la matière et ses influences africaines. Et tant d'autres...

Politique

– ***Felipe VI*** *(1968)* **:** ancien prince des Asturies et nouveau roi d'Espagne. Enfant modèle, le benjamin de la fratrie royale fait ses armes à l'académie militaire de Saragosse, étudie le droit à Madrid puis les relations internationales à l'université de Georgetown. En 2004, il épouse Letizia Ortiz, malgré ses origines modestes (qui ne sont pas sans rappeler son pendant britannique, Kate Middleton), sa famille républicaine, et surtout son divorce. Mais l'amour l'emporte et donnera naissance aux infantes Leonor en 2005 et Sofia en 2007. Felipe, plutôt austère et mesuré, voit sa popularité augmenter à mesure que celle de son père diminue. Sérieux, travailleur, moderne (et écolo !) – la presse et l'opinion publique l'encensent – il est apprécié par 66 % des Espagnols en 2013, dans un contexte de récession où l'on remarque davantage sa discrétion et sa simplicité. L'éloquence de ses discours et sa réputation immaculée font de lui un représentant digne de l'Espagne.

FELIPE VI, ROI DE CORSE ?

Lors de son couronnement, Felipe VI n'a pas seulement été sacré roi d'Espagne, il est aussi roi de Corse, duc et comte palatin de Bourgogne, comte du Roussillon, landgrave d'Alsace, comte du Haut-Rhin... Au total, plus d'une centaine de titres farfelus qu'il hérite de ses origines bourboniennes et habsbourgeoises. C'est au nom de la tradition et grâce à ses ancêtres Louis XIV et Charles Quint que Felipe hérite de ces prérogatives obsolètes.

RELIGIONS ET CROYANCES

À ce propos, les clichés ont la vie dure : l'Espagne apparaît à beaucoup comme un pays très catholique, très empreint de religiosité, où toutes les femmes s'appelleraient María Dolores et les hommes Jesús ou José. Qu'en est-il réellement ?

Eh bien, d'après les derniers sondages, à peine 60 % des Espagnols se reconnaissent de confession catholique ; parmi eux, moins de 15 % confessent être des pratiquants réguliers. Ce chiffre, en baisse constante, cache donc une baisse plus prononcée encore de la fréquentation des églises, notamment lors de la messe dominicale, et surtout chez les jeunes. D'ailleurs, plus de 35 % des Espagnols s'affirmaient agnostiques ou athées en 2020.

Du reste, se déclarer catholique aujourd'hui ne signifie pas forcément avoir la foi, mais plutôt être de culture catholique et se conformer à certains rites très ancrés. Le baptême, la communion, le mariage à l'église sont autant d'événements sociaux encore importants dans la vie de nombreux Espagnols. Mais leur fonction consiste souvent plus à étaler ses richesses et à impressionner sa famille et ses voisins qu'à manifester sa foi. Cependant, seulement 22 % des mariages ont été célébrés selon le rite catholique, alors qu'il y a presque 20 ans les ¾ étaient célébrés par l'Église.

L'AURÉOLE DES SAINTS

Partout dans la chrétienté, l'auréole est le symbole des saints. Au départ, on apposait un disque métallique, juste pour protéger la tête des statues de la chute de pierres ou de la tombée des eaux qui suintent des plafonds. Peu à peu, les fidèles ont cru que cette protection était l'attribut de la sainteté...

L'Espagne est un des pays européens qui s'est laïcisé le plus rapidement. La jeune génération, qui associe la religion à la droite ou l'extrême droite conservatrice (le catholicisme étant la religion d'État dans la période franquiste et sa pratique obligatoire), tend à s'en écarter ou se concentrer sur un culte catholique de conviction personnelle, sans pratique.
En fait, ***la religion reste surtout le meilleur prétexte pour faire la fête*** : aux nombreux jours fériés à caractère religieux s'ajoutent les différentes fêtes des villes et des villages données en l'honneur du saint patron local, tandis que la Semaine sainte et ses processions mettent les Espagnols dans un état proche de l'hystérie collective. Une hystérie à travers laquelle se mêle joie de vivre l'instant plutôt qu'authentique ferveur religieuse.
Et les non-catholiques dans tout ça ? Eh bien, comptez environ 2 millions de musulmans dans tout le pays, issus pour la plupart de l'immigration, bien que se développe un îlot de nouveaux convertis en Andalousie. Les différentes églises protestantes sont aussi en plein essor, et comptent désormais plus de 1,2 million de fidèles, surtout en provenance d'Amérique du Sud et d'Europe du Nord. L'immigration en provenance d'Europe de l'Est a porté à plus de 1 million le nombre de chrétiens orthodoxes. Les juifs seraient environ 50 000. Quant aux sectes, elles paraissent peu implantées, et souvent liées aux mouvements d'extrême droite.

LES MARRANES

En 1492, les rois catholiques obligèrent les juifs à s'enfuir ou à se convertir. Appelés marranes, ils pratiquaient leur religion en secret. Certains sont célèbres : Montaigne, Spinoza, Juan Miró et même... Christophe Colomb. Le grand inquisiteur Torquemada, chargé de chasser les juifs, était marrane. Un comble !

SAVOIR-VIVRE ET COUTUMES

- Au restaurant, le service est compris comme en France. Libre à vous ensuite de laisser ou non un ***pourboire*** *(propina)*, ce dernier étant plus fréquent dans les restos chics que dans les bars ou les cantines.
- Il est un rituel que l'on retrouve dans toute la péninsule Ibérique, celui du ***paseo*** (littéralement la promenade). Vers 19h-20h, avant le dîner, les Espagnols ont l'habitude de déambuler dans les rues de la ville, le long des promenades de bord de mer par exemple, en famille ou entre amis. L'élégance est de mise, chez les grands comme chez les petits. C'est un moment très convivial, souvent ponctué de retrouvailles : on croise un voisin, on dit bonjour à une cousine, « Et comment va Isabel ? », puis on finit par s'asseoir sur un banc pour regarder les autres passer... Un spectacle à ne pas manquer.
- Il y a peu de ***toilettes publiques,*** mais on peut utiliser les toilettes des cafés et restos plus facilement qu'en France.

ON SE DIT « TU » ?

Le tutoiement est bien plus utilisé qu'en français. Un désir d'amitié et de sympathie qui surprend quand un chauffeur de taxi vous tutoie, par exemple. Il s'agit aussi d'un rejet du formalisme. On vouvoie plutôt les supérieurs hiérarchiques ou les personnes âgées. Et encore, pas toujours !

Fêtes à toutes les sauces

Toutes les raisons sont bonnes en Espagne pour organiser une fête. Bien sûr, tous les saints y passent, mais aussi les escargots, les ânes, les récoltes, les taureaux ! Il y en a pour tous les goûts et pour toutes les folies : on se fait courser par des

taureaux aux *San Fermines* de Pampelune, on roue de coups un pauvre âne à Villanueva de la Vera (Cáceres), on est submergé de tomates à Buñol (Valence), on se gave de couleurs au carnaval de Ténérife...
On a compté plus de 25 000 fêtes par an, soit une fête toutes les 20 mn ! Et pour la plupart concentrées en été : il y a de quoi s'amuser ! L'origine de ces fêtes est avant tout religieuse. Le christianisme naissant a récupéré toutes les fêtes païennes pour se faire accepter et, au contraire du protestantisme de l'Europe du Nord, est resté attaché à toutes les commémorations et à tous les vieux rites.
Dans le centre de l'Espagne, il faut retenir surtout la *San Isidro,* fêtée de manière impressionnante à Madrid avec les plus prestigieuses corridas, des concerts, feux d'artifice... En juin, on célèbre le Corpus Christi (Fête-Dieu) partout en Espagne mais c'est à Tolède que les processions attirent le plus les foules !
Fait paradoxal, la chape de plomb franquiste une fois levée n'a pas eu d'effet sur la ferveur festive. Les Espagnols l'affirment eux-mêmes : au-delà de la religion, c'est leur identité qu'ils célèbrent. Comme le souligne Philippe Noury, du *Monde* : « Pas touche à des choses aussi sérieuses ! Devant les assauts de l'Europe puritaine, l'Espagne dressera encore longtemps son mur de fêtes et de beauté. »

SITES INSCRITS AU PATRIMOINE MONDIAL DE L'UNESCO

Organisation des Nations Unies pour l'éducation, la science et la culture · En coopération avec le Centre du patrimoine mondial

Pour figurer sur la liste du Patrimoine mondial, les sites doivent avoir une valeur universelle exceptionnelle et satisfaire à au moins un des 10 critères de sélection. La protection, la gestion, l'authenticité et l'intégrité des biens sont également des considérations importantes.
Le patrimoine est l'héritage du passé dont nous profitons aujourd'hui et que nous transmettons aux générations à venir. Nos patrimoines culturel et naturel sont 2 sources irremplaçables de vie et d'inspiration. Ces sites appartiennent à tous les peuples du monde, sans tenir compte du territoire sur lequel ils sont situés. Pour plus d'informations : ● *whc.unesco.org* ●
– Dans la province de Madrid : le monastère et le site de l'Escurial (San Lorenzo de El Escorial, 1984), l'université et le quartier historique de Alcalá de Henares (1998), et le paysage culturel d'Aranjuez (2001).

TAPAS

Bienvenue dans notre rubrique préférée ! La ***tournée des bars à tapas*** est un art (de vivre) espagnol auquel on se doit de rendre hommage... *El Via Crucis* (le chemin de Croix, pardi !) ! On « égrène » les troquets comme les grains d'un chapelet... On arrive à plusieurs dans un endroit, on rencontre d'autres amis, on part avec l'un ou l'autre pour en retrouver d'autres ailleurs, on se donne rendez-vous plus tard avec les précédents... Les tapas font partie de ce pèlerinage convivial. Vous serez vite converti.

Un peu d'histoire

D'où vient la tradition des tapas ? Sachez que dans les couloirs de la rédaction du *Routard,* une querelle fait rage. Un peu similaire à celle des Anciens et des Modernes. D'aucuns affirment que la tapa émane des plus hautes sphères. En effet, pour lutter contre l'alcoolisme, un roi (dont on a oublié le nom) aurait obligé les débits de boissons à poser une assiette avec un en-cas sur le verre de vin. D'autres soutiennent qu'elle aurait une origine bêtement utilitariste : pour éviter que les mouches ou la poussière ne tombent dans le verre de vin. Comme ça faisait un peu tristounet, une soucoupe vide ou une tranche de pain nue, on ajouta une olive pour faire joli, pardi ! Cela dit, dans une théorie comme dans l'autre, *tapar* signifiant « couvrir, boucher », l'en-cas prit rapidement le nom de *tapa.* De nombreux bars populaires proposent des tapas mais ne l'affichent pas forcément. Demander alors : « *¿ De tapeo, qué hay ?* »

Avant, les tapas étaient offerts avec la boisson. C'est encore souvent le cas dans les campagnes et les petites villes, plus rarement dans les grandes – à l'exception des olives et cacahuètes servies parfois gracieusement avec la bière. Cela étant, les tapas, désormais payants, sont aussi plus copieux et élaborés que ceux qui étaient – ou sont encore – compris avec la boisson.

El tapeo, tapear, ir de tapas

Si c'est la 1re fois que vous débarquez en Espagne, vous vous demandez probablement pourquoi le soir, quel que soit le jour, les bars sont bondés. Tout simplement parce que les Espagnols ont l'habitude de se retrouver dans leurs bars favoris et passent joyeusement de l'un à l'autre puis encore au suivant au gré de leurs envies et des spécialités maisons, d'où l'expression « ir de tapas ». Ici, *morcilla,* là, tortilla. On mange debout (mais ce n'est pas grave, puisque l'on n'y reste pas longtemps) en s'essuyant le coin du bec avec une serviette en papier cigarette, c'est souvent plus économique et moins formel qu'un restaurant où l'on doit s'asseoir et attendre les plats, faire risette au serveur, commander du vin. Pour les néophytes, il ne faut pas avoir peur d'insister auprès des serveurs affairés derrière leur comptoir, même s'ils sont souvent débordés. Animation garantie, sauf à l'heure de la pause (entre 15h et 18h-19h environ), où presque tous les bars sont fermés.

Précisons aussi que ces affriolantes gâteries appelées *tapas* ont vite dépassé le stade de simples amuse-gueules pour devenir de véritables créations culinaires, objets de dégustation. Certains établissements rivalisent en la matière, avec des préparations de toutes sortes exposées derrière une vitre au comptoir (pratique, il suffit de pointer ce qu'on veut !). D'autres fonctionnent comme nos traiteurs, avec un choix étonnant de spécialités maison, plats du jour, etc. Ces amuse-gueules, selon l'inspiration du patron, vont des anchois sur toast aux tranches de chorizo, des lamelles de jambon aux salades composées, des minipaellas aux sardines, des champignons à l'ail aux *boquerones* (anchois frais) à l'huile... Généralement préparées le matin et vendues au fil de la journée, il arrive aussi qu'elles soient préparées à la commande – le nec plus ultra. Dans les bars chics, certaines prennent des airs de haute cuisine miniature.

– Si vous n'êtes pas doué dans la langue de Cervantes, pas de panique : les tapas étant généralement conservées sur le bar dans une vitrine réfrigérée, il suffit de pointer le doigt sur ce qui vous inspire. En revanche, il faut parfois demander combien elles coûtent car les prix ne sont pas toujours indiqués – histoire d'éviter les malentendus lors de l'addition. En général, ***3 ou 4 tapas constituent un repas léger.*** Les prix pratiqués sont sensiblement les mêmes partout, allant d'un bon 1,50 € pour les classiques (tortilla, etc.), à 8-12 € environ pour une assiette *(ración)* de jambon cru ou de fromages. Vous croiserez aussi souvent des *pintxos* (ou *pinchos,* un mot basque) : c'est une *tapa* un peu différente, un gros canapé sur une tranche de pain tenu par une pique genre cure-dents.

les ROUTARDS sur la FRANCE 2021-2022

(dates de parution sur • *routard.com* •)

Découpage de la FRANCE par le ROUTARD

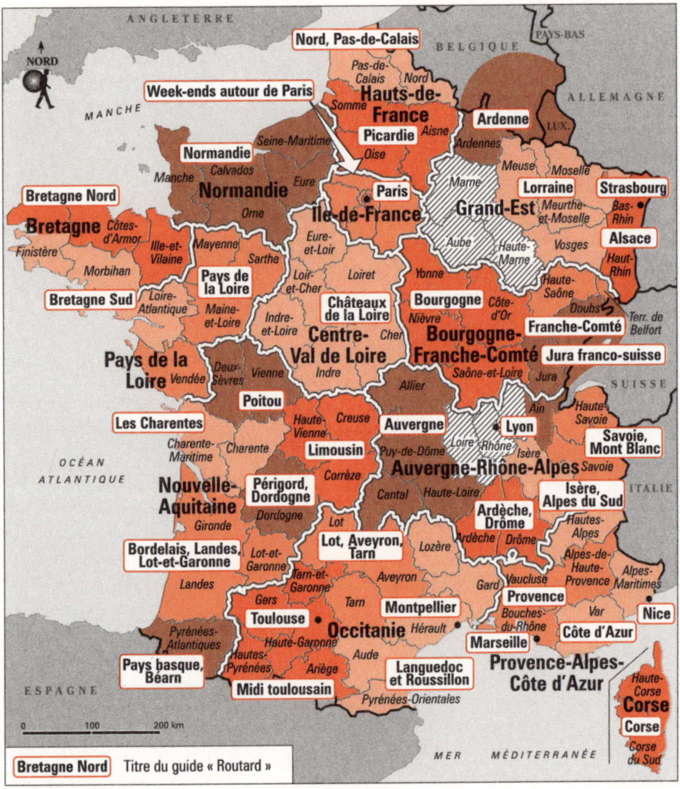

Autres guides sur la France

- Nos meilleurs campings en France
- Nos meilleures chambres d'hôtes en France

Autres guides sur Paris

- Paris
- Paris balades
- Restos et bistrots de Paris
- Le Routard des amoureux à Paris
- Week-ends autour de Paris

Le Routard à vélo

- EuroVelo6
- La Bourgogne du Sud à vélo
- La Flow Vélo
- La Loire à Vélo
- La Vélodyssée (Roscoff-Hendaye)
- Le Canal des 2 mers à vélo
- Paris Île-de-France à vélo
- ViaRhôna
- Les plus belles escapades à Vélo en France

les ROUTARDS sur l'ÉTRANGER 2021-2022

(dates de parution sur • ***routard.com*** •)

Découpage de l'ESPAGNE par le ROUTARD

Découpage de l'ITALIE par le ROUTARD

Autres pays européens

- Allemagne
- Angleterre, Pays de Galles
- Autriche
- Belgique
- Bulgarie
- Crète
- Croatie
- Danemark, Suède
- Écosse
- Finlande
- Grèce continentale
- Hongrie
- Îles grecques et Athènes
- Irlande
- Islande
- Madère
- Malte
- Norvège
- Pays baltes : Tallinn, Riga, Vilnius
- Pologne
- Portugal
- République tchèque, Slovaquie
- Roumanie
- Suisse

Villes européennes

- Amsterdam
- Berlin
- Bruxelles
- Budapest
- Copenhague
- Dublin
- Lisbonne
- Londres
- Moscou
- Naples
- Porto
- Prague
- Saint-Pétersbourg
- Stockholm
- Vienne

les ROUTARDS sur l'ÉTRANGER 2021-2022

(dates de parution sur • *routard.com* •)

Découpage des ÉTATS-UNIS par le ROUTARD

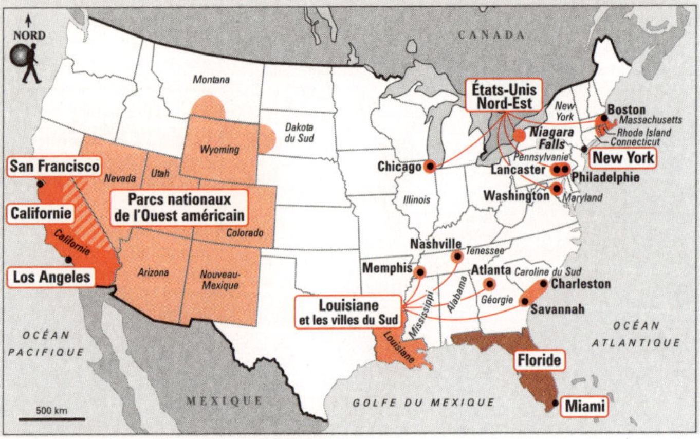

Autres pays d'Amérique

- Argentine
- Brésil
- Canada Ouest
- Chili et île de Pâques
- Colombie
- Costa Rica
- Équateur et les îles Galápagos
- Guatemala, Belize
- Mexique
- Montréal
- Pérou, Bolivie
- Québec et Ontario

Asie et Océanie

- Australie côtes est et nord + Red Centre
- Bali, Lombok
- Bangkok
- Birmanie (Myanmar)
- Cambodge, Laos
- Chine
- Hong Kong, Macao, Canton
- Inde du Nord
- Inde du Sud
- Israël et Palestine
- Istanbul
- Jordanie
- Malaisie, Singapour
- Népal
- Shanghai
- Sri Lanka (Ceylan)
- Thaïlande
- Tokyo, Kyoto et environs
- Turquie
- Vietnam

Afrique

- Afrique du Sud
- Égypte
- Kenya, Tanzanie et Zanzibar
- Maroc
- Marrakech
- Sénégal
- Tunisie

Îles Caraïbes et océan Indien

- Cuba
- Guadeloupe, Saint-Martin, Saint-Barth
- Île Maurice, Rodrigues
- Madagascar
- Martinique
- République dominicaine (Saint-Domingue)
- Réunion

Guides de conversation

- Allemand
- Anglais
- Arabe du Maghreb
- Arabe du Proche-Orient
- Chinois
- Croate
- Espagnol
- Grec
- Italien
- Japonais
- Portugais
- Russe
- G'palémo (conversation par l'image)

Livres-photos/Livres-cadeaux

- La France de Stéphane Bern (**nouveauté**)
- Voyages
- Voyages : États-Unis
- Voyages : France
- Voyages : Italie
- Road Trips Monde
- Road Trips en France (**nouveauté**)
- 120 coins secrets en Europe
- 50 voyages à faire dans sa vie
- 1 200 coups de cœur dans le monde
- 1 200 coups de cœur en France
- 52 week-ends dans les plus belles villes d'Europe
- 52 week-ends coups de cœur en France
- 52 escapades nature en France (**nouveauté**)
- Cahier de vacances du Routard

Nous tenons à remercier tout particulièrement Loup-Maëlle Besançon, Thierry Bessou, Gérard Bouchu, François Chauvin, Grégory Dalex, Fabrice Doumergue, Cédric Fischer, Carole Fouque, Nicolas George, Michelle Georget, David Giason, Claude Hervé-Bazin, Emmanuel Juste, Dimitri Lefèvre, Fabrice de Lestang, Romain Meynier, Éric Milet, Pierre Mitrano, Jean-Sébastien Petitdemange, Thomas Rivallain et Jean Tiffon pour leur collaboration régulière.

Brice Andlauer
Jean-Jacques Bordier-Chêne
Agnès Debiage
Coralie Delvigne
Jérôme Denoix
Tovi et Ahmet Diler
Clélie Dudon
Sophie Duval
Alain Fisch
Bérénice Glanger
Adrien et Clément Gloaguen
Sébastien Jauffret
Alexia Kaffès
Augustin Langlade
Jacques Lemoine
Aline Morand
Louis Nagot
Caroline Ollion
Martine Partrat
Odile Paugam et Didier Jehanno
Céline Ruaux
Prakit Saiporn
Nejma Tahri Hassani
Alice Tonasso
Caroline Vallano

Direction : Sidonie Chollet
Direction éditoriale : Élise Ernest
Édition : Matthieu Devaux, Olga Krokhina, Gia-Quy Tran, Julie Dupré, Emmanuelle Michon, Pauline Janssens, Amélie Ramond, Margaux Lefebvre, Julie Wood et Ionah Vasseur
Ont également collaboré : Aurélie Gaillot et Clémence Toublanc
Cartographie : Frédéric Clémençon et Aurélie Huot
Contrôle de gestion : Jérôme Boulingre et Yannis Villeneuve
Secrétariat : Catherine Maîtrepierre
Fabrication : Nathalie Lautout et Audrey Detournay
Relations presse : COM'PROD, Fred Papet. ☎ 01-70-69-04-69.
• *info@comprod.fr* •, Martine Levens (Belgique) et Maureen Browne (Suisse)
Direction marketing : Stéphanie Parisot, Élodie Darty et Charlotte Brou
Couverture : le-bureau-des-affaires-graphiques.com
Silhouette du Routard : Clément Gloaguen (d'après Solé)
Maquette intérieure : le-bureau-des-affaires-graphiques.com, Thibault Reumaux et npeg.fr
Contact Partenariats : Jérôme Denoix • *jeromedenoix@gmail.com* •
Contact Partenariats et régie publicitaire : Florence Brunel-Jars
• *fbrunel@hachette-livre.fr* •

INDEX GÉNÉRAL

29 Fanegas 163
80° – Ochenta Grados 155

ABC de Madrid........................ 42
Achats 47
Acquolina 157
Adoré (L') 132
ALCALÁ DE HENARES............ 175
Alhambra Suites 79
Alimentación Quiroga 87
Amazónico 164
Amigos Hostel (Los) 74
Amigos VIP Rooms (Los) 74
ANDÉN 0 – ESTACIÓN CHAMBERÍ 163
Angel Sierra 150
Antigua Casa Talavera 140
Arallo Taberna 147
ARANJUEZ............................ 182
Areia 150
Argent, banques, change 45
Arzábal Reina Sofía 108
Astor 117
AUSTRIAS (LE MADRID DE LOS)......................... 79, 112
Avant le départ 42
Azotea – Círculo de Bellas Artes 139

Bar Automatico 133
Bar Pavón 132
Barbara Ann 150
Barbieri Sol Hostel 75
BarCo 159
Barraca (La) 148
BARRIO DE LAS LETRAS .. 86, 88, 92, 93, 94
Bazaar Restaurant 145
BIBLIOTECA NACIONAL DE ESPAÑA.............................. 95
Bistró del Teatro (El) 159
Blackbird 92
Bocanegra Terraza 138
Bodega de la Ardosa 145
Bodegas Ricla 114
Bodegas Lo Máximo 133
Bodegas Rosell 91
Bogotá 146
Boissons................................... 187
Bravas (Las) 86
Brown Bear Bakery 91
Budget....................................... 47
BUEN RETIRO (PARQUE DEL) ..163, 166
Buga del Lobo (La) 132
Buha (La) 117

Cabra en el Tejado (La) 114
Café Acuarela 150
Café Barbieri 133
Café Belén 150
Café Berlin 118
Café Central 92
CAFÉ CHICOTE 141
Café Comercial 148
Café de Oriente 118
Café de Ruiz 157
Café Gijón 91
Café Libertad 8 151
CAÍDOS (VALLÉE DE LOS)...... 181
CAIXAFORUM 112
Cajita de Nori (La) 156
Cambalache (El) 155
Campana (La) 113
Camping Alpha 72
CAMPO DEL MORO................ 126
Cantina (La) 173
CAPILLA DEL OBISPO............ 128
Casa Botín 116
Casa Dani 166
CASA DE CAMPO (PARQUE DE LA) 126
CASA DE CISNEROS 127
CASA DE LA CARNECERÍA 122
CASA DE LA PANADERÍA 122
CASA DE LA VILLA 127
Casa del Abuelo 87
Casa del Abuelo nº 2 87
CASA DEL CORDÓN............... 128
CASA ENCENDIDA 135
Casa González 89
Casa Hernanz 120
Casa Julio 154
Casa Labra 136
Casa Lucas 114

Casa Manolo 137
Casa Mingo 115
Casa Mira 94
Casa Postal 152
Casa Seseña 94
Casa Suecia 139
CASA-MUSEO LOPE
DE VEGA 95
Cascorro Bistrot 131
Cat's Hostel 73
CATHÉDRALE
SANTA MARÍA LA REAL
DE LA ALMUDENA 126
CAVA ALTA (calle) 128
CAVA BAJA (calle) 128
Centro de Arte Flamenco
Amor de Dios 70
CENTRO NACIONAL
DE ARTES VISUALES
(LA TABACALERA) 135
CENTROCENTRO (MIRADOR
DE CIBELES) 142
Cervecería Alemana 92
Cervecería Cervantes 87
Cervecería San Andrés 119
CHAMARTÍN (quartier) 169
CHAMBERÍ (quartier de) 161
Chanquetes (Los) 86
CHINCHÓN 186
Chocolatería
San Ginés 117, 120
Chocolatería Valor 117
CHUECA (quartier de) 82, 144
Ciné Doré 134
Ciné Golem 139
CÍRCULO DE BELLAS
ARTES 142
Cisne Azul (El) 146
CITÉ UNIVERSITAIRE (LA) 172
Climat 49
Cocina de San Antón 144
Cocó (Le) 146
Cocol 121
CONDE DUQUE CENTRO
CULTURAL 160
Contraclub 119
CONVENTO DE LAS DES-
CALZAS REALES 122
CONVENTO DE LAS
TRINITARIAS DESCALZAS
(tombeau de Cervantes) 95
Coquette Blues Bar (La) 118
Coquetto Bar 165
Corral de la Morería 119
Corte Inglés – Gourmet 136
Corte Inglés *(rooftop)* 118
Costello Café & Niteclub 138
Coups de cœur (nos) 12
Cucurucho del Mar (El) 116
Cuisine 188

D'Night 151
Das Meigas 145
De Las Letras Hotel 82
Dear Hotel 138
Delic 114
Discos Babel 140
Discos Killer 140
Discos la Metralleta 121
Doble (El) 162
Dry Martini Bar 165
Duquesita (La) 148

Económico – Soidemersol
(El) 130
Elisa 87
Entrevinos 157
ERMITA DE SAN ANTONIO
DE LA FLORIDA 129
ESCURIAL (l' ; SAN LOREN-
ZO DE EL ESCORIAL) 178
Espacio Libre de Despiece 162
Espahotel 71
ESTA ES UNA PLAZA 135
ESTADIO SANTIAGO
BERNABÉU 170
Estado Puro 90

Far Home Atocha 75
FARO DE MONCLOA 171
FAUNIA (PARC) 174
Federal Café 156
Ferpal 121
Ferretería (La) 90
Fêtes et jours fériés 50
Fide 162
Flamenco 190
Flamenco Vive (El) 121
Florida Retiro 167
Fogón Verde (El) 90
Foire aux timbres 121
Freeway 159
Frutal Zumería Chueca 149
Frutal Zumería Malasaña 149
Frutal Zumería
Salamanca 149
Fugitiva – Librería Café
(La) 133

FUNDACIÓN JUAN MARCH 167
FUNDACIÓN MAPFRE – SALA BRAGANZA 153

G

Galería Canalejas 94
Generator Madrid 74
Giangrossi 165
Ginger 88
Gingko Sky Bar 139
Gourmet Experience StreetXO 164
GRAN VÍA 81, 135, 140

H

Harina 149
Hat (The) 73
Hat Roof Top (The) 113
Hébergement 50
Histoire 191
Horaires 50
Horno San Onofre 148
Hostal Alexis 77
Hostal Apolo XI 76
Hostal Atelier 77
Hostal Cervantes 77
Hostal Cruz Sol 80
Hostal Don Juan 82
Hostal Esmeralda 78
Hostal Gonzalo 77
Hostal Greco 83
Hostal Hispalense 80
Hostal Hispano 83
Hostal Jemasaca 84
Hostal La Bruña 76
Hostal La Macarena 80
Hostal La Prensa 84
Hostal Lauria 84
Hostal Machín 84
Hostal Madrid Sol 77
Hostal María Luisa 82
Hostal Nueva Montaña 84
Hostal Oliver y Alaska 76
Hostal Palacios 84
Hostal Persal 77
Hostal Residencia Fernández 75
Hostal San Lorenzo 83
Hostal Victoria I 78
Hostal Victoria II 78
Hotel Cortezo 77
Hotel II Castillas 79
Hotel Jardines de Sabatini 72
Hotel Mayerling 80
Hotel Moderno 82
Hotel Puerta América 85
Hotel Room Mate Mario 81
Hotel Santo Domingo 81
Hotel Villamañez 78

I

Imparcial (El) 131
Imperfecto (El) 92
Inclán Brutal Bar 89
Interview #experienceroutard...... 33
Intruso (El) 150
Irish Rover (The) 169
Itinéraires conseillés 29

J

Jambons 196
JARDÍN DEL PRÍNCIPE ANGLONA 128
Jardín Secreto (El) 158
Jardín Secreto de Salvador Bachiller 138
JC Rooms Puerta del Sol 79
JC Rooms Santa Ana 78
Jotá 162
Joy Eslava 120
Juanalaloca 114
Juglar 133
Junco Jazz Club (El) 150

K

Kikekeller 157

L

Lacaña 129
Lamiak (La Latina) 115
Lamiak (Lavapiés) 130
Landó (El) 117
Langue 51
Laredo 164
Lateral 86
LATINA (LA ; quartier de) ..114, 119
LAVAPIÉS (quartier de) ..129, 134
LETRAS (BARRIO DE LAS)..86, 88, 92, 93, 94
Libre (La) 133
Librería Malatesta 134, 135
Livres de route 53
LOS AUSTRIAS (LE MADRID DE)............ 79, 112
LUJANES (torre de los)............ 127
Luzi Bombón 165

M

Madrid de noche (Madrid la nuit)............ 197
Madrid gratuit 55
Madrid Me Mata 158
MADRID RÍO (PARQUE) 172
Malacatín 131
MALASAÑA (quartier de)... 84, 153
Mallorquina (La) 137

Maño (El) 158
María Pandora 119
Marula Café 119
MATADERO 173
Maty 121
Médias 198
MEJORADA DEL CAMPO 174
Mercado Antón Martín 134
Mercado de la Paz 166
Mercado de San
Antón 144
Mercado de San Ildefonso 157
Mercado de San Miguel 113
Mercado San Fernando 135
METROPOLIS
(immeuble) 140, 151
MIRADOR DE CIBELES –
CENTROCENTRO 142
Mirador del Arco
de Cuchilleros 116
Mistura (Austrias) 118
Mistura (Chueca) 149
Moby Dick Club 169
Mollete Taberna (El) 137
MONCLOA (quartier de) 171
Mordida (La) 146
Movida et après-Movida 198
Mucho Madrid 73
Mür 156
MURAILLE ARABE 127
Musas Residence (Las) 75
Musées et sites 56
MUSEO ABC 160
MUSEO ARQUEOLÓGICO
NACIONAL 167
MUSEO CENTRO DE ARTE
REINA SOFÍA 105
MUSEO CERRALBO 143
MUSEO DE AMÉRICA 171
MUSEO DE CERA 153
MUSEO DE HISTORIA 152
MUSEO DE LA BIBLIOTECA
NACIONAL
DE ESPAÑA 112
MUSEO DE LA CATEDRAL ... 126
MUSEO DE SAN ISIDRO
(MUSEO DE LOS
ORÍGENES) 128
Museo del Jamón (barrio
de Las Letras) 86, 93
Museo del Jamón
(plaza Mayor) 113
MUSEO DEL PRADO 96
MUSEO DEL ROMANTI-
CISMO 152
MUSEO DEL TRAJE 172
MUSEO LÁZARO
GALDIANO 168
MUSEO NAVAL 111
MUSEO REAL ACADEMIA
DE BELLAS ARTES
DE SAN FERNANDO 141
MUSEO SOROLLA 167
MUSEO THYSSEN-
BORNEMISZA 108
Naia 117
Nänai 146
NuBel 108
Ocho y Medio 151
Ocho y Medio – Vía
Margutta 140
Ojalá – La Musa 155
Ok Hostel 74
Olivia (La) 134
Only You Boutique Hotel 83
Orio 155
Osuna 72
Pabellón del Espejo 91
PALACIO DE ABRANTES 127
PALACIO DE LIRIA 160
PALACIO REAL 125
Palacio San Martín 81
Paraíso del Jamón 156
PARC FAUNIA 174
PARQUE DEL BUEN
RETIRO 163, 166
PARQUE MADRID RÍO 172
PASEO DES ARTS
(quartier) 75, 86, 90, 91, 93
PASEOS (LOS) 95
Patrimoine culturel 199
Patrimonio Comunal
Olivarero 152
Pecera (La) – Círculo
de Bellas Artes 138
Pensión Corbero 77
Pensión Domínguez 82
Penta 158
Personnages 202
Petit Palace Lealtad Plaza 79
Petit Palace Posada del
Peine 80
Petit Palace Triball 85
Pez Gordo (El) 154

INDEX GÉNÉRAL

Pez Tortilla 155
Picalagartos Sky Bar 139
Platea Madrid 164
PLAZA DE CASTILLA 169
PLAZA DE CIBELES 142
PLAZA DE COLÓN 95
PLAZA DE ESPAÑA 136
PLAZA DE LA PAJA 128
PLAZA DE LA VILLA 127
PLAZA DE ORIENTE 124
PLAZA DE SANTA ANA 75, 86, 94
PLAZA DE TOROS LAS VENTAS 170
PLAZA DEL CALLAO 135, 136
PLAZA DOS DE MAYO 159
Plaza Dos de Mayo (terrasses de la) 157
PLAZA MAYOR 113, 116, 118, 121
PLAZA PUERTA DEL SOL 81, 135
Ponzano (calle) 161
Posada del Dragon – Bar Dragónate 114
Poste 57
PRADO (MUSEO DEL) 96
PRÍNCIPE PÍO (GARE DE) 115
PUERTA DEL SOL 81, 135
Puerto Lagasca 164
Pum Pum Café 130

Quesería (La) 162
Questions qu'on se pose avant le départ (les) 34

Radio 93
RANA DE LA FORTUNA 153
RASTRO (EL ; marché aux puces) 135
RASTRO (quartier du) 129
Real Fabrica 120
REAL JARDÍN BOTÁNICO 104
REAL MONASTERIO DE LA ENCARNACIÓN 123
REINA SOFÍA (MUSEO CENTRO DE ARTE) 105
Religions et croyances 205
Restaurante Achuri 130
Restaurante Paella de la Reina 39 148
Restaurants 57
Ribeira d'O Miño 147
Riu Plaza España 81
RIVES DU RÍO MANZANARES 172
Rocambolesc 165
Rollerie (La) 132
Room 007 75
Room 007 Ventura 74
Room Mate Alicia 78
Roostiq 146
Rosi la Loca 89

Sacristía (La) 148
Safestay Madrid 73
Sala de Despiece 162
Sala Equis 119
SALAMANCA (quartier de) 163
Salmon Guru 93
Samarkanda 90
SAN ANDRÉS (iglesia) 128
SAN ANTONIO DE LOS ALEMANES (iglesia) 159
SAN FRANCISCO EL GRANDE (iglesia) 128
SAN GINÉS (iglesia) 122
SAN JERÓNIMO EL REAL 95
SAN LORENZO DE EL ESCORIAL (L'ESCURIAL) 178
San Mamès 169
SAN MIGUEL (iglesia) 128
SAN PEDRO EL VIEJO (iglesia) 128
Sani Sapori 132
SANTA MARÍA LA REAL DE LA ALMUDENA (cathédrale) 126
Santé 58
Savoir-vivre et coutumes 206
Sidrería Casa de Asturias 131
Siete Islas Hotel 85
Sites inscrits au Patrimoine mondial de l'Unesco 207
Sleep'n Atocha 76
Sol (El) 139
Son (El) 93
Stop Madrid 145
Studio 54 151
Sukaldea Atotxa 130
Sunset Lookers 82, 138

Tabac 58
TABACALERA (LA ; CENTRO NACIONAL DE ARTES VISUALES) 135
Taberna Alhambra 88
Taberna Almendro 13 115
Taberna Averías 162
Taberna de Antonio Sánchez 131

Taberna del Alabardero (La) 116
Taberna El Alambique 88
Taberna El Sur 130
Taberna La Aguja 133
Taberna La Bola 137
Taberna La Carmencita 147
Taberna La Lirio 154
Tablas (Las) 139
Taboó 158
Tandem 88
Tapas 207
Tasca Celso y Manolo 147
Taverna de Dolores 87
Taverna Maceira 88
Teatro Flamenco Madrid 159
Teatro Kapital 93
TEATRO REAL 123, 124
TÉLÉPHÉRIQUE 144
Téléphone et Internet 59
TEMPLO DE DEBOD 143
Terra Mundi 88
Terraza de Oscar (La) 149
Thundercat 150, 151
Tienda de Vinos 145
Tigre Sidrería (El) 144
Tirso Molina Hostel (The) 78
Toc Hostel Madrid 74
Toma Café 157
TORRE DE LA TELEFÓNICA 140
TORRE DE LOS LUJANES 127
Torre del Oro (La) 113
Transports urbains 60
TriCiclo 89
Tupperware 158
Urban Hotel 79
Urgences 62
VALLÉE DE LOS CAÍDOS 181
Venencia (La) 92
VENTAS (PLAZA DE TOROS LAS) 170
Ventorrillo (El) 118
Vi Cool 89
Vía Láctea (La) 158
Viajero (El) 115
VILLA ROSA 94
Vincci Soho 79
Vincci The Mint 83
Vincci Vía 66 138
Vinoteca Vides 149
Violeta (La) 94
Viva Burger 116
VIVA MADRID 94
WARNER BROS PARK 174
Way Hostel 73
Why Not 151
Zombie Bar 156

LISTE DES CARTES ET PLANS

- Alcalá de Henares 177
- Aranjuez 183
- Coups de cœur (nos) 12-13
- Distances par la route 2
- Itinéraires conseillés 28-29
- Madrid 8-9
- Madrid (le métro de) 26-27
- Madrid – plan d'ensemble 68-69
- Madrid – *plan détachable* .... recto
- Madrid – zoom centre, *plan détachable* .... verso
- Madrid – zoom Chueca, *plan détachable* .... verso
- Madrid – zoom Las Letras, *plan détachable* .... verso

IMPORTANT : DERNIÈRE MINUTE

Entre deux parutions du Routard, des événements fortuits (conditions sanitaires, catastrophes naturelles, mais aussi formalités, taux de change, conditions d'accès aux sites, fermetures inopinées, etc.) peuvent modifier vos projets de voyage. Pour éviter les déconvenues, nous vous recommandons de consulter la rubrique « Guide » par pays de notre site ● ***routard.com*** ● et plus particulièrement les dernières ***Actus voyageurs.***

Remarque importante aux hôteliers et restaurateurs

Les enquêteurs du *Routard* travaillent dans le plus strict anonymat. Aucune réduction, aucun avantage quelconque, aucune rétribution n'est jamais demandé en contrepartie. Face aux aigrefins, la loi autorise les hôteliers et restaurateurs à porter plainte.

Avis aux lecteurs

Le Routard, ce n'est pas comme le bon vin, il vieillit mal. On ne veut pas pousser à la consommation, mais évitez de partir avec une édition ancienne. Les modifications sont souvent importantes.
Les réductions accordées à nos lecteurs ne sont jamais demandées par nos rédacteurs afin de préserver leur indépendance. Les hôteliers et restaurateurs sont sollicités par une société de mailing, totalement indépendante de la rédaction, qui reste donc libre de ses choix. De même pour les autocollants et plaques émaillées.

Avec routard.com, choisissez, organisez, réservez et partagez vos voyages !

✓ Rejoignez la plus grande communauté francophone de voyageurs : **plusieurs millions d'internautes.**

✓ Échangez avec les routarnautes : forums, photos, avis d'hôtels.

✓ Retrouvez aussi toutes les informations actualisées pour choisir et préparer vos voyages : près de 300 guides destinations, une centaine de dossiers pratiques et un magazine en ligne pour découvrir tous les secrets de votre destination.

✓ Enfin, comparez les offres pour organiser et réserver votre voyage au meilleur prix.

Les **Routards** *parlent aux* **Routards**

Faites-nous part de vos expériences, de vos découvertes, de vos tuyaux et de vos coups de cœur. Aidez-nous à remettre l'ouvrage à jour. Indiquez-nous les renseignements périmés. Faites profiter les autres de vos adresses nouvelles, combines géniales... On adresse un exemplaire gratuit de la prochaine édition à ceux qui nous envoient les meilleurs courriers, pour la qualité et la pertinence des informations.
Quelques conseils cependant :
– Envoyez-nous votre courrier le plus tôt possible afin que l'on puisse insérer vos tuyaux sur la prochaine édition.
– N'oubliez pas de préciser l'ouvrage que vous désirez recevoir, ainsi que votre adresse postale.
– Vérifiez que vos remarques concernent l'édition en cours et notez les pages du guide concernées par vos observations.
– Quand vous indiquez des hôtels ou des restaurants, pensez à signaler leur adresse précise et, pour les grandes villes, les moyens de transport pour y aller.
Si vous le pouvez, joignez la carte de visite de l'hôtel ou du resto décrit.
En tout état de cause, merci pour vos nombreux mails.

122, rue du Moulin-des-Prés, 75013 Paris

● guide@routard.com ● routard.com ●

Routard Assurance *2021*

Enrichie au fil des années par les retours des lecteurs, *Routard Assurance* est devenue une assurance voyage référence des globes-trotters. Tout est inclus : frais médicaux, assistance rapatriement, bagages, responsabilité civile... Avant votre départ, appelez *AVI* pour un conseil personnalisé. Besoin d'un médecin, d'un avis médical, d'une prise en charge dans un hôpital ? Téléchargez l'appli mobile *AVI international* pour garder le contact avec *AVI Assistance* et disposez de l'un des meilleurs réseaux médicaux à travers le monde. *AVI Assistance* est disponible 24h/24 pour une réponse en temps réel. De simples frais de santé en voyage ? Envoyez les factures à votre retour, *AVI* vous rembourse sous une semaine. *40, rue Washington, 75008 Paris. ☎ 01-44-63-51-00. ● avi-international.com ● Ⓜ George-V.*

Édité par Hachette Livre (58, rue Jean-Bleuzen, CS 70007, 92178 Vanves Cedex, France)
Photocomposé par Jouve (1, rue du Docteur Sauvé, 53100 Mayenne, France)
Imprimé par Jouve Print (Quai n°2, 733, rue Saint-Léonard, BP3, 53101 Mayenne Cedex, France)
Achevé d'imprimer le 21 janvier 2021
Collection n° 13 - Édition n° 01
50/0171/8
I.S.B.N. 978-2-01-787165-1
Dépôt légal : janvier 2021

PAPIER À BASE DE FIBRES CERTIFIÉES